南海陈氏机器家族

佛山历史文化丛书

第七辑

『佛山历史文化丛书』编委会 编

许 锋 著

广东人民出版社

·广州·

图书在版编目（CIP）数据

南海陈氏机器家族 / 许锋著. —广州：广东人民出版社，
2022.11
　（佛山历史文化丛书. 第七辑）
　ISBN 978-7-218-16077-1

　Ⅰ．①南…　Ⅱ．①许…　Ⅲ．①家族—史料—南海
Ⅳ．①K820.9

中国版本图书馆CIP数据核字（2022）第178847号

NANHAI CHENSHI JIQI JIAZU

南海陈氏机器家族

许　锋　著

出 版 人：肖风华

责任编辑：胡　萍
责任技编：吴彦斌　周星奎
封面设计：集力书装　彭　力
装帧设计：友间文化

出版发行：广东人民出版社
地　　址：广州市越秀区大沙头四马路10号（邮政编码：510199）
电　　话：（020）85716809（总编室）
传　　真：（020）83289585
网　　址：http://www.gdpph.com
印　　刷：佛山市高明领航彩色印刷有限公司
开　　本：787毫米×1092毫米　1/16
印　　张：25.25　　字　　数：362千
版　　次：2022年11月第1版
印　　次：2022年11月第1次印刷
定　　价：90.00元

如发现印装质量问题，影响阅读，请与出版社（020-85716849）联系调换。
售书热线：（020）87716172

"佛山历史文化丛书" 编辑委员会

成员单位

中共佛山市委宣传部　　佛山市文化广电旅游体育局

佛山市社会科学界联合会　佛山市文学艺术界联合会

佛山传媒集团　　　　　佛山日报社

顾　问

岑　桑　　罗一星

学术委员会

（按姓氏笔画顺序排列）

龙建刚　任　流　巫小黎　杨河源

肖海明　陈　希　陈忠烈　陈恩维

罗一星　钟　声　凌　建　黄国扬

戴斗勇　温春来

佛山——站在文明续谱的桥头堡上

罗一星

假如把两千年来的岭南历史文化比喻为一串人文项链，那么在这串人文项链上就有几颗耀眼的明珠，秦汉时期的南越国文明、隋唐时期的广州贡舶贸易、宋元时期的珠玑巷南迁、明清时期的佛山崛起和珠江三角洲的开发、清代的广州中西贸易、近代中华民国政府的建立，都是既有地方特色也有全国意义的"和璧隋珠"。

"未有佛山，先有塔坡"的谚语，浓缩了"佛山"之名的渊源。据说东晋时有西域僧到塔坡冈结茅讲经，不久西还。唐贞观二年（628），乡人见塔坡冈夜放金光，掘地得铜佛像三尊和圆顶石碑一块，碑有联云："胜地骤开，一千年前青山我是佛；莲花极顶，五百载后说法起何人。"乡人十分诧异，遂建塔崇奉，并因此名其乡曰"佛山"。唐宋时期，中国的经济重心不断南移。尤其是北宋末年以来，建炎南渡、元兵入主，大批的士民渡岭南来。佛山也在此时形成聚落，史称"乡之成聚相传肇于汴宋"。明清时期佛山迅速崛起，成为举世闻名的"四大名镇"和"天下四聚"之一，以出产精美的"广锅"而誉满天下。时人"春风走马满街红，打铁炉过接打铜"的诗句，就是对佛山冶铁业盛况的生动写照。佛山在制造业上的成就和中心市场功能，决定了她在中国城市发展史上的重要地位。然而，佛山所具有的价值还不仅在于此。佛山是明清时期因经济因素发展起来的中心城市，不同于传统的郡县城市。在其兴起发展的过程中，传统社会结构与新兴经济因素之间相互调适，兼容发展，透射着理性之光。因此，研究佛山都市化的过程与社会结构的互动变迁，有助于我们理解和把握传统中国城市发展的多样性，有助于我们摒弃概念化的中国城市发展形态的认知模式。此外，佛山还集中了岭南传统社会的各种文化现象，它们五色杂陈，大放异彩，其典型性远胜于广州，这又使研究佛山的文化现象具有非同一般的意义。

纵观佛山的历史地位和文化价值，每一点都离不开岭南独特地缘人文的滋养，每一页都关联着中华悠久文化的传承。如此既有结构性因素又有精致性内容的文明篇章，值得每一位热爱佛山历史文化的人士投身书写、共同编织。笔者在此仅发其端要，以就教于方家。

佛山是"广佛周期"的双主角之一

历史是时间和空间发展次序的结合体。自17世纪初至19世纪末，岭南区域出现了一个经济发展的高峰期——广佛周期。在广佛周期存在的时间内，以广州、佛山为中心的城市体系得到空间的迅速布局和层级的系统发展，其城市化的程度居全国领先地位。广州、佛山两大中心城市外贸和内贸互补功能的发挥，使因地理和人文环境差异而形成的岭南独特的三种市镇空间结构整合为一体。此时佛山扮演着双重城市角色，既是岭南二元中心市场体系的中心城市，承担广货与北货宏大交流的商贸枢纽；又是国内最大的综合型民生日用品生产基地，满足国内及海外的产品多样性需求。从佛山运出的精美广货及其丰厚利润，吸引了十八省商人和四远来谋生的手工业者。"走广"成为全国商人的时髦行动和共同追求。当时"汾江船满客匆匆，若个西来若个东"的大规模商品流转的盛况，常年不辍。

在广佛周期，佛山商业繁荣远胜于广州的情景见诸中外史籍。法国传教士道塔·塔鲁塔鲁和道·冯塔耐，分别于1701年和1703年到过佛山，他们描述佛山是一个约有100万人口的巨大聚落，并称佛山既没有城墙也没有特别长官，在汾江河上的大船有5000艘以上。康熙时人吴震方《岭南杂记》记载："佛山镇……天下商贾皆聚焉。烟火万家，百货骈集，会城百不及一也。"《南越游记》的作者陈徽言也说："俗称天下四大镇，粤之佛山与焉。镇属南海，商贾辐辏，百货汇集，夹岸楼阁参差，绵亘数十里。南中富饶繁会之区，无逾此者。"徐珂的《清稗类钞》也说：佛山的"汾水旧槟榔街，为最繁盛之区。商贾丛集，阛阓殷厚，冲天招牌，较京师尤大，万家灯火，百货充盈，省垣不及也"。清代到佛山的徽州商人也记载："佛山，居天下四镇之一，生意比省城大。"这里说的"会城""省垣""省城"均指广州。在此举例说明清代佛山商业规模比广州大的历史事实，并不是刻意夸大佛山的历史地位，而是指出，佛山的历史地位显然被长期低估，应该给予应有的重视和正确评价。

只要对广州、佛山两个市场的商品结构、商人组织和市场网络进行比较研究，就可知广州市场上各省运来的货物绝大多数是清朝允许出口的商品；各省运回的商品更是清一色的洋货，这说明广州商品与对外贸易相联系。佛山市场上，洋货寥寥，广货（或称"南货"）充斥，生产用品和民生日用品占主导地位，这表明佛山市场的商品与国内、省内贸易相联系。各省商人运来的"北货"（或称外江货）在佛山市场与广货大规模交流。佛山林立的外省商人会馆和形成的外省商人聚居区，都表明佛山与广州是两个功能不同的中心市场。

广佛周期开始于17世纪初的明朝末年，迄于19世纪末的清朝末年，历时三百年左右。这一周期以广州、佛山为中心形成一个地跨两广、河海相连的岭南市场体系。如果把岭南中心市场比喻成一座巨大的中外贸易桥梁，那么，广州和佛山，就犹如这座桥梁的两个桥头堡，一头连接海外市场，一头连接国内市场，它们功能各异，自成一体，然又互相联系、互相配合。这种二元中心市场模式，是因佛山城市地位的迅速上升并成为双主角之一而确立的。

佛山是中华铸造文明的重要支点

冶铁业是明清时期佛山的支柱产业，带动了佛山众多制造行业的共同发展。但是佛山冶铁业的真正贡献，却是对中华铸造文明的传承和支撑。人类从史前时代进入文明时代，是以金属的发现、金属工具的制作使用为标志的。有了对冶金术的规律性把握和持续控制的技能，人类才能从自在走向自为。世界文明史上，古埃及、古巴比伦、古印度和中国是四大铸造文明古国，也是东方铸造文明的典型代表。他们以其先进的铸造技术成为所在区域的核心国家，并依靠铸造技术优势与周边国家进行交流。中国在夏代开始进入青铜时代。铸造技术支撑了礼仪大国的呈现，西周铸造的大型礼器作为镇国之宝，把礼仪文字和刑法文字铸在鼎上，形成了中华独特的铸造文明。中国在战国时期进入铁器时代，锐利的刀剑和犁耙，高大的铁塔和钟鼎，每一件铸铁品，都记录了华夏文明的历程。西汉时中国的生铁冶铸技术传到中亚地区，东汉三国时中国的刀剑制作技术传到日本并发展为倭刀锻造技术。日本、越南的铸钟、铸镜、失蜡法、生铁冶铸等技艺也是从中国传入的。正如华觉明先生指出："中国以生铁铸造为基础的整个钢铁生产，产生了焕发异彩的钢铁文化。在世界文化史上，青铜礼器制作和两千年的铁水长流，均为中国所独有。所以说，中国的文明是铜和铁浇灌的文明。"

唐代以后冶铁技术不断南移，南汉时广州光孝寺的东西两铁塔的铸造技术已臻完美，塔身铸有上千个佛像，称为千佛塔。南宋著名学者洪咨夔的《大冶赋》这样讴歌了南方冶铸产品运输的盛况："铁往铜来，锡至铅续。川浮舳舻之衔尾，陆走车担之褨属。出岭峤，下荆蜀。绝彭蠡洞庭而星驰，泝重淮大江而电逐。"这里所说的"岭峤"，指的就是五岭山脉。明代后起的广铁誉满天下，佛山承接了中华传统失蜡法铸造技术，又独创了"红模铸造法"，成为与遵化齐名的两大冶铁中心之一。遵化冶铁业在正德八年（1513）被明王朝停办后，佛山更是后来居上，一枝独秀。祖庙现存的大型铜铁礼器中，有明景泰年间铸造的北帝铜像，重2.5吨，是明代国内最大的青铜造像；有明成化年间的铜钟，重约1吨，钮钟设计为精细的龙身造型，独具匠心，造型精美；有明嘉靖年间的铜镜，铜质光泽如新，形制巨大，为祖庙重器，是明代国内最大的铜镜；有铸于嘉庆年间的大铁鼎，该鼎通高2.6米，以镂空金钱图案装饰，铭文工整古朴，全鼎浑然一体，气势非凡。明清两代，中国铁钟为东南亚诸国所追求。作为庙宇的镇庙之宝，佛山铸造的铁钟尤为当地寺庙首选，占据了东南亚诸国寺庙梵钟的主导地位。佛山的大铁锅更是备受欢迎。明清时期，广锅出口日本，大获盈利，大者一口价银一两。雍正年间，佛山铁锅大量销往外洋，洋船每船所载多者两万斤，少者五六百斤。"其不买铁锅之船，十不过一二。"清中叶后，出国谋生的广府华侨群体，也把广锅传入美国旧金山、澳大利亚墨尔本。两广总督张之洞就曾在给光绪皇帝的奏折中称：佛山铁锅每年出口新加坡、新旧金山约五十万口。从此英语出现了"WOK"（粤语"镬"音）一词，专指圆形尖底的中国锅（Chinese Wok）。

《左传》有云："国之大事，在祀与戎。"除了礼器、民生用品和生产器具外，佛山铸造还担负起了皇朝的国防任务。明清两朝均用佛山铸造的铁炮在全国布防，从辽东到宣大边塞，从虎门到广州城防，从水师战船到海关缉私艇，比比皆然。佛山生产的铁炮从五百斤到一万斤皆有，清道光年间，佛山成为国内供应海防大炮的最大军火基地，广东官府曾一次性订购铜铁炮2400余门。作为支柱产业，佛山铸造业带动了佛山手工业体系的其他上百个金属加工业的发展。佛山的铜铁铅锡金等锻造行业，门类齐全，制造精细，所出产品涵盖了建筑装饰、民生日用的各个方面。入清以后，佛山的手工业进入全面发展阶段，以冶铁业为主干，以陶瓷业和纺织业为辅助，带动了造纸业、成药业、颜料业、爆竹业、衣帽业、扎作门神业的百业兴旺。多样性、派生性、互补性，构成了此时佛山手工业体系的有机结合形态。

世界科技史泰斗李约瑟认为，欧洲的生铁铸造技术是从中国传入的。因为在中世纪，只有中国能提供数量庞大的铁和钢。由此可见，中国的铸铁技术在古代和中世纪曾长期处于领先地位。而自16世纪至19世纪持续兴旺的佛山制造业，既是中国铸造技术和产品输出的高地，更是中华铸造文明的重要支点。它支撑着几千年来中华铸造文明的光荣延续，支撑着中国作为东方铸造文明大国地位的世代辉煌。

佛山既是岭南文化的核心基地，也是中华传统文化的宝库所在

岭南文化有四大内容在佛山诞生发展，它们是明儒心学、状元文化、祖庙文化和粤剧文化。

明儒心学发端于江门，而传播于西樵。明儒心学为明代广东新会学者陈献章（号白沙）所创，陈白沙提倡"道心合一"，以静坐体认天理为宗旨。湛若水（号甘泉）师从陈献章十余年，成为白沙先生最有成就的学生。弘治十八年（1505）湛若水会试第二，授官翰林院编修，当时王守仁（号阳明）在吏部讲学，湛若水"与相应和"。其后各立宗旨。"守仁以致良知为宗，若水以随处体认天理为宗。"时称"王湛之学"，分执明中叶理学之牛耳。正德年间，湛若水到西樵山筑舍讲学。当时致仕归家的方献夫、霍韬也相继进入西樵山与湛若水切磋砥砺，日研经书，讲学授徒。湛若水建大科书院，方献夫建石泉书院，霍韬建四峰书院，西樵山中三院鼎峙，藏修讲学，四方士子入山求学者甚众。霍韬在此时撰著了《诗经注解》《象山学辨》《程朱训释》等书，后刊行于世。当时方献夫致信王阳明说："西樵山中近来士类渐集，亦颇知向方……甘泉大有倡率讲明之意。近构学舍数十于山，以延学者，将来必有成就，此亦一盛事也。"王阳明对此嘉许，称"英贤之生，同时共地，良不易得。乘此机会，毋虚岁月，是所望也"。西樵山中的书院，培养出一批像霍与瑕这样的佛山子弟。湛若水在嘉靖初年复回朝，历任礼、吏、兵三部尚书。方献夫、霍韬亦踵其后，于嘉靖年间分别继任吏部、礼部尚书。此时的南海士大夫均以理学相高，如梁焯（曾任兵部职方司员外郎）成进士后，即游学于王阳明处，并录有《阳明先生问答传习录》传世；庞嵩（曾任应天通判）早年亦游学王阳明门下，以后复从湛若水游。湛若水曾说"北有吕泾野，南有庞弼唐，江门之学遂不坠"。何维柏（曾任南京礼部尚书）年轻时负笈于西樵山，与湛若水、霍韬论学"多所默契"，致仕后创立天山书院，"阐发陈白沙绪论，四方从游者甚众"。冼桂奇（曾任南京刑部主事）登第前即"师事湛甘泉"，致仕归家后筑精舍讲学，遂"以一代理学为世儒宗"。南海士大夫在西樵山研讨理学的学术圈子，还吸引了当时当政的两广官员。例如广东巡按御史洪垣，嘉靖十一年（1532）进士，湛若水在京师讲学时，"垣受业其门"，后出按广东，经常到西樵山求学。这样，湛若水、方献夫、霍韬以及南海士大夫群体，以西樵山为平台，传播易理，弘扬白沙心学，并以其理学上的学问和为官实践，深刻地影响了中国的儒家文化。五百年来，西樵山一直作为中华士子见贤思齐的文化名山而存在。正如明代学者方豪所言："西樵者，天下之西樵，非岭南之西樵也。"

状元文化不属佛山独有，但以佛山最为杰出。佛山自古科甲鼎盛，南汉的状元简文会和南宋的状元张镇孙名节自持，是佛山士子中初露头角者；而明代不断涌现的状元和会元，则令佛山科名雄视岭南。明成化年间石硔乡的梁储考中会元（官至内阁首辅），明弘治年间黎涌乡的伦文叙状元及第，明正德年间石头乡的霍韬亦夺魁会元。其后，伦文叙之子伦以训亦中会元。黎涌、石硔、石头相隔不到五里，人称"五里四会元"。而伦文叙一家父子四人，文叙连捷会元、状元，以训连捷会元、榜眼，以谅为解元、进士，以诜亦为进士，因而又有"父子四元双进士"之誉，人称"海内科名之盛，无出其右，所谓南伦北许也"。还有明万历年间状元黄士俊亦蟾宫折桂，清末时状元梁耀枢也独占鳌头。明清两代，佛山一共出了五个状元、三个会元。清代佛山科名依然头角峥嵘，时人有"广郡科第之盛甲于粤中，南海科第之盛甲于广郡，佛山科第之盛又甲于南海"之说。以科举出仕的有湖南巡抚吴荣光，四川总督骆秉章，咸丰探花李文田（礼部右侍郎），梁僧宝（鸿胪寺少卿兼军机），戴鸿慈（协办大学士、法部尚书，出洋五大臣之一），张荫桓（户部左侍郎、驻美国公使）。还有在三湖书院就读的康有为和在佛山书院就读的梁启超、署理邮传部大臣梁士诒等。这些人才的出现，使佛山成为名副其实的"气标两广的人文之邦"。为什么佛山状元、会元在明代中叶呈群体性涌现？为什么明代佛山籍大吏在嘉靖朝宠命优渥？状元文化留下了何种文化基因？要回答这些问题，就要对科举制度进行探讨，对皇权体制进行分析，对中华传统文化进行整体把握。唯其如此，研究佛山的状元文化，就具有了特殊的价值。

祖庙文化为佛山所独有。在中国城市发展史上，如果说有一座庙宇与一座城市的命运休戚相关，那就是佛山祖庙。明清时期的祖庙，是当时佛山人的信仰高地和心灵归宿。可以这样形容两者之间的关系：祖庙之于佛山镇，事事相关；祖庙之于佛山人，代代相系。明正统十四年（1449）发生的一场长达半年的佛山保卫战，把祖庙和北帝深植在佛山先民心中。当时为了保卫佛山自明初以来积累的劳动成果，佛山先民有二十二老以祖庙为指挥部，罄其财产，分铺防卫，万人一心，众志成城，终于保住佛山不受掠夺。事平之后，明王朝敕赐祖庙为灵应祠，列入官府谕祭。佛山先民遂把佛山全境分为二十四铺，分区管理，从此佛山脱离乡村形态，走上了城市化的发展之路。祖庙也成为珠江三角洲最大的北帝庙，并诞生了出秋色、烧大爆、北帝坐祠堂等民俗庆会和祖庙建筑群。明清时期，祖庙还是佛山士绅议事决事的中心，佛山民间自治组织明代的"嘉会堂"和清代的"大魁堂"均设于此。至今悬挂于祖庙大殿外的"廿七铺奉此为祖，亿万年惟我独尊"的对联，就是对祖庙在佛山地位的精辟写照。千百年来，祖庙以其独特的人文之光滋养着佛山这片土地，也给这片土地留下了享誉千年的人文瑰宝和古建华章。因此，研究祖庙千百年来亦庙亦祠的发展脉络，可以发现岭南人文的精彩篇章。从这个意义上说，解读了祖庙的文化内涵，就可以理解佛山的民间信仰；解读了佛山的民间信仰，就可以理解中华文化之博大。

粤剧文化的诞生和发展与佛山有直接的关系。粤剧行语有云："未有吉庆，先有琼花。""吉庆"是指同治年间设在广州的粤剧吉庆公所，"琼花"是指雍正年间设在佛山的琼花会馆，两个都是粤剧的行会组织。琼花会馆在前，吉庆公所在后，二者有明显的承继关系，然时间相差上百年。粤剧在佛山的诞生，并不是偶然的。戏剧的发展与社会经济发展密切相关。首先，佛山神庙和宗族祠堂众多，需要大量的神功戏酬神；其次，商人和侨寓的大量涌入，使会馆以及单身汉的数量迅速增加，需要演剧酬谢行业神和丰富业余生活；再者，数量庞大的手工业者常常要庆贺师傅诞和满师礼。土著的祭祀需要、侨寓的文化生活需要和工商业者的行业惯例需要三者相结合，为粤剧的诞生提供了"肥沃的土壤"。雍正年间，北京名伶张五，号称"摊手五"，南来佛山，寄居佛山镇大基尾。张五以京戏昆曲授诸红船子弟，变其组织，张其规模，创立琼花会馆。琼花会馆建立于雍正年代的事实，可以在乾隆十七年（1752）陈炎宗修《佛山忠义乡志》之《佛山总图》中标出的"琼花会馆"一建筑得到证实。琼花会馆建立后，规范了粤剧剧种和十行角色，培养了大批粤剧人才，从而使粤剧走向蓬勃发展的阶段。粤剧宛如逾淮之橘、出谷之莺，从而独树一帜，向广州、珠江三角洲乃至广西东南部迅速发展。张五从此被粤剧艺人尊奉为"张师傅"。咸丰四年（1854），因琼花会馆戏班参加红巾军起义，清军平毁了琼花会馆。此后粤剧班子均散向四乡及流集于广州谋生，同治年间遂在广州设立吉庆公所。由此可见，佛山是粤剧诞生的地方，又是粤剧发展的基地。粤剧与佛山社会生活息息相关，互相依存，共同发展，并成为中华传统戏剧的重要剧种。

史上的佛山镇，包括禅城、南海、顺德、高明、三水五区约3800平方公里范围内与历史文化相关的人、地、物、事。如果课题内容与相邻区域有交叉，撰稿人应根据史实，酌情处理。

六、丛书内容大致可分为：佛山历史环境地理、佛山工商业、岭南文化遗产、佛山历史人物。具体展开为八大方面：（1）红色文化主题：对新中国成立和建设作出较为重要贡献的人物和群体，需要关注；（2）变革与创新主题：在政治、经济和社会创新变革等方面有重大的贡献，推动中国历史进程的历史人物和事件，应该总结；（3）历史地理主题：近海水文化环境格局，以及和广州的双城面貌，对于成陆的佛山和佛山产业布局、产业调整，关系极大，因而佛山水环境、地名、地理、古人类活动等，均需梳理；（4）生态文明主题：佛山先民创造性地利用湿热低洼的地理气候条件，广筑堤围，在地少人稠的佛山，以可持续、立体种养的"基塘"农业，率先实现农桑的商品化生产，一些世家大族、名村名镇应运而生，其成就和遗产对于今天乃至未来，仍不乏启示，理应关注；（5）工商业主题：以工商业著称的佛山，其丰富的工商业史料、商业伦理、工商业品牌、企业、产业、行业、行会等，都在网罗之内；（6）岭南文化主题：作为广府文化重镇，广府文化的代表性符号诸如粤剧、南音、南狮、粤语、粤菜、广锅、石湾瓦、秋色、剪纸、武术等，或者由佛山发轫，或者由佛山光大，正该系统整理；（7）历史名人主题：佛山百业兴旺，名匠作手代不乏人，而且科甲之盛，傲视岭南，名医留下的验方良药、名师传下的武功招式、大家留下的丹青墨迹、名人书写的诗文传说，至今还滋养着这块土地，甚至进入中国文化的谱系，应予整理；（8）对外交流主题：佛山是海上丝绸之路的重要节点之一，更是重要的产品制造输出地，从佛山出发以及归往、过境佛山的客流物流，在一个覆盖南洋群岛、遍及全球的范围内，留下了鲜明印迹，值得挖掘。

七、丛书立传所涉人物，原则上为历史上的佛山籍优秀先贤，包括

引

子

我小时喜欢机器。先父曾为军人，服役于中国人民解放军汽车第三十七团，团部后院有一个很大的废旧汽车留置场，停满了退役下来的汽车。那些车曾经历硝烟弥漫的战场，千里运输、负重爬坡，如今英雄迟暮、垂垂老矣。它们长年累月风吹雨淋，一些零件零七碎八地散落在阳光下。我第一次溜到那里就像发现了宝藏，以后有事没事就去那里，爬上爬下，琢磨那些零件；也选一些小开关什么的悄悄拿回，用铜丝和干电池试着连通开关，一摁，小灯泡一闪一闪，让人开心；还用小齿轮、小轴承做过小推车，但不能拉人；还用自行车链条做过几把火药枪，一扣扳机，"啪"地一声，火柴杆"钉"到小伙伴脸上，疼得人家"哇哇"乱叫。也许是这些原因，我16岁便考入一所全日制机械学校，专门学习机械设备，毕业后进入一家铁路工厂。那里机器真多，车、铣、刨、磨，半自动、全自动，电气、液压……有的精致玲珑如小家碧玉，有的粗壮健硕如勇猛力士。若遇月黑风高，我正值夜班，只听见——整个车间里机器轰鸣声、砂轮磨刀声、刀削钢铁声不绝于耳，像正在举行一场重型机器音乐会，我躲在一角边听边构思美妙的诗文。人生倘若按照这个轨迹走下去，我能成为一名合格或出色的机械工程师。可毕竟血气方刚，觉得那样的生活过于单调，没几年我就扔掉专业所学，不再"舞刀弄枪"而是投身报业，开始了相对漫长的"铁肩担道义、妙手著文章"的"优雅"的生活。

但我骨子里对机器仍是喜爱的。喜欢金属、发动机、零部件；喜欢铁青色、灰黑色；喜欢机器运转所发出的啮合声、撞击声，还有空气中弥漫的20号或40号机油的香味儿。

有一年去湖北襄阳，到隆中，看到诸葛亮发明的"木牛流马"，可惜真正的木牛流马早已失传，摆着的不过是一件仿制品。我到现在都没琢磨清楚木牛流马如何在"蜀道难，难于上青天"的天府之国的崇山峻岭中

"疾步如飞"。历史上，还有一位发明家——春秋战国时期的墨子，他发明了守城器械、木鸢，发现了小孔成像原理。

他们都是爱思考的人。

只是，在中国漫长的封建社会中，一顶"奇技淫巧"的帽子遮蔽了太多人想象的天空，打消了太多人的创新驱动力，直至清代末年，当西方机器的轰鸣日甚一日时，腐败的清廷还在惊恐火车的震荡干扰了皇室的阴魂。

当然，那个时代，岭南，仍有人喜欢机器，陈启沅、陈澹浦、陈拔廷……巧的是，他们都是佛山人。

2018年1月，我从新闻中看到"中国工业遗产保护名录（第一批）"正式公布，江南机器制造总局、汉阳铁厂、京张铁路等100个项目入选。那是一场在中国科技会堂举办的发布会。随着第二至第五批工业遗产保护名录的陆续公布，可以发现，名录中有创建于洋务运动时期的官办企业，也有新中国成立后的"156项"重点建设项目，覆盖造船、军工、铁路等门类，都是具有代表性、突出价值的工业遗产。

"协同和机器厂"亦名列其中。

我对协同和机器厂感兴趣的另一个原因是它和佛山陈氏机器家族有关，而我曾在佛山工作和生活，到处都留下我行走的痕迹。还有我专门写作的《陈启沅评传》以及《佛山的清晨》《千灯湖》《里水》等散文作品。而陈启沅和陈氏机器家族之间也有着千丝万缕的联系。

一个夏日的午后，我和妻子冒着酷暑前去广州芳村寻踪觅迹，寻找"协同和"。

芳村那个地方我们以前常去，从广州到佛山南海或从南海到广州都会经过那里，但都是开车路过，没怎么停留。我们不是土生土长的广州人，因此，寻找一家百年前的工厂旧址看似不应那么容易，但是，广州柴油机厂的旧址，手机可以导航，而找到广州柴油机厂就找到了"协同和"——那是1966年，协同和机器厂改名为广州柴油机厂。它们是"一家子"。

沿芳村大道东直行，再拐到杏花大街，就进入了协同和文化街区。

街区有一条河，叫大冲口涌。涌，应是南方的叫法，北方不这么叫，就是河汊，大河有水小河满，满了就分汊。由于南方多水多雨，河涌便到处都是，尤其是靠近村落的地方。

河涌碧水微澜、水质清澈。河岸两畔栽种着各种各样的南方植物，郁郁葱葱富有生机。树上的鸟儿叽叽喳喳地叫着。树下，卧着热得咧开大嘴直吐舌头的土狗。

不远处，河涌上有一座桥，是一座造型古朴的古桥，名为"毓灵"，取"钟灵毓秀"之意。历史上，这里属钟秀乡。桥长25米，宽2.04米，全桥分三段，中间一段主桥长7.06米，其余两段各为6.25米，两头有引桥。整座石桥由青油麻石构成，此石料质地坚硬、结构紧密，极耐磨。既为古桥，便有历史与文化相映生辉。据说在清代，岭南后生赴京赶考，很多人于金榜题名后会沿畅达的水路返回，高中

图1　毓灵桥

举人、进士的学子带着衣锦还乡的喜悦乘船经过毓灵桥时，万人空巷，啧啧赞叹——此桥又被称为"龙门"。1993年，广州市人民政府将毓灵桥定为文物保护单位。

若沿河涌继续前行，很快会到珠江名河涌入江口。江河湖海本就四通八达，而我们寻觅的"协同和"就在毓灵桥和入江口之间。靠山吃山、靠水吃水，陈氏机器家族的一员陈拔廷当年把机器厂建在码头附近，是为便于货物、机器运输。而河对岸，是广州著名的"十三行"——清代设立于广州的经营对外贸易的专业商行，又称洋货行、洋行、外洋行、洋货十三行。

蓦地，一座淡黄色的百年厂房屹立于眼前，正门顶部上方刻有"协同

图2　协同和机器厂旧址

图3　广州市登记保护文物单位

图4　协同和机
器厂厂房

和机器厂"的商号，门楣上方雕有灰塑"1922"，代表厂房所建年代。

这便是广州协同和机器厂旧址。

百年沧桑，光阴滔滔。拂去历史尘烟，"第一台——柴油机——"
稍有历史常识的人都知道，那个年代的岭南乃至中国，出现这样一台机器
意味着什么。这和出身无关，瓦特的蒸汽机，爱迪生的电灯，居里夫人的
镭……都与一个人的出身无关。

它是一个标签，一种开始，始之勤者，终之恒者。

第一章

一个村落的传奇

文 历
化 史

第一节　宋代村落

佛山市南海区丹灶镇良登村是陈澹浦的老家。

从丹灶镇政府出发沿樵丹北路行驶大约5公里，即到良登村。

2020年8月，天已入伏。南方的夏季燠热难耐，上午9点多，不大工夫，太阳已把汽车外壳晒烫。良登村村道行人稀少，三三两两的村民仍保持着中国古代农民日出而作、日落而息的生活方式，背着背篓，拿着农具，去田地或水塘，以勤谨的态度面对当下以及未来的生活。

在一片空地停车，摇下车窗，四处张望。远处是郁郁葱葱的青山，青山之上云蒸霞蔚，呈现南方夏日乡村的美丽风景；近处，芭蕉、甘蔗、水稻、丝瓜、龙眼……生机盎然，都是在这片土地上才能更好地生长的植物。空气中弥漫着朴素的乡土气息和一丝咸咸腥腥的味道，是一个个鱼塘在阳光的抚慰下蒸腾的气息。

汽车缓缓行驶。一幢幢或斑驳陆离或崭新齐整的民居映入眼帘。和许许多多岭南村落一样，这里保留着一些古代的建筑，虽饱经风雨沧桑，但透过一道道门楣屋檐、一块块残砖断瓦，依然可以看出它们曾经的富丽堂皇与玲珑剔透。良登村属于"传统建筑在古村落的比例明显高于不协调新建筑比例的村落"①。

相传，村落在宋代就已存在。

考古发现，早在新石器时代晚期至青铜时代，此地已有先民活动，"证据"来自1982年的一次文物普查，考古人员在这里发现了"通心岗遗

---

① 朱雪梅、田继贤：《佛山古村落》，广州：广东人民出版社，2016年，第25页。

址"。遗址遗物丰富，采集到数量不菲的燧石石核、石锛、石斧、陶纺轮等，都是那个时代先民生活中常用的工具。工具无言，却传递着极有价值的信息。那些陶片呈现方格纹、曲折纹、叶脉纹、绳纹等，美丽的纹路象征这片土地上的先民对美好生活的憧憬与向往；构成陶的土质则为红、灰、夹砂黑。这些物品究竟是与先民一同迁徙而来还是由先民在这里发明、创造，土生土长？可以明确的是，很多的蚬壳只能属于这里。凡南方人或在南方生活多年的人，免不了要吃蚬子——辣椒炒蚬子、凉拌蚬子、豆腐炖蚬子、蚬子炖汤等，饥肠辘辘之时，于山清水秀的美丽乡村等候美味上桌，感觉极为美好。当老远就闻到那种独特的香气，任何人都禁不住垂涎三尺。蚬子喜欢生长在咸淡相宜的浅海地带，可按良登村现在的地理和水文情况似乎又不具备蚬子生长的环境，其中缘由盖因新石器时代以前这里属咸淡水交汇之处；到新石器时代，"由于东江水较大量流下，河口逐步下移"①，便为蚬类生物的生长提供了良好的环境。在村子的市口岗、通心岗、船埋岗等地发现的大量蚬壳，应是1.8万年前先民渔猎采集的标志。

通心岗遗址还发现了大量的鱼骨、龟骨、牛骨、鹿骨，也是那个时期出现农业与养畜业的标志。有吃有喝有耕有牧，先民们乐得在此地栖息、劳作，薪火相传。

及至明代，良登村还出了一位大官，名为方献夫（1485—1544）②。其"生而孤"③，自7岁起在祖父方用中的督促下勤勉治学、苦学不辍。1505年（明弘治十八年）中进士，历任礼部主事、吏部员外郎、少詹事、吏部尚书兼武英殿大学士。曾三次上疏称疾辞官，家居10年。卒谥"文襄"。

南海西樵山小鉴湖（即现在东天湖）畔有一座书院，名为"石泉书

---

① 赵绍祺、杨智维修编：《珠江三角洲堤围水利与农业发展史》，广州：广东人民出版社，2011年，第24页。
② 瞿冕良编著：《中国古籍版刻辞典》，苏州：苏州大学出版社，2009年，第113页。
③ 张廷玉撰：《明史》第4册，长沙：岳麓书社，1996年，第2845页。

院"，系方献夫创建，有沛然堂、紫云楼、御书楼、天湖亭等，与大科、云谷、四峰书院并称明代西樵四大书院，是方献夫告老还乡之后著书讲学之所。其一生所著有《周易约说》《程子语》《西樵遗稿》等。

方献夫研究何种学问呢？他"对于'西樵学派'所做的贡献，主要是开创王学一脉之功"①。黄宗羲在《明儒学案·粤闽王门学案》中也曾这样评价，"粤闽之士从学王守仁，自方献夫始"②。

明代正德年间，广东海丰县为纪念南宋政治家文天祥修建了表忠祠，位置在现在的县城城北1公里处的五坡岭。方献夫在《五坡岭表忠祠记》一文中记叙了表忠祠修造的缘起、经过，并详细记述了一代名臣文天祥出生入死的护国历程，表达了对文天祥的敬仰之情。其中有这样一段：

> 呜呼！天乎？人乎？且夫负义不屈，目击崖门，悲歌慷慨，就戮燕市。从容南面，再拜而死。可谓忠矣！史臣谓即诸葛公鞠躬尽瘁、死而后已者，非耶？③

小小良登村英才辈出。及至近代，让后人引以为豪的是在被孙中山称为"惊天地，泣鬼神"的黄花岗起义中，以身殉国的72位烈士中有13位为南海籍烈士，其中9位英烈是丹灶人，而丹灶良登村就有4位，他们是罗进、罗干、罗联、罗遇坤。其时，他们已侨居海外从事机械制造，养家糊口已无任何问题，甚至个个都过上了不错的日子，但当祖国处于外患内忧、岌岌可危之时，在孙中山的感召下，他们毅然回国参加同盟会，并以

---

① 衷海燕、徐旅尊编著：《珠江近古学说学派：千年南学灿烂期》，广州：广东旅游出版社，2018年，第83页。

② 黄伟宗、王元林主编：《珠江学派与理学心学》，广州：广东旅游出版社，2018年，第82页。

③ 方献夫：《五坡岭表忠祠记》，仇江选注：《岭南历代文选》，广州：广东人民出版社，2009年，第113页。

英雄的壮举给那个风雨飘摇的时代作了铿锵有力的注解。

一方水土养一方人——这个小小的村落到底隐藏怎样的故事？这个普普通通的村子到底存在怎样的精神特质？那些后来轰轰隆隆甚至名震天下的机器，它们的制造者、发明者究竟如何从这个村子一步步走出去，走出佛山，走出岭南，走到历史前台，走出近代中国机器工业的一幕历史大剧？

良登村人以罗、陈、方为主要姓氏，陈氏是其中重要的一族。而找到陈澹浦的后人才能最大程度地接近真相。可惜年代迁远，村里陈氏后人已踪迹皆无——族人还有，有看护澹浦陈公祠的，但其所讲方言委实难懂，经村民"翻译"，得知陈氏后人大多迁往广州、香港等地居住，无从联系。

"近水远山呈秀色，满门骄气显祥光。"澹浦陈公祠祠堂门前，一副木制对联传递出一个家族曾有的辉煌与显赫。

"嘎——吱"，其族人缓缓打开了澹浦陈公祠的木门——一股质朴的气息随风而来，一缕阳光从中庭流泻而下，为沉寂的祠堂增添了一些活力。

祠堂久未打理，呈现破败萧条之相；很多杂物随意堆放，像农家的简易仓库。与很多显赫家族的祠堂相比，这个祠堂不算大，呈传统中轴

图5　澹浦陈公祠

图6　澹浦陈公祠内部

对称、纵深布局，正厅两侧无厢房等建筑。

正面祭台之上供奉着一块木牌，上面写着一些字，并无特别意义。

一侧角落建有灶台，为后来新砌。灶台内堆放着尚未燃烧的些许木柴。

一侧墙上贴着一张剪报复印件，是1989年12月9日《羊城晚报》刊登的一篇文章，名为《广州机器第一家》，大致介绍的是陈澹浦在中国近代机械制造业发展史上占有重要地位的事。

图7 墙上张贴的剪报

祠堂系陈澹浦的儿子陈桃川修建。

一般来说，一个家族的祠堂都是后人为纪念先祖而建，时间跨越或百年乃至更长，而儿子为父亲修建祠堂的情况并不多见。

那是1929年至1930年间的事。

从祠堂修建至今已90多年过去了。以前祭台上安放着陈澹浦神位，旁边是陈子卿瓷像——陈子卿是陈澹浦的孙子，也是一位让陈氏家族引以为豪的人。

虽然没有得到更多有价值的资料，但细细打量整个祠堂，建筑十分考究，地上、墙上的每块石、每块砖都经精挑细选和精致打磨，是货真价实的优质材料，虽经风霜剥蚀，依旧坚固、平整、光滑，没有断裂与缝隙。陈桃川是用了心的。

到底是一种什么样的力量、信念让这个家族成为中国第一台机器缫丝机、广州第一批轮船甚或中国第一台柴油机的制造者？是兴趣使然，生存需要，还是天下兴亡、匹夫有责之忧患意识？

可以肯定的是，一个堪称广东乃至中国近代机械装备制造业的重要家族能从良登村走出，不是巧合，也非偶然。如是一种必然，原因又是什么？

如今良登村80岁上下的老人受陈澹浦及其子孙徒弟的影响，大多在年轻时从事过机械生产。

这是了不起的壮观景象。

第二节　时代裂变

从1820年说起，那一年是清嘉庆二十五年。嘉庆皇帝从1796年登基到1820年逝世，在位25年。他执政的那段时间是"清王朝从盛到衰的重要转折时期"①。

一个王朝的衰落与颓败有内因也有外因，当内因与外因以聚合之力作用于一个节点或一个时间段，结局有时便不可逆转。

外因是来自西方的"嬗变"与"创造"——英国人瓦特改良了蒸汽机，随着蒸汽机成功地应用于工业生产，世界历史进程发生剧烈改变，马克思冷静且清晰地看到这种改变意味着什么——"只有使用机器，大规模的社会生产才有力量使代表大量过去劳动的产品（即巨大的价值量）全部进入劳动过程"②，而"各种机器的巨大改进，大大提高了它们的生产力"③。

机器不仅提高了生产效率，也使产品质量得到全面改进；机器使产品标准化、批量化生产成为可能。这显然与中国传统的农耕社会走的是完全不同的两条路径。

一场萌发于英格兰中部地区的技术革命，以星火燎原之势、以潜移

---

① 关文发：《评嘉庆帝》，《武汉大学学报（社会科学版）》1984年第4期，第43页。

② ［德］马克思：《机器。自然力和科学的应用》，北京：人民出版社，1978年，第10页。

③ ［德］马克思：《机器。自然力和科学的应用》，北京：人民出版社，1978年，第23页。

默化的方式、以不可抗拒的魅力，让世界范围内的手工劳动向大机器生产转变。

在马克思的著作中，可频繁地看到夹杂于字里行间的"用蒸汽机推动的磨""榨油机""造纸厂""鼓风吹火装置""捣碎机""精纺机""加捻机""开毛机""梳毛机""织袜机""自动化工厂""机器制造业"等字眼，让人眼花缭乱，紧张得喘不过气。那是人类史无前例的轰轰烈烈的工业革命，顺应了时代发展的汹涌大潮，它以熊熊燃烧的态势穿越英吉利海峡，进入大西洋、太平洋；由欧洲出发蔓延至全球——当然，少不了中国。

嘉庆皇帝时正值耳顺之年。面对乾隆末年危机四伏的政局，他也打出"咸与维新"旗号，整饬内政，整肃纲纪，其中一个大手笔便是诛杀权臣和珅。但冰冻三尺非一日之寒，白莲教之乱、八旗生计、河道漕运等社会问题日益凸显；还有流进来的鸦片、流出去的白花花的银子。

嘉庆皇帝想力挽狂澜，但有心无力；放眼整个王朝，他又找不到可以依靠的人。

1816年（嘉庆二十一年），嘉庆皇帝与大臣孙玉庭商讨国事。

嘉庆皇帝问："英国是否富强？"

孙答："彼国大于西洋诸国，故强。但强由于富，而富则由于中国。"

嘉庆帝问其原因，孙答："彼国贸易至广东，其货物易换茶叶回国，时转卖于附近西洋各小国，故富，因而能强。西洋诸国之需茶叶，亦犹北边外之需大黄。我若禁茶叶出洋，则彼穷且病，又安能强。"①

---

① 《孙玉庭自记年谱》，《延釐堂集》附，转引自刘进田主编：《西北人文科学评论（第4卷）》，西安：陕西人民出版社，2010年，第74—75页。

君臣之间的对话，淋漓尽致地体现何为"自命不凡"与"色厉内荏"。

历史有定论，嘉庆是平庸之帝，在发展社会生产方面尤其显得保守和僵化。与历朝历代的皇帝一样，他极力压制各地兴办工矿事业，以"掩耳"的方式自觉或不自觉地屏蔽了来自西方机器的轰鸣之声。

当然，这样一位保守的皇帝对于西方列强对中国跃跃欲试、虎视眈眈的侵略威胁始终保持了较高的警惕——因为那是影响他的江山社稷的大事。为维护国家主权和民族尊严，他也采取了一些"较为有力的措施"①。但是，积重难返的大清王朝在嘉庆之后的1840年（道光二十年）还是被动地迎来了鸦片战争的爆发。在这一场战争中，"中西方社会的军事能力差异呈几何级数发展"。②清王朝逐渐成为任人蚕食、宰割的羔羊。

反观那一时期的中国，清政府对世界上因工业革命而发生的巨变几乎一无所知。他们陶醉在"天朝上国"之中，认为泱泱华夏地大物博，几千年之文明岂能随波逐流于西方所谓先进科技的"奇技淫巧"？他们担心，西方制器之精奇祸患大矣，当"西方万千舰船驶来我岸"③，岂不威胁王朝统治？

悲乎哉！

老祖宗留下的有精华也有糟粕。《礼记·王制》言："作淫声、异服、奇技、奇器以疑众，杀。"④胡适于1959年11月20日《容忍与自由》的演讲中说："'诛'正是中国专制政体之下禁止新思想、新学术、新信

---

① 关文发：《评嘉庆帝》，《武汉大学学报（社会科学版）》1984年第4期，第47页。

② 杨公素：《晚清外交史》，北京：北京大学出版社，1991年，第4页。

③ 丁勇、俞浏姮：《第一次工业革命后近代中西方军事能力差距的思考》，《军事历史》2018年第3期，第49页。

④ （清）刘沅著，谭继和、祁和晖笺解：《十三经恒解（笺解本）》卷6《礼记恒解》，成都：巴蜀书社，2016年，第96页。

仰、新艺术的经典的根据。"①嘉庆皇帝如此，道光皇帝如此，咸丰皇帝如此，同治皇帝如此，光绪皇帝也如此。如若不是，盛极一时的大清王朝便不可能在不到300年的时间里先岌岌可危，后轰然倒塌。

火车是第一次工业革命最有代表性的发明之一，也是最具代表性的成就之一，是工业革命浪潮中奔驰的一匹黑马。据有关资料，俄国铁路网1865年为3819公里，1890年增长至29063公里；德国铁路网1845年为2143公里，1875年为27981公里。②而中国的第一条铁路——吴淞铁路（淞沪铁路前身）1876年7月3日才通车。唐胥铁路是中国历史上第一条经政府批准兴建的铁路，起自唐山止于胥各庄（今属河北省唐山市丰南区），于1881年11月完工。荒唐可笑的是，唐胥铁路建成后，清政府竟以机车行驶震及皇帝陵园为由，只准许以骡马曳引车辆，"马车铁路"之称谓由此诞生于五千年之文明国度。

机器不如人便工业不如人，便技不如人、枪不如人、炮不如人、军事国防能力不如人。弱肉强食的丛林法则注定中国必遭西方列强肆意欺侮和野蛮侵略，于是，偌大的中国沦为了半封建半殖民地社会。

泱泱华夏面临前所未有的生死存亡之危机。嘉庆皇帝也于1820年9月2日（嘉庆二十五年七月二十五日）在承德避暑山庄病死。

第三节　农家孩子

陈澹浦正出生于那样的时代。

一个人的生年，如他还活着不是什么问题；如他的父母还活着也不是

---

① 段怀清：《胡适和他的〈容忍与自由〉》，《社会科学论坛·学术评论卷》2007年第10期，第47页。

② 列宁：《国内市场的形成》，《列宁全集》第三卷，北京：人民出版社，1984年，第511页。

什么问题；如均已逝去，时间跨度又过长，且没有任何文字记载、找不到任何凭证，便成为一个问题。

另外，如陈澹浦作为良登村一个普普通通的农家孩子，成年后仅仅是一个地地道道的农民，也没人去关注他的生年。只是，谁也没想到他会因机器而名扬天下。于是，弄清楚陈澹浦的生年便成为一件非常重要的事情。

在陈氏家族中，能够"依稀"记得陈澹浦生年的仅余两人，但都与陈澹浦隔着几代人。

陈澹浦曾孙陈滚滚曾于74岁时撰文："淡浦于公元一八〇一年生于南海县西樵良登村，这是我族世居的地方。"[①]来自家族成员的忆述应比较可靠，且其表述很"确定"，似乎不需要怀疑。但"陈澹浦"与"陈淡浦"有一字之差，又是为何？这便为我们质疑的思维找到了一个"支点"——隔代记忆不一定可靠。

还有一位是陈澹浦五世孙、广州港务局退休机械工程师陈家强。他在92岁那年有过回忆，"估计他（陈澹浦）生于清嘉庆二十五年（1820年），约在光绪十二年（1886年）去世"。[②]

两位后人的忆述出现极大差距，但都具有一定可信度。那么，到底以谁的忆述为依据？

关于陈澹浦生年还有多个版本，如"1795年"[③]、"1815年"[④]、"约

① 陈滚滚：《陈联泰与均和安机器厂的概况》，中国人民政治协商会议广东省委员会文史资料研究委员会编：《广东文史资料》第20辑，内部资料，1965年，第146页。

② 国拯：《广州机器工业元老陈澹浦》，关振东主编：《粤海星光》，广州：花城出版社，2008年，第35页。

③ 《陈淡浦》词条，袁宝华、翟泰丰主编：《中国改革大辞典》，海口：海南出版社，1992年，第1008页。

④ 肖霞、黄逸豪、赵进：《匠心的力量：践行品质革命 迈向创新蓝海》，《南方日报》2019年1月29日，第A08版。

1817年"①。最远与最近之间竟有26年之差。若不仔细考证清楚陈澹浦生年，其人生各个节点与时代的蛛丝马迹的关联便会漏洞百出，本书所述的许多内容也站不住脚，更无法自圆其说，这肯定不是科学和严谨的态度。

关于陈澹浦的资料较少。他不像陈启沅那样有自传、著述、回忆录。据此推测，陈澹浦没有上过官学，无舞文弄墨的嗜好，更不必说考取过什么功名，但读过一点书。在清代，因社学衰落、私塾发达，全国各地均出现"士以笔砚为恒产，教授为生涯"之图景，即便穷村僻壤也办有私塾，让孩子上个学、读个书、认个字是身为父母者的一种自觉行为，正所谓虽樵牧童竖，罕不识字者。从陈澹浦后来的人生经历和他钻研业务的细致程度分析，他具备一点文化。

笔者采取倒推和从其他记载中寻踪觅迹的方式，力求找到其出生年代的准确答案。

据《中国工业劳动史》记载，广州开设最早的机器厂是陈联泰机器厂，其前身陈联泰号，原是一家手工作坊。书中说，据广东机器制造业史料记述，"早在1819—1839年间，该号专制缝衣针，并兼营修理洋锁等业务，颇有名气"②。而"陈联泰号"这间小作坊的创办人正是陈澹浦。这段描述传递了一个时间段，跨度长达20年。但照此所言，一个小小的手工作坊经20年经营才获得一些名气，有些"语焉不详"。陈家强则说得较符合实际，"约在道光十七年（1837年）至十九年（1839年）间，他（陈澹浦）到广州十三行豆栏上街开办'联泰号'机器作坊"。③

根据以上资料，设若，陈澹浦于1820年（嘉庆二十五年）出生，在1837年（道光十七年）创办"陈联泰号"便顺理成章。虽其时年仅17岁，

---

① 龚伯洪：《广州民营机器工业元老钩沉》，《羊城今古》2003年第2期，第25页。
② 祝慈寿：《中国工业劳动史》，上海：上海财经大学出版社，1999年，第345页。
③ 国拯：《广州机器工业元老陈澹浦》，关振东主编：《粤海星光》，广州：花城出版社，2008年，第35页。

但穷人的孩子早当家。另，按照陈滚滚的忆述，陈澹浦的次子、六子也曾与父亲一同工作。其六子为陈桃川，据曾养甫于1937年所著《广州之工业》一书记载，"（陈桃川）现尚健在，年八十八岁"。[1]曾养甫见过陈桃川且两人深入交流过，是可信的，据此推算，陈桃川出生于1849年（道光二十九年），到1873年（同治十二年）南海西樵简村人陈启沅请陈澹浦制造缫丝机器时，陈澹浦年53岁，算是身强力壮，经验也很丰富；陈桃川则24岁。父子之间有这样的年龄差距也比较符合常理。

或许，陈滚滚是将先祖的很多过往经历杂糅在一起"和盘托出"——确有其事，但由于记忆或有关资料缺失而导致"颠三倒四"。

本着尊重前期诸多研究者及陈家强、曾养甫的说法，笔者采纳陈澹浦生于"1820年"之说，本书的研究也以此为准。至于"陈淡浦"与"陈澹浦"一字之别，毫无疑问指的是同一个人，有澹浦陈公祠为证。

结合上面的文字，笔者得出这样的结论，那些年，"陈联泰号"在街坊邻里之中打出了品牌，在业内有一些影响和客户。而在市井之中谋生活，最有说服力的是店老板的本事和服务的态度。农与工肆之人，心里有一杆秤，缝衣针好便是好，不好便是不好，口碑相传，往往做的是熟人的买卖。

第四节　走出乡村

普通人的童年和少年时光，如果他自己不写类似"我的童年"般的记叙文，如果熟悉他的人不写类似"生活趣事"的回忆文章，其他人一般无从洞悉。陈澹浦便属于这一类。

有意思的是，晚清小说家张春帆在其所著《宦海》中，描写过一位

---

[1] 曾养甫：《广州之工业》上篇，广州：商务印书馆，1937年，第6页。

叫"陈连泰"的主人公。小说讲述了陈连泰发家致富的故事。陈连泰从小家境贫寒，长大后跑去香港机器厂当小工。他凭借聪明才智掌握了制作新式机器的方法。在积累一定资金后，他回到广东开了一家大钟表机器店，顺便替人家修理机器。有一次，一家洋行的小火轮坏了，先请洋人修理，洋人说机器从里到外已全部坏透，不能修，只能换。洋行无奈，找到陈连泰。陈连泰凭借过硬的技术，只更换了其中一个坏了的轻重机就修好了机器。陈连泰由此一举成名。赢得良好声誉之后，陈连泰的机器店顾客盈门，连洋人都不停地找上门去维修、制造机器。但陈连泰做事有原则，但凡外国人的生意，能抢则抢，价钱优惠，产品质量还比洋人的好，有时哪怕亏些本也要把外国人的生意夺过来。对于中国人的生意，他却从来不抢，还经常"礼让三分"。这更使得陈连泰声名远扬。一时间，省城里头无论什么工程，只要"出进"大些的，一定是陈连泰包办。别人包下来，也一定去找陈连泰帮忙。那几年里头，陈连泰居然发了一百几十万两银子的财……

据考证，张春帆卒于1935年，因其出生年月不详，故在时间轨道上推算不出他与陈澹浦是否有过交集；或者张春帆与陈氏后人陈濂川、陈桃川有一定程度的交往？并非没有可能。这很可能是一部以陈澹浦事迹为原型的文学作品。

若干年后，"陈连泰"还进入《中国古典文学人物形象大辞典》[①]。

据此猜测，陈澹浦的确辉煌过，而能进入中国文学史、享受这般殊荣的那一时代的广东企业家凤毛麟角。

按照陈澹浦为1820年生人的结论，且依陈滚滚所言，到"一八三〇年

---

① 李淑章等主编：《中国古典文学人物形象大辞典》，呼和浩特：内蒙古人民出版社，1998年，第1030页。

以后"①陈澹浦外出谋生的说法，陈澹浦的童年时光是在良登村度过的。

那时的乡村是什么情形呢？阳光灿烂，草木扶疏，鱼塘闪烁着粼粼的波光。陈澹浦一边读着不知从哪里淘来的旧书，一边务农，在劳动中成长。南海自古为农桑产区。明清之时，岭南已是南方除江浙之外的第二大蚕区。市面好的时候，因"蚕桑生产实有三十之息"②，一个有10亩地的小农户以桑养蚕便能维持8口之家的生活。而顺德、南海人口尤其稠密，蚕丝生产能容纳更多劳动力。故为解决生存问题，越来越多的百姓会依赖蚕桑就业。因"蚕桑之沃壤"，形成"周围百余里，居民数万户，田地一千亩百余坎，种植桑树以饲春蚕"之情状。③靠山吃山，靠水吃水，陈澹浦的父母也以桑为食。陈澹浦则力所能及地帮助父母做一些事情。

不过，陈滚滚的忆述又为我们呈现了另一番景象，他说他的曾祖陈澹浦生活的地方"土地贫瘠，不是旱灾就是水患，耕作极度困难"。这便打破了前面所描述的生活的美好。当然，任何一个地方在某个时季发生天灾人祸是难免的，但南海土地贫瘠的说法令人质疑。笔者撰写的《陈启沅评传》中所述陈启沅生活的简村与良登村相距不过10公里，其时，简村人不但种植水稻，还养鱼、植桑、养蚕，生态环境很好，日子不愁过；且当地人深谙做生意之道，头脑灵活，又很勤谨，养活自己不说，纵是一家老小也衣食无忧。一水之隔，鸡犬相闻，良登村怎会成为贫瘠之地？

另外，至鸦片战争前夕，广州已成为全国丝绸出口最大城市之一，毗邻广州的佛山也成为有名的纱绸产区，这片土地上人们的主业就是植桑养蚕，"本省人如'蜜蜂般忙碌'，坚持工作，终于获得成功的报偿"。数

---

① 陈滚滚：《陈联泰与均和安机器厂的概况》，中国人民政治协商会议广东省委员会文史资料研究委员会编：《广东文史资料》第20辑，内部资料，1965年，第146页。

② 《沈氏农书》，转引自徐新吾主编：《中国近代缫丝工业史》，上海：上海人民出版社，1990年，第24页。

③ 何石安、魏默深辑：《重刊蚕桑图说合编蚕桑合编序》，转引自徐新吾主编：《中国近代缫丝工业史》，上海：上海人民出版社，1990年，第27页。

据可以证明蚕农的日子逐渐好转，1861年，从粤海关出口生丝和丝经（由蚕丝脱胶而产生的蛋白质）为3222担，到1866年是9258担，到1872年是18319担，呈直线上升趋势。①

陈家强与陈滚滚的忆述也隐隐约约展现了陈澹浦少年生活的影像，"陈澹浦……自小对机器有兴趣，年轻时在西樵办机器手工作坊，制作铜纽扣、缝衣针出售，兼修理金属器具"，"乡人向来多以代人加工制造铜纽为副业，借补农耕上的不足，陈家先世也借此为生"。务农之人搞点副业补贴家用乃正常之事，那时佛山"有二三十万人从事纺织、制藤、铜器、铁器、桂皮、粮食、油料的生产"②。陈启沅亦言，其父也曾外出经商。由此推断，除去灾害之年，良登村非但不贫瘠，因村人风俗谨朴，大家一边种地一边经商，反而"民务稼穑，衣食滋殖"。小富即安，是乡亲们共同的特征和典型的乡村景象。

只是，陈家强与陈滚滚的忆述于地点上又出现偏差。陈家强说在西樵——西樵是南海的另一个镇，在名扬天下的西樵山脚下，距良登村18公里；陈滚滚虽未点明地点，却给人以在家"代工"之感。一个少年或年轻人，干同样的事情，双脚迈出家门与未迈出家门，于人生成长意义不尽相同。

铜纽为何物？铜质纽扣是也。很多上了年纪的人幼时见过"货郎担"走街串巷，他们手摇小皮鼓，"笃、笃、笃"一路叫卖，敞开的木箱里"针头线脑"应有尽有，也有各式各样的纽扣，惹得小孩、大姑娘、小媳妇眼馋。广州人将货郎卖的这些东西称为"头绳针纽"，指生活中不太起眼的小东西小物件。

---

① 广州市地方志编纂委员会办公室、广州海关志编纂委员会编译：《近代广州口岸经济社会概况》，广州：暨南大学出版社，1995年，第25页、74页、75页。
② ［美］魏斐德著，王小荷译：《大门口的陌生人：1839—1861年间华南的社会动乱》，北京：新星出版社，2014年，第166页。

　　陈滚滚言："淡浦由铜纽店领取原料来做纽，靠计件工资生活。"①陈澹浦所做的纽扣便属于商家"定制"、来料加工，个人不考虑原料成本，不操心纽扣销路。但这样的合作方式利润也有限。做成的铜纽扣有何用处？广州在明代以前，"衣服用带子绑结，后来用麻布、丝带编结成纽"②。不单广州，很早以前中国各个地方人们的衣服都是交互而为纽。很多人小时穿的棉袄上就系过母亲扭结的纽扣。一个时代有一个时代的东西。到清代顺治初年，皇室贵胄的服装用的空心纽是黄金制造的；广州八旗子弟用不起黄金又想炫耀身份，"'朱义盛'纽扣便应运而生了"③。"朱义盛"是广州俚语，镀金首饰的意思。陈澹浦所做的铜纽扣，也许就是"朱义盛"中的某一粒，最后落到爱慕虚荣的皇亲国戚的外衣上。现在衣服上的纽扣大都是塑料制品。很久以前，大人们大衣上的纽扣有金属做的，银色和金色都有，非真金白银，镀银镀铜而已。而陈澹浦做铜纽扣，仅靠双手无法完成，要用到一些简单的工具，有的工具可能就是他自行"研制"的。

　　海南省昌江黎族自治县博物馆官网收藏了一张清代流行的铜纽扣图片。纽扣大致呈现圆形，根部有个"钮"，起到与衣服固定的作用，纽扣表面"沟壑纵横"，放大看有点像人类缩小版的大脑。

　　纽扣的技术参数为：

　　年代：清（1616—1911）。

　　质地：铜。

　　外形尺寸（厘米）：通长2.00，通宽2.00，通高1.00。

---

① 陈滚滚：《陈联泰与均和安机器厂的概况》，中国人民政治协商会议广东省委员会文史资料研究委员会：《广东文史资料》第20辑，内部资料，1965年，第146页。
② 邓端本、欧安年、江励夫等：《岭南掌故》，广州：广东旅游出版社，1987年，第269页。
③ 邓端本、欧安年、江励夫等：《岭南掌故》，广州：广东旅游出版社，1987年，第269页。

质量：0.005千克。

属于一般文物。

图8　清代的铜纽扣

陈澹浦做这样的铜纽扣还是有一些难度的，技艺上，要会削、会凿、会雕、会磨；艺术上，需要一定的创意和美学眼光——当然，外国人说，中国人做的铜纽扣，"开始时是由洋人教会华人的"[①]。

另有资料表明，清代衣服上的纽扣多为铜制的小圆扣，大的如榛子，小的如豆粒。民间多用素面，即表面光滑无纹，宫廷或贵族多用大颗铜扣或铜鎏金扣、银扣。纽扣上常镌刻或镂雕各种纹饰，如盘龙纹、飞凤纹及其他花纹。纽扣的钉法也不一样，有单排、双排或三排。乾隆以后纽扣的制作工艺日趋精巧，衣用纽扣也愈加讲究，以各种材质制作的纽扣纷纷应市，有螺纹扣、烧蓝扣等，还有白玉佛手扣、包金珍珠扣、三镶翡翠扣、嵌金玛瑙扣及珊瑚扣、蜜蜡扣、琥珀扣等，甚至还有钻石纽扣。纽扣纹饰丰富多样，折枝花卉、飞禽走兽、福禄寿禧甚至十二生肖等，纽扣的实用性和装饰性达到巅峰。

一粒小小的扣子发展到如此地步便不可小看。如此复杂的工艺，制作起来难度颇大，陈澹浦须保质保量完成任务。也许，正是这样一种慢工出

[①] 《1871—1872年广州口岸贸易报告》，广州市地方志编纂委员会办公室、广州海关志编纂委员会编译：《近代广州口岸经济社会概况》，广州：暨南大学出版社，1995年，第80页。

细活的锻炼，使陈澹浦逐渐"练得一手好手艺"。[1]

可以这样理解——少年时代的陈澹浦并未走出家门，只是从外面接了一些活儿，拿回来加工，赚一些钱。

还有人说，陈澹浦家族"历代在乡做手工铜纽，颇有点名气"[2]。果真如此的话，陈澹浦所在的家庭又属于"亦农亦商"阶层，陈澹浦也算出生于一个手工业家庭——古代的佛山，凡从事工商业者，无论家业大小，都喜欢在民生日用品中"寻找自己的市场"。[3]

陈澹浦便是无数或大或小工商业者中的一员。

不管怎样，这样一份工作使陈澹浦对于"机器"的兴趣愈来愈浓郁，也为他将来从事机器维修和制造埋下伏笔。

成年后的陈澹浦似乎完全放弃了务农之路。这是一种必然。他所生活的南海县自古以来就是岭南的工商业重地，南海县的佛山镇与广州共同形成华南的商业中心。澳大利亚一位旅行家在一本书中有这样的描写：

> 佛山千年的历史积淀远比其城市的规模更有看头。"无影脚"在这儿确实无影无踪，你会看到的是南狮灵活脱跳的腿功。佛山被誉为"岭南文化之乡"，是粤剧、粤菜的发源地，精彩的传统民艺与美食琳琅满目，空荡荡的行李箱和胃囊都是必备。
>
> 佛山古称季华，"肇迹于晋，得名于唐"，因唐朝时当地人在塔坡岗上挖得三尊铜制佛像，取"佛家之山"改名佛山，又称"禅城"。……唐代时已发展出繁盛的手工业与商业活动，明清

---

[1] 陈滚滚：《陈联泰与均和安机器厂的概况》，中国人民政治协商会议广东省委员会文史资料研究委员会：《广东文史资料》第20辑，1965年，第146页。

[2] 姜铎：《调查散记——旧中国民族资本史料集锦》，《近代史研究》1983年第2期，第297页。

[3] 郝伟：《佛山商道文化》，广州：广东人民出版社，2016年，第33页。

时期更是兴旺，与北京、汉口、苏州并称天下"四大聚"。清末开放广州作为通商口岸，佛山因地利与物产皆宜，成为中国近代民族工业的发源地之一。[①]

笔者在佛山的岁月间，耳闻目睹这座城市的方方面面，始终觉得它是一个具有活力的以制造和创新为主导的大型都市，机械制造、家电制造、陶瓷生产、家具加工……百姓很熟悉的陶瓷品牌大都出自佛山，美的电器更是举世闻名，顺德、南海、三水……国道两侧，到处是中小型加工厂、生产厂。

佛山是一个格外包容的城市。虽然本地人居多，但不排外，各色人等进入佛山都有活路。与此同时，更多佛山人走出佛山，在更宽广的舞台历练、谋求生存之道，打拼或大或小的事业。

陈澹浦选择了一个什么样的时机离开故乡？

前述，陈滚滚说是1830年以后的事情，"乡中因天然灾害，连年耕种失败，更值铜纽无市，迫得淡浦一度外出谋生"[②]。生活所迫，为了生计，陈澹浦不得不外出打工，这是极有可能的事。但另一个问题，按照陈滚滚所言陈澹浦的生年，1830年时陈澹浦应为29岁。而按照陈澹浦生于1820年的说法，这时陈澹浦年仅10岁，又显然是不可能的一件事。笔者采用陈家强的说法，陈澹浦走出家乡是1837年（道光十七年）的事，这时陈澹浦17岁，按照古代男子的成年标准，他虽未及弱冠，但身体长成，可以闯荡世界了。

于是，在某一个阳光灿烂的日子，身材瘦削、个头不高的陈澹浦彻底走出良登村，走向广州，进而走出了一片广阔的天地。

---

① 澳大利亚Lonely planet公司编，钱晓艳等著：《孤独星球Lonely Planet中国旅行指南系列 广东 第2版》，北京：中国地图出版社，2016年，第136页。

② 陈滚滚：《陈联泰与均和安机器厂的概况》，中国人民政治协商会议广东省委员会文史资料研究委员会：《广东文史资料》第20辑，内部资料，1965年，第146页。

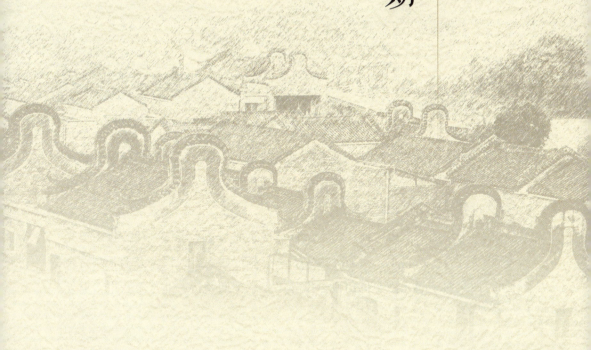

第二章

文历
化史

陈澹浦经营时期

第一节　机器作坊

　　陈澹浦去的是位于珠江江岸的广州十三行。

　　广州十三行名闻遐迩，自1757年（乾隆二十二年）起至1842年签订《南京条约》之前，广州成为清政府允许外商来华贸易的唯一口岸。在"一口通商"时期，十三行的发展达到了巅峰。广州十三行受粤海关管辖，清政府以此实现以商制夷、确保税收的目的。

　　清初诗人屈大均有一首《广州竹枝词》曾流传甚广：

> 洋船争出是官商，
> 十字门开向二洋。
> 五丝八丝广缎好，
> 银钱堆满十三行。[①]

　　广州十三行因其特殊的地位和充当的角色，形成长达百年繁荣兴盛之景象，乃至有西方人认为，中国迈向近现代的脚步始于广州十三行，并继而在世界贸易舞台上崭露头角。

　　一则反面例子可验证广州十三行富得流油乃名不虚传。1822年（道光二年）九月十八日十三行发生火灾，"三昼夜始熄，毁民舍万七千六百余间，西至西宁堡，南至佛山渡口鬼驿尾，东至回澜桥，北至第八甫，男女

---

① （清）屈大均著，李育中等注：《广东新语注》，广州：广东人民出版社，1991年，第376页。

民夷焚死百余"。①其状惨不忍睹。但熊熊大火燃烧之后，熔化的洋银竟满街流淌，白花花流出"一二里地"②，可谓遍地金银、"流光溢彩"。

图9　中国画家笔下的十三行大火③

不过，恰在陈澹浦去广州闯荡那一年，十三行出现了一个特殊的情况。此前十三行"缺商随时招补"，意指"加盟"容易，审批手续简单；1837年（道光十七年）7月29日，两广总督邓廷桢上奏道光皇帝请求恢复十三行承商旧制，嗣后该商遇有歇业或缘事黜退者，"方准随时招补"④，意指"总量控制"，走一个补一个。道光皇帝准奏。当然，此举限制的或为承办进出口贸易的商行，对"一厂一店"应并无影响。若非如此，陈澹

① 广州博物馆编：《广州博物馆》，北京：文物出版社，1983年，第54页。

② 张家玉、刘正刚：《晚清广州"冇牙老虎"肆虐》，梁力编：《羊城沧桑3》，广州：花城出版社，2014年，第197页。

③ 中国画家：《广州十三行——烈火蔓延》（约1822年，水粉，私人收藏图片，马丁·格里高里画廊），转引自［英］孔佩特著，于毅颖译：《广州十三行：中国外销画中的外商（1700—1900）》，北京：商务印书馆，2014年，第89页。

④ 中国第一历史档案馆、广州市荔湾区人民政府：《清宫广州十三行档案精选》，广州：广东经济出版社，2002年，第227页。

浦在邓廷桢奏前进入，门槛低；在皇帝准奏后进入，门槛高——除非有人退出。这是"制度"上的障碍。另，陈澹浦想在寸土寸金的十三行"插足"，需要数目不菲的启动资金。

一个人走出家门去外面闯荡会带一些本钱。陈澹浦有一些积蓄，是做纽扣挣下的辛苦钱，数量多少不知，但不够在十三行开店，需要亲友另外资助。

据传，"陈的祖母康氏，其侄孙是康有为的祖上，由康氏亲属借与数百两白银在上址创业"①。只是一家之言，不知其有无根据。因数百两的确不是小数目，不但对于陈澹浦是一笔巨款，对有钱人也算一笔巨款，即便康氏亲属真有这个经济实力，也不太会将数百两白银交给一个乳臭未干的后生去创业；另外，如果陈澹浦真有数百两白银作为启动资金，那他的门店就不会是一间小作坊。

不管怎么说，"陈联泰号"开起来了。陈澹浦自此开启与机器长达数十年"扯不断理还乱"的千丝万缕的联系。另有文字记载，陈澹浦是"19世纪60年代"创办的"联泰号"。②但这个时间与陈滚滚、陈家强所言差距太大，且不去理会。

诸多资料证明，陈澹浦是从一间小作坊起步的。小作坊，规模大不到哪里——十几平方米的面积，几样简单的工具，一张木质旧工作台，几把简易椅子，空间逼仄、局促……在十三行那样的地方，一间间大的商行赫然挺立，这样的小铺子"雨脚如麻"——在中国大地上，这样的小铺子更是不计其数，陈澹浦这间小作坊就是曾经千千万万小铺子中的一个。

---

① 伍锦：《解放前广州市私营机器工业概况》，中国人民政治协商会议广东省广州市委员会文史资料研究委员会编：《广州文史资料（选辑）》第23辑，广州：广东人民出版社，1981年，第74页。

② 中共广东省委组织部、广东省人民政府地方志办公室编：《广东资政志鉴》，广州：广东人民出版社，2015年，第78页。

1839年（道光十九年），一位外国画家描绘了十三行同文街一景。

图10　外国画家的十三行同文街一景[①]

从刚起步到以后很长一段时间里，陈澹浦都没有钱置办像模像样的工具，更别说车床、磨床、剪板机等机器，故而，生意稀稀疏疏，时好时坏。他便有很多闲工夫四处转转。他看到广场和码头地区已经变成小摊小贩和临时摊位聚集的固定场所，纷纷攘攘，热闹异常，正如《中国丛报》所记，"似乎每一英尺就有处货摊，它们摆上了长长的一溜，忙碌的小贩们叫卖着水果、糕点、蜜饯、汤汁……还有一排里面有各种稀奇古怪的图

[①]　［英］威廉·普林赛普：《十三行同文街一景》（1839年，铅笔、水彩，香港艺术馆收藏图片，马丁·格里高里画廊），转引自［英］孔佩特著，于毅颖译：《广州十三行：中国外销画中的外商（1700—1900）》，北京：商务印书馆，2014年，第70页。

像的西洋镜箱……一些剃头匠……一些年长的妇女带着碎布和针线专门为人缝补衣服，还有补鞋匠、补锅匠以及放在篮子里卖的小狗、小猫和鸟儿"。于外商眼里，情景也大同小异，"这里卖橄榄、蜜饯、花生仁、茶点、白粥，有人在唱滑稽歌，还有变戏法的卖艺人、补鞋匠、裁缝、编帽人和修油纸伞的工匠"①。天下熙熙，皆为利来；天下攘攘，皆为利往。"十三行"商机遍地，又竞争激烈。

陈澹浦感到沮丧，机会再多，他只能从事修修补补的事情，瞄准广州人日常生活中的"缺项"，于诸多生意的"缝隙"之中讨口饭吃。

既如前所述纽扣无市，陈澹浦便不会继续制作纽扣。修修补补之外还能做什么呢？陈氏后人说，他们的先祖以制造缝衣针等及修理各式金属器械为业。"制造"这个词便与陈澹浦悄然联系上，但他们"制造"的东西却又显得平常——一根缝衣针有什么技术含量，有什么稀奇之处？但在那个时代，一根针关系百姓穿衣。百姓生活最紧要的无非衣食住行，"衣"在首位。针，便是那个时代家庭主妇手里的"金箍棒"——一双巧手变出多种花样，"穿"起一家人的冬暖夏凉。

缝衣针看着简单，做起来难。很早以前广州人用的缝衣针都是从德国进口的"鸡唛针"，此种针在我国销售很广，"利润亦厚"，乃至冒牌鸡唛针"充斥市场"。②到第一次世界大战期间，因"鸡唛针"断货，市场上竟出现"用一块银元或一头母鸡换一口鸡唛针的不等价交换"③。针本论"根"而不论"口"，论"口"惟其重要，俗语称，"上边千条线，下边一口针"，"一口银针十支玉指百束锦丝"，"一口针，三尺线；益州

---

①　[英]孔佩特著，于毅颖译：《广州十三行：中国外销画中的外商（1700—1900）》，北京：商务印书馆，2014年，第96页。

②　广州市荔湾区政协文史资料研究委员会编：《荔湾文史选辑》，广州：广东人民出版社，1987年，第94页。

③　邓端本、欧安年、江励夫等：《岭南掌故》，广州：广东旅游出版社，1987年，第269页。

布，扬州绢"。

德国人造的"鸡唛针"既直且硬，弹性、韧性还好；针尖足够尖，针鼻穿针引线不滞、容易；此外，光洁度绝佳。总之，此针质量上乘，结实耐用，集多种优点于一身，让中国老百姓爱不释手。

但仿制"鸡唛针"可不容易。德国人用机器制造，陈澹浦靠手工加工，古语虽道"只要功夫深，铁杵磨成针"，那是激励人不怕吃苦，但真做起来真是太难了，是个细心活儿，也是个手艺活儿，一套工序下来，耗时长，极费力，手疼膀子疼浑身疼，一不留神还会扎破手。广州夏天燠热难耐，做针师傅汗流浃背，苦不堪言。

陈滚滚证实，做针业务时陈澹浦没什么家当，工具十分简单，全靠手工操作——纯靠手工操作一日能做几根针？做不了几根针又如何养家糊口？虽然手工针价格不低，有资料说到1857年（咸丰七年）时，我国还有制缝衣针的作坊，这种手工制成的缝衣针价格很昂贵——但再贵也不过是一根针，能贵到哪里？

陈澹浦不能只做针，那样无法生活，也不能顾及家人。他既做针也修理简单的器具，凡百姓生活中用到的物件有所损坏，比如补锅之类的活计，他都做；同时，捎带卖一些小五金，如螺丝钉、铁钉子；还给小孩子搣滚铁环，做火药枪，总之能做的都做，来者不拒。如此连做带修兼卖，便能勉强吃饱饭。

这样小的一间店铺，便雇不起也不用雇什么工人。打虎亲兄弟，上阵父子兵——"工人就是澹浦自己，和次子濂川、六子桃川"①。对陈滚滚所言，我们或许会产生这样的疑问，陈澹浦既因家庭贫困外出谋生，还要受人资助开办门店，那么，有一个"次子"说得过去，竟生有"六子"，又是为何？此种情况，假如属实，陈澹浦必定妻妾多房，而那个时代，能

---

① 陈滚滚：《陈联泰与均和安机器厂的概况》，中国人民政治协商会议广东省委员会文史资料研究委员会：《广东文史资料》第20辑，内部资料，1965年，第146页。

妻妾多房者必然家境不错或曾经不错，断然不会开一间小店铺还要求人资助；要么是陈澹浦发达之后的事。此疑问，留待日后再解。

陈澹浦和他的儿子们在广州十三行度过了一段或许拮据窘迫或许恬淡宁静的时光。彼时，铺满了鹅卵石、两边砌着花岗岩的街道上有许多购物的洋人，也有"扁担两头挑着一篮子一篮子的鱼走过去的男人们"和"富人乘坐肩舆（即轿子）"[①]招摇过市。

只是，普通人宛如平常一段歌的岁月烟消云散，因为天下本就不太平，很快，极不太平起来。在陈澹浦进入广州后没多久，1839年（道光十九年）8月，英国政府决定向中国出兵。

1840年（道光二十年）3月12日，"虎门销烟"英雄林则徐上奏皇帝提出御敌之策：

> ……取平时所装大小火船，即雇渔疍各户，教以如何驾驶，如何点放，每船领以一二兵弁，余皆雇用此等民人以为水勇，先赴各洋岛澳分投埋伏，候至夜深，各船俱睡熟，察看风潮皆顺，即令一齐放出，乘势火攻。[②]

兵来将挡，水来土掩。英军虽来势汹汹，但林则徐已做好充足的应对措施。

1840年（道光二十年）5月，由50艘舰船、540门大炮和4000多名士兵组成的英国东方远征军浩浩荡荡抵达广东海面。5月29日，英舰封锁珠江口，战争开始。这次战争是英国为维护其鸦片贸易而发动的，史称"鸦片

---

① ［英］孔佩特著，于毅颖译：《广州十三行：中国外销画中的外商（1700—1900）》，北京：商务印书馆，2014年，第72页。

② 林则徐全集编辑委员会编：《林则徐全集·第三册·奏折》，福州：海峡文艺出版社，2002年，第287页。

战争"。林则徐带领广州军民严阵以待，以不变应万变；英军见占不到什么便宜，又转向厦门，结果受到闽浙总督邓廷桢的迎头痛击。

……

外敌入侵，有良知的中国人拧成了一股绳，应一位学者所言，"人民的反侵略斗争兴起，特别在东南海防前哨广东地区更是如火如荼地展开，道光顺应民情，支持了广东人民的反侵略斗争"①。

但是古代中国历朝历代总有一些败类和软骨头，远者如南宋时期的秦桧；近者如以两江总督伊里布、直隶总督琦善等为代表的反对禁烟的妥协派。鸦片战争一开始，他们就"理所当然"地成为投降派，挖空心思利用外患陷害林则徐等忠良之士，以"禁烟过激""断绝贸易启衅"等罪名攻击林则徐、邓廷桢。

1840年（道光二十年）9月28日，道光皇帝下令将林则徐、邓廷桢"交部严加议处"。

但此举没有"浇灭"侵略者的"怒火"，没有填饱侵略者的胃口。1841年（道光二十一年）1月26日，英国侵略者占领香港。

1841年5月21日晚，英军进攻广州，军舰径直开入珠江，"装载着火箭和大炮的'涅墨西斯号'赫然出现在十三行前"②，广州沦为炮火纷飞的战场。

广州分内城与外城，仅5天时间，城外的炮台悉数被英军占领，英军大肆劫掠，位于外城的广州十三行"理所当然"地被洋人"洗劫一空"。③

英军在中国地盘上肆无忌惮，烧杀抢掠，人们被彻底激怒了，连英国牧师孔佩特都承认"英国军队开进广州城以及军舰轰炸郊区的侵略行径，极度

---

①　朱学勤主编：《大清帝王·道光》，呼和浩特：远方出版社，2004年，第172页。

②　［英］孔佩特著，于毅颖译：《广州十三行：中国外销画中的外商（1700—1900）》，北京：商务印书馆，2014年，第163页。

③　林增平：《中国近代史》，长沙：湖南师范大学出版社，2018年，第41页。

破坏了广州人民同英国人的关系"①。先是广州城内"众怒难息";继而入城经商的农民也因被欺侮而"积为深怨",他们痛恨侵略者在自己的乡土上"焚烧其房舍,奸污其妻女,杀戮其父兄,誓不共戴"②,一场以"社学"为形式而组成的武装力量行动起来,坚决抵抗侵略者。

社学又称书院、义学,本是地主阶级办团练、御盗贼之所,鸦片战争期间社学成为广东人民编练义勇进行抗英的组织。

还有广州三元里5000名武装起来的乡勇手持锄头、刀矛、石锤、鸟枪等简单且原始的农具、武器揭竿而起,对英军宣战,一时间,天下云合而响应,愤怒之火仿佛从渊薮之中喷薄而出,以排山倒海之势扑向英国侵略军。孔佩特言,"广州人民的愤怒是由西方人自己所犯下的错误造成,西方人败德辱行和无礼行径以及对广州西郊的轰炸"③,激发了广州人民极大的愤慨。

10日之后的6月1日下午,中国人民自卫反击战取得胜利,英军灰溜溜地登上了自己的军舰。

美国人魏斐德在其著作里"轻飘飘"地写了这么一句:"广州城解围。"④

这一场战役气壮山河!它给了中国人以极大的震动和鼓舞,是"中国近代史上中国人民第一次大规模的反侵略武装斗争"⑤。

在中国大地上发生的一场场人间惨剧,连"远在天边"的马克思都知

---

① [英]孔佩特著,于毅颖译:《广州十三行:中国外销画中的外商(1700—1900)》,北京:商务印书馆,2014年,第180页。

② 启智主编:《清史通鉴》第3卷,北京:中国华侨出版社,2011年,第937页。

③ [英]孔佩特著,于毅颖译:《广州十三行:中国外销画中的外商(1700—1900)》,北京:商务印书馆,2014年,第181页。

④ [美]魏斐德著,王小荷译:《大门口的陌生人:1839—1861年间华南的社会动乱》,北京:新星出版社,2014年,第17—18页。

⑤ 孙海涛主编:《中国近现代史纲要》,上海:上海科学技术出版社,2011年,第12页。

道，他说，"广州城的无辜居民和安居乐业的商人惨遭屠杀，他们的住宅被炮火夷为平地，人权横遭侵犯"[1]。

如此动荡的政局，岂能有置身事外者？岂能不波及陈澹浦那间小小的作坊？纷飞的炮火和子弹裹挟着巨大的声响呼啸着从陈澹浦及同行头顶掠过，他们脆弱且卑贱的生命随时可能被侵略者肆意拿去，变成一具血肉模糊的尸体、一抔惨绝人寰的炮灰，并很快消逝于岁月的尘埃之中，无人记得。

鸦片战争以中国战败而告终，1842年（道光二十二年）8月29日，清政府在英军炮火的威逼下被迫签订《南京条约》，向英国赔款2100万银元；割让香港岛和开放广州等五个通商口岸。中国从此沦为半殖民地半封建社会。

根据《南京条约》开放五口通商的条款，1843年（道光二十三年）7月27日，广州重新开市；11月2日，厦门被迫开市；11月17日，上海被迫开市；1844年（道光二十四年）1月1日，福州被迫开市；1844年7月3日，宁波被迫开市。自此，东南沿海诸省门户大开，洋人，侵略者，大摇大摆地来，大摇大摆地走，通行无阻。

重新开市之后，英商与华商恢复交易，英国通过《南京条约》附件《五口通商章程》，以解决通商善后问题的方式获取了外国人在中国享有治外法权的先例。

《南京条约》签订后，虽然广东附近各社学仍然彼此联络，"同患相扶，协力共救"，"富者助饷，贫者出力"，以壮大声势，团练御侮，但再也掀不起大风大浪。

门户大开之后的广州，洋货像海水一样涌入。若干年后，一位曾在粤海关工作的洋人写道："每当夕阳西下，散步长堤，最堪注目者，乃为

---

① 中共中央马克思恩格斯列宁斯大林著作编译局：《马克思恩格斯选集》（第二卷），北京：人民出版社，1972年，第14页。

许多廉价洋货，沿途摆摊售卖，即如洋靴、橡皮带、西式小帽、汗衫、汗巾、手帕、面巾及廉价首饰等类，触目皆是，随处可以购买。"[1]洋货严重冲击着本地人的生计、本土的经济；市场上洋布价格便宜，结果"顺德县一半的妇女已放弃纺织"[2]；洋人为了钱，挖空心思，"心计甚共"。以洋布占领市场之后，中国人的一切日用品，只要有利可图，洋人均不轻易放过。而让人尴尬的是，相比国货，洋货好看、好用、便宜。百姓过日子讲实惠，洋货好，谁还顾得"我家""你家"？

洋人更"体华人之心，仿华人之制"，药材、颜料、瓶盏、针纽、肥皂、灯烛、钟表、玩器……皆贩运来华，充斥大街小巷，结果，"僻陋市集，靡所不至"。

造成此种被动局面最重要的原因还是《南京条约》。其附约所规定的"协定关税"及主要进口货物"值百抽五"的税则，使其税率比战前粤海关实征税率降低58%—79%。1858年《天津条约》又使主要进口货税率比1843年的水准又降低了13%—65%。[3]

国货岌岌可危。千千万万工商业者唉声叹气，愁眉不展，却又无计可施。

竞争本是好事，但洋人的竞争方式实为贪婪的掠夺和恶意的挤兑，"近来民间日用，无一不用洋货……本国之货，只居十之二三"[4]，目力所及，都是洋货，中国人没有选择权，不买不行。

---

① 《宣统二年广州口华洋贸易情形论略》，广州市地方志编纂委员会办公室、广州海关志编纂委员会编译：《近代广州口岸经济社会概况》，广州：暨南大学出版社，1995年，第509页。
② ［美］魏斐德著，王小荷译：《大门口的陌生人：1839—1861年间华南的社会动乱》，北京：新星出版社，2014年，第223页。
③ 严中平等编：《中国近代经济史统计资料选辑》，北京：中国社会科学出版社，2012年，第59页。
④ 彭泽益编：《中国近代手工业史资料（1840—1949）》第二卷，北京：生活·读书·新知三联书店，1957年，第165页。

不仅生活用品，其时，中国连铁钉子都要进口。粤海关报告载，从1863年至1869年，中国进口铁钉、铁条总计65094担；铅则更多，有223458担。①

西方人得意洋洋地从中国人手里搜刮走了白花花的银子，直接导致中国农业和手工业面临全线崩溃、破产的危急境况，而家庭手工业的衰落更加剧了千家万户生活的贫困，平静的生活变得支离破碎。面对此种严峻形势，清廷各级官员不但熟视无睹，还更加贪婪地强取豪夺，导致富者转贫，贫者更贫，"小工小贩因失业以坐失万万之资财者，实耗于无形，而不可以算"②。

人们怨声载道。

美国人魏斐德描述当时所看到的情景，"这个城市人口很多——至少有50万人。小贩、艺人、店主摩肩接踵。被每天可挣两先令工资多吸引而来的广州三角洲地区的农民，卸下和搬运各种各样的涌入广州的货物"③。熙熙攘攘的街市背后，是千家万户心酸的泪水和与命运抗争的不屈不挠的顽强精神。

这期间，陈澹浦遭遇何种磨难不得而知。他们是不是也参与了某一场战争亦不得而知。而他们所居之所距三元里不过七八公里的路程，步行不过几十分钟，很容易受到冲击。当然，不少广府人有一个共同点——防范风险的意识很强，他们"对于战乱及导致战乱的权力斗争，有着本能的反感和厌倦"④。

---

①　《1869年广州口岸贸易报告》，广州市地方志编纂委员会办公室、广州海关志编纂委员会编译：《近代广州口岸经济社会概况》，广州：暨南大学出版社，1995年，第59页。

②　刘祯麟：《论各省善堂宜设工艺厂以养贫民》，参见阙名《新辑志士文录初编》第14卷，第5页，藏广东省社会科学院图书馆。

③　［美］魏斐德著，王小荷译：《大门口的陌生人：1839—1861年间华南的社会动乱》，北京：新星出版社，2014年，第11—12页。

④　郝伟：《佛山商道文化》，广州：广东人民出版社，2016年，第68页。

如此说来，那时的广府人对于政治采取的是惹不起躲得起的策略，他们"不远不近"地看待局势，有些"冷眼观潮"的意味。如果是以这样的策略应对洋人的侵略和动荡的政局，陈澹浦及其家人唯一的选择只能是"逃离"，他们会卷起铺盖卷重新回到家乡，暂居乡村一隅，尽可能地植桑养蚕，"隔岸观火"。

远离熙熙攘攘的都市，乡间大抵还算清静。一池水可养鱼，一亩地可种稻，田地里间种香蕉、荔枝、龙眼，丰收季不至于衣不遮体、食不果腹；悠然之中，唱支小曲儿，呷两口自家酿的米酒。以退为进、明哲保身，不失为很多人的处世哲学，百姓有此举无可厚非。

但动荡的日子看起来遥遥无期，广州城的不太平持续了很长时间，1850—1856年间，造反、叛乱接二连三。1847—1859年，英国重要间谍约翰·斯嘉兹在华活动非常活跃，他在广州、上海、厦门、福州、汕头等沿海城市处心积虑地收集情报，在1860年出版的《在华十二年》中，他写道："占领，收复，抢夺，毁坏……广州的百姓被恐怖所控制，根本就没有公正可言。"他详尽描述了广州城上空所笼罩的恐慌气氛，"几个月来，

图11　1860年4月，广州空荡荡的大街

城门都关闭着，只在某几处开放，还有着许多防守措施。人们必须佩带标记，写上姓名、年龄及住址……恐慌情绪极大。商店关门，贸易停顿，同

邻近地区几乎没有任何联系"。①

　　而1856年10月，英国人又以"亚罗号事件"为借口进攻广州，挑起第二次鸦片战争的序幕。第二次鸦片战争给本就贫困不堪的广东又增加一层经济重负，导致民生愈加凋敝，百姓度日愈加艰难，米价愈加高企，鱼米之乡却要从外国大量进口大米。

　　这样的政治、经济、社会背景，让人即便苟延残喘地活着，包括陈澹浦及其家人，都成为一件极不容易、需要"处心积虑"谋划的事。

　　第二次鸦片战争期间，英法联军控制广州，成立"联军委员会"，对广州实行了长达4年的殖民统治。直到1860年《北京条约》签订后，英法联军才开始陆续撤出广州。

　　那一年，陈澹浦刚好40岁。

　　经历了多年的外敌侵略和炮火摧残，广州城的大街上空空荡荡，鲜见行人。通过意大利战地摄影师费利斯·比托所拍摄的照片，可以清晰地看到彼时广州城的寂寥和落魄，它真像一座废墟，一个"鬼城"，一家弥漫恐惧和颓败之气的坟墓，静得让人压抑与窒息。

第二节　卷土重来

　　不久后，陈澹浦"卷土重来"了。

　　陈澹浦蜷缩于城市一隅——是不是又回到了他的那个作坊，和儿子们一起焦灼地思考人生以及一家人的活路？

　　政治，陈澹浦仍不关心；但政治关乎时局，时局又严重地影响着像陈澹浦这样千千万万朴实的劳动者，故而，情愿或不情愿，他都不得不身在

---

①　［英］约翰·斯嘉兹：《在华十二年》，英国爱丁堡康斯塔布尔公司，1860年，第227页。

其中受到牵连，他置身事外的想法只能是一种美好的幻想。

像陈澹浦这样的"草根"，即便身逢太平盛世，要想在广州立足也不是一件容易的事，乱世更不消说。从手工作坊、"一店一铺"、个体户，到一家机器厂，他未来还有很长很长的一段路要走。

有人在言及陈子卿和西关新联泰机器厂制造第一批轮船时有这样的忆述，"他家从祖父陈澹浦开始，便在广州荔湾区居住和从事工商业活动"①，"该厂早期是手工作坊的形式，修理'洋枪鬼锁'"②。

这一定是后来的事。因为未提及陈澹浦做缝衣针生意的事情。不做缝衣针的原因是因为"土针"受到洋针的冲击，可恶的洋人"以至纽扣针线之细，皆规我情形，探我玩好，务夺我小工小贩一手一足之业者"③，结果一向以制作缝衣针见长的佛山人，"佣工仰食以千万计，自有洋针，而离散殆尽矣"④。

连一根针洋人都不放过，有利可图的生意皆被洋人"拿去"，还有什么正经的生意可做呢？

修理。

这个活儿洋人不屑做，也做不来，洋人没有耐心慢条斯理地去赚那点小钱。

陈澹浦修理的是"洋枪鬼锁"。

当5000余名英法联军统治广州后，洋枪鬼锁满街都是。坏了扔掉，洋人也没那个底气，便要找人修理。这起初未必是陈澹浦父子的长项，却是那

---

① 广州市荔湾区政协学习文史委员会编：《荔湾文史》第4辑《荔湾风采》，广州：广东人民出版社，1992年，第165页。

② 陈阿兴、徐德云主编：《中国商帮》，上海：上海财经大学出版社，2015年，第139页。

③ 彭泽益编：《中国近代手工业史资料（1840—1949）》第二卷，北京：生活·读书·新知三联书店，1957年，第283页。

④ 刘祯麟：《论各省善堂宜设工艺厂以养贫民》，参见阙名《新辑志士文录初编》第14卷，第5页，藏广东省社会科学院图书馆。

一时期让陈澹浦和他的儿子们
活下去的较为理想的生意。

当时，英法联军装备的主
要是前装线膛步枪和骑枪。[①]
此种枪由枪管、枪托、击发装
置、瞄准具等组成，并附有

图12　前装线膛步枪

刺刀，看起来并不复杂。1862年6月，曾国藩曾给曾国荃送去100支洋枪，
并写信："余不甚喜此物，盖其机最易坏，不过打二三十枪即须修整。"[②]
对于陈澹浦来说，依照多年从事修理的经验，琢磨琢磨，修理这些枪支出
现的小故障不是难事，也许就是换个螺丝、铆个铆钉。只是，不知陈澹浦
脑海里是否划过这样的念头——这些经他之手修理好的枪械又成为侵略者
残害中国人的凶器？在后人的描述中，他有这样一些动作："他无奈地叹
口气""摇摇头"，甚至"晃了晃枪杆子"，"扣了一下扳机"……望着
表情怪异、飞扬跋扈的侵略者远去的背影，"咬了咬牙关"，"唾了口唾
沫"——仅此而已。迫于生计，他无可选择。

除了修枪，陈澹浦还造过枪械。不是为外国人。一说是1866年（清同
治五年），两广总督瑞麟为镇压农民起义，向广州联泰商号定制了连环七
响快枪，后由广东机器局仿制，甚至有人"譬喻"这是"广州机器工业的
开端"[③]。一把枪不至于享有如此"殊荣"。另，不知此处所指的"农民起
义"是哪一起？如是太平天国运动，那是不准确的，在陈澹浦造枪之前的
1864年7月，历时14年的太平天国运动以失败而终结。另，即便陈澹浦所造
之枪真的用于镇压农民起义，但委托之人岂能告诉造枪之人这枪将来的用
途？如此"秘密"的事情，清政府绝不会泄露于一家小小的民营铺子。再

① 王兆春：《中国火器通史》，武汉：武汉大学出版社，2015年，第459页。
② 《曾国藩全集》之《家书（二）》，长沙：岳麓书社，1985年，第843页。
③ 汤国良主编：《广州工业四十年》，广州：广东人民出版社，1989年，第122页。

者，一把枪如何镇压农民起义？

另有资料称，1866年，瑞麟委托温子绍向广州私人开办的装订锁铰、修理洋枪的十三行陈联泰号定制后膛七响连环快枪一支，而后制出七响后膛抬枪及猪仔脚短枪（形似现代左轮而大七倍）。这种枪的制造成功，"揭开广东机器兵器工业生产的历史"①。

上述两件事情从时间上看是一致的。只是，另一则史料记载的却是另外一个时间节点，即1874年（同治十三年），广东机器局由瑞麟在广州设立，瑞麟拟让温子绍出任总办，为考验他，给他一个任务——与十三行联泰号合作，试造一支后膛七响连环快枪。②《广州市志》卷19《人物志》③也有相同的记录。这个造枪理由便能说得通。

陈澹浦造枪到底是1866年的事还是1874年的事？有8年之差，不能视而不见。经分析，两种说法均有一定的道理，因为瑞麟担任两广总督恰在1865—1874年之间。或，探究温子绍的成长史亦能推算出陈澹浦造枪的时间。也正因此枪的仿制成功，温子绍才获任广东机器局总办一职。

后文有专门的章节，此处不赘述。

先说一下这种枪。《羊城晚报》曾刊文介绍：

> 枪机配备复进簧装置，在枪管下方的枪托里设置一个由护弓、托弹板、抵弹簧、退弹簧4个部件组成可储存七发子弹的弹仓，利用发射时弹壳后座（坐）力推动枪机后退及复进，以完成抽壳、抛壳及装填下一发子弹的程序，能连续扳动枪机进行不间

---

① 广东省地方史志编纂委员会编：《广东省志·军事工业志》，广州：广东人民出版社，1995年，第85页。

② 广州市国家档案馆官网。

③ 广州市地方志编纂委员会编：《广州市志》卷19《人物志》，广州：广州出版社，1996年，第179页。

断的射击，直至把弹仓内装填的子弹发射完毕后，再将弹仓装满子弹，继续发射。[1]

是否先进呢？笔者非枪械方面的行家里手，不好妄加评论。

但彼时中国的枪械制造水平是大大落后于西方国家的，否则也不会连连吃败仗。1867年（同治六年），我国开始仿制后装单发步枪，这种步枪须把子弹逐发装入枪膛才能发射。据温子绍的后人说，温子绍试制成功的七响连环快枪是中国自制的第一支自动步枪，这支自动步枪放眼当时国际也算是非常先进的，"甚至是领先同期的国际水平"[2]。

依照常理，这是不可能的一件事情。温子绍用不着煞费苦心地发明、制造，从外国买回一支请陈澹浦仿制便可。再说，依照当时陈澹浦的技术实力和机器装备，也造不出世界上最先进的武器。而据《中国火器通史》介绍，我国最早仿制的五连发枪是1890年由江南制造局完成的。如陈澹浦造枪是真，书中为何不提及陈澹浦和温子绍合作的"七响连环快枪"？

笔者并非想否定陈澹浦和温子绍造枪一事，但如果那时我们已经造出了世界上最先进的武器，那1900年春夏八国联军侵华时，清军为何手握的还是极为低劣的武器装备？

另有资料记载，1915年，四川人刘庆恩试制成功中国自制的第一支自动步枪，受到总统袁世凯的嘉奖。[3]

是不是第一其实不太紧要。但造枪不是捏泥巴，制造枪械离不开车床。陈澹浦必得先有一台车床，否则无法造枪。此时他已"仿制了一台木

①　黄汉纲：《我国制造的第一支自动步枪》，《羊城晚报》2010年1月17日，第B03版。
②　温荣欣：《中国机械名师温子绍》，广州：广东人民出版社，2018年，第58页。
③　《德阳掌故（修订版）》编辑部编：《德阳掌故（修订版）》，西安：电子科技大学出版社，2014年，第89页。

制脚踏车床，供自用"[1]；只是，又有人言，这是我国"第一台车床"[2]，仿的是英国产品，型号为4ft。还有一则资料，1915年，"上海荣昌泰机器厂制造出我国第一台车床（仿英，4in脚踏车床）"[3]。

"4ft"和"4in"存在何种不同？"4ft"是4英尺，"4in"是4英寸。对于后者，且不说那时哪里来那么小的车床，即便有，如何以脚踏的方式操作一台微型车床？故而，"in"为"ft"之误。上海荣昌泰机器厂制造出的是一种"以进口4.5英尺脚踏车床为样机，通过外协铸件和部分零件，以曲轴带动飞轮的脚踏车床"。

笔者查了很多资料，没有看到当年陈澹浦仿制的车床模样。在1959年水利电力出版社出版的一本书中看到一种木质车床，其主要结构部件由铁轴、轴承、铁棒、水泥飞轮、铁板、三角铁、弯柄螺丝、滑杆螺丝、抛光刀及切断刀组成。功能是，能车直径5厘米以下的铁轴或螺丝，直径15厘米以下的木轴。其工作原理是利用曲柄连杆机构，将脚踏板的上下运动转化为飞轮的旋转运动，从而驱动主轴旋转。即图13这种车床。[4]

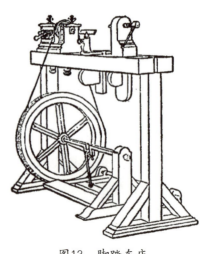

图13　脚踏车床

这种车床在公元前600—400年的古罗马已经出现，它为近代车床的发

①　张柏春：《中国近代机械简史》，北京：北京理工大学出版社，1992年，第42页。

②　中国机械工程学会编：《中国机械史·通史卷》，北京：中国科学技术出版社，2015年，第326页。

③　李健、黄开亮主编：《中国机械工业技术发展史》，北京：机械工业出版社，2001年，第48页。

④　广州机床研究所编：《机床发展史话》，广州：广东人民出版社，1977年，第11—12页。

展奠定了基础。而1400年出现在欧洲的原始脚踏车床，直到19世纪中期在欧洲一些简陋的工厂还在使用。当然，这种车床效率很低。

　　陈澹浦仿制车床之前中国没有发明车床。钻床和磨床是有的，见图14至图15①。均为脚踏操作。到1668年，我国出现了用畜力代替人力作为机床动力的例子。

图14　中国古代钻床示意图　　　　图15　中国古代磨床示意图

　　陈澹浦仿制的车床应和欧洲中世纪使用的那种脚踏车床差不多。实际上，英国人已于1797年发明带刀架的车床；美国于1848年出现回轮车床；单轴、三轴自动车床于1873年相继由美国人发明成功。彼时中国人的思维和技术于机器上而言，始终落伍于西方人一大截。

　　而工业的革命与机床的升级换代密不可分。除去思想观念和人为因素，我们所有的落后归根结底是因为工业的落后；工业的落后归根结底是因为机器的落后；机器的落后导致我们被无限攫取和掠夺，如马克思所言，"机器产品的便宜和交通运输业的改变是夺取国外市场的武器"②。

　　但机器要靠机器制造。我们制造不出先进的机器，故而也没有更多先

---

① 广州机床研究所编：《机床发展史话》，广州：广东人民出版社，1977年，第11—12页。

② ［德］马克思：《资本论》第一卷（上），北京：人民出版社，1975年，第494页。

进的机器。

不过，陈澹浦有了这样一台车床，虽然使用起来很费力，加工出的零件精度也不高，但总算是有了一个好的开端。他在实践过程中还发明了很多工具，虽登不上大雅之堂，也没有发明专利，但自己用着顺手。正如经验丰富的钳工师傅都会有自己的工具箱一样，里面很多工具都是他们自制的"制器之器"。

如果陈澹浦帮助温子绍造枪确有其事的话，便充分证明，经过几十年的积淀，随着资金和技术经验的积累，"陈联泰"已逐渐发展成为一间小型民营机器修造铺子，在民间有了一定的知名度，能够制造或借助进口的关键零件"组装"出"高级"的产品。甚至可以说，在当时的广州、佛山之间，"陈联泰"的机械加工水平已达到一定程度，可以完成客户所托之重要的制造业务。

如人所言，"旧手工业的铜铁匠们成了这类民营机器厂的技术骨干，他们掌握进口机器的构造原理和修配方法，具备仿制或改造某些机器的能力"①。陈澹浦和他的儿子们，正是这样的旧手工业铜铁匠之中的出类拔萃者。

第三节　品牌打造

做缝衣针、造枪、修理洋枪鬼锁都不能算一个机械修理厂的主营业务，要么市场份额有限，要么见不得人——一个作坊或一个厂子不能到处吹嘘说自己会修枪、造枪，帮助洋人打中国人、打造反的农民。打侵略我们的洋人倒值得吹嘘，可在那样的时代也不敢说。哪个说法都会让自己受到牵连甚至招来杀身之祸。

---

① 中国机械工程学会编：《中国机械史·通史卷》，北京：中国科学技术出版社，2015年，第293页。

因此，对陈澹浦而言，修枪、造枪充其量就是"隔山的金子不如到手的铜"，临时应个生意，一锤子买卖，挣点快钱。

如果这种局面不打破，陈澹浦便没有活路。

当然，他还可以重操旧业——制作铜纽扣。此时，铜纽扣又开始热销起来，大量铜纽扣在本口岸生产，再运到北方口岸，卖给外国人，"1865年出口将近4000担，价值约35万元"①。以他熟练的手艺，应该可以分到一杯羹。

随着市场的变化，"陈联泰"的业务有了进一步的发展，一个新的生意找上门来——往来广州的外轮轮机常发生故障，外国人或外轮上的中国司机找"陈联泰"寻求帮助，陈氏父子提供上门服务。一般情况下，在外轮司机的协助下，他们能排除故障，久而久之，陈澹浦"机械修理的业务不断扩大"②。

这是1867年至1872年间的事。

在此之前，华南地区船舶修造业基本被香港的英国洋行所垄断和控制。③从19世纪40年代初到60年代中期，外国在华的工业投资集中于船舶修造。截至1864年，西方侵略者在香港、广州和上海设立大小船厂39家，"占这五十年中外资船厂总数的百分之七十一"④。

陈澹浦拿到的一些修理业务都不大，技术含量也较低，属于专门修造厂不屑一顾、利润不大的活儿。客户找陈澹浦，一则简单直接，能随叫

① 《1865年广州口岸贸易报告》，广州市地方志编纂委员会办公室、广州海关志编纂委员会编译：《近代广州口岸经济社会概况》，广州：暨南大学出版社，1995年，第15页。
② 广州市地方志办公室编：《广州近现代大事典（1840—2000年）》，广州：广州出版社，2003年，第67页。
③ 黄曦晖：《广州近代私营船舶修造业》，中国人民政治协商会议广东省委员会文史资料研究委员会编：《广东文史资料》第61辑，广州：广东人民出版社，1990年，第225页。
④ 汪敬虞：《十九世纪外资对中国工矿企业的侵略活动》，黄逸平编：《中国近代经济史论文选集》，内部资料，1979年，第702页。

随到，再则修理费便宜，能节约成本。陈澹浦是不是也给中国的船只提供过维修业务，还不清楚，但那时，航海帆船在制造和维修方面出现了显著变化，"尤其是那些属于中国海军的"，"不单在形状和龙骨方面有所改进，而且是用铜制造的，在主舱有梯子和天窗，所有的这些都采用了欧洲模式"，这说明，"中国毕竟是在发展，虽然十分缓慢但肯定在进步"。①

对于大型设备的修理，陈澹浦力不从心。和大的船坞公司相比，"陈联泰"不过是一只"丑小鸭"。比如香港黄埔船坞公司，当时作为中国技术设备最完善的船厂，它的各个船坞均采用浮箱坞门和蒸汽抽水机，造船和铁工厂都由欧洲工匠监理，栈桥上竖立着起重机用来提升货物与装备，公司的机械厂加工设备齐全，有车床、刨床、旋床、剪板机与冲压机等各种机械设备，均由蒸汽推动。

在进入轮船修理业的初期，包括"陈联泰"在内的很多中国人从事机械修理的作坊、工场，只能按照各自的不同情况、技术设备实力，量力经营相应的修造业务，侧重点是内河客船、驳船，有的是龙舟、紫洞艇（庆贺性活动之用），有的是花艇（彩船）、酒舫，有的是横水渡、小艇、舢板，都是传统的木船。还有一种船是"三枝桅"木帆船，主要用于盐运及其他货运，吨位为3000—5000吨级，长达四五十米、宽达10多米、深达四五米，是铁船出现之前较大的船舶，这样的庞然大物出现的某些故障，"陈联泰"或许也能小试牛刀。

船舶修理存在一个特定的环境条件，越大的船，越无法上岸，只能停泊于水里，水还不浅，若没有相应的机械设备辅助工人则无法下水。所以，由于技术条件的限制，一般修理厂的工人要利用河滩进行作业，而能"上"河滩的船都不是多大的船。这些都是制约陈澹浦和很多中国工人的先决条件，短时间内无法克服和解决。

---

① 《1871—1872年广州口岸贸易报告》，广州市地方志编纂委员会办公室、广州海关志编纂委员会编译：《近代广州口岸经济社会概况》，广州：暨南大学出版社，1995年，第85页。

常到外国轮船上修理机械，"陈联泰"积累了修理轮机的经验。蒸汽轮机属于"傻大黑粗"一类，并不复杂，倘若在修理过程中留心琢磨，仔细钻研，时间一长，对于轮机的结构、型号、功能，问题出现的原因和解决的办法，自会了解、掌握。只要肯学，凡事都可以融会贯通。这个工作做得一久，"联泰号"便逐渐"在广州地区扬名"。①

蒸汽机船出现于1850年。比起帆船，它动力十足，但在远航过程中缺陷明显。因为它的动力来自煤炭的燃烧，可由于发动机太大，占了相当的空间，船上煤的储量就成为问题。如果储备足够的煤，载货量又成为问题。更为棘手的是，在远航过程中轮船面对的是一望无际的大海，没有"中转站"可供煤炭补充。这是一个"掣肘之痛"。因此，直到1870年帆船仍是远洋货运的主力。到1879年，钢被用于船体制造后，船身增大，轮船的货运能力才显著提升，蒸汽机船逐渐成为往来于世界各大陆间远洋贸易的主要交通工具。

陈澹浦从蒸汽轮机的修理业务中逐渐挣了一些钱，积攒了一些资金。他经常看着外国轮船上那高高耸立的巨大的烟囱，闻着那一股股夹杂着煤灰的呛人的白烟，听着那一声接一声的惊天动地的汽笛，心里五味杂陈。

人生在世，虚浮不定。工作之余，小憩之时，陈澹浦父子坐在作坊门口，拭一把汗，泡一壶茶，望着车水马龙的大街。他们没想到，他们这间小小的铺子后来竟成为"广州机器行业中最早的一家家庭手工作坊"②而被载入史册，陈澹浦也成为中国清末民初以来最著名的个体户之一；也没有想到他们因为修理蒸汽机而积攒下来的一些名气，为他们招来了生命中和事业上的一位贵人。

---

① 国拯：《广州机器工业元老陈澹浦》，关振东主编：《粤海星光》，广州：花城出版社，2008年，第36页。

② 广州市地方志编纂委员会编：《广州市志·外经外贸》，广州：广州出版社，2000年，第142页。

总而言之，陈澹浦是一位非常善于从实践中学习的人，在主动或被动接触、修理轮机的过程中，初步了解了机器的原理。虽然是洋人的机器，他钻研起来并不方便，却取得了了不起的收获和进步，这为他带领子孙从模仿走向创新奠定了基础。而从模仿走向创新是千千万万佛山人和佛山企业自古以来的一种特点，"在技术进步方面表现最为明显"[1]。

第四节　缫丝之机

作为一个民营修理工场，能修理洋人的轮机，"陈联泰"已迈出可喜的第一步，做得很不错。可要想将修理工场变成一家机器制造厂，"陈联泰"缺乏主打产品。

其时，机器制造对于国人而言是彻头彻尾的新鲜事物。虽然在漫长的农耕社会，先民们于钻木取火、"断竹，续竹，飞土，逐肉"的生活生产实践中，不断用智慧和双手改变着自我和生存状态，也不断发明着各式各样的器械，但总体而言始终停留在"人力+机械力"的状态。如果视其为一架天平的话，机械力一端严重超轻。即便如此，比起古代劳动人民为机械的发展所作出的重要贡献，从明代至鸦片战争的几百年间，中国在机械制造方面除了兵器与造船有明显进步外，其他方面"几乎没有出现重要的发明"[2]，太多人还停留在"四大发明"的老本上沾沾自喜或裹足不前。如前所述，出现这样尴尬的情形首先是我们没有制造出能够制造机器的机器，所以即便知道蒸汽机好，也不难仿制，但没有大型镗床，蒸汽机的"内缸""掏"不出来。其次，我们还不想"掏"，在"不能为"与"不想为"之间，封建统治者成了完全的不作为者。

---

① 郝伟：《佛山商道文化》，广州：广东人民出版社，2016年，第113页。
② 颜鸿森：《古中国失传机械的复原设计》，郑州：大象出版社，2016年，第38页。

悲乎哉！

几百年间，那么多的皇帝大臣好像天生与机器有着血海深仇。即便1865年（同治四年），曾国藩与李鸿章创办了近代中国大型机器制造企业——江南机器制造总局，它由此成为中国工业的摇篮，但主要还是制造枪炮和修造轮船，为求自保。

陈澹浦的贵人翩翩而至。

这是1872年的事情。这一年，南海西樵简村人陈启沅从安南（今越南）回国。

陈启沅是一个被洋人所用的缫丝机器所震撼而致力于改变家乡传统缫丝面貌的人。1757年至《南京条约》签订之前，广州是外国由海路进入中国的唯一通道和贸易场所，史称"一口通商"时期，"广州成为清代丝绸海外贸易中心"[①]。广州、南海地区蚕桑和手工缫丝业的发展具备产生资本主义机器缫丝工厂的有利条件。"洋务运动期间，广州、南海地区对外贸易特别是生丝出口贸易的发展能直接导致缫丝厂的产生。"[②]

陈启沅对将要进入的缫丝产业的未来充满憧憬，认定其是一个朝阳产业。

陈启沅没能带回来整套缫丝机器。他只带回一套旧轮船机器。所谓一套，主要是蒸汽机，即轮船的动力部分。他认为这是核心"零件"。如果他提前知道陈澹浦等乡人已和蒸汽机打了很多年交道，便只需带着白花花的银子回来，在广州找到一台洋人淘汰的蒸汽机，再加以改装而使用到缫丝生产上。信息的沟通障碍使他没有机会采取这样简单易行的做法。

陈启沅想将这套旧轮船机器改造为缫丝机器。笔者在撰写《陈启沅评

---

① 冷东、阮宏：《一口通商制度中的十三行与丝绸贸易》，《海南师范大学学报（社会科学版）》2014年第7期，第101页。

② 周建波、孙淮宁：《洋务运动期间华侨对国内投资及其作用》，《生产力研究》2009年第19期，第85页。

传》的过程中了解到，陈启沅在安南时千方百计考察过洋人所办的机器缫丝厂，更以过硬的观察力和记忆力画出了整套蒸汽缫丝设备所用到的机器的全部图纸。

陈启沅带回的行李中便有几大箱图纸。但机器不能停留在图纸的层次，他需要有人将它制造出来。陈启沅在南海一路打听，结果令他大失所望，方圆数十里，既无机器制造之工厂，也无机器制造之工人。

于是，陈启沅去了著名的广州十三行，经多方了解，找到了陈联泰号。

陈启沅是带着全套图纸去的。陈澹浦和二子陈濂川、六子陈桃川对着图纸认真琢磨半天——他们没有见过这样的机器，贸然制造难度太大。但面对千载难逢的机会，他们又不肯放弃，因为一旦试制成功，于"陈联泰"便具有里程碑的意义。他们经过商议，最后"决定承做"。①

由"陈联泰"负责缫丝机器的改造和安装工作，陈启沅亲自"负责技术指导"②的一项前无古人的工程终于启动了。

缫丝机乃庞然大物，制造出来后搬运不方便；以"陈联泰"那么小的场地，制造如此巨大的缫丝机器配套工程，摊子难以铺开，也无法施展手脚，双方遂商议工程现场设在陈启沅的"继昌隆"，即简村的厂址。乡下地方宽敞，吃住亦很方便。

所谓配套工程，一般是这样，很多零件可以外购，并非都要自己加工，核心部件和核心技术就那么关键的几样。比如，任何机器的旋转都要用到轴承，"陈联泰"没有制造轴承的能力，但这个关键的部件外购很方便。通用配件一般都可外购。但某些专用的零件则须自己做，如缫丝机用到的调速器等。自制的零件有的靠"车"，有的要"铸"。车，回"陈联

---

① 龚伯洪：《谁制造了中国第一台机器缫丝机》，广东省佛山市南海区政协文史和学习委员会编：《南海文史资料》第40辑，内部资料，2009年，第107页。

② 何花落：《赞陈启沅引进我县第一套近代机器缫丝设备》，南海政协文史资料研究委员会编：《南海文史资料》第10辑，内部资料，1987年，第68页。

泰"；铸，现场搭建熔炉。还有一些木工活要在现场完成。对陈澹浦而言，铸造和木工都不是难题，制铁向来为佛山特色工业，"其制法，则采买生铁废铁熔铸而成"[1]。还有其他一些小部件，则根据陈启沅设计、绘制的图纸"按图索骥"，这便属于"创新"。

总之，缫丝机器配套工程需要什么就做什么，工人们紧锣密鼓，现场着实热闹，每个人须臾都不敢延误。

简村的乡亲们睁大了好奇的眼睛，走过路过时往工场里瞅一眼。在那样一个村子，在朴实的人们眼里，陈启沅属于归国华侨，是在外面赚了大钱后衣锦还乡之人，故而，大家对他都很尊敬，也格外客气。

这一次合作，"陈联泰"总计派出4名工人，并"派出学徒跟随学习"。外边的活儿要接，店里的活儿也要干，此时的"陈联泰"应已有不少雇员（或者学徒），"濂川的3个儿子（伯纯、子卿、泳江）也先后到铺中学艺，参加劳动，又招收了一些工人和学徒，还改进了生产技术"[2]。

也有资料言，"1873年，富商陈濂川在十八甫开办的陈联泰号机器厂开始改造安装蒸汽缫丝机"[3]，其时陈澹浦还在世，轮不到儿子"主政"。

陈天杰、陈秋桐言，"陈联泰"派驻简村现场施工者，由继昌隆出工资雇用，专为继昌隆缫丝厂负责大修小改的安装工程。从这句话分析，这项工程的主导方或发包方乃陈启沅，但整个工程并没有完全打包给"陈联泰"，否则"陈联泰"的4名工人便应由陈澹浦发工资而不是由陈启沅发工资。这在那时算一种比较新颖的合作方式。

"陈联泰"派驻的4名工人中，陈澹浦、陈濂川、陈桃川是不是都在

---

[1]　彭泽益编：《中国近代手工业史资料（1840—1949）》第二卷，北京：生活·读书·新知三联书店，1957年，第134页。

[2]　陈滚滚：《陈联泰与均和安机器厂的概况》，中国人民政治协商会议广东省委员会文史资料研究委员会：《广东文史资料》第20辑，内部资料，1965年，第147页。

[3]　赵立人：《粤海史事新说》，广州：广东人民出版社，2017年，第109页。

其中，不得而知，依笔者之见，陈澹浦年过半百，又是"大当家的"，未必全程在场，但他的两个儿子不会缺席，一定在现场"督办"、"监工铸造"①。另外，陈濂川的几个儿子说不定也会抓住这一次难得的学习机会，在实践中成长。因此，4名工人均为陈氏子弟。两方工匠互相配合、互相学习、互相改进。

过程持续了八九个月。从年初开始到工程结束，双方都经历了岭南炎热的酷暑。尤其陈澹浦，即便偶尔"客串"，但一把年纪，勉力从事，精神尤为可贵。其间过程"虽非顺利"，但放眼望去，陈启沅带回来的那台蒸汽机已被牢固地安装在用石灰做基础的底座上，稳如磐石。

此物一立，先声夺人，工厂看起来稍具规模。

1873年（同治十二年），秋末冬初时节，缫丝厂的设备都已安装完毕，"可以试生产了"。②

熟悉机械制造的人都知道，设备安装完毕之后，言试生产为时尚早。一套设备能否正常运转乃至于批量生产，调试这一关不可缺少。调试又分局部调试和总调试，如人之身体，手能动，脚能动，是谓局部动作；整个身体能腾空而起、收缩自如，才是一副健康的躯体。于整套缫丝机器而言，局部调试应进行了无数回，总调试就是联机运行。

放眼此时的工厂，"建有煮沸水炉锅一大座，贮冷水的大锅一大座，足踩式的缫丝工作位三百个，焙茧室一间，连同焙房焙舍藏茧室等"③。煮沸水的大锅炉高约一丈五尺，宽约七八尺；蒸汽锅炉高约一丈二尺，宽六尺，配有烟囱，烟囱高达三丈六尺。烟囱的高度相当如今三四层楼房的高

① 陈天杰、陈秋桐：《广东第一间蒸汽缫丝厂继昌隆及其创办人陈启沅》，广州政协文史资料研究委员会编：《广州文史资料》第8辑，内部资料，1963年，第61页。

② 陈作海：《缫丝风云录——记中国近代民族工业先驱陈启沅》，广州：华南理工大学出版社，2017年，第38页。

③ 陈天杰、陈秋桐：《广东第一间蒸汽缫丝厂继昌隆及其创办人陈启沅》，广州政协文史资料研究委员会编：《广州文史资料》第8辑，内部资料，1963年，第61页。

度，这在那个时代的乡村属于标新立异。蒸汽附设汽笛，汽笛专门用来提醒工人上工和放工，笛声可传数里，覆盖整个简村周边。

一座村庄没有多大，听说整个机器要转动起来，人们都兴奋异常，纷纷围聚过来。

总调试由陈启沅亲自操作。很多年以后，陈启沅远在美国的后人陈作海有详细的记述：

> 他开动了蒸汽机，将其调整到规定的转速，转动主轴，然后用皮带经过各个轮子传至收丝的絚轮上。由于每台缫丝机可以单独接入，陈启沅逐台单独接入，直至正常工作后，再接入下一台。这样，一百台缫丝机全部运转起来，有一千个絚轮同时灵活稳速地转动。这时，工厂内只听到轮子转动时发出轻微的"隆、隆"声和蒸汽机喷出蒸汽时的"咔嚓咔嚓"声。此刻，这些机器一起运转，就像是一个交响乐团在演奏，这些声音对于陈启沅来说是那样地和谐悦耳，他激动地告诉大家：一切正常，我们成功了！[1]

陈作海还有这样的描述：

> 缫丝女工将釜中水温调节到适当温度后，放入蚕茧，用筷子找出丝头，将三四个茧的丝合成一条，搭在收丝的絚轮上。这时，机器即自动地转动，将丝卷在絚轮上，一个茧的丝一般长800—1200公尺，十多分钟就上完，这时这个絚轮就自动停止，女工即可接上另一组茧。在这十多分钟期间，女工就可将另外一组丝搭上另外一个絚轮。这样，一个熟练的女工，就可同时操作十

---

[1] 陈作海：《缫丝风云录——记中国近代民族工业先驱陈启沅》，广州：华南理工大学出版社，2017年，第38页。

条丝口，而手工缫丝一人在单位时间内只能缫一条丝，故工效大大提高了。①

按照陈作海的描述，由陈启沅研发、陈澹浦父子制造的这一套机械的运行流程充满了现代感，是一道完整且完美的机械生产流程。若真如此，其与法国人所办工厂使用的设备几乎没有任何区别，乃至气势更为庞大。只是，有两点疑问：（1）早先陈启沅曾打听过，外国人生产的一套缫丝机械，至少要花费几万两白银才能购得，与自我研制投入差距过大。（2）以"陈联泰"和陈启沅自身技术水平，是否有可能在如此短的时间里研制出一套世界先进的缫丝机械设备？

很多资料表明，受当时技术条件的限制，陈启沅所购买的旧轮船用的蒸汽机，没有达到带动整条缫丝生产线运转的机械化程度。它的作用只是用来煮沸水，源源不断地提供热水，用蒸汽来煮茧，而非同时"煮茧和牵引丝车"。②

如果此言不虚，这一套缫丝机器还不是真正意义上的机器设备，只是使用了蒸汽机作为局部的动力源。

缫丝动力从何而来？仍由女工脚踏产生，属于人力提供动力，"女工从茧身寻取丝口后，即搭上木制缫丝绁，用足踩动一小铁杆，牵动绁的轴心，使绁旋转，把丝滚上制为成品"③。

上述说法主要来自陈天杰、陈秋桐的回忆："其时锅炉的作用是：一、用来发动抽水器向外涌吸水入厂；二、煮沸水，并将沸水透过蒸汽管

① 陈作海：《缫丝风云录——记中国近代民族工业先驱陈启沅》，广州：华南理工大学出版社，2017年，第42页。

② 张茂元、邱泽奇：《技术应用为什么失败——以近代长三角和珠三角地区机器缫丝业为例（1860—1936）》，《中国社会科学》2009年第1期，第129页。

③ 张茂元：《近代珠三角缫丝业技术变革与社会变迁：互构视角》，《社会学研究》2007年第1期，第25页。

输送到各缫丝工作位去"，"尚未有作过推动丝绋自动旋转的用途"。与旧式手缫机比较，仅仅是在这一点上有所革新吗？不尽然，"它与旧式不同的是装置较灵活，且设备许多小铁支柱作轴乘（承）重，旋转较为合度，各女工用起来，比旧式快"。[1]

陈天杰等人忆述，这间工厂不是完全意义上的机器工厂，是半机械化或具备机器化的雏形，是处于手工工场向机器工厂过渡的中间形态。

陈作海又言："陈启沅所建的机器缫丝厂可能开头未用机器，但很快就用机器转动绋轮。"[2]对于这一说法，笔者是较为认同的。机器在使用过程中，自然会不断改进，这种改进难度也不会太大。

尽管如此，溢美之词仍不用吝啬——那一声响彻云霄的轰鸣是"中国近代民族工业历史天空上划破天际的一声长鸣"[3]，它具有无比震撼人心的力量，是被压抑太久的中国民间突然爆发出的巨响。

图16 陈启沅纪念馆陈列的蒸汽式缫丝机模型

---

① 陈天杰、陈秋桐：《广东第一间蒸汽缫丝厂继昌隆及其创办人陈启沅》，广州政协文史资料研究委员会编：《广州文史资料》第8辑，内部资料，1963年，第62页。

② 见陈作海致笔者的电子邮件。

③ 陈作海：《缫丝风云录——记中国近代民族工业先驱陈启沅》，广州：华南理工大学出版社，2017年，第39页。

陈启沅、陈澹浦通过一次完美的合作，不经意间成为珠三角乃至更大范围内缫丝工业革命的引路人。他们无意间开启了中国近代机器工业的序幕，改变了一个时代的生产方式。直至近一个世纪之后的1966年，南海丝厂"使用的设备基本是陈启沅发明的木制机械"。[1]尽管这种"开启"带有模仿的色彩，可是，正如幼童牙牙学语，正如人类诸多伟大的发明大多是受自然界奇怪的现象和飞禽走兽的启发，连伏羲不也曾"仰则观象于天，俯则观法于地，观鸟兽之文与地之宜"而后才有八卦？模仿不是抄袭，始于模仿，然后创新，是近代以来佛山企业"取得技术上的国内领先优势"[2]的捷径。

对于沉闷且落后的中国大地而言，继昌隆蒸汽机的那一声轰鸣虽然姗姗来迟，却无异于铿锵有力的足音。

机器之"好"人们都看到了，从陈启沅创办继昌隆机器缫丝厂开始之后的二三十年间，广东陆续出现了一批由中国人投资、使用机器的缫丝、造纸、织布、玻璃、火柴、砖瓦、水泥、卷烟、榨油、碾米、食品等工厂，以及一批机器、船舶修造厂。在1912年的统计中，"广东无论在'工厂'数和'使用动力的工厂'数方面都居全国首位"。[3]

正是这一次基于实际项目的合作极大提升了"陈联泰"机器制造的技术水平和品牌影响力，也为"陈联泰机器厂"的诞生创造了有利条件。

也有人言，1870年，广州陈联泰机器厂仿照日本输入的机器样式，制造出缫丝机，十分畅销。[4]这是不准确的。1870年陈启沅还旅居安南。南海、顺德等地的缫丝工艺还停留在手工状态。

---

① 黎红玲、何其辉：《探访珠三角最后的缫丝厂：苦苦坚守的老行业》，《佛山日报》2016年1月10日。

② 郝伟：《佛山商道文化》，广州：广东人民出版社，2016年，第119页。

③ 邱捷：《近代广东商人与广东的早期现代化》，《晚清民国初年广东的士绅与商人》，桂林：广西师范大学出版社，2012年，第261—262页。

④ 汤国良主编：《广州工业四十年》，广州：广东人民出版社，1989年，第122页。

陈澹浦更不可能想到，自己的一间小小的机器铺会成为中国民族资本主义早期著名的企业之一，如人所言，"随着自然经济的解体，19世纪70年代前后，中国出现了民族资本主义工业"，它的产生有两种途径，"一种是部分手工工场开始采用机器生产，转变为近代工矿企业；一种是一部分中小地主、官僚、买办、商人、华侨等，投资于近代工矿企业"。[①] "陈联泰"属于前者。

剖析佛山人缘何总会"先行先试"，成为喝"头啖汤"的群体，盖因他们"移民群体强烈的自主、避险意识"，而此种意识成为"佛山人选择和坚守制造业的重要思想动力"。[②]

有研究者认为，佛山制造具有悠久的历史，这便为这种思想的产生找到了更为久远的历史依据。

但是，从手工业向机器工业转化的进程中，陈澹浦等人经历了难以想象的困难，他们艰难地挣扎，甚如无头苍蝇一样乱撞，却不断寻求突破与突围，试图找到适合自己的发展之路。他们是另一种意义上的拓荒者，一个落后时代的骄子，试图靠一己之力与西方列强较劲的国之工匠。而这样的人在佛山的乡村还有很多，他们是陈澹浦的"后来者"，也可能是"先行者"。他们在农闲时节做一些与冶铁、制陶等行业有关的手工活计，融入一个时代的手工业产业链里；他们一边谋生活一边焦急且兴奋地擂响佛山制造、佛山创造前进的"鼓点"，尽管"鼓声"在相当长的岁月里极为舒缓，如大漠驼铃的摇曳和经年陈酿的弥散，但每一下都那么用力，每一声都那么实在。

可喜的是，陈澹浦除了要化解生存的压力，内心还逐渐萌生"振兴民

---

① 王永鸿、周成华主编：《中华历史千问》，西安：三秦出版社，2012年，第274页。
② 郝伟：《佛山商道文化》，广州：广东人民出版社，2016年，第68页。

族工业的坚韧与顽强"①的兴奋与冲动，这是支撑陈澹浦及其后人沿着机器制造的道路一直走下去的坚定信念，是"鼓点"中夹杂着的异常镇定与自信的音符。

第五节　机器之厂

缫丝机器的制造成功，成为陈联泰机器厂成立的催化器。陈澹浦抓住了这一次机遇，嗅到了潜藏其中的巨大的商机，也逐渐看清了自己的未来。

陈澹浦长期从事机器维修工作，拥有丰富的工作经验，熟悉机械原理，了解各种金属构件的功能。趁热打铁，乘势而上，成立一个机器厂，专做缫丝机器！这种前景吸引了陈澹浦。他的儿子们则成为父亲事业的忠诚拥护者，在他们的鼓励支持下，陈澹浦的信心更加坚定。

广州毗邻港澳，地理环境优越，对外开放较早，清末洋务运动以来，军工、民用工业大量引进了国外先进技术设备，对促进广东近代化建设起到了重要的作用。从19世纪70年代开始，在广州创办的军用工业，有枪炮、弹药和兵舰等制造厂。清政府历任两广总督亲自主持，从西欧各国引进各种先进技术和设备。机器制造业，也由此成为广州引进国外先进技术设备最早成立民族资本经营企业的发端。19世纪40年代至70年代，外国资本家在广州黄埔开设了一批船坞，带来大批近代先进设备；雇募的当地工匠，也学到了外国人的先进修、造船技术。

对于陈联泰机器厂成立的时间，有多种说法，如，《广州城市发展史》所载："同治十二年（1873年），由富商陈濂川开办，厂址在十八

---

① 张莹：《良登村：烟云散尽剑花香》，中共佛山市南海区委宣传部等主编：《南海龙狮 南海衣冠 南海古村》之《南海古村篇》，广州：中山大学出版社，2011年，第44页。

甫，为中国最早的民族资本主义企业。"①这一说法有几个问题：其一，如前所述，这一年年底"陈联泰"还在为陈启沅的缫丝机器做最后的加工、生产，在这样的节骨眼上陈澹浦不太可能有闲暇时间成立个机器厂。另，缫丝机还未制造成功便急忙成立机器厂，于情理上说不过去。其二，处于求生存状态的"陈联泰"不可能在此时迁址、扩大规模。其三，陈澹浦还在世，不会让儿子陈濂川另立门户。其四，不要说陈濂川此时不会成为富商，连陈澹浦都不可能够得上富商的标准，他们父子维修机器挣的是辛苦钱、血汗钱，哪里有机会发大财？而与继昌隆合作，工人们拿走了工资，剩下的利润便十分有限；且陈启沅首次投资办厂，资金有限，亲力亲为，不可能让"陈联泰"一口吃个大胖子。因此，陈联泰机器厂的成立唯有在成功制造了缫丝机、有了独家产品之后——虽然它可能还有其他产品，但只有这个"独门机器"才是它成长壮大的前提。

陈家强则言，是1876年（光绪二年）的事，"……把工厂迁至十八甫桂塘新街，改名陈联泰机器厂（行内人称之为'新联泰'）"。②这一说法较之前述有一定的道理。从1873年开始，即继昌隆投产之后，到1876年间，陈联泰号"声名大噪"③，步入发展快车道。而南海、顺德各地缫丝生产者"相继改用汽机缫丝，纷纷向陈联泰定购缫丝机器"，陈联泰号"业务蓬勃"。④面对市场的热销，此时陈澹浦顺势而为，迁址、打出"陈联泰机器厂"的招牌极有可能。陈天杰、陈秋桐也忆述，继昌隆"机器安装，全由陈启沅自行设计，并把主要力量放在健全蒸汽方面的机器。初在广州十八甫

① 陈代光：《广州城市发展史》，广州：暨南大学出版社，1997年，第374页。

② 国拯：《广州机器工业元老陈澹浦》，关振东主编：《粤海星光》，广州：花城出版社，2008年，第36页。

③ 中共广东省委组织部、广东省人民政府地方志办公室编：《广东资政志鉴》，广州：广东人民出版社，2015年，第79页。

④ 陈滚滚：《陈联泰与均和安机器厂的概况》，中国人民政治协商会议广东省委员会文史资料研究委员会：《广东文史资料》第20辑，内部资料，1965年，第146页。

陈维泰机器店定制和购买现成的铁具回厂装置"。^①照此说法，继昌隆筹建之初，陈维泰（应为陈联泰）机器店就在十八甫，也不存在迁址一说。

那么，"陈联泰"何时迁至十八甫？陈滚滚言，也是1876年的事。迁址、改名在同一年。

只是，按照陈滚滚的说法，陈澹浦已于1876年病逝。而有关资料引用陈滚滚之言，"1876年（光绪二年），'联泰号'创始人陈澹浦病逝"。^②父亲病逝，尤其作为家庭的支柱和主心骨，是天大的事情，在这个节骨眼搬迁、动土动工，也不适宜。

另外，关于陈澹浦的卒年，是不是1876年？不确定。陈家强言，可能是1886年。

还有另一种说法："广东第一家民族资本创办的机器修造厂陈联泰机器厂，于光绪八年（1882年）在广州宣告成立。其前身为南海人陈澹浦开设的手工作坊陈联泰号。"^③持此说法的不止一家，如，"陈联泰机器厂于1882年在广州成立，是广州第一个由旧式手工机械工场发展起来的近代工业企业"^④；1882年，"工场改名为陈联泰机器厂"^⑤。

1882年，显然又晚了很多。照此说法，其时陈澹浦健在，还主持了成立仪式。

年代虽不十分久远，但资料着实匮乏，笔者没有找到第一手的证据，

① 陈天杰、陈秋桐：《广东第一间蒸汽缫丝厂继昌隆及其创办人陈启沅》，广州政协文史资料研究委员会编：《广州文史资料》第8辑，内部资料，1963年，第61页。

② 王建生：《辛亥革命前后之广东机器行业》，广州市人民政府地方志办公室编：《地方史志与广州城市发展研究》，广州：广州出版社，2013年，第163页。

③ 刘正刚：《图说南粤历史》，广州：广东省地图出版社，2015年，第69页。

④ 吴智文：《省港澳轮船公司广州分公司成立》，广州市地方志办公室编：《广州近现代大事典（1840—2000年）》，广州：广州出版社，2003年，第67—68页。

⑤ 广州市经济研究院、广州市地方志编纂委员会办公室编：《广州近代经济史》，广州：广东人民出版社，1998年，第148页。

于是，此中诸多疑问仍要留待日后再行研究。但经过综合分析，陈联泰机器厂的成立时间一定在1873年之后、陈澹浦逝世之前；最有可能在陈澹浦业务蓬勃发展之时，即1874—1876年间。名声大噪的陈澹浦面对缫丝机器接踵而至的订单和滚滚而来的财源，必须考虑"转型升级"，否则，一间小作坊难以承受其重，而换个地方，铺开摊子，把事业往大里做，由市场需求而导致的主动或被动的"改制"便顺理成章。

可以想象，某一年的某一天，吉时吉刻，"陈联泰机器厂"挂牌。业务合作伙伴，良登村德高望重的亲友、族人，街坊邻里蜂拥而至。大家共同见证一家机器厂的诞生。

陈澹浦一路涉险，虽未九死一生，但有进有退，有失有得，终于抵达理想之境地，殊为不易。

市场预期如此好，那么陈联泰号生产的缫丝机器到底价值几何？从陈启沅的说法中可窥一斑，也是"铁证"——一台缫丝机器，"大者值乙千二三百元，小者七八百元"①。陈启沅所指的"元"，或许为西班牙银元，这是最早流入中国的外国机制银币；《南京条约》中清政府向英国赔偿的2100万银元正是西班牙银元；又或许为墨西哥银元，俗称"鹰洋"，"墨洋初入中国，在1854年"②，"流入中国，开始在广州流通"③。

毋庸置疑，一套缫丝机器很贵，正是在那几年里，陈联泰号收获了第一桶金，实现了原始资本积累，有了做大做强的底气。

无论怎样，陈联泰机器厂的成立预示着中国最早的民营机械制造企业之一诞生，开启了广东民族工业发展的浪潮，在近代中国工业史上占有

---

① 陈启沅：《蚕桑谱》，桂林：广西师范大学出版社，2015年，第29页。
② 杨端六编著：《清代货币金融史稿》，武汉：武汉大学出版社，2007年，第261页。
③ 杨端六编著：《清代货币金融史稿》，武汉：武汉大学出版社，2007年，第262页。

"非常重要的地位"①。它是鸦片战争后广东罕见的"由手工工场发展成近代机器厂的企业",也是"广东第一家民族资本创办的机器修造厂"。②此后约十年,"广州机缲丝几乎独占了欧洲大陆市场,成为那里的意大利生丝的廉价替代物"③。

只是,陈启沅的继昌隆投产后,也引起同业嫉恨。

时《广州通讯》报道:采用机器缲丝已引起很多人反对。有些批评是有道理的,但有些批评则很耸人听闻。机器动力代替手工操作,使人们在幻想中觉得恶果很多,这是主要的反对理由。……第二个理由是因为男女在同一厂房里工作,有伤风化。第三个理由是……工匠操纵机器,技艺不纯熟,容易伤人。人们又反对汽笛声音太吵闹,机器响声太大。又说高烟囱有伤风水。……这问题已引起了地方的注意,但反对没有什么效果,缲丝厂厂主是一位很有钱的人,他已经压制了一切排挤他的人。结果使得缲丝厂四周的地价大跌。④

新闻中所言"很有钱的人",虽未指名道姓,却是陈启沅无疑。这是1874年的新闻报道。面对外界如此评价,陈启沅所承受之压力可想而知。他俨然成为舆论漩涡中的人。

宣统《南海县志》记载,在继昌隆创办之后三四年间,"南(海)顺(德)两邑相继起者,多至百数十家,独是洋庄丝获利,则操土丝者益

---

① 中共广东省委组织部、广东省人民政府地方志办公室编:《广东方志·广东资政志鉴》,广州:广东人民出版社,2015年,第78页。

② 方志钦、蒋祖缘编:《广东通史(近代上册)》,广州:广东高等教育出版社,2010年,第729页。

③ 《粤海关十年报告(一)(1882—1891)》,广州市地方志编纂委员会办公室、广州海关志编纂委员会编译:《近代广州口岸经济社会概况》,广州:暨南大学出版社,1995年,第862页。

④ 彭泽益编:《中国近代手工业史资料(1840—1949)》第二卷,北京:生活·读书·新知三联书店,1957年,第45页。

少"[1]。也就是说，厂丝抢了土丝的利益。还有，因机器缫丝厂工资较高，故熟练之女工都争相应聘到机器缫丝厂上班，影响了土丝的生产质量。更为重要的一点是，缫丝之原料蚕茧，受气候和病虫害的影响，也属于"靠天吃饭"的范畴，出产并不稳定，市场总量就那么大，机器缫丝用量大，留给手工缫丝的则少。

1881年（清光绪七年）春夏之间，是继昌隆投产之后的第九年，一场风波殃及继昌隆。

这一年，广东、江浙蚕茧歉收，收成很差。豪商胡雪岩又在江浙二省囤积居奇，企图垄断出口贸易，使上海生丝出口大量减少，导致欧美商人转向广东收购，"年内广州生丝交易较以往活跃，大量出口欧洲，相当于1879年至1880年的旺季数量"[2]。于是，广东市场雪上加霜，无丝可买。而继昌隆等工厂勉强度日，从事土丝加工的手工作坊、家庭缫丝、机织工厂面临歇工，锦纶堂收不上会费，"咸归咎于丝偈之网利，群起而攻之"。[3]矛盾的爆发在所难免……1881年底，"为筹度雇用工人、厂址等问题"，陈启沅到澳门考察。之后，陈启沅将机器厂搬迁至澳门。陈启沅在澳门经营3年后，又回迁简村，大抵在1885年后不久。

缫丝机是陈联泰机器厂的主打品牌。但是，在这一场机器与人的斗争中，陈启沅的事业陷入窘迫之境，陈联泰的机器生产也受到波及甚至牵连。

前述，陈联泰机器厂成立于"1882年"之说，也恰好与陈启沅迁去澳门不久"对应"。或许也有这一种可能，随着陈启沅的事业受阻，缫丝机

① 桂坫等修：清宣统二年《南海县志》卷26，第56—57页，转引自彭泽益编：《中国近代手工业史资料（1840—1949）》第二卷，北京：生活·读书·新知三联书店，1957年，第45—46页。

② 《1881年广州口岸贸易报告》，广州市地方志编纂委员会办公室、广州海关志编纂委员会编译：《近代广州口岸经济社会概况》，广州：暨南大学出版社，1995年，第262页。

③ 桂坫等修：清宣统二年《南海县志》卷26，第56—57页，转引自彭泽益编：《中国近代手工业史资料（1840—1949）》第二卷，北京：生活·读书·新知三联书店，1957年，第45—46页。

失去了市场主导地位，陈联泰号不得已"改弦易辙"，借助改名转变了主业。此说有待进一步研究。

第六节　事业传承

随着时光的推移，陈澹浦已达迟暮之年。按照陈滚滚所言，陈澹浦将自己苦心经营一生的事业交给了二子陈濂川。

陈澹浦交给儿子的事业不是一个烂摊子，是一个优质的企业：有一定的历史，有一定的品牌影响力，有一定的技术和资金实力，有一定的客户。在这样一个基础上起步，陈濂川的事业注定会做得风生水起。

陈濂川不是一个"摘桃"者。他全程参与了"陈联泰"的起步、发展，是陈澹浦的得力助手。陈濂川与企业荣辱与共，故而，接过父亲递过来的接力棒，他会格外珍惜，"百舍重跰而不敢息"，从陈濂川后来的所作所为看，陈澹浦选对了接班人。

在近代中国民族工业进程中，像陈澹浦父子这样的宗亲传承还有不少，如严信厚［（1828-1906），浙江慈溪人，中国近代企业开拓者］、严子均父子，薛南溟［（1862—1929），江苏无锡人，清末民初实业家］、薛寿萱父子，徐润［（1838—1911），广州香山人（今广东珠海），近代中国著名买办、商人、民族资本家］、徐叔平父子，唐廷桂［（1828-1897），广东香山人，清代洋务运动代表人物之一］、唐杰臣父子，唐廷枢［（1832—1892），广东香山人，清代洋务运动代表人物之一］、唐玉田父子等。"父子传承关系为民族工业继往开来奠定了基础，而且为年轻一代资本家的崛起创造了有利条件。"[1]

---

① 陈钧、任放：《经济伦理与社会变迁》，武汉：武汉出版社，1996年，第319页。

　　由此亦可看出，陈澹浦既是一位卓越的实干家，又是一位优秀的伯乐。

　　从陈澹浦交班到他逝世大约还有10年光景。10年，对于活了66个年头的陈澹浦而言也是很长的一段人生。根据目前的材料，笔者不知道那10年里陈澹浦何去何从，还做过什么事。也许他如更多中国人一样叶落归根，回到故乡良登村，享受儿孙绕膝之乐；也许他偶尔回到起家之所故地重游浮想联翩；也许他和陈启沅成了兄弟，时常"开轩面场圃，把酒话桑麻"。

　　至于有人言，1907年（清光绪三十三年）有人唆使两广总督周馥，"捏造陈澹浦承筑珠江长堤时偷工减料罪名"①之事，应属于"无中生有"——此时的陈澹浦，无论去世之年是1876年或者1886年，均早已不在人世间。

　　那时广州已有照相馆，按照陈澹浦的境况，应该会留下一两张照片。其时"未有干胶片，只使用湿片与蛋纸摄影。开始时只拍摄单人像［相］"②。所谓湿片，就是片基涂了乳剂之后，须趁其未干就曝光和冲洗。而干片则不受时间的制约。照相的条件是有的，也很方便。据说，广州市博物馆收藏了陈澹浦的半身相片，笔者通过广州市博物馆办公室查询几日，并未找到那张照片，回复是：没有收藏。

　　对于陈澹浦的一生，笔者有小诗相赠：

> 立志欲坚不欲锐，
> 成功在久不在速。
> 洋人机器多奥秘，
> 澹浦逍遥乾坤里。
> 一朝成名天下知，

---

① 广州市荔湾区地方志编纂委员会办公室编：《别有深情寄荔湾》，广州：广东省地图出版社，1998年，第155页。
② 广州市地方志编纂委员会编：《广州市志》卷16，广州：广州出版社，1999年，第311页。

流芳百世陈公祠。

很多人心头存疑，陈澹浦所创办的"陈联泰"到底算不算中国第一家近代民族资本主义工业企业？或者说，中国第一家近代民族资本主义工业企业是哪一家？

这原本是一道中学历史考题，读过中学的人都做过。

按照目前使用的中学历史教科书，答案是：上海发昌机器厂。

学界亦认为，陈启沅创办的继昌隆机器缫丝厂是中国近代民族资本主义工业的起点，但其创办时间比上海发昌机器厂略晚几年。

而据《南海市志（1979—2002）》副主编、广东省情专家库专家张莹发表的《中国第一家近代民族资本工业再考证》一文，南海区丹灶镇良登村人陈澹浦在广州创办的"陈联泰机器厂"早于上海发昌机器厂，并更早使用车床进行生产，应是中国第一家近代民族资本主义工业企业。

张莹认为，"清代广州陈联泰机器厂创办的时间比发昌机器厂早29年，步入近代化的时间比发昌早10年以上，无疑是中国最早出现的近代民族资本工业企业，这是在我国近代民族资本工业史上被忽略的史实"①。

对于陈联泰机器厂是中国第一家近代民族资本主义工业企业的说法，中山大学历史学系教授、中山大学中国文化研究院执行院长黄国信表示，要证明这一点还需要更加充分的论据，"上海的发昌机器厂之所以被写进历史教科书，成为第一家，是因为有当时的史实材料可以考证的"，"相对而言，目前提出陈联泰机器厂是第一家的观点，引用的多是陈澹浦后人的回忆，在具体的日期上说服力就欠缺一些，要推翻现在的认定，还有待进一步的佐证"；中山大学历史学系教授、中山大学岭南文化研究院执行院长温春来认为，目前张莹引用的材料尚未达到历史学研

---

① 盛正挺：《中国近代首个民族资本工业企业由南海人创办？》，《南方日报》2018年4月13日，第3版。

究的规律要求，"不能光凭后人口述回忆，就认定陈联泰早于发昌"，
"比如说陈启沅当年被认为是第一家，是因为我们现在翻阅当时的历史
材料，都能找到陈启沅在清代时候关于工厂投入、女工上下班管理的细
节详细记载，甚至史料上还有陈启沅自己画的机器图纸，按照这种图
纸甚至可以还原出他当年制造的机器，这种就是实证材料"；收集研究
广州近代民族工业资料多年的华南理工大学教授彭长歆研究过光绪年间
"陈联泰"厂房，他认为，张莹提出的"首家"观点能够自圆其说，只
是目前还有待收集到第一手史料去进一步证明，"包括当年陈联泰号工场
为陈启沅创办的继昌隆机器缫丝厂制造了中国第一台机器缫丝机，这一点
陈启沅自己也是承认的"。①

　　无论怎样，让人欣慰的是，一位近代民族工业先驱的离世并未阻断越
来越多的人投身其中并乐此不疲，正是他们和他们的继承者前赴后继，才
逐渐撑起了中国民族工业的半壁江山。

---

① 陈昕宇、王浩宇：《首家近代民族工业企业在广州？》，《广州日报》2018年5月15日，
第A10版。

第二章

文历
化史

陈濂川经营时期

第一节　事业转向

陈澹浦交班之日，便是陈濂川走马上任之时。

陈濂川继承"司理职务"①——这说明，此前"司理"一职一直由陈澹浦担任——司理是主持、掌管。

陈濂川在继续"陈联泰"原有修理业务、缫丝机制造的同时，不满足于现状，力图改革创新，谋求更大的发展，而位于豆栏上街的铺位狭小，无法实现进一步扩张的目标，他遂将厂子迁至十八甫。

"十八甫路"今尚在，位于广州市荔湾区西关附近。笔者专程去实地查看，从豆栏上街至十八甫路走路不过几百米，属于就近迁址。近距离搬迁的好处是品牌可以延续，老客户找他们方便——在原址贴张告示或画个箭头即可；新客户到新址来亦很便捷。做生意讲究天时、地利、人和，陈濂川深谙此道，既要抓住老客户，又要瞄准新目标。

迁址到新地方以后，陈联泰机器厂的空间增加了不少，临街处有两间铺面，后面是工场，"前店后厂"的布局有利于经营与生产协同进行。按照陈滚滚所言，这个时间是"一八七六年"。②此时间节点与为陈启沅制造缫丝机器完工有3年左右的时间，符合情理和常态。

陈濂川执掌陈联泰机器厂后，与船的业务关系更加密切起来。

古代，岭南人一生离不开船，岭南舟船文化历史悠久。

---

① 方志钦、蒋祖缘编：《广东通史（近代上册）》，广州：广东高等教育出版社，2010年，第731页。

② 陈滚滚：《陈联泰与均和安机器厂的概况》，中国人民政治协商会议广东省委员会文史资料研究委员会：《广东文史资料》第20辑，内部资料，1965年，第147页。

其实，自古以来，凡水系发达之地，乘坐舟楫出行就是人们出门远行、游走四方的主要方式。《周易·系辞下》曰："刳木为舟，剡木为楫，舟楫之利，以济不通，致远以利天下，盖取诸涣。"《诗经》中也有"淇水滺滺，桧楫松舟。驾言出游，以写我忧"的文字。

广州多山岭，不算高；多水域，往往水天一色、波澜壮阔；又面临南海，扼控三江，水资源极为丰富，是名副其实的水乡。岭南，凡台风季动辄暴雨倾盆；风收雨霁之后又如陆游诗云"一雨洗炎蒸，危阑偶独凭"。

但水患也常有。夏季洪灾尤其多，有时猛如野兽，摧枯拉朽，给人们的生活造成巨大的损害。1856年的某月，广州暴雨连续不断，导致珠江水位升高，一位游客形容看到的景象——"水位很高，低处的楼层全部被水淹没，我们唯一的出行工具就是船"。[1]此时坐船，让人胆战心惊，也毫无诗意可言。正常情况下，比如有一位外国人某时某刻站在广场向珠江眺望，只见江上樯舻奔辏，江面几乎被各式各样的船只覆盖……其中十分之九是艇户的船只。外国人观察到，艇户似乎从不上岸，终年生活在水上。而船上还有一些常住居民，比如商人、木匠、工匠、鞋匠、裁缝和卖旧衣服、生活用品、胭脂水粉的小贩，以及算命先生、江湖郎中等。在外国人眼里，"珠江的水上生活与陆地上的几乎一般丰富"。是不是真的如此"丰富"，仅靠"看"所获得的印象是肤浅的，很多人应是不得已而为之。但这个群体是庞大的，据统计，珠江江面"艇户的数量约30万，船只数达82000艘"，是一支浩浩荡荡的"队伍"。[2]

南船北马。《淮南子·齐俗训》云："胡人便于马，越人便于舟。"唐代孟郊《送从叔校书简南归》诗曰："北骑达山岳，南帆指江湖。"——南

---

① ［英］孔佩特著，于毅颖译：《广州十三行：中国外销画中的外商（1700—1900）》，北京：商务印书馆，2014年，第145页。
② ［英］孔佩特著，于毅颖译：《广州十三行：中国外销画中的外商（1700—1900）》，北京：商务印书馆，2014年，第251页。

方水多，人们善于行船；北方陆多，人们善于骑马，都是再正常不过的事。

广东古代造船业有三个大的发展时期，第一是秦汉时期，第二是唐宋时期，第三是明清时期。

先秦时期，越人因地制宜、就地取材，用木头、竹子等自然之物制成木筏、竹筏、木舟、木板船，初用于渔猎，后用于运输。古代岭南还有一个尤其特别的事情——"百越人以船为棺"，[①]生在船上，死在船上，百姓生生死死都不离开船，人与船的关系难舍难分。

1974年冬，在广州市区中山四路（原广州市文化局院内）发现一处规模很大的秦代造船工场遗址，根据测量发现，该工场可建造长20—30米、宽6—8米、载重25—30吨的平底木船，这些数据印证了秦代广州造船工业规模不小、业绩不错。

及至汉代，广东造船业已相当发达。南朝学者沈怀远所撰《南越志》中载："南越王造大舟，溺水三千。"[②]大舟之大，的确超越我们的想象力。在那个时代，建造一艘如此庞大的船实为异常壮观之景象。

沈怀远曾多次乘舟远航，独立舟头看沧海茫茫；也曾遭遇台风，"熙安间多飓风。飓者，其四方之风也，一曰惧风，言怖惧也，常以六七月兴。未至时，三日鸡犬为之不鸣，大者或至七日，小者一二日，外国以为黑风"。[③]他所说的熙安，便在今天的广州。

汉代淮南王刘安曾招集宾客集体创作《淮南子》。《淮南子·原道训》云："九疑之南，陆事寡而水事众，于是民人被发文身，以像鳞虫；短绻不绔，以便涉游；短袂攘卷，以便刺舟，因之也。"[④]大意是，九嶷山

① 顾涧清等：《广东海上丝绸之路研究》，广州：广东人民出版社，2008年，第49页。

② 《南越志》，广州市地方志编纂委员会编：《广州市志·工业卷》下，广州：广州出版社，1999年，第131页。

③ 刘昭民编：《中华气象学史》，北京：商务印书馆，1970年，第79页。

④ （汉）刘安著，陈广忠译注：《淮南子译注》，上海：上海古籍出版社，2017年，第14页。

以南的民众，从事陆地上活动的事少，从事水中活动的事多，民众剪发文身，模仿鱼龙形象；只围短裙不着长裤，便于涉水游渡；着短衫或卷起袖子，方便撑船，这都是由水上生活的特点所决定的。

南朝梁武帝年间，古印度僧人菩提达摩经过3年远航来到广州登陆上岸，开启在"震旦"（古代印度人对中国的称谓）弘扬佛法的序幕。

唐代，广州是中国对外开放最早的大港，来自东南亚和西亚的外商乘坐以高级木料并用铁钉链接铆牢具有很强抗风浪能力的海船远航而来，云集此处从事贸易。广州造船技术因此突飞猛进。唐代刘恂《岭表录异》载："贾人船不用铁钉，只使桄榔须系缚，以橄榄糖泥之，糖干甚坚，入水如漆也。"利用桄榔须"绑缚"船板而造大型商船，是中国古代民间就地取材制造商船的绝妙范例，可见中国古代劳动人民的聪明智慧。

宋代，广州海船建造技艺更趋成熟，也是"世界航海史上最早使用指南针的，在当时垄断了广州到南印度洋的海上交通"。[1]

1562年（嘉靖四十一年）到1587年（万历十五年）间，战功卓著的名将俞大猷、汤克宽、郭成、戚继光均一度在广东任职，他们对军船进行了改造，用浙闽"艚船"之图式，取新会"横江"和东莞"乌艚"船之长处，进一步完善"广船"的战术性能，创建了一批富有战斗力的军船，对于从海上肃清倭患大有裨益。

19世纪60年代，外国资本经营的船舶修造业不断增大，一方面打击了广东原有的木帆船生产，另一方面培养了掌握近代修船、造船及机器制造技术的中国工人。

生于斯长于斯的陈濂川浸淫于源远流长的岭南舟船文化，延续父辈的事业并超越父辈的视野局限而转向船舶修造业，是一次大胆的自我挑战，也似乎是冥冥之中的必然抉择。

---

[1]　广州市地方志编纂委员会编：《广州市志·工业卷》下，广州：广州出版社，1999年，第131页。

事业既然转向,当务之急是要补充机器。此时朝廷对于民间采购洋机器的态度有所缓和,早在1865年9月20日,李鸿章上《置办外国铁厂机器折》云:"洋机器与耕织、刷印、陶埴诸器,皆能制造,有裨民生日用,原不专为军火而设。"[1]清廷遂允许洋机器进入寻常百姓家。

广州货源少,价格又贵,为节约成本,陈濂川跑去香港进货。但香港的洋机器也不便宜,一台缫丝机器要几万两白银;一台新式车床没有几万甚至十几万两银子拿不下来。1863年,广东香山(今中山)人容闳曾受曾国藩委派专赴美国购买"制器之器",携资竟达"68000银两"。[2]陈濂川经多方了解、比价,最终购回"洋式车床3台,刨床、钻床各1台,及其他工具等"[3],实现了陈联泰机器厂第一次机械设备大规模更新。

一次采购如此多的设备,可谓耗资巨大,是大手笔举措。这表明陈澹浦交给儿子的家底十分殷实。此外,即便有钱,但能作出这样的决策、敢于冒这样大的风险,还需要十足的魄力。从陈联泰后面的发展看,陈濂川具备成为一名优秀企业家的潜质。

有了洋式车床、刨床、钻床这些现代化的机器,陈联泰机器厂像模像样,称谓也名副其实。

但经营一家店铺和经营一家工厂,无论人员规模、业务范围、资金管理、货物进出还是营销模式、资本运营等都不太一样,甚至差别很大。

随着规模的扩大和业务发展的需要,陈联泰机器厂的人事管理需要调剂和重新布局。此时,陈濂川的三个儿子均已长大成人。照此估算,陈濂川此时的年纪应在四十岁上下,正是年富力强之时。陈濂川分别给三个儿

---

① 梁启超:《李鸿章传》(全新精校版),北京:中国言实出版社,2014年,第141页。

② 《上海侨务志》编纂委员会编:《上海侨务志》,上海:上海社会科学院出版社,2001年,第138页。

③ 陈滚滚:《陈联泰与均和安机器厂的概况》,中国人民政治协商会议广东省委员会文史资料研究委员会:《广东文史资料》第20辑,内部资料,1965年,第146页。

子委以重任，命"长子伯纯主理财务，三子泳江负责营业"①。财务和经营交给两个儿子，人事陈濂川亲自管，是典型的家族式企业管理模式。

陈濂川又命次子陈子卿前往福建马江船厂学习机械工程。这一举措非陈濂川一时心血来潮。作为一个有远见卓识的商人，他知道机器这个行业只靠自己苦心琢磨不行，要派人主动去外面学习先进的知识和技术，这对于企业的发展壮大有至关重要的影响和作用。

陈子卿外出学习期间，陈联泰机器厂的业务始终处于上升之势，生意兴隆，门庭若市。

见十八甫的厂房不够用，陈濂川又在南关购地修建了一个更大的工场，开设为东栈，扩充了更多的设备。东栈主要作为机器厂的制造装配车间。

一段时间之后，仅东栈便有各式机床十四五台，技术工人100多人，分车、刨、钻、磨、打铁、木工等工种。与第一次扩张不同，陈联泰机器厂第二次机械设备更新是于"不知不觉"中完成的，这印证了机器厂几年来生产经营顺风顺水的态势和良性发展的轨迹。

之后，陈濂川又在河南洗涌开设南栈，作为制造蒸汽炉车间。南栈也有工人数十人。陈濂川于珠江两岸的布局和整体的规模在当时广州民营企业中绝无仅有。粤海关洋人观察到，"河南有越来越多的建筑拔地而起，有许多仓库、制席厂、商业分店，还有造船厂、机械厂……"至1880年，该厂发展到3个工场、1个锅炉工场以及30多台设备，160多名工人，成为当时颇具规模的机器厂。②

从不断扩张的速度来看，陈联泰机器厂借助生产缫丝等各类机器，赚得盆满钵满，现金流十分充裕。

以如此综合生产实力便可生产机器甚至大型机器。能生产大型机器代

---

①　陈滚滚：《陈联泰与均和安机器厂的概况》，中国人民政治协商会议广东省委员会文史资料研究委员会：《广东文史资料》第20辑，内部资料，1965年，第147页。

②　汤国良主编：《广州工业四十年》，广州：广东人民出版社，1989年，第122页。

表陈联泰机器厂的技术实力，但生产什么样的大型机器却与陈联泰机器厂对未来的定位有关。从陈濂川派陈子卿前往福建马江船厂学习的举措看，陈濂川的下一个目标是造船。

这当然不是件小事情。此时，陈澹浦虽已卸任、颐养天年，但关乎工厂主业的调整和未来的发展方向，他与儿子们一定经过很多次讨论，深思熟虑之后，同意了陈濂川确定的战略发展方向——造船，因为那里有巨大的市场空间。

第二节　火轮之船

美国人亨特在《旧中国杂记》中记录了广州人民的一首名为《战舰火轮船图解》的诗：

夷船长逾三百尺，
高宽各逾三十尺；
铁铸巨炮威力强，
遍身黑漆似铁甲。
火船两侧有巨轮，
煤火驱动转如飞；
船行快速如奔马，
白帆上下挂船桅，
顺风逆风都不怕。
船首大炮丧门神，
四面皆有炮成行。
夷船之状虽可畏，
正义之神怒显威。

火船搁浅石龙岸，

　　神明不佑鬼迷途……①

　　既能写成诗歌广为流传，说明广州人对火轮船已经非常熟悉。火轮船很早就进入了中国海域，1830年，英国轮船"福士"号到达珠江口的伶仃岛；1833年，外国传教士在广州所办的《东西洋考每月统记传》中出现了有关蒸汽机和火轮船图说的文章；1835年，又一艘英国火轮船"渣甸"号从外洋驶入虎门往黄埔呈递书信。

　　而中国海军在鸦片战争中也吃了英国火轮船的亏。

　　1840年（道光二十年）七月，直隶总督琦善在天津大沽口"抚夷"后上奏皇帝，描述了千总白含章在英军火轮船上观察到的情况："（该船）据称名为'火焰船'……中设桅杆三层，并无风篷，船身外饰洋漆，内包铁片……各设有枪炮眼……舟中所载，均系鸟枪，船之首尾，均各设有红衣大炮一尊与鸟枪自来火……其后艄两旁，内外俱有风轮，中设火池，上有风斗，火乘风起，烟气上熏，轮盘即激水自转。无风无潮，顺水逆水，皆能飞渡，撤去风斗，轮即停止……"②观察不可谓不细，对主要特点和功能都一一阐述。

　　火轮船，作为战船时所向披靡；作为商船时朝发夕至，与木帆船相比，主要优点是速度快，可逆风而行。

　　一时间，火轮船独领风骚。而直到1872年（同治十一年），李鸿章奏请清廷于上海设立轮船招商局，在《轮船招商公局规条》中告之天下时，还提到中国官方开办轮船运输企业，所用轮船仍多为外购，自身生产能力

---

① ［美］亨特著，沈正邦译，章文钦校：《旧中国杂记》，广州：广东人民出版社，2000年，第213—214页。

② 兴河：《天朝师夷录：中国对外军事技术引进（1840—1860）》，北京：解放军出版社，2014年，第193页。

和实力严重不足：

> 现在本局轮船已向外国购买四舟，均系新样坚固，一律保
> 险。俟其陆续到沪，明春承装江、浙海运漕粮，运务完竣，拟即
> 向镇江、九江、汉口、汕头、香港、福州、厦门、宁波、天津、
> 燕台等口揽装客货，往来贸易，并于各口设立分局，广为招徕。
> 贵绅商如有情愿入股者，请将尊名并愿预股分银数先行示知，以
> 便登注簿上，其银俟本局需用时预为知照，或并付、或分付，即
> 按股掣给股分单，日后股数日增，当再续购，坚固轮船，以广贸
> 易。①

细细观察与乘坐火轮船后，陈濂川也觉得其性能优良——船面无帆
樯，有烟管一支，烟气排出继而上腾随风而逝；船旁两边各驾车轮一个，
烟动轮转，劈波斩浪。陈濂川独立舟头，禁不住感慨，比木帆船的速度快
得不能再快——的确，一个是机器船，一个是人力船，如何能比？

下了船，陈濂川心事重重，但意志更为坚定。

于市井、集市之中流连，他也看到了火轮船剪纸作品，新鲜的事物引
起了民间手艺人的注意。陈濂川特意买了一张，拿回去仔细端详。

彼时，有人也将火轮船叫作"烟船""车轮船""港脚烟船""轮
船"。

陈濂川虽明知此船动力为船内烧火，靠机械力推动，但对其内部工作
原理并不了解。他仔细研究了清代著名科学家郑复光的《火轮船图说》，
书中对火轮船的介绍更为详细：

---

① 陈旭麓、顾廷龙、汪熙主编，汪熙、陈绛编：《盛宣怀档案资料·第8卷·轮船招商
局》，上海：上海人民出版社，2016年，第3页。

图17　火轮船出现在中国剪纸作品中

嗣见小样船约五六尺，其机具在外者已悉……其质多用铜，大舟未必尽然，阅者勿泥。

一曰架：铜为之。下为槛，凡四根，长短各二，连成长方以为底。上为梁，亦如之。四角各竖一柱，而架成矣。其近前梁处加一横梁，从上而下，直穿三孔，中一旁二。其后槛居中处亦穿一孔。其两旁长槛当横梁处各穿一横孔。其大小称船之舱。

二曰轮：后轮有二，命为支轮。此轮小于前轮，取其支架令平，可行陆而就舟也。形如轿车轮式，而轴中竖一短柱，柱端亦为轴，入后槛直孔中，则两轮可前后转以便左右也。轮在舟内。前轮有二，命为飞轮。缘轮体重而形圆，则一周之轻重如一，故其未动也，似多一重，而其既动也，则多一力，所谓己似无用而能以其重助人用力者也。轮心方孔，轴圆而榫方，定置轮上，如大四辆（原书注：不详。疑为实心车轮的四轮马车）而有辐也。近榫处作两曲拐以转轮，曲拐外入旁槛横孔中。轮在舟内而槛外。外轮有二，命为行轮。轮周双环，如水碓之轮。连之以板。板无定数，八片以及十余片皆可。用以拨水如桨然。在舟外两

旁。毂孔亦方。

三曰柱：曲拐有二，运之以柱，命为边柱。下端各作圆孔以受曲拐，两柱上穿横梁两边孔。其中孔别穿一柱，命为中柱。三柱上出，贯以横拴，连合为一，使上下齐同也。中柱下短，入气筒中。气筒颇粗，筒面有盖，盖中心有管，恰受中柱下端，松而不宽。松以便柱下上之利，不宽欲其气不甚泄也。气动中柱，则边柱同动，而曲拐运轮矣。[①]

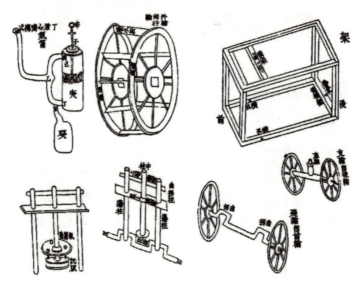

图18　火轮船的关键部件（一）

---

① （清）郑复光著，李磊笺注：《〈镜镜詅痴〉笺注》，上海：上海古籍出版社，2014年，第240—243页。

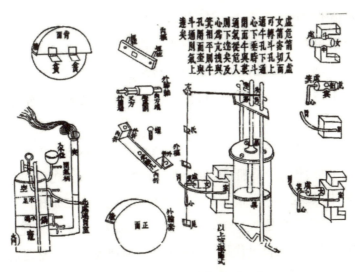

图19　火轮船的关键部件（二）

图20　火轮船的组成部分

　　非专业人士看到上述文字、图形，只怕会坠入云里雾里、头晕眼花。这只是其中一部分的介绍。另外还有"气筒机具""外轮轴枢""外轮套""锅灶""桅""绳梯""破风三角篷""破浪立版"等详细图解，

观察不可谓不细致，几近"明察秋毫"。

透过现象看本质。火轮船仍是船，其他部分与船无异，归根结底是采用了蒸汽动力，由机械力而导致传动系统发生根本改变，实则为"汽轮"——不再依靠人力而使用机械力带动缩小版之水车状轮叶拨水"推动"船身前行。

陈濂川虽然精通机械，但造船方面是一个门外汉——不要说陈濂川经营时期，历朝历代言及造船都是官方主导，民间一般无力也不敢涉足。

陈濂川主要思考两个问题：一是钢与木的比较，二是蒸汽动力与风帆动力的优劣。实则就是工业与农业的竞争，机器力与自然力的竞争。

在此之前，中国世世代代、祖祖辈辈所有船舶均为木材建造。18世纪以前，世界上几乎所有的船舶也都是用木材建造的。在人类发明舟船的几千年间，人力和风力一直是航行的动力。而这一切都被瓦特发明的蒸汽机改变了。

虽然"对中国旧贸易秩序而言，最直接的威胁乃是蒸汽船的发明"，但中国"忽视了关键的蒸汽技术"，使得中国的造船业"大大落后于人"。[1]而火轮船逞威中华，亦是不争的事实。就在陈濂川准备造船的同期，1878年（光绪四年），英国造船吨位达574.819吨，其中52.657吨是木船，517.692吨是铁船，4.470吨是钢船。木船占比9%。[2]

陈濂川这样极具前瞻性的商人，最后的目标一定是造铁船、钢船而不是木船。

但是，愿望很美好，现实很骨感，陈濂川即便有想法也没有能力，一切都要等儿子陈子卿学成归来。

前文所言，陈子卿是去福建马江船厂学习，这是根据陈滚滚的忆述。

---

① ［英］孔佩特著，于毅颖译：《广州十三行：中国外销画中的外商（1700—1900）》，北京：商务印书馆，2014年，第149页。
② 唐志拔编著：《海船发展史话》，哈尔滨：哈尔滨工程大学出版社，2008年，第71页。

对于陈子卿外出学习有多种说法，一说他是去"福建马尾船厂及香港的船坞学习、考察造船技术"[①]；一说他是到"福建船政局学习机械工程"[②]；一说他是前往"福建船政学堂学习轮机制造"[③]；一说他曾在"福建马江造船厂学习造船"[④]。但船厂和学堂，显然是完全不同的地方。

综合分析，陈濂川之孙、陈泳江之子陈允耀和陈滚滚所言可能比较符合事实，陈子卿去的是马江造船厂。因为，若是去福建船政学堂学习，有几个细节对不上号。

福建船政学堂是清末最早的海军学校，1866年（同治五年）由闽浙总督左宗棠在福州马尾创设，隶属福州船政局。福建船政学堂分前、后学堂。前学堂教授法文和船舶制造，又称法国学堂；后学堂教授英文和驾驶，又称英国学堂。招收学生年龄有限制，"须16岁以下男童就学"，且"学制5年"。[⑤]福建船政学堂为近代中国培养了第一批海军将领和造船工程技术人才。

而陈子卿（1860？—1908？）[⑥]，如按照学堂对学生年龄的要求，比照陈子卿出生年月，陈子卿入学时应为1876年前才符合录取标准。而入学时为"1882年"[⑦]则属严重超龄。且从入学到学习结束，陈子卿只用了4年时

---

① 广州市地方志编纂委员会编：《广州市志（1991—2000）》第9册，广州：广州出版社，2010年，第704页。

② 苏生文：《中国早期的交通近代化研究：1840—1927》，上海：学林出版社，2014年，第90页。

③ 广东省地方史志编纂委员会编：《广东省志·船舶工业志》，广州：广东人民出版社，2000年，第52页。

④ 刘传标编纂：《近代中国船政大事编年与资料选编（第2册）》，北京：九州出版社，2011年，第481页。

⑤ 夏征农、陈至立主编，熊月之等编著：《大辞海·中国近现代史卷》，上海：上海辞书出版社，2013年，第45页。

⑥ 张晓辉：《近代粤商与社会经济》，广州：广东人民出版社，2015年，第142页。

⑦ 李春潮：《福建船政对广东近代海防和造船工业的贡献》，《船史研究》1996年10期，第189页。

间，也不符合福建船政学堂的学制。

但让陈濂川没有想到的是，陈子卿"乐不思蜀"——学习期满后，按照陈滚滚所言，陈子卿由于成绩优异，被留闽任职。这对于陈濂川而言是不小的"打击"——没有儿子帮助，他的造船理想就会搁浅，"陈联泰"事业的发展就会受到限制。万般无奈之下，陈濂川想出了一个让天下孝子都无法拒绝的理由，"以其母病重为辞，促子卿归省"。①

陈子卿回厂后知道母亲无恙，放下心来，也没有埋怨父亲而再次"离家出走"，而是一门心思专门负责陈联泰机器厂的技术工作。

陈濂川给儿子的第一个重要任务便是仿造蒸汽发动的小火轮船。

为保险起见，暂不做钢船——估计当时也没有能力做钢壳，而做木壳则轻车熟路。

父子俩认真研究。陈子卿找来很多资料、图纸，其中，对郑复光所著的《火轮船图说》和晚清军事科技家丁拱辰所描绘的小火轮车机械图及小火轮车图，翻来覆去查看、琢磨，乃至通宵达旦。

陈子卿还仔细阅读了王大海、李兆洛等人的著述。

清代航海探险家王大海在其《海岛逸志》的域外丛书本中关于火轮船有如下记述：

> 其船长十丈有余，桅帆备而不用，用车轮二枚，轮以铁叶，每十六片，舱面竖大小烟具二管，管下置煤，旁设灶锅，贮以清水，火生气腾，冲动管上机盘，两轮旋转，铁叶扒水，船即行动如飞。

---

① 陈滚滚：《陈联泰与均和安机器厂的概况》，中国人民政治协商会议广东省委员会文史资料研究委员会：《广东文史资料》第20辑，内部资料，1965年，第147页。

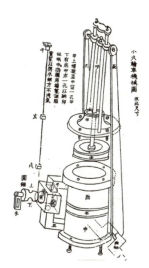
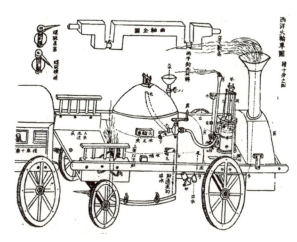

图21　小火轮车机械图①　　　　　图22　西洋火轮车图②

　　探险家不是机械工程师，此类描述与文学家所写没有太大的区别。再者，有人言，该书成书之时，西方火轮船尚未问世，且王大海客居印尼，"岂能有上述对火轮船的清晰理解"？③大概是书的不同"版本"在刻印过程中，后人添加上去的。

　　清代学者、文学家李兆洛根据清航海旅行家谢清高所述《海录》加以考订补正：

　　　　火船者，于船中多作机轮，使递相绞转，烧火而收其烟，以
　　烟发轮，烟炽气激，轮转如飞，拨水面前，不用帆桨，不借风，
　　畏侧覆。常使二人司火，一人把舵，无远弗届。④

---

① 张柏春：《中国近代机械简史》，北京：北京理工大学出版社，1992年，第34页。
② 张柏春：《中国近代机械简史》，北京：北京理工大学出版社，1992年，第35页。
③ 席龙飞：《中国造船通史》，北京：海洋出版社，2013年，第455页。
④ 兴河：《天朝师夷录：中国近代对世界军事技术的引进（1840—1860）》，北京：解放军出版社，2014年，第187页。

此段描述，倒说清了一个关键因素，一人开船，"二人司火"——煤需要不断地填充，故一个人忙不过来了，要两个人接力。

"有图有真相"，还有原理解说、工作流程介绍，自然省去陈子卿许多调研时间。经数月研究，陈子卿对于火轮船的理论知识已悉数了解掌握并烂熟于心，但始终缺乏实践检验。他曾数次乘坐火轮船近距离查看，但下不到关键之处，故仍只见其表不知其里。机械运行这些知识和过程必须要等机器停下来慢慢察看，甚至卸下机器拆解分析，陈子卿没有这样的机会，洋人也不可能任由一个中国人去琢磨火轮船的核心部件和技术。

见陈子卿眉头紧蹙，心情抑郁，陈濂川心疼，但无计可施。

有道是功夫不负有心人，历经两年含辛茹苦的研制，陈子卿不负众望，刷新历史——"第一艘由国内民营工厂生产的木壳蒸汽机客轮'江波号'在'新联泰'诞生"[1]！

后世评价极高——这是清末我国广州民营船厂"自制的第一艘蒸汽机船"[2]，这艘轮船的制造成功"使西关造船业达到国内先进水平"[3]。

这艘船确切的制成时间已不可考，初步判断，大约在1884年前后；但也有资料说它于1894年才在珠江水面行驶。[4]

无论怎样，"江波"号的研制成功是千真万确的。彼时彼刻，在宽大的工场，"陈联泰"的工人都放下了手中的活计，围聚在一起，啧啧称

---

[1] 国拯：《广州机器工业元老陈澹浦》，关振东主编：《粤海星光》，广州：花城出版社，2008年，第37页。

[2] 《水运技术词典》编辑委员会：《水运技术词典（试用本）·古代水运与木帆船分册》，北京：人民交通出版社，1980年，第37页。

[3] 阮桂城：《西关文化漫谈》，全国部分城市文化局长年会组委会、福州市仓山区文化局、厦门市开元区文化局编：《第十三届全国部分城市城区文化局长理论研讨会论文汇编》，内部资料，2001年，第8页。

[4] 梁国光：《第一艘自制机轮的命运——江波号和它的制造者的悲剧》，《羊城晚报》1963年11月15日。

赞，乃至欢呼声冲上云霄。陈濂川、陈子卿父子俩也激动得热泪横流。

如何能不激动！在美国人罗伯·富尔顿于1807年制造出世界上第一艘蒸汽机轮船77年之后，中国百姓终于有了自己的火轮船！

这是一条令很多人跃跃欲试而终不得法的崎岖的荆棘之途，嘉兴县原县丞龚振麟"精于泰西算法"，凡于"制造军械，皆能覃思"，1840年6月他在宁波"见逆帆林立，中有船以筒贮火，以轮击水，测沙线，探形势，为各船向导，出没波涛，维意所适，人金惊其异而神其资力于火"[①]，遂心有所会，欲仿其制。一位外国人曾这样写道，一位舟山人（指龚振麟）根据他们的明轮蒸汽机船模式建造了一艘小船，最初打算用蒸汽机推进它，但船虽造成，由于动力机问题未能解决，只得用人力代替它，类似踏车的原理。即便没有用上蒸汽动力，但由于改进了一些结构，"取长补短"，故航行速度比普通木船快了很多。

中国官方研制成功小火轮是1863年（同治二年）的事，但也一波三折，颇为不顺。湘军首领曾国藩于1861年（咸丰十一年）在安庆创立了中国近代第一家兵工厂——安庆内军械所，清末科学家徐寿在其间经3个月努力制成中国第一台船用蒸汽机模型。汽缸直径1.7英寸，蒸汽机转速为每分钟240转。试演成功之后，曾国藩大喜，后于日记中记述："……火愈大则汽愈盛，机之进退如飞，轮行亦如飞……窃喜洋人之智巧，我中国人亦能为之。"[②]又复一年，徐寿制出一艘暗轮蒸汽机船，但试航时因供汽不足仅航行1华里便停止了，以失败而告终。曾国藩后于1868年（同治七年）九月初二《新造轮船折》中言："同治元、二年间驻扎安庆，设局试造洋器，全用汉人，未雇洋匠。虽造成一小轮船，而行驶迟钝，不甚得法。"[③]

---

① 《中华大典》工作委员会、《中华大典》编纂委员会编纂：《中华大典·理化典·中西会通分典》，济南：山东教育出版社，2018年，第267页。

② 江天凤主编：《长江航运史（近代部分）》，北京：人民交通出版社，1992年，第126页。

③ 曾国藩：《曾国藩全集·奏稿（下）》，石家庄：河北人民出版社，2016年，第238页。

不过，仅是"供汽不足"倒不是严重的问题，说明机器能启动，汽也有，只是要解决动力持续供应的问题。徐寿等人总结前次失败的教训，又历时两月，于1864年1月（同治二年十二月）造成一艘长约二丈八九尺、一个时辰可行二十五六里的小轮船。这一回，徐寿信誓旦旦，保证绝无问题。试航之日，参观者闻讯赶来，两岸人山人海，曾国藩亲自登船试行江中，行了八九里，速度极快（相对而言），极为平稳，一时间，真有"两岸猿声啼不住，轻舟已过万重山"的感觉。曾国藩后批示："试造此船，将以此放大续造多只。"①

综上所述，以官方之雄厚人才和资金实力研制一艘小火轮船都如此之难，且耗时如此之久，而陈联泰机器厂以区区一家民营企业的微薄之力，历时两年一举成功，不可谓不技压群芳，令天下人震惊。

"江波"号性能如何？

陈滚滚言，"最先试装一艘7寸汽缸的小火轮船，落水试航良好"②，"船体轻便，适合内河航行"。③

"吋"为英寸。1英寸为2.54厘米，7英寸的汽缸，为17.78厘米。

动力如何？有劲儿，比起人力，如一头小牛犊。

速度如何？甚为快捷。比徐寿制造的小火轮船还要快，自此，行于江河之中不必再看风向，无论顺水逆水均可踏浪而歌。

时隔40余年之后，有的地方的小火轮船还未达到"江波"号的航行速度。江苏江阴河面上跑的小火轮，从北门城外的永定坝开船一直到无锡城外的大运河码头，全程不到40英里，但由于小火轮的速度很慢，一小时只

① 《曾国藩全集·日记二》，长沙：岳麓书社，1982年，第960—961页。
② 陈滚滚：《陈联泰与均和安机器厂的概况》，中国人民政治协商会议广东省委员会文史资料研究委员会：《广东文史资料》第20辑，内部资料，1965年，第147—148页。
③ 《水运技术词典》编辑委员会：《水运技术词典（试用本）·古代水运与木帆船分册》，北京：人民交通出版社，1980年，第37页。

能走5英里（为8公里多一点），所以乘客清早上船要下午才能到达无锡。虽然速度慢，但给人印象深刻。"那机器烧柴油，浓烟扑鼻，发出刺耳的噪音，船尾浪花翻滚，那景象给我小小的心灵极大的冲击"。①此乃一名江阴人的童年回忆。

首航成功，欢欣雀跃的场景让陈濂川笑不拢口，他长出一口气，如释重负。这标志着陈联泰机器厂转型一次成功，由先前制造缫丝机、修理轮机到现在制造轮船，的确是一个了不起甚至伟大的进步。陈子卿更是意气风发，给了陈联泰机器厂一个光明且辉煌的未来。

1903年（光绪二十九年），清人凌明德②有一首诗赞美火轮船：

火轮船

巧制浑疑神鬼工，机轮开展去匆匆。

长行不必占风色，疾驶全凭用火攻。

才见隔林烟漠漠，已闻扑岸水汹汹。

滋今缩地非奇术，百里程途转瞬中。③

生于1896年的作家茅盾童年时没少坐小火轮，在他一生所创作的浩瀚的文学作品中，尤其是关于故乡的作品中，那小火轮"呜呜呜"的叫声，那"啵啵啵"的击水声，那"突突突"的机器声，俨然一部城乡小火轮交响曲，有兴奋也有不安，有欢喜也有厌恶。

呜！呜、呜、呜，——
汽笛叫声突然从那边远远的河身的弯曲地方传了来。……

---

① 朱一雄：《思乡草》，厦门：厦门大学出版社，2016年，第13页。
② 凌明德，号啸园主人。清末民初杭州塘栖人。著有《偶然吟稿》。
③ 王少青主编：《栖水人家傍水栖》，杭州：西泠印社出版社，2010年，第504页。

一条柴油引擎的小轮船很威严地从那茧厂后驶出来，拖着三条大船……满河平静的水立刻激起泼剌剌的波浪，一齐向两旁的泥岸卷过来。（《春蚕》）

东方刚刚发白，那呜呜的小火轮的汽笛声就从村外的小河里送到村里来了……小火轮经过时卷起了两股巨浪，豁剌剌地冲击着那些沿河的'田横埂'，叫乡下人叫苦。

……

那凄厉的汽笛声落到那村庄上，就同跌了一跤似的，尽在那里打滚。又像一个笨重的轮子似的，格格地碾过那些沉睡的人们的灵魂。（《当铺前》）

茅盾在《子夜》中还写道："过了北河南路口的上海总商会以西的一段，俗名换作'铁马路'，是行驶内河的小火轮的汇集处。"

有评论家言："茅盾笔下的小火轮并不是作品中可有可无的一种道具，而是负有表现时代特色和推进故事情节等使命的作用。"①

于作家眼里，小火轮是一种意向；于商人眼里，小火轮是不错的生意。

"江波"号试航成功后，陈联泰机器厂没有自己运营，一来它不是航运公司，没有运营资格，二来它的主业不是航运经营。陈澧川便出租给航商使用，不少航商都乐意租用。但陈澧川只有一艘，故价高者才能获得租赁使用权。航商虽然出了高价但并不吃亏，"江波"号航速快，客流量大，航商利润丰厚。为与外轮拉开差距，航商对船票也给予了一定程度的优惠，于是业务更为兴盛。据粤海关数据，1897年，"由广州往西江各口

---

① 钟桂松编著：《茅盾与故乡》，成都：四川文艺出版社，1991年，第225页。

轮船，搭客有5000余名，由西江各口来广州，有4700余名"。①实际上来来往往的旅客远不止这些。

市场的积极回应鼓舞了陈联泰机器厂进一步扩展造船业务的信心和动力。

陈子卿再接再厉，工人们夜以继日地抢工，很快见效——"复制"的速度很快，陈联泰机器厂又陆续制成"江汉""江明""江永""江电""江飞""江利"和"江天"等轮船。一时间，陈联泰机器厂门庭若市，上门参观与洽谈生意者络绎不绝，令陈濂川有应接不暇之感。粤海关洋人也说："它们（企业）能够制造小火轮，甚至还安装轮机。"②

这些轮船生产出来以后，均以出租的方式给航商使用，用作拖带渡船，也就是牵引木船，摆渡游客。此外，由航商"定造者也不少"。③即不是租而是买。陈联泰机器厂的主营业务做得风生水起，市场营销两旺。它还为其他航商装配了不少船只的动力系统，"打破了帝国主义垄断珠江航运的局面"④，为中国人争了气。

从以上分析，此时陈联泰机器厂借助火轮船的制造，衍生诸多业务的开展，比如"定制"，根据客户需求，专门制造符合市场要求的轮船，或大或小，或客运或货运；而装配动力系统，则更大范围拓展了业务，由卖船而卖"动力"。这是"一本万利"的买卖，因这些动力设备的保养、维

---

① 《光绪二十三年广州口华洋贸易情形论略》，广州市地方志编纂委员会办公室、广州海关志编纂委员会编译：《近代广州口岸经济社会概况》，广州：暨南大学出版社，1995年，第372页。

② 《粤海关十年报告（一）（1882—1891）》，广州市地方志编纂委员会办公室、广州海关志编纂委员会编译：《近代广州口岸经济社会概况》，广州：暨南大学出版社，1995年，第896页。

③ 陈滚滚：《陈联泰与均和安机器厂的概况》，中国人民政治协商会议广东省委员会文史资料研究委员会：《广东文史资料》第20辑，内部资料，1965年，第148页。

④ 广东省交通运输厅主编：《蔚蓝船说——广东商船船型变迁》，广州：广东旅游出版社，2017年，第51页。

修也会成为陈联泰机器厂的业务范围，有造有修有保养，形成一个完整的产品生产及售后链条——只要上了量，利润源源不断而来。

亦有人言，"江利""江永"两轮被官府征用，改装成兵轮，改名"善丰""善富"。①此说不能说不对，但实际情况并非如此，留待后叙。

即便在"江波"号诞生大约10年之后，对于很多地方的人来说，小火轮仍是极新鲜的事物。一名叫立德的英国人个人出资在上海工程公司建造了一条双螺旋桨轮船，是一艘"船体外壳为柚木，以煤炭作为燃料的蒸汽动力船"，"船长55英尺（约16.8米），船宽10英尺（约3米），时速为9节（约16公里）"，起名为"利川"号。1898年1月15日，立德驾驶"利川"号小火轮从上海出发前往宜昌；2月15日，"利川"号在川江试航，目的地是重庆。经过20多天的艰难航行，3月9日清晨，"利川"号小火轮抵达重庆。

重庆是如何的一种情势？

"轮船开进重庆真是一件新鲜的事情，在重庆老百姓中引起了从来就没有过的巨大轰动"，"尽管它仅仅只是一条小小的汽船"，但"还有不少人愿意花几文钱乘坐小划子到轮船边上去亲眼看上一眼他们从来就没有见过的轮船"，"利川号就已经隐约可见了……人们的欢呼声响彻云霄，顷刻之间，就连点燃的炮竹声几乎都被人们的欢呼声所淹没"。②这是当时《北华捷报》及《最高法庭与领事馆杂志》记者现场采写的一篇报道中的描写。

一艘小火轮，一个陈联泰，改变了一个行业的布局，一种业态的发展，一种令中国人长期被动的现状，而这一天的到来，中国百姓等候了40多年。要知道，鸦片战争之后，先是英国人利用机械轮船，获得广东内河航运和海上航运的优势；接着，美国人、德国人接踵而至垄断了广东航运

---

① 乔培华主编：《航运与广州现代化》，北京：光明日报出版社，2011年，第77页。

② 李明义：《洋人旧事》，宜昌：三峡电子音像出版社，2016年，第171—172页。

业。中国的木船运输业被洋人冲击得体无完肤、土崩瓦解。

陈联泰机器厂是了不起的先行先试者，功莫大焉。

第三节　中流砥柱

陈联泰机器厂的发展带起广州船坞业的蓬勃之势，船舶修造厂坞如雨后春笋般出现，"广昌隆""艺兴"等不仅可以制造几种不同类型的船舶，还能仿制碾米机、花生磨、抽水机和煤气机。[①]

不过，航运事业的发展与清廷的态度密切相关。

面对"中外商民……无不垂涎于此"的态势，1891年（光绪十七年）5月26日，两江总督兼通商大臣刘坤一上奏朝廷："内河狭而多曲，民船尚时有拥挤之患，小轮行驶力猛，更多碰撞，船货人命，尤为可虞。各处伏莽未靖，遁逃之犯，竭力搜查，尚苦此拿彼窜，内河有轮可附，更易远扬，要犯必多漏网。"[②]此种情形，的确存在，"小火轮的出现，使他们（江河匪盗）的存在更为明显"[③]。

从1892年（光绪十八年）至1895年（光绪二十一年）间，由于航运市场受到官府的限制，故陈联泰机器厂的轮船生产受到相当程度的影响。

及至1894年，日本侵略中国，发动甲午战争。1895年，甲午战争以中

----

① 伍锦：《解放前广州市私营机器工业概况》，中国人民政治协商会议广东省广州市委员会文史资料研究委员会编：《广州文史资料（选辑）》第23辑，广州：广东人民出版社，1981年，第77页。

② （清）刘坤一著，陈代湘校点：《刘坤一集》第2册，长沙：岳麓书社，2018年，第174—175页。

③ 《粤海关十年报告（二）（1892—1901）》，广州市地方志编纂委员会办公室、广州海关志编纂委员会编译：《近代广州口岸经济社会概况》，广州：暨南大学出版社，1995年，第931页。

国战败而告终。4月17日，清政府被迫与日本签订了丧权辱国的《马关条约》，加速了帝国主义侵略中国的过程，对我国社会的发展产生了极其不利的影响。俄、日、英、德、美、法等国在加紧对中国进行商品和资本输出的同时，掀起划分势力范围、瓜分中国的狂潮，把羸弱不堪的中国进一步推向半殖民地半封建社会的深渊，中华民族生死存亡的危机空前严重。而日本人在《马关条约》谈判过程中，要求添设广西梧州等7处为通商口岸，提出日本轮船从广东溯西江而至梧州，这些无理的要求虽被清廷勉强搪塞过去，但日本还是在航运方面取得了前所未有的新特权。日本及西方列强不但取得了在长江流域直航重庆的特权，且打破了外轮不得驶入长江以外内河的限制，使中国内河、内港陆续向外轮开放。《马关条约》的签订，对中国近代航运业的严重影响及给中国人民带来的深重灾难罄竹难书，"如在华南沿海，19世纪60年代初沙船'尚存千艘'，到90年代末已很少见到了。越来越多的工人陷入失业破产的境地，生活痛苦不堪"[1]。

中国人的生意被挤兑得一落千丈。

但哪里有压迫哪里就有反抗，面对日益深重的民族危机，中国人民实业救国的热情日益高涨，而发展民族航运业成为实业救国的一项重要内容。

1895年，广东人康有为和梁启超发动"公车上书"，反对签订《马关条约》。之后更以"变法图强"为号召，宣传维新思想。面对民间强烈的呼声和中国民营航运企业的据理力争和通力反抗，清廷被迫逐步解除对内河不准行驶轮船的禁令。也是在这一年，清廷"始许华商小轮于苏杭间行驶"，两江总督张之洞更推广其航行之路于镇江、江宁、清江浦及赣之鄱阳。

陈联泰机器厂晦暗的天空似乎又透进来一丝光亮。

经过几年经济困顿之后，1899年（光绪二十五年），陈联泰机器厂生

---

[1] 史春林、吴长春：《试论〈马关条约〉对中国近代航运业的影响》，《历史教学》1995年第11期，第51页。

产出一艘名为"江苏"号的轮船。

"江苏"号，"主机单缸"，"缸径10英寸"，[①]"宽十二呎、长六十多呎"[②]，在陈联泰机器厂问世的诸艘轮船中，属其"排水量最大"[③]，比一般洋船更胜一筹。

汽缸大，马力便大，"江苏"号速度快，且节约煤炭。

有人说，1899年（光绪二十五年），"江苏"号被粤海关收购为缉私艇。亦有人言，是以"低价强购"[④]的方式，这便属于不公平交易。

粤海关设立于1685年（康熙二十四年），关址在广州五仙门内。1860年（咸丰十年），粤海关税务司正式建立公署（外界称"洋关"）。粤海关由洋人把持，粤海关的缉私船队由洋人掌控，非但如此，两广总督的巡缉舰队也同样由洋人管理和节制，比如一段时期"他（包腊）解聘了一名行为不端且屡教不改的原皇家海军上校，此人曾负责指挥一艘大型炮舰"[⑤]。这支巡缉舰队在"户部"（洋人对粤海关的代称，因粤海关在行政系统上隶属户部）的把持下征收"厘金"，即地方官府向内地贸易征收的一种关税。

珠江三角洲地区水系众多，水网密布，这是自然环境使然，还有香港、澳门两个自由港的存在，这为各方利益集团通过水路走私提供了"得天独厚"的条件。清初，走私物品有黄金、蔗糖、绸缎等，种类众多。清

---

① 刘传标编纂：《近代中国船政大事编年与资料选编》第2册，北京：九州出版社，2011年，第510页。

② 梁国光：《第一艘自制机轮的命运——江波号和它的制造者的悲剧》，《羊城晚报》1963年11月15日。

③ 吴智文：《省港澳轮船公司广州分公司成立》，广州市地方志办公室编：《广州近现代大事典（1840—2000年）》，广州：广州出版社，2003年，第68页。

④ 梁国光：《第一艘自制机轮的命运——江波号和它的制造者的悲剧》，《羊城晚报》1963年11月15日。

⑤ ［英］查尔斯·德雷格、李爱丽主编：《龙廷洋大臣：海关税务司包腊父子与近代中国（1863—1923）》，桂林：广西师范大学出版社，2018年，第224页。

末，盐、鸦片、洋药等走私活动愈演愈烈。

凡走私者，自知干的是铤而走险的活儿，甚至要掉脑袋，故而都有优良的装备，如，专门走私的船叫"快蟹""扒龙"，不但速度快，且配有武装人员和武器，大船配备枪炮、长矛、弹药；小船配备滑膛枪、手枪等，见情况异常便以火力进行顽固抵抗。

缉私并不容易。

"绝大部分私盐从香港用快速划桨船只装运，每船载300司马担（20吨以下），于夜间寻觅机会逃避缉私舰艇，这种船配有较多的水手和装有火炮"，当遇到缉私艇，双方处于遭遇战时，走私船舶上的人往往先发制人，以"狭路相逢勇者胜"的"大无畏"精神坚决反抗，其他一些人"则躲在岩石边继续猛烈开枪"。[1]于是，粤海关洋药漏税一年约有五十万两。私盐之税，一年不见约三十万两。[2]

而凡缉私行动，"快"字占先，"江苏"号为粤海关缉私提供了很大的帮助。

既然官府看上了陈联泰机器厂的轮船，且以适当的价格收购，说明陈联泰机器厂当时的规模和技术实力已不容小觑。

陈联泰机器厂到底处于什么层次？不妨纵向和横向比较一下。

先看一下官办企业的情况。时官办企业中，从事轮船修造的共有江南制造总局、福州船政局和广东机器局等，数量很少。其中福州船政局实力最强。福州船政局于1874年（同治十三年）生产了15艘轮船，不论兵轮、商轮全系木质。法国人日意格走后即开始生产木胁兵轮，3年后又开始制造

---

① 《1878年广州口岸贸易报告》，广州市地方志编纂委员会办公室、广州海关志编纂委员会编译：《近代广州口岸经济社会概况》，广州：暨南大学出版社，1995年，第232页。

② 故宫博物院明清档案部编：《第二次鸦片战争（五）》，上海：上海人民出版社，1978年，转引自粤海关博物馆编：《粤海关历史档案资料辑要（1685—1949）》，广州：广东人民出版社，2018年，第293页。

铁胁快船和钢胁鱼雷舰，并造出钢甲兵轮1艘。同时，轮船载重量、轮机马力以及航速也有所提高。开始所造的15艘轮船最大载重量为1450吨，轮机动力最大250马力，最高时速为90里，但达此标准者只有1艘，其余则相去甚远。其后所造的19艘轮船载重量2000吨以上者5艘，轮机动力2000马力以上者8艘，时速100里以上者7艘。

而江南制造局生产的第一艘轮船取名"恬吉"（后改名"惠吉"）号，于1868年（同治七年）出厂，属于木壳明轮。接着又造成5艘木壳暗轮（"操江""测海""威靖""海安""驭远"号）、1艘铁甲暗轮（"金瓯"号）和1艘钢板暗轮（"保民"号）。至1885年（光绪十一年）止，江南制造局共生产8艘轮船。

以上两家成立时间最早。

广东机器局虽是官办，但造船实力比不上陈联泰机器厂。广东机器局总办温子绍参与制造内河轮船、炮艇共22艘，尤以"蚊子船"最著名。此船于1879年冬开工，1881年9月竣工，长39.68米，排水量350吨。温子绍进行仿造设计时，根据当时广东的技术条件和各海口的具体情况，对英国的船作了两项改动：原船的木壳船体外用铁皮包，改进后的船体为纯木壳，仅在关键部位加厚铁皮以防护，既免碰坏、锈蚀，又节省工料，行驶更为快捷；将重27吨的前膛炮改为重18吨的后膛炮，以减轻船身在开炮时的后坐力。完工验收后，曾与从英国订购的"海镜"清号同时开赴虎门测速、试炮，测试效果基本接近，但造价仅为其四分之一。"蚊炮船购自外洋费巨，而炮位过重。请由粤自造木壳船，丈尺与包铁者同……先造二艘，以备守口之用。"[①]

当然，从实力而言，"官"与"民"不应相提并论，因为前者造的是国之重器，后者造的是民用工具。

---

① 曲金良主编：《中国海洋文化史长编（近代卷）》，青岛：中国海洋大学出版社，2013年，第346页。

民办企业则要说到上海发昌机器厂。此厂也是前文所述与陈启沅所办继昌隆缫丝机器厂、陈澹浦所办陈联泰机器厂存在"第一"之争的民营企业。

上海是中国早期机器制造业最发达的地方之一。上海发昌机器厂也是由手工锻铁作坊发展而来，1869年引进车床后转为近代机器工业。彼时"陈联泰"还是一间小作坊。到"陈联泰"为陈启沅制造缫丝机器前后，上海发昌机器厂已能仿造车床、汽锤、蒸汽引擎和小轮船等，它当然就成为"上海最大的民营机器厂"。[1]显然，陈联泰机器厂起步之初便无法与之相提并论。无独有偶，这家厂也由广东人所办，系中山人方举赞邀同乡铁匠孙英德开办。到1890年时，上海发昌机器厂"占地约三亩"，有"车、刨、钻、冲、铡床等近20台"。[2]此时两者再相比，陈联泰机器厂的规模还是略小一些。

此外，陈联泰机器厂属于分散经营，有多处工场；上海发昌机器厂属于集中经营。在工人数量方面，陈联泰机器厂大约有200人，上海发昌机器厂大约有300人。在机床数量方面，上海发昌机器厂则超过陈联泰机器厂许多。设备方面，上海发昌机器厂有冲床、铡床，冲床主要用于冲压钢板，铡床主要用于裁剪钢板，比陈联泰机器厂先进。

在业务经营方面，当"陈联泰"还在为陈启沅研制缫丝机时，"发昌"已"学会"在《申报》上刊登广告——1876年7月3日，《申报》广告称："本号今有新到坚快小火轮出售，由英国来的，并有自造的数只。"[3]及至1887年8月，上海发昌机器厂已为山东省制造新式扒沙船"泰通"号，《申报》称该船"不但为中国所未见，即外洋亦所罕见，实创千百年未有

① 张柏春：《中国近代机械简史》，北京：北京理工大学出版社，1992年，第28页。

② 王培：《晚清企业纪事》，北京：中国文史出版社，1997年，第92页。

③ 《申报》1876年7月3日，转引自王培：《晚清企业纪事》，北京：中国文史出版社，1997年，第92页。

之奇"①。

两家企业比较下来，虽各有千秋，但总体而言陈联泰机器厂稍逊风骚。当然，如此比较也未必合适，权当是对当时民营机器行业的一个大致了解。但此时的陈联泰机器厂也已成为"具有相当规模的国内少有的全能性机器工厂"②。这个评价是中肯的。

仅就广东而言，陈联泰机器厂生产的9艘轮船是广东民办船舶企业最早建造成功的蒸汽小轮船。那么，陈联泰机器厂也便成为广东最早的民营轮船制造企业，书写了"广东造船史上光辉的一页"③。

乃至有人说，"鸦片战争之后，广东在建造军事和民用船只方面，走在了全国的前列"④，这其中显然离不开陈联泰机器厂的贡献。

但陈联泰机器厂制造的小火轮亦有缺陷，比如"都是尖底的"，俗称"湿底"，尖底船吃水深，在珠江下游可以航行，但在珠江上游，由于河道窄，河水浅，尖底轮船便不能开；尤其到了冬天，珠江水减，"交通最感不便"。⑤为什么不能制造圆底轮船？必是受技术瓶颈限制，短期内无法攻克。

陈濂川、陈子卿等是广东造船业第一个吃"螃蟹"的人，它由一间"祖传"的手工业作坊而转变成机器厂已是不小的变革，在资金、设备、技术、人才、管理、原材料、市场供应等诸多方面面临意想不到的困难。

---

① 《申报》1887年8月11日、14日，转引自王培：《晚清企业纪事》，北京：中国文史出版社，1997年，第92页。

② 《陈濂川》词条，袁宝华、翟泰丰主编：《中国改革大辞典》，海口：海南出版社，1992年，第1006页。

③ 吴智文：《省港澳轮船公司广州分公司成立》，广州市地方志办公室编：《广州近现代大事典（1840—2000年）》，广州：广州出版社，2003年，第68页。

④ 刘正刚：《图说南粤历史》，广州：广东省地图出版社，2015年，第69页。

⑤ 陈滚滚：《陈联泰与均和安机器厂的概况》，中国人民政治协商会议广东省委员会文史资料研究委员会：《广东文史资料》第20辑，内部资料，1965年，第146页。

另外还有风云诡谲的政治环境。这一切，都使得这个厂不会有更大的发展，也"无法造大型的轮船"①。

陈联泰机器厂曾一度发展到相当的规模，同时还生出分支，20世纪初，以广州为中心的珠三角地区陆续出现一批机器厂，如顺德德祥机器厂（由陈濂川三子陈泳江建立）、广州均和安机器厂（由陈澹浦六子陈桃川建立）等，都与陈联泰有血缘关系，它们都是以"生产缫丝机和小轮船为主"②。

正是在陈联泰机器厂、上海发昌机器厂等的努力下，19世纪末期，中国的民族工业有了较大的发展。据统计，1894年，全国民族资本企业总数为170家，投资额800余万元。③而据粤海关报告，西江和内河水域的小火轮，也有了本质的增加，1892年有5艘，到1900年达100艘。

在一份教学辅导资料中，笔者看到这样一张表格，上面罗列了中国早期著名企业④，陈联泰机器厂名列第二。准确地说，应是中国早期著名民营企业，可供参考。

中国早期著名民营企业一览表

企业名称	创办人	地点
发昌机器厂	方举赞	上海
陈联泰机器厂	陈淡浦	广州
继昌隆缫丝厂	陈启沅	广东南海
贻来牟机器磨坊	朱其昂	天津
同文书局	徐 润	上海
公和水丝厂	黄佐卿	上海

① 蒋祖缘主编：《广东航运史（近代部分）》，北京：人民交通出版社，1989年，第107页。

② 谭洪安：《土生粤商》，转引自《中国经营报》2012年2月27日，第56版。

③ 王永鸿、周成华主编：《中华历史千问》，西安：三秦出版社，2012年，第274页。

④ 中国人民大学成人教育学院编：《历史地理综合科》，北京：北京邮电大学出版社，2005年，第62页。

第四节　遭遇厄运

一家企业，盛极而衰的原因很多。关于陈联泰机器厂，曾有一首诗在民间流传甚广：

缫丝机上始扬名，
造出火船更大声。
死猫塞落筑堤案，
幸存新厂有新星。①

诗中说的是一桩冤案，指的正是陈联泰机器厂的遭遇。

据陈滚滚忆述，1886年（光绪十二年）张之洞督粤时，初议在广州建筑长堤，以陈联泰机器厂的信誉和技术最为突出，遂委其先承筑天字码头。这个码头为广州当时唯一的官码头，系送迎官吏所用。这个码头结构采用坚木修筑，技术难度并不大。

这一次，陈联泰机器厂因承筑工程质量优异而得到官方肯定。但实事求是地说，工程虽取得成功，却是陈联泰机器厂主营业务之外的领域，古语道，生行莫入。从陈联泰机器厂后来的发展看，有些钱是不能赚的，有些工程是不该接的。

由于有前面的优质工程"铺垫"，后来官府再有项目时也找上了"陈联泰"。陈滚滚忆述："1903年（光绪二十九年）岑春煊督粤时，兴筑长堤，因陈联泰承筑码头时工程质量好，因之又交陈联泰承建。建筑堤段，

---

① 广州市越秀区文联编：《广州越秀古街巷（第二集）》，广州：广东人民出版社，2010年，第83页。

系由西濠口至东关的堤岸，工程规模巨大，历时数年方完成……"

厄运的到来从1906年（光绪三十二年）周馥继任粤督开始。陈氏后人言，周馥对"陈联泰""诸多苛索，不满所欲，谗人又乘机中伤，竟在堤工未竣时候，遽谓偷工减料，侵蠹官款，拘押了泳江及星可，随将陈联泰全部查封，并即投变归官"①。其他研究者似乎也采用了这种说法，如："新任总督周馥，敲诈未遂，即以剀扣工料罪名查封该号厂房和十艘轮船"②；"光绪三十二年（1906年），周馥接任两广总督时长堤仍未修好。是年八月，粤督周馥以'偷工减料'为罪名查办陈家"③。

周馥，安徽人，初入李鸿章幕。1904年由山东巡抚擢两江总督，后调闽浙总督，未到任，调两广总督。1907年告老还乡。④

按照陈滚滚所言，陈联泰机器厂案发生于1907年，这正是周馥告老还乡之年。一位朝廷大员在行将退休之时对陈联泰机器厂诸多苛索、百般刁难，理由很可能是想捞一把就走。

对于陈联泰机器厂遭受厄运的具体原因还有如下说法，"陈子卿之侄得罪了粤督周馥"，"陈家打破外国蒸汽机拖轮垄断珠江航运业的局面，引致外国造船商的妒恨，买通粤督周馥对'陈联泰'下毒手"。⑤

矛头都指向了本案的关键人物——周馥。周馥是否涉及"打击报复"，时过境迁，不得而知。但其人，在举凡洋务运动中之建水师、造轮

① 陈滚滚：《陈联泰与均和安机器厂的概况》，中国人民政治协商会议广东省委员会文史资料研究委员会：《广东文史资料》第20辑，内部资料，1965年，第146页。

② 姜铎：《调查散记——旧中国民族资本史料集锦》，《近代史研究》1983年第2期，第297页。

③ 广州市越秀区文联：《广州越秀古街巷（第二集）》，广州：广东人民出版社，2010年，第86页。

④ 夏征农、陈至立主编，熊月之等编著：《大辞海·中国近现代史卷》，上海：上海辞书出版社，2013年，第221页。

⑤ 张晓辉：《近代粤商与社会经济》，广州：广东人民出版社，2015年，第143页。

船、铺铁路、开煤矿、架电报线路、造枪械弹药，以及创建集贤书院、博文书院、北洋电报学堂，主办北洋水师学堂、北洋武备学堂等，无不参与并作出成绩。尤其是，民初主政者黎元洪、冯国璋、段祺瑞等皆出自其门下。他还培养了掌握先进技术和经验的一代新人。[①]这样一个人，会不会为一己之私而置陈联泰机器厂于死地？或者为外国造船商的利益而徇私舞弊？难下定论。

陈滚滚忆述，此案虽"申诉经年，仍不得直。及周调任，上控至北京，清廷派员来粤查明真相，是非始白"。

周馥告老还乡之时，接任者又为岑春煊，于是，"陈家冤情大白，官府偿还款项"。[②]但是，陈联泰机器厂的设备已经四散，元气大伤，回天乏力。

穿过历史的风风雨雨，从世事沧桑中我们隐隐约约感受到，其时陈联泰机器厂已处于"内忧外患"的风雨飘摇之中，甚至岌岌可危。

导致陈联泰机器厂遭受厄运的原因是否还有其他因素？

据陈滚滚言，1905年，陈濂川之长子陈伯纯已经去世，陈联泰机器厂的业务由陈伯纯之子陈星可掌握，而"星可时方十六岁，少不更事，一旦大权在握，正好挥霍，交结一班淫朋赌友，花天酒地，一切业务，都置之不理，祸事遂潜伏了"[③]。

陈星可便是典型的纨绔子弟。即便不是，一个16岁的少年如何监督筑堤质量？何来经营管理经验？故而，在他的主持下，"工程进度缓慢，又

①　张绍祖编：《近代天津教育图志》，天津：天津古籍出版社，2013年，第4页。
②　广州市越秀区文联：《广州越秀古街巷（第二集）》，广州：广东人民出版社，2010年，第86页。
③　陈滚滚：《陈联泰与均和安机器厂的概况》，中国人民政治协商会议广东省委员会文史资料研究委员会：《广东文史资料》第20辑，内部资料，1965年，第146页。

不符合质量要求"。①

不难看出，导致陈联泰机器厂出现危机的原因很多，但直接葬送陈联泰机器厂命运的应是陈联泰机器厂肆意扩大经营范围。

据粤海关报告记载，此堤从东壕口以东2700英尺处起至西壕口，由外国人设计，中国当局在外国顾问的协助下开始进行修筑，但陈联泰承筑长堤这段工程时，即便"工程浩繁，人事错综复杂"，但初由伯纯主持，尚堪应付；陈伯纯去世后，此筑堤任务由陈濂川三子陈泳江负担，"技术力量不足"②。陈伯纯中途去世，结果造成群龙无首、管理不善、施工现场混乱，使得工程"烂尾"，"有些部分很快就倒坍了，不得不重筑，而且，有好几处出现了沉陷迹象"③，最终"不符质量被查封"④。

从粤海关洋人的记载看，此工程质量确实出现了问题，问题是，不是有外国顾问协助吗？失去了相应的监督机制，如此浩大的"政绩工程"由年轻人负责，出现问题在所难免。

1907年（光绪三十三年）正月初六日，广州总商会报刊登了这样一条启事："陈远献未准省释，城南陈联泰机器厂前承办堤岸工，大宪查其有短扣工料情弊，经札县将该店及栈房二间查封，并拘其司事陈远献等押候详办，登于报端。"⑤

陈远献是何人？没有查到确切依据。按其姓陈又担任"司事"一职可

① 蒋祖缘主编：《广东航运史（近代部分）》，北京：人民交通出版社，1989年，第107页。

② 广州市越秀区文联：《广州越秀古街巷（第二集）》，广州：广东人民出版社，2010年，第86页。

③ 《粤海关十年报告（三）（1902—1911）》，广州市地方志编纂委员会办公室、广州海关志编纂委员会编译：《近代广州口岸经济社会概况》，广州：暨南大学出版社，1995年，第965页。

④ 王荣武、梁松等：《广东海洋经济》，广州：广东人民出版社，1998年，第147页。

⑤ 姜铎：《调查散记——旧中国民族资本史料集锦》，《近代史研究》1983年第2期，第297页。

以推断，其应为陈氏后人，否则官府怎会平白无故扣押一个与陈联泰机器厂"应负""法律责任"毫不相关的人？

陈联泰机器厂被判为错案后，价值10余万两白银的产业仅判还4万两了事。但轮船等设备，如"江利""江永"两轮，早已被官府"征用"——有资料言，官府又"承领封存筑堤工匠陈联泰之江利、江永两轮，更名善丰、善富"，"均经配足弁勇，分派各处严密巡缉"，先前所租雇之轮，因"有新轮替换，陆续退迁遣撤"。虽然从另一个角度看，小火轮能为官府所用，也证明其有利用价值，"复以西江为东西两省交通要道，帆樯络绎，巡缉稍有疏懈，盗贼即乘机思逞"，"分派委员稽查西江捕务，并准各员募用书记护勇人等，分驾各轮常川巡查，藉资整顿"①，但对于涉及法律纠纷的被扣押物品，官府居然可以"征用"，表明旧时官场之黑、之乱，以一个小小的"陈联泰"之力能奈其何？

这起案子是民告官的案子，是行政诉讼的案子，在当时名噪一时。民国期间，《法令解释汇编》《政府公报》等文件资料中，均收录了陈联泰一案作为典型案例：

> 司法部大理院鉴据广州地审厅呈称，据商民陈允燎诉称，民父启犹承办堤岸工程，前粤督周馥谓偷工减料，将陈联泰店等产机查封，请查案平反，给还前封产业及垫款等情。查法院编制法第二条审判衙门审理民刑诉讼，但关于行政诉讼等另有法令规定者不在此限。现行政诉讼尚无规定……②

这场官司打到最后的结果——陈泳江分得1万余两。他将该款作为资

---

① 林忠佳、张添喜等编：《〈申报〉广东资料选辑 7（1907.7—1910.3）》，内部资料，1995年，第232页。
② 《政府公报》，政事堂印铸局发行，民国3年7月21日，第24页。

金，招收一些陈联泰机器厂旧工人，于1908年在顺德乐从圩开设德祥机器厂，继承了陈联泰机器厂的业务，仍以制造丝偈及轮船为业，但这已是"陈联泰机器厂的尾声了"，"广州最早的一家近代机器厂，就这样被封建势力横加摧残了"①。

如果不深入了解真相，根据以上情况分析，此论断似失之偏颇，但是，若知道，当陈联泰机器厂被查封还未定案之时，官府便"迫不及待地将该厂所有机器设备及自制的第一艘轮船'江波'号船只没为官产，即行拍卖。当时正在安装中的'江大'和'江福'两艘轮船，也因而胎死腹中"时，则"广州早期的民族造船工业，就这样活生生地被帝国主义勾结封建官吏所扼杀"②并非言过其实。

1908年前后，陈濂川逝世，但他走得并不安然，他怀着万分的悲痛与不舍，一则儿子陈子卿已先他去世，给他的精神造成了巨大的痛苦；二则父亲陈澹浦辛苦创下的基业在他手里曾一度辉煌，如今一落千丈、四面楚歌、千疮百孔。

图23 《政府公报》

---

① 姜铎：《调查散记——旧中国民族资本史料集锦》，《近代史研究》1983年第2期，第297页。

② 梁国光：《第一艘自制机轮的命运——江波号和它的制造者的悲剧》，《羊城晚报》1963年11月15日。

真是叹江山如故，千村寥落。

现实是残酷无情的——属于陈濂川的时代彻底结束了，属于陈联泰机器厂的时代也画上了一个很不完美的句号。

而至1938年日寇入侵，不久顺德乐从圩沦陷，德祥机器厂未能逃过劫数，被日寇"劫掠拆毁一空"①。

但陈联泰机器厂是不是真的彻底消逝于历史尘埃之中？有资料言，为摆脱帝国主义对购买先进机器和原料的控制，陈联泰机器厂"被迫移资至香港设立大成机器厂"。②但此种表述不准确。陈允耀言："香港大成机器厂，是陈联泰为求在香港购料方便而设的，派陈子卿在这里主持，后以大成作用不大而结束。陈子卿返回广州陈联泰原店……"③意即陈联泰机器厂与大成机器厂属于同一个时期，大成机器厂结束之后，陈联泰仍然存在。而陈滚滚言，大成机器厂系陈联泰与亲戚罗氏合资在香港设立，陈子卿往来于省港间主事，但经营不久，罗氏与陈伯纯意见不合，最后散伙。

分析陈联泰机器厂悲剧的发生，也有外部因素——有人说，帝国主义为了永远骑在中国人头上，把陈联泰厂机器厂看成是眼中钉肉中刺，千方百计要搞垮它，便与清廷官吏勾勾搭搭，对"陈联泰"进行无端摧残。有一证据就是由海关出面，在检查陈联泰机器厂的船只时"诸多留难，无理取闹"④——粤海关规定，船舶的机器和锅炉等主要部件，每隔6个月，

---

① 陈滚滚：《陈联泰与均和安机器厂的概况》，中国人民政治协商会议广东省委员会文史资料研究委员会：《广东文史资料》第20辑，内部资料，1965年，第146页。

② 《陈濂川》词条，袁宝华、翟泰丰主编：《中国改革大辞典》，海口：海南出版社，1992年，第1006页。

③ 陈允耀：《我忆均和安机器厂》，广州市政协文史委员会编：《广州文史资料存稿选编》第8辑，北京：中国文史出版社，2008年，第28页。

④ 梁国光：《第一艘自制机轮的命运——江波号和它的制造者的悲剧》，《羊城晚报》1963年11月15日。

"必须经海关检验一次，否则不准航行"①。

月晕而风，础润而雨。

陈濂川和陈联泰机器厂一时的成功和鼎盛，属于那个时代汹涌诡谲的洪流中的"惊鸿一瞥"。他和它的命运，没有、也从未真正地掌握在自己手里。

吾有诗曰：

> 东栈南栈三工场，
> 一艘火轮盖西洋。
> 纵使华佗还魂至，
> 何来妙手治千疮？

---

① 《粤海关十年报告（二）（1892—1901）》，广州市地方志编纂委员会办公室、广州海关志编纂委员会编译：《近代广州口岸经济社会概况》，广州：暨南大学出版社，1995年，第941页。

第四章

文化史 历史

陈桃川经营时期

第一节　另起炉灶

陈联泰机器厂虽消逝于历史长河中不复存在，但陈澹浦苦心经营的事业另有分支、后继有人。

举旗者为其六子陈桃川。

1886年，陈桃川与其兄陈濂川"分家"。①

此时，正是陈联泰机器厂踏上轮船制造事业的康庄大道，经营得红红火火的时候，也是缫丝机器生产营销两旺的时期，陈联泰机器厂的产品"大有供不应求之势"。②故，在明眼人看来，陈桃川此时离开"陈联泰"属于极不聪明之举——创业的时候有他，享红利的时候他走了，岂不是吃了大亏？

"分家"是古代中国之"特色"，一位现代作者刘尔立写的一首打油诗颇为有趣：

分家

百万遗产兄弟分，

分来分去难分均。

分前还是鹡鸰亲，

分时勃谿变仇人。

---

① 国拯：《广州机器工业元老陈澹浦》，关振东主编：《粤海星光》，广州：花城出版社，2008年，第36页。

② 陈滚滚：《陈联泰与均和安机器厂的概况》，中国人民政治协商会议广东省委员会文史资料研究委员会：《广东文史资料》第20辑，内部资料，1965年，第149页。

个个胸怀吞象腹，

人人腹藏鸡肚心。

分到最后恨父母，

独根独苗能独吞。[①]

中国古代未实行计划生育，多子多福是中国人朴实的心愿。自春秋战国开始建立"编户齐民"户籍制度后，"分家"便成为几乎所有家庭最终都会面临的一次博弈。

为何称作"博弈"？分家之前，大家在一个屋檐下生活，父母存，不有私财；分家后各过各的日子，必然面临"析产"问题，而因财产分布不均兄弟大动干戈乃至反目成仇的事常有。

"分家"的时间，以笔者在西北农村的了解，是在一个儿子结婚之后。

从陈濂川、陈桃川兄弟俩"分家"的时间看，正是陈澹浦逝世之年。在这个时间节点上"分家"并不出格——陈澹浦去世前安排好身后之事，分配了财产；陈澹浦去世，兄弟们料理完后事，按照父亲的遗愿分家产，以后"井水不犯河水"，各谋各的生活。

但让陈桃川另起炉灶的原因或许还有，这一年清廷对民间缫丝工业的态度出现极大缓和，在南海县官员的劝说下，身在澳门经营的陈启沅又返回简村办厂，名曰"世昌纶"——重新建厂，规模更大，机器更新，效益更好。陈桃川嗅到商机——丝偈（广东南海、顺德等地对蒸汽缫丝机的俗称）业再呈鼎盛之势，市场前景格外好，如能抓住机会便能赚大钱。

"桃川为着更加（好）发展，已有别立门户的志向。"[②]这无可厚非。因为陈联泰机器厂发展得再好，也是陈濂川的事业。

---

① 刘尔立：《品诗休闲》，郑州：河南人民出版社，2015年，第83页。

② 陈滚滚：《陈联泰与均和安机器厂的概况》，中国人民政治协商会议广东省委员会文史资料研究委员会：《广东文史资料》第20辑，内部资料，1965年，第146页。

　　还有一个更为重要的原因不容忽视，据陈滚滚言，其时陈濂川"已届暮年"——这一说法似乎不妥，其父陈澹浦此时亦不过60余岁，陈濂川年轻再大也就在四五十岁之间，谈不上暮年。只是，陈联泰机器厂大大小小的事情，陈濂川都交由儿子陈伯纯办理，陈桃川心里有意见。陈濂川这一行为属于典型的封建家长式思维，认为此厂将来也必会由其长子继承。陈伯纯年轻，社交面广，在企业经营方面头脑灵活，遇事也不与陈桃川商议，而是大包大揽，搞"一言堂"。而陈桃川在陈联泰机器厂始终从事生产，既是创业的元老也是技术负责人，以这样的资历本应参与企业重要的决策，而不是被侄子当作一个普通员工，甚至被"吆来喝去"。结果，在侄子面前，叔叔没有存在感，久而久之，两人"在店务上发生意见"，[①] 由此引起意见的分歧和矛盾的产生。

　　陈桃川与陈濂川的经历亦不相同。陈桃川自少年始随父做工，后入广东机器局当工人，还拜该局著名机器师温飚园为师。"广州机器工业之工程师，俱为学徒出身。现当生存之机器老人陈桃川，即为军械制造局学徒出身，亦即当时名机器师温老七之首徒"[②]；陈桃川也因而"学得一手好技术"[③]。那个时代，能有这样出身和资历的人心气不可能不高。

　　温飚园何许人也？是温子绍（1833—1907），花名温老七。[④]就是前述请陈澹浦造枪之人。

　　温子绍可不是一个简单的人物。因其在家中排行第七，年少时便被人们称为"温七少"。其父温承悌为道光进士，后在刑部任职。温子绍七八岁时已通读四书五经，熟习琴棋书画。但在其十五六岁时，不知何故，突

①　陈允耀：《我忆均和安机器厂》，广州市政协文史委员会编：《广州文史资料存稿选编》第8辑，北京：中国文史出版社，2008年，第28页。

②　曾养甫：《广州之工业》上篇，广州：商务印书馆，1937年，第34页。

③　姜铎：《调查散记——旧中国民族资本史料集锦》，《近代史研究》1983年第2期，第297页。

④　曾养甫：《广州之工业》上篇，广州：商务印书馆，1937年，第1页。

然对传统文化失去兴趣，弃四书五经而专注其他，尤喜"枪炮机械"[1]，并于"泰西机器制造之事悉心考究"[2]，还曾自行研制火药，因失手"引起爆炸失火"[3]。

这样一个特立独行的少年，对于一个书香门第、官宦世家来说，实在是既头疼又无奈的事。

幸好其父开明，见儿子沉迷于机器，索性介绍英国维克工厂的高级技师顾问约翰与其认识。约翰在广州专门负责指导维修和组装英国运往中国的船舶和机械，是行家里手、专业技术人员。

温子绍得遇高人指点，一时如鱼得水，在两年多时间里向外国人学习机械和外文，还去广州的维修工厂实地考察，后一度跟随老师到意大利的组装总厂学习。

1855年（咸丰五年），温承悌病逝。临终前嘱咐温子绍"用心研究洋务，切勿有丝毫懈怠"[4]，对儿子给予殷切的希望。

1856年（咸丰六年），在母亲支持下，温子绍自费出洋旅学。其母书信中这样记载："飐园其壮志在四海，意在以洋务救国。然则国内鲜有精通洋务之人，故而自费出国，以洋务之道，学以坚船利炮，以御强敌。"[5]温子绍何其幸运，父亲体恤他，母亲也支持他。而那个时代能以自费留学的方式学习洋人的机器，一般家庭想都不敢想。这足以证明，温子绍是真正想行救国之道、具有一颗赤诚之爱国心的有为青年。

温子绍在海外旅居一年有余，不曾游山玩水、不务正业，而是废寝忘食地研究蒸汽轮船的原理，了解西方先进的科学技术，且因天资聪颖，成

---

① 温荣欣：《中国机械名师温子绍》，广州：广东人民出版社，2018年，第9页。
② 周之贞：《顺德县志》卷十七《温子绍传》。
③ 温荣欣：《中国机械名师温子绍》，广州：广东人民出版社，2018年，第27页。
④ 温荣欣：《中国机械名师温子绍》，广州：广东人民出版社，2018年，第28页。
⑤ 温荣欣：《中国机械名师温子绍》，广州：广东人民出版社，2018年，第29页。

长进步很快。

温子绍大陈启沅3岁。在温子绍研究蒸汽机、学习西方科技时，陈启沅刚到安南落脚。故论在机器上的阅历和洋务方面的眼界，当时温子绍远超陈启沅，也超过陈氏家族中的每一个人——那时陈澹浦只在经营着一间小作坊、艰难地谋着生活。

温子绍回国之后，去见时任军机大臣瑞麟。瑞麟与温承悌同朝为官，两家多有联系，"瑞麟见温子绍如见珍宝，其后更是要求温子绍经常到府一叙，指点府上门生食客"。①这是一位朝廷大员对后辈人品与能力的充分认可，也是开明之举。

瑞麟（？—1874），字澄泉，满洲正蓝旗人，叶赫那拉氏。历道光、咸丰、同治三朝，第二次鸦片战争中在通州等地抗击英法联军。历官太常寺少卿、内阁学士、礼部右侍郎等。1864年6月23日（清同治三年五月三十日），时广州将军瑞麟、两广总督毛鸿宾还在今广州中山五路附近设立同文馆，培养、造就外语人才。馆内设提调1人、馆长2人，聘外国教习、汉教习各1人。学生限额20人，其中从广东驻防满洲、汉军八旗子弟内挑选16人，本地汉人世家子弟4人。课程有英国语言文字、汉文、经史及自然科学，学制3年，毕业后准作监生参加乡试，并派充各衙门翻译官，成绩优异者保送京师同文馆深造。1879年（光绪五年），增设法文班、德文班等，招生限额不变。后更名为广州译学馆。1897年（光绪二十三年），教授俄语和日语。京师同文馆、上海同文馆与广州同文馆是"中国近代史上第一批官办外语专门学校，培养了一批外语翻译及外交人才，在中国近代教育事业中有着不可估量的作用，它既是清代洋务运动的组成部分，也是近代中国学校体制、选拔制度和知识体系的重大革新"②。

① 温荣欣：《中国机械名师温子绍》，广州：广东人民出版社，2018年，第34页。

② 帅倩：《粤海关与广州同文馆》，中国海关博物馆广州分馆编：《粤海关史话》，北京：中国海关出版社，2013年，第127页。

洋人对瑞麟也颇有好感，并借用皇帝敕旨所言，瑞麟是一个"卓越、尽职、有经验、有智慧、有活力、干练的人物"，并言被他接见和与他交谈过的老练政治家，不论是哪个国籍，"莫不对他交口赞誉并表示尊重"，甚至说他"完全可与欧美的模范政治家相媲美"[①]。

这样一位难得的国之良臣自然会对人才格外重视与偏爱，赏识温子绍便是理所当然的事。

婚后，温子绍再度留学海外。

温子绍看到了世界上唯一一条采用蒸汽技术运输的铁路线，看到了碳弧灯，看到了转炉炼钢工厂，看到了燧发枪……内心隐隐不安，他在游记中写道："倘若以中华之国力，欲追赶英吉利之工业化，不知须耗费多少载光阴，多少人力物力；而欲摆脱落后挨打之现状，又需几载几代？"[②]其心其情充满浓郁的忧患意识，爱国之心跃然纸上。

从英国留学归来，温子绍将蒸汽机车和燧发枪的有关资料整理成册呈于瑞麟，瑞麟详细翻阅之后深为触动。

此时温子绍不足40岁，属于年富力强阶段。其精于机器、善于发明，很快在社会上"小有名气"[③]。

此后，便是温子绍与陈澹浦结缘的开始。

在陈启沅请陈澹浦制造缫丝机器前，陈澹浦与温子绍是否已经认识不得而知，但面对缫丝机这一新接的业务，陈澹浦担心扛不下，想到请外援，便慕名去函邀请温子绍加盟。这一细节由温氏后人温荣欣在忆述中记载，"1873年底，温子绍帮助陈澹浦、陈桃川在陈澹浦的联泰号制造出中国第一台蒸汽缫丝机"。毋庸置疑，陈澹浦、陈启沅、温子绍三位与机器

---

①　《1874年广州口岸贸易报告》，广州市地方志编纂委员会办公室、广州海关志编纂委员会编译：《近代广州口岸经济社会概况》，广州：暨南大学出版社，1995年，第121页。

②　温荣欣：《中国机械名师温子绍》，广州：广东人民出版社，2018年，第36页。

③　温荣欣：《中国机械名师温子绍》，广州：广东人民出版社，2018年，第4页。

有缘的人，在某一个时间节点，因缫丝机器的仿制而坐在一起。三人中，温子绍与陈启沅年龄相仿，陈澹浦大二人十三四岁；背景亦不同；身份差距显著。但言及机器，年龄、阅历、背景、出身、喜好都不是障碍。他们当时意识不到，三个人、一台机器，"挽救了一个古老的行业，提供了数以万计的岗位并创造了无数的财富"。①

当然，笔者在研究陈启沅并撰写《陈启沅评传》的过程中并未发现温子绍参与其中。陈启沅的著述也丝毫未提及此事、此人。但在那样一个时间段，因为缫丝机，因为对机器的热爱，温子绍、陈澹浦、陈启沅结识是顺理成章的事；且不说三人还为佛山同乡，有地利之便，联系起来也很方便。

按照温氏后人的描述，陈澹浦对温子绍非常器重——实则应是看重和尊重，遂抓住机会，让爱子陈桃川"拜温子绍为师，成为温子绍的首徒"②。通过此举足以看出陈澹浦的精明，儿子能成为技术官员的徒弟，绝对是攀了高枝，对"陈联泰"也好，对陈桃川也罢，乃至对整个陈氏家族都是一件好事，"陈联泰"自此与官办机器局牵上了密切的关系。假若一切正常，"陈联泰"的经营无异于进入了一条宽敞的大道。

"首徒"一说还见于《广东省志·船舶工业志》《广东省志·风俗志》《黄埔文史》等有关资料中，应属确凿之事。从拜师时间和各自年龄角度分析，陈桃川小温子绍十五六岁。

1874年6月3日（同治十三年四月十九日），瑞麟奏设广东机器局：

> 同治五年暨六、七两年，经臣瑞麟先后购买大小轮船七号，在于内河外海各处巡缉……轮船汽机时有损坏，必须赴香港修补，办理亦多周折……随后查有在籍候选员外郎温子绍等精于机器，即于省城设立军装机器局一所，委派该绅等在局经理，于同

---

① 温荣欣：《中国机械名师温子绍》，广州：广东人民出版社，2018年，第45—46页。
② 温荣欣：《中国机械名师温子绍》，广州：广东人民出版社，2018年，第47页。

治十二年兴工。自开局以来，购置车床、刨床各项器具……各号
轮船遇有损坏，亦即由局修葺。现又拟造内河轮船，为近省一带
缉捕之用……①

1873年（同治十二年）广东机器局正式开工兴建。此前1869年（同治
八年）广东机器局已在筹办之中。

瑞麟的奏折中说的是军装机器局，并非广东机器局，两者有何关系？
其实是一回事。广东机器局也称广东军装机器局或广州机器局。旧厂经过
扩建后正式招牌更名为广东兵工总厂，也称广东机器制造局。

温子绍成为瑞麟推荐给皇帝负责机器制造局的不二人选。温氏后人亦
言，是温子绍"创办了广东第一间军装机器局"②，后被"委试轮船，旋命
总办军装机器局"③。

另据1873年4月3日《北华捷报》载："香港德臣报载：两广总督决定
在广州创办一座制造枪炮和机器的机器局，该局总办已来香港洽购所需的
机器。这机器制造局打算完全不用外国技师，闻之实难置信。"④报纸在
记载事件的同时也发表"议论"，这是一间"完全不用外国技师"而欲制
造枪炮和机器的官办企业，"实难置信"的言外之意是"不自量力"。看
来，记者并不了解主持官办企业的是温子绍，即便知道，也不相信温子绍
会有这样的能力。

这是广东近代最早的兵工厂，温子绍"购民铺10余间，仿外洋试制

---

① 中国近代兵器工业档案史料编委会编：《中国近代兵器工业档案史料》第一册，北京：
兵器工业出版社，1993年，第125页。

② 温荣欣：《中国机械名师温子绍》，广州：广东人民出版社，2018年，第4页。

③ 顺德市地方志办公室点校：《顺德县志》（清咸丰民国合订本），广州：中山大学出版
社，1993年，第1247—1248页。

④ 《北华捷报》1873年4月3日，转引自汪廷奎：《广东近代官军工业的创始者温子绍》，
《广州研究》1986年第8期，第69页。

枪、炮、火药，并兼修、造兵轮"——10余间民铺，地方不大，工匠也不多，但温子绍勉力工作12年，"为广东机器制造业和修造船业培养了不少人才"。①

作为机器方面的行家里手，在温子绍的主持下，机器局"工作精良，卓有成效"②。前述，温子绍还仿造过一艘蚊子船，可与当时英国制造的钢壳蚊子船媲美。③

但高处不胜寒，加之此时支持温子绍的瑞麟于1874年9月20日在广州逝世，有人举报，机器局虽设有整套专业生产枪、弹的机器设备，但"所造枪、弹甚少"；"广州机器局创办十余年，耗银59.4万余两"，虽制造出了一些枪支和内河巡逻艇，但"为数不多"——10多年花了不到60万两，作为一家官办企业，多乎哉？不多也。但最后一条便非同小可，言温子绍因管理不善而导致企业"贪污、浪费严重"，温子绍难辞其咎。

1886年1月，两广总督张之洞奉命对广东机器局进行整顿，温子绍因"涉嫌贪污被革职，并罚赔银2.2万两"④。

果真如此的话，陈澹浦当初的举措就让陈联泰机器厂和儿子陈桃川的身份和名誉陷入十分尴尬的境地。或许正是这一原因，当陈氏后人忆述先祖往事，如陈桃川另起炉灶需要一定资金时，便格外"隐晦"——"顺德前清官吏温某不但怂恿陈桃川另开局面，还出资为助（约5000元）"⑤，

---

① 刘圣宜、张昌涛：《温子绍仿造蚊子船》，广州市地方志办公室编：《广州近现代大事典（1840—2000年）》，广州：广州出版社，2003年，第67页。

② 《中国近代兵器工业档案史料》编委会编：《中国近代兵器工业档案史料》第一册，北京：兵器工业出版社，1993年，第125页。

③ 刘圣宜、张昌涛：《温子绍仿造蚊子船》，广州市地方志办公室编：《广州近现代大事典（1840—2000年）》，广州：广州出版社，2003年，第66页。

④ 广东省地方史志编纂委员会编：《广东省志·军事工业志》，广州：广东人民出版社，1995年，第56页。

⑤ 陈允耀：《我忆均和安机器厂》，广州市政协文史委员会编：《广州文史资料存稿选编》第8辑，北京：中国文史出版社，2008年，第28页。

此处的"温某"乃温子绍无疑，但未提温子绍的名号；且使用"怂恿"一词，含贬义。陈滚滚亦言，陈桃川"商得友好顺德龙山温氏，贷款数千金"①。如温子绍为官一任，声名显赫，陈氏后人自然会提，而不愿提及其名其职，也许正由于温子绍"贪污"一案。

事实究竟如何？温子绍真是贪官吗？

温氏后人言，由于温子绍开办广东机器局开采矿山破坏了一些巨贾的所谓风水宝地，从而引起尖锐的矛盾。1885年春，温子绍旅差香港期间，一些利益遭到损害的巨贾勾结朝中佞臣，以"温子绍通敌美国"为由告状，请朝廷"请速查抄"②。这可是天大的罪名。时任两广总督张之洞明察秋毫，了解到温子绍"素怀爱国之心，不可能有通敌之举"，便在因连年战争朝廷缺钱，到处查抄以解财政极度空虚的大形势下，给温子绍定了个"虚靡罪"，这样便能让温子绍安然抽身，不至于背上通敌之大罪而下狱、杀头，甚至满门抄斩、株连九族。亦有另外的说法，张之洞为筹措军费向一些贪官污吏开刀，温子绍无辜受到冲击。由于温子绍平日仿制、试制所用进口物料价格高于官方规定，以及因工匠不足额故常让技术工人做双工领双薪，便加了个"虚靡"③的罪名。

1886年1月5日（光绪十一年十二月初一），张之洞《奏广东机器局整顿局务并革员温子绍赔捐自赎折》言：

> ……确查该革员温子绍，自同治十二年开办机器局起，至光绪八年十二月止，建造局房、排运濠泥暨增修改葺地价工料银一万四千五十三两九分七厘，购买机器等件银

① 陈滚滚：《陈联泰与均和安机器厂的概况》，中国人民政治协商会议广东省委员会文史资料研究委员会：《广东文史资料》第20辑，内部资料，1965年，第146页。
② 温荣欣：《中国机械名师温子绍》，广州：广东人民出版社，2018年，第87页。
③ 李有华、张解民编写：《顺德历史人物》，广州：广东人民出版社，1991年，第277页。

一万五千七百六十七两六钱七分四厘……修制轮船经费银九万六千八百六十两，以上共银四十七万三千八百二十三两五钱二分一厘……又自光绪九年正月起至十年十二月止，一制造枪炮水雷炮子军械，一添置机器厂物料，一夫匠工价，一委员绅役各项薪粮工食，一修理轮船经费，以上五宗，司局原册开报共银一十三万五千三百七十五两五钱七分，尚未咨部报销，经臣核删银一万五千五十两，实用银一十二万三百二十五两五钱七分……

　　臣查已革江苏候补道温子绍，委办粤省机器局十有二年，动用银五十九万四千余两，现经查明尚无侵吞浮冒情弊。惟支销巨款，多历年所，因采办周折，算造未精，以致物料多所耗费，工匠手艺不尽精良，不免兼营折改。虽所购物料有各行单据可凭，而物质精粗未必毫无揋换，因所制造修理各件，久已散发各营、各船，且系成造之物，其原质等差无凭指实；所用工役，虽有水牌册籍，而工徒不尽得力，绅董不尽任事，以致有滥竽冗食之弊，责以虚糜，亦复何辞！且上年饬令该局赶造炮子军械等件，又以机器太小，良匠无多，一时未能赶制，仍多购自外洋，或向香港厂内代造，其平日于局事不能认真讲求，已可概见。既据该革员禀称情愿将虚糜之费赔出报效，经臣与该司道等酌核，除九、十两年用款已经核删者不计外，复将该革员应领未发之款驳扣一万五千两，不准发给，另行责令赔缴银二万两，以充海防经费。已据缴存善后局。并将移设城西新建制造局添造屋厂之费责令捐修。如此办法，不惟毫无浮冒，已足痛戒虚糜。伏思粤省机器局系属创办，该革员承管局务，学艺本属疏浅，性情又复庸软，不能纠核司事、工役，所费工料尚属有因。业经革职罚赔，从严惩儆，应请免其置议。

　　再查机器一局实为今日海防要务，但有扩充，断难裁撤。温子绍向于泰西机算之学本未深通，特以素与港商往来，性喜制造，略解皮毛，前督臣瑞麟派令办理机器局，以开风气。以经费支绌，工器未能大备，故十二年之久，止用银五十余万，迥非津、沪各局规模宏阔之比。然自设局创办以来，员弁工匠能者渐多，频年办理海防添补军械、修船运炮等事，该局亦当能勉强支应，是则虽无大功，亦未必竟无微效。至城内机器局，现令归并城西滨河之增步军火局，拓地增屋，统名为制造局。合为一所，稽察较便，杂费亦省，兼取水运之便。现经派委署臬司瑞璋、代理运司蒋泽春督办局务，户部主事赵滨彦、分部员外郎熊方柏会办局务。将所有旧日冗滥员绅概行屏逐，重定条规，遴选员匠，参酌神机营及津、沪各局章程，立为考课、工艺、察核、料价之法，申严赏罚，实事求是，以期裨防务而节饷需。

所有查明广东机器局碍难裁撤，革员温子绍尚无侵冒，责令赔捐自赎，及现筹整顿局务各缘由，理合恭折具陈，伏祈皇太后、皇上圣鉴。谨奏。①

张之洞的奏折洋洋洒洒，千字有余，所述内容，"杂七杂八"，但细细品味，系有意而为之。从中首先可以看出"虚靡"与"贪污"不是一回事。虚靡，盖白白浪费之意，也就是不拿公款当回事，没有勤俭节约，花钱大手大脚，与"贪污"的性质完全不同。前者大不了给予撤职警告的处分，但后者可以坐牢、杀头、灭门。温氏后人言，一些学者在书写《广东兵器制造概况》及《广东文史资料》时，把温子绍"虚靡罪"扩大为"贪污罪"，而忽略了经三法司会审为其平反的环节，更人为添加诸多所谓贪污猜想，"误导了读者"。②

---

① 《军机处录副奏折档》，《中国近代兵器工业档案史料》第一册，北京：兵器工业出版社，1993年，第126—128页。
② 温荣欣：《中国机械名师温子绍》，广州：广东人民出版社，2018年，第87页。

其次，从奏折看出温子绍于任上做了很多事。张之洞于字里行间一方面说温子绍浪费了一些钱财、不善于管理，没有把每一分钱都用在刀刃上，一方面又横向与天津、上海机器局比较，言外之意——花钱不算多，没有功劳也还有苦劳。

1890年（光绪十六年），李鸿章再度为温子绍上奏，朝廷准奏，九月初五，温子绍得以平反，"恢复二品顶戴"。[①]

温子绍复出后，除主理制造局外，还奉命在黄埔开设无烟火药厂。[②]不但官复原职，还委以重任，这足以说明，当时的"罪名"纯属捕风捉影、无中生有。

陈氏后人在忆述往事时，可能不了解后来发生的事情。

另有资料记载，1886年（光绪十二年）陈桃川向其师温子绍"借得一笔资金，带出一部分陈联泰的工人，另起炉灶"。[③]既是借，要么有利息，要么是入股。

由以上种种迹象看出，陈濂川、陈桃川兄弟分家之举未必是其父生前的安排，陈桃川离开陈联泰机器厂时也未获得巨额的资金补偿，否则，断然不会落到四处举债、借款的地步。

陈允耀言，陈伯纯与陈桃川伯叔之间在店务上发生意见，适有顺德清末官吏温肃族人温某（名忘），拥有巨资，不时在香港购到一些舶来物品如风枪、"千人震"等，坏了之后到"陈联泰"修理，因而获知"陈联泰"独执行中牛耳，而陈桃川为技术骨干，乘机怂恿陈桃川另开局面，并出资为助（约5000元），"均和安"就此从"陈联泰"分离出来。

即，陈联泰机器厂因内部权力之争而引发的矛盾由来已久，温子绍帮助徒弟陈桃川分析利害关系，指明未来的道路。这一点，在陈氏后人的忆

---

① 温荣欣：《中国机械名师温子绍》，广州：广东人民出版社，2018年，第91页。

② 李有华、张解民编写：《顺德历史人物》，广州：广东人民出版社，1991年，第278页。

③ 蒋祖缘主编：《广东航运史（近代部分）》，北京：人民交通出版社，1989年，第108页。

述中也得到间接的证实。陈桃川后来发展遇到瓶颈向陈伯纯求援时，被陈伯纯一口拒绝，陈桃川言："陈伯纯不念叔侄之情，落井下石。"陈伯纯言："陈桃川走出陈联泰本是有大靠山的，好马何必也吃回头草，是自取其咎。"①两人矛盾不浅，血缘之亲被利益割断。

而当时温子绍恰逢人生之秋，自顾不暇。此种情势之下一下子拿出5000元支持陈桃川也属不易。但5000元对于兴办一家机器厂实在不够，故陈桃川另起炉灶后只先开了一个店铺，在广州晋源街，名为"均和安"。主要业务是为南海、顺德等县的缫丝厂制造锅炉。他也选择了十三行。他选择的位置优于"陈联泰"之前和后来搬迁的位置，处于现广州文化公园一角，与广州十三行博物馆几十米之隔，更靠近珠江江岸。

对于"均和安"的股本，也有另外一种说法，以陈桃川为主经营，"还有其他一些宗亲父老"②出资入股，建厂伊始乃至很长一段时间内，工厂的工人都属"大太公"的乡里弟兄，是家族式企业。

当然，无论怎么样，陈氏家族后人仍是血浓于水的关系，尤其陈桃川在处理有关问题上更显得大度许多，如，"均和安开设后第四年，陈桃川邀陈子卿到均和安专任技师"。③即便陈子卿"跳槽"的原因也是因为陈伯纯，"陈家最有作为的陈子卿又与其兄陈伯纯意见不合，陈桃川遂乘机将这位侄子邀请过来，负责均和安厂全部技术设计和制造"④，陈桃川不但给予陈子卿很高的工资，还许以"红利一成"。

---

①　陈允耀：《我忆均和安机器厂》，广州市政协文史委员会编：《广州文史资料存稿选编》第8辑，北京：中国文史出版社，2008年，第14页。

②　黄曦晖：《广州近代私营船舶修造业》，中国人民政治协商会议广东省委员会文史资料研究委员会编：《广东文史资料》第61辑，广州：广东人民出版社，1990年，第229页。

③　陈允耀：《我忆均和安机器厂》，广州市政协文史委员会编：《广州文史资料存稿选编》第8辑，北京：中国文史出版社，2008年，第14页。

④　交通部珠江航务管理局编：《珠江航运史》，北京：人民交通出版社，1998年，第227页。

只是，那期间均和安"消耗大，收益少"①，在轮机制造方面没有大的起色。陈子卿加盟之后，"均和安"的技术实力有了相当程度的提升。其业务发展与陈联泰机器厂的业务有极大的重合，"陈联泰机器厂初修造轮机，后专造缫丝机；均和安专造缫丝机，兼修造轮机"②。往后，"均和安"承制的缫丝厂和轮船用的锅炉、水龙头业务逐渐减少，主要制造供应米机、轮船及丝厂使用的发动机，小型的十匹马力以下的多，几十匹至一百匹马力的亦不少，最高是两百匹马力的，投入使用后运行良好，获得社会好评，于是渐趋于制造发动机的专业方向。

此种生意上的竞争关系持续了10余年，直到"陈联泰"生出变故。

其他同业者竞争矛盾也时常凸显。陈允耀言，时河南地区有很多小型铁器作坊，三三五五的机器工人靠着掌握一些机器维修技术，有一些小工具，租用横街狭巷的小房屋不分日夜地操作，因成本低、起货快，抢去了大厂的不少订单。

初见"河南"，笔者以为是"河南省"，实则为广州海珠。"河南"之名，据清代屈大均《广东新语》所记："广州南岸有大洲，周回五六十里，江水四环，名'河南'。人以为在珠江之南，故曰河南，非也。汉章帝时，南海有杨孚者，举贤良，对策上第，拜议郎。其家在珠江南……因目其所居曰'河南'。河南之得名自孚始。"③岭南天暖无雪并非绝对，1835—1836年间的冬天，广州十分寒冷，竟下起雪④；1893年，广州出现了

① 陈允耀：《我忆均和安机器厂》，广州市政协文史委员会编：《广州文史资料存稿选编》第8辑，北京：中国文史出版社，2008年，第14页。
② 方志钦、蒋祖缘主编：《广东通史（现代上册）》，广州：广东高等教育出版社，2014年，第387页。
③ （清）屈大均著，李育中等注：《广东新语注》，广州：广东人民出版社，1991年，第38—39页。
④ ［英］孔佩特著，于毅颖译：《广州十三行：中国外销画中的外商（1700—1900）》，北京：商务印书馆，2014年，第146页。

异乎寻常的寒冷天气，"1月间又结冰又下雪"①。近者如壬寅虎年（2022年）正月这些日，广佛地区奇寒无比，广州从化的山区冷而结霜。而杨孚门前栽种的松柏独有雪。清代陈昙诗云"议郎宅前栽松柏，带得嵩阳雪意酣；今日万松山下过，不知南雪是河南"，说的是杨孚从当时的东汉京都河南洛阳辞官回到海珠下渡村，带回几株洛阳松树植于住宅前，有一年冬天，松树满树白雪，十分壮观。人们都觉得奇怪，说杨孚把河南洛阳的瑞雪也带回来了，于是把他居住的地方称为"河南"。

自古以来，以珠江为界，狭义的河南是指南华路、同福路一带，广义的河南指现在整个海珠区。

一河两岸，大家都做同样的生意，竞争很是激烈，乃至"均和安""协同和""恒昌泰""裕华"等老厂及后来新成立的工场的大部分生意都被一些小型作坊抢去。

即便是大型机器厂之间，在发展过程中也存在同行拆台的问题。突出的情况是，各大厂生产机器彼此之间没有什么联络，还保守秘密，互相提防，如此一来，在一定时间内往往几间厂都在制造同样的产品，形成了盲目生产而市场供过于求的状况。另外，由于大家都在制造同样的产品，当有些零件需要外购时，大家都大量购买，用意非常明显，减少洋行中这类零件的库存，甚至买断、囤积居奇，让别家厂号买不到而影响生产制造的进度，属于恶意竞争。而有些洋行见此情形，乘机索取较高的定金，即便如此，由于业务多，供货也时有逾期。还有一些轮船制造厂、米机制造厂等不愿和"均和安"等大厂交易，而愿意由价钱较平、起货较快的小型作坊承制，"均和安"等都受过这样的影响，有时造成业务萎缩，资金枯困。

当然，在起步阶段，"均和安"比不上"陈联泰"——一个是新办的

---

① 《粤海关十年报告（二）（1892—1901）》，广州市地方志编纂委员会办公室、广州海关志编纂委员会编译：《近代广州口岸经济社会概况》，广州：暨南大学出版社，1995年，第934页。

"店铺"，一个是"老牌企业"，实力相差甚远。

但陈桃川另辟蹊径，"开发"出一门独家生意。

广州属于老城，老街道上店铺林立，很多地段逼仄、狭窄，房屋又多为木材建筑，一旦某一家店铺发生火灾便会以点带面造成大面积焚烧，正所谓城门失火，殃及池鱼。当时，人们把火灾称为"没牙老虎"，人人谈"虎"色变。

清代以来，广州城市的商业中心区域主要分布在南门、西关一带。商业的发展吸引大批人口云集，并拉动商业中心区房地产开发。广州的火灾记录也以这些地区最多、受灾损失最为惨重。

1736—1843年间，广州城和郊区就发生了100多起大火灾。1878年，"在西郊倒塌的房屋中有几处着火，直到第二天才完全扑灭。据较为谨慎的估计，约有3000名有姓名可考的中国人死亡"。①

1915年（民国4年）7月13日，"西关地方，又遇火灾，寻常救火之法，皆不能用，火势瞬息蔓延，毁去店铺房舍，约450间之多。当此水深火热之中，丧其性命者，不可胜数"。②

中国近代第一支消防警察队伍于1902年（光绪二十八年）在天津建立，但直到1906年（光绪三十二年）之前广州仍没有消防警察。发生火灾后，救火的方式仍是老办法，街坊邻居齐上阵，端着水盆水桶灭火；也有老式的杠杆式水车，用的是人力，既无冲击力，也形成不了多大的水流，灭火效果十分有限。其时广州还没有自来水。为了消除火灾隐患，街坊邻居和店铺老板开始"自救"，设立"水龙局"。水龙局不是官方机构，没有固定编

① 《1878年广州口岸贸易报告》，广州市地方志编纂委员会办公室、广州海关志编纂委员会编译：《近代广州口岸经济社会概况》，广州：暨南大学出版社，1995年，第227页。
② 《中华民国四年广州口华洋贸易情形论略》，广州市地方志编纂委员会办公室、广州海关志编纂委员会编译：《近代广州口岸经济社会概况》，广州：暨南大学出版社，1995年，第572页。

制，更无办公地点，"是广州绅商们为了保护自己的房寓店铺、家产财物而畅行组设的，也以'防火保安'为名，向居民捐集过金钱"。①这便类似于今日的民间协会，是民间力量和资金设立的"消防队"。"水龙局"有救火车，用来盛放消防用具，各街道较宽处装置有"水龙头"。水龙头通过地下管道与机器厂连通。机器厂的水源从何而来？从附近的河道吸水。若白天发生火险，靠机器动力吸水至水龙头；倘若夜间失火，机器歇工，便无法应对。为防患于未然，机器厂夜间也有锅炉要燃烧，所谓"留炉"。留炉产生额外的成本叫"留炉费"，由消防范围内的街坊邻居分摊。

水龙即水铳，又称水柜、唧筒，系明末清初传入中国并逐渐推广使用的救火器械。"此水铳可以灭火，可以御火，可以防火，乃新有之器"，见下图。②

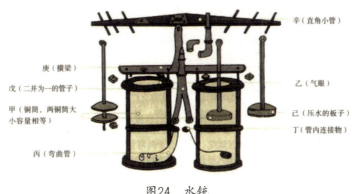

图24　水铳

陈桃川的独家生意便是生产水龙头。不是单一的水龙头，是一套完

---

① 陆遁翁：《联保火险公司在广州火灾中所起的作用》，全国政协文史资料委员会编：《文史资料存稿选编》经济上，北京：中国文史出版社，2002年，第734页。
② ［德］邓玉函口述，（明）王徵笔述绘图：《奇器图说：诸种奇异器物的制作与使用》，重庆：重庆出版社，2010年，第224页。

整的设备。因其生产的水龙头"装置颇好，使用便利"①，业务便"兴盛起来"②，如此口碑相传，不但在市区有销路，连佛山、沙头等地方也来定制。

查看水铳的工作原理，乃用两抽水筒组合而成，其抽水筒之进水管、喷水管联合为一，喷水管之下有空室，曰"气室"。两筒之水喷出时，先入气室，使室内之空气受压迫而缩小，故当抽水管之喷水力弱时，气室之空气自能胀大，压气室内之水喷出，使之连续不绝。水龙构造的主体是一个木制挂有锡箔的水箱，由人工挑水往里灌，箱中央立有将军柱，柱顶设木制压梁，碗口粗，两端有上下启动的两个鞲鞴（古代的鼓风吹火器）连接在压梁上，压梁两端由人力上下压动，即带动鞲鞴往复启动，将水增压通过鹤颈喷射到火场③，"盖仓猝之际，火力正胜，人不可近，但有此器，则五六人可代数百人之用，又不空费一滴之水"④。简而言之，其工作原理是不断让水筒形成内外压力差而完成抽水和喷射动作。

此后，一遇火灾发生，这些小型机器很快就被送到火灾现场，消防队员们动作敏捷，神态自若、毫不紧张慌乱，外国人看到，他们在工作过程中还"伴以有节奏的手势和中国人集体劳动时经常喊出的'嘿嗬'之声"。⑤

这是陈桃川积攒第一桶金的开始。如陈允耀所言，"业务日佳，资金动用较易"。另外，据粤海关报告，彼时，在城内一个富裕的分区安装了

① 陈允耀：《我忆均和安机器厂》，广州市政协文史委员会编：《广州文史资料存稿选编》第8辑，北京：中国文史出版社，2008年，第14页。

② 林子雄：《广州自来水的故事》，杨柳主编：《羊城后视镜·8》，广州：花城出版社，2017年，第62页。

③ 义乌丛书编纂委员会编：《义乌民俗》，上海：上海人民出版社，2011年，第256页。

④ ［德］邓玉函口述，（明）王徵笔述绘图：《奇器图说：诸种奇异器物的制作与使用》，重庆：重庆出版社，2010年，第224页。

⑤ 《光绪二十五年广州口华洋贸易情形论略》，广州市地方志编纂委员会办公室、广州海关志编纂委员会：《近代广州口岸经济社会概况》，广州：暨南大学出版社，1995年，第878页。

一台标准的蒸汽动力灭火机，"这台灭火机连同锅炉全部都是国产的"[①]，它从连接珠江的一条小溪里抽水，然后通过架在房顶的水管向外引水，还预料类似的灭火机将来会安置在全市各个合适的地方。虽然没有材料证明这是陈桃川的杰作，但那个时候有能力、有想法做出这样的机器的，大约就是他，或者他与陈濂川"强强联合"了一回。

创业之难，常人难以想象。陈桃川从一间作坊的"零打碎敲"开始，逐渐向成立一家机器厂的目标前行，但这个过程比较长，历时两三年之久。

第二节　机器立厂

生产水龙头不是陈桃川的最终目的，而是他为企业生存而"自救"的权宜之计。当然，若陈桃川调整主业专司水龙头生意保不准也能做大做强，但陈桃川的理想是建一家像"陈联泰"那样的机器厂，他心中憋着一口气——从哪里跌倒，要从哪里爬起来，他要向陈氏家族中的其他成员证明自己的能力。

经过几年的资金积累，均和安机器厂的成立已是水到渠成的事。另，陈桃川选择成立的时机恰是在其师父温子绍"复出"前后，可能是一种时间上的巧合，也或许是与温子绍进行了充分的商议。

均和安机器厂创建于"1888年（光绪十四年）"。[②]即机器作坊开办两三年之后正式挂了牌。

---

① 《粤海关十年报告（一）（1882—1891）》，广州市地方志编纂委员会办公室、广州海关志编纂委员会编译：《近代广州口岸经济社会概况》，广州：暨南大学出版社，1995年，第879页。

② 广州市经济研究院、广州市地方志编纂委员会办公室编：《广州近代经济史》，广州：广东人民出版社，1998年，第148页。

图25　均和安机器厂

　　建厂初期，均和安机器厂面积约"华井一百井以上"——"井"是民国时期的面积计算单位，一井约相当于11平方米。均和安机器厂面积折算成平方米约为1100平方米，在那个时代的民营企业里也不算小了，"连简单上盖，约值6000元。设备有车床、刨床、镗床、木模型车间、铸模间等等共约4000元"，由于"均和安"不是先具有一定的集资规模才设厂，而是由温子绍与陈桃川共同经营，资金逐步增加，没有一个固定投入值，依其时估值，"厂的资产约10000元多些"。①

　　由温子绍与陈桃川共同经营，是陈允耀特别提到的，原话是"温某和陈桃川"——可以这样理解，陈桃川在台前忙活，温子绍在背后指点，属于典型的官员参股、民间经营的企业，这对于均和安机器厂的业务拓展有着极大的利好。

　　此时，造船仍是陈子卿的主要任务。陈子卿凭借以往的造船经验，以英国人的"西南"号、"南宁"号明车轮船为技术攻坚目标，经过6年摸

---

① 陈允耀：《我忆均和安机器厂》，广州市政协文史委员会编：《广州文史资料存稿选编》第8辑，北京：中国文史出版社，2008年，第22页。

索，历经多次试验，终于制造出船底平、吃水浅的明车浅水单行客船，即"尾明轮船"。时间为1896年（光绪二十二年）。

"尾明轮船"的研制长达6年之久，对于"均和安"这样一家民营机器厂而言战线拖得实在过长，不外乎以下几种原因：

一是技术、外围制约因素。包括陈子卿的技术设计能力仍不太强，也包括工厂对于零配件的加工生产能力"捉襟见肘"。按照均和安机器厂当时的情况，在制造较大的机具时没有专门的机器可以加工生产，很多零件的加工还采用手工操作，需要的时间也很长，尚未摆脱手工业的生产模式。如此一来，尽管陈桃川驱使工人加班加点，甚至每天工作10小时以上，也无法赶上生产进度，零件供应不上便影响整机装配进度。而各机器厂之间又相互提防不肯协作，外间又无协作制造配件的作坊——实则，"均和安也不给外间做"，大家各自闭门造车。

当所有的机器、配件都要靠自己完成，而这些零件又非标配而不能批量生产时，就会出现各个工序进度不一的情况，而整套机具的完成"有时便会拖延时日"，既然拖延交货，那对方就会拖延付款，最终导致"资金积压周转欠灵的境况"。

陈桃川深感无奈。不要说轮船，即便是"十匹马力之农田抽水机，单独一部之生产时间，须一星期，若大量生产，最高限度，亦不过每两个月生产九部"[1]。陈桃川并云，"该厂目前最大能力，可出一百六十匹之四汽缸风油发动机"。当时，均和安机器厂为广州第二大机器工场，产能都如此之低，其他企业更不必说。

二是资金和原材料问题。在新产品研发需要不断试验的过程中，需要耗费大量原材料，而原材料需要资金去购买。均和安机器厂不断投入必然要消耗不少资金和材料，但由于生产进度在相当长的时间里仍在原地徘

---

[1]　曾养甫：《广州之工业》上篇，广州：商务印书馆，1937年，第22—23页。

徊，投入与产出便出现严重倒挂的情形，既影响士气也影响利润。

不过，苦尽甘来，"尾明轮船"终于研制成功了。此船比起当时内河通行的尖底型螺旋桨轮船优势明显，它吃水更浅，速度更快，在浅水河流中航行如鱼儿一样自由。

那是一个令人激动的时刻。试水那天的清晨，陈桃川带领陈子卿等技术人员和一线工人，通过运载工具（可能是木船），将"尾明轮船"运至珠江口。大家齐心协力，连拉带推，费了九牛二虎之力，终于将其拖至江中。陈桃川掌舵，几名职工轮流踩踏踏轮，轮船缓缓启动离开珠江口。人们看到轮船尾部的明轮不停地旋转，一圈又一圈，卷起浪花；而珠江之水也不断翻卷。浪花不停地拍打船舷，宛如大自然唱响的一串欢歌。江岸，有无数人目睹了那壮观的一幕，有人欢呼，有人喜悦，有人流泪，也有人目瞪口呆。

首航成功。因人力踩踏，速度并不快，每小时约六七海里。但这艘船能够突破航行障碍从容地航行于东江、西江、北江上游，如此，在下游航行更无丝毫问题。

明车浅水单行客船一经问世，立即引起航商关注。航商以其便利航行，"甚为乐用"①。粤海关报告载，"查粤省现有浅水轮船二三只，式如美国西河水面船只，将车轮明安船尾，专行载客，来往与省相近之陈村、佛山等处"②。

航商纷纷向均和安机器厂定制、租用，一时间，订单纷至沓来。同期粤海关的报告也印证了这一点："这个十年，水上运输服务有所发展，公

---

① 陈滚滚：《陈联泰与均和安机器厂的概况》，中国人民政治协商会议广东省委员会文史资料研究委员会：《广东文史资料》第20辑，1965年，第146页。

② 《光绪二十四年广州口华洋贸易情形论略》，广州市地方志编纂委员会办公室、广州海关志编纂委员会编译：《近代广州口岸经济社会概况》，广州：暨南大学出版社，1995年，第380页。

众对于建造用于内河航运的小型尾明轮船颇感兴趣。"[1]还言，"近几年来，机器制造业犹如雨后春笋，发展迅速，生意兴旺，应接不暇"，他们能制造"双螺旋桨船、双向船、船尾明轮船"等，包括制造整套的汽船机器或提供可靠的修理业务，且"质量不错"[2]。

但是，因为包括陈联泰机器厂、均和安机器厂在内的民营企业是伴随内港小轮兴起而兴起的造船厂，故除资本、设备、水平存在较大局限外，所处地点都位于广州沿河一带，生产场地狭窄，故而无法建造较大的轮船。

说到明轮船，中国古代早已有之，并不新鲜。

图26　明轮古船模型图[3]

①　《粤海关十年报告（四）（1912—1921）》，广州市地方志编纂委员会办公室、广州海关志编纂委员会编译：《近代广州口岸经济社会概况》，广州：暨南大学出版社，1995年，第1000页。

②　《粤海关十年报告（二）（1892—1901）》，广州市地方志编纂委员会办公室、广州海关志编纂委员会编译：《近代广州口岸经济社会概况》，广州：暨南大学出版社，1995年，第947页。

③　"海洋梦"系列丛书编委会编：《凌波踏浪：航海设备与舰只》，合肥：合肥工业大学出版社，2015年，第21页。

先谈谈轮船。"轮船"一词始于唐代，它的出现与船的动力改革有关。唐太宗李世民五世孙——曹王李皋受船桨和抗旱用水车的启示，巧思而制造出主要用于内河短途运输的明轮船。《旧唐书》卷一三一记载，早在626—649年，李皋已有一支明轮船队，"为战舰，挟二轮踏之，翔风破浪，疾若挂帆席"。及至南宋，据《宋史·岳飞传》记载，南宋初年钟相、杨么在洞庭湖中使用轮船，"以轮激水，其行如飞"。但是，因其靠人力踏动，不能作长距离航行。

由于唐宋时的轮船与近代西洋用蒸汽机驱动的双轮轮船在外形上有相似之处，故后者传入我国后也译名为"轮船"。

明轮船同人工划桨的木船和风力推动的帆船有显著区别。明轮船又被人们习惯地叫作桨轮船、车船和轮船。明轮指的是能够看见的轮，是一种船用推进器，装在船的两侧，形状好似车轮，一半泡在水中，一半露出水面。在轮轴上装有若干桨板，靠人力踩动桨板使轮轴上的桨叶拨水向后推动船体前进，由桨楫的间歇推进变革为桨轮的连续运转，船只的航行速度便有了明显的提高。

而蒸汽机明轮船是变革了轮船的动力来源，不再由人力踩踏，而是由蒸汽机传动带动明轮旋转，如此，顺风时借助风力，逆风时倚仗机械力，轮船任何时候都可航行，航行速度快，也较为稳健。

1865年，我国制造的第一艘机械动力船舶"黄鹄"号便是蒸汽机明轮船，其船身长达17米，自重25吨。

明轮船结构并不复杂，构造也比较简单，对技术的要求也较低。但是，对于没有船舶修造经验的人而言难度也不小，且陈子卿没有技术图纸，也没有将外轮大卸八块逐一拆解研究的机会，一切都靠自己揣摩。

晚清时期，无论官方、民间购用或自己制造的轮船，基本都属于在内河航行的蒸汽轮船。轮船航行，需要动力，按照推进器不同，分为明轮和暗轮。如前述，明轮的推进器部分露在水面上，像一个巨大的轮子，靠旋转产生动力。既露出水面，当推进器的轮叶转动拨水向上时便有动力损耗，且在海洋中航行时易前后摇晃，有一定危险性。而暗轮的螺旋桨推进器置于船底，转动排水时没有动力损耗，也没有横摇与纵摇的缺点，且吃水深，航行平稳。因此，暗轮优于明轮。西方国家的轮船刚入广东时，都是明轮船，但是很快都被暗轮船所取代。

之后，在陈桃川的鼓励和陈子卿的主持下，均和安机器厂陆续生产出"均利"号、"兴利"号、"樵西"号等多艘轮船，它们航行于广州、佛山等地，深受杭商和乘客欢迎。但由于政府禁令，内河小轮企业的发展依然受到很大程度的限制，即便均和安机器厂有更大的产能，也无法放开手脚全力批量生产。

1898年（光绪二十四年），面对列强步步紧逼，总理衙门"拟将通商省份所有内河，无论华商洋商，均准驶行小轮船"。当年7月，清政府颁布《内港行船章程》，进一步将小轮船行驶范围由通商省份扩大到所有内河内港，华商轮运企业特别是内河小轮企业得以"迅速兴起"。[①]

1898年前，广州与邻近各地方的水上客运虽然迅速扩张，但这些船舶靠人力踩踏船尾明轮作为动力——这是引进外国人的方法。而朝廷关于内河水域对汽动轮船开放的政策，使得小火轮拖带客船的方法很快取代了老式的驱动方法。

"轮拖"之意，就是在轮船屁股后面拖一条"尾巴"，以机器之力拖动旧式木船，属于合二为一、取长补短之创造。木船的空间要比小轮大得多，船舱还可分层，根据船的宽度分两层或三层，旅客乘坐舒适，噪音小，速度还快，票价亦不贵。也未必只拖一艘木船，经营主会根据小轮的动力大小、航道的具体情况、季节的变化、客货量以及时间速度，决定拖一只两只或者多至十只。一时间，"不但华商喜欢在内河使用小轮轮拖，

---

① 周远廉、龚书铎主编：《中国通史·19》第11卷《近代前编（1840—1919）（上）》，上海：上海人民出版社，2015年，第500页。

外商亦喜用轮拖行驶于珠江三角洲各内河和西江"①。"轮拖"租金如何？"每月需银350元至600元不等"②，另外，对于租客而言还要支出一些煤炭的成本，跑得多、烧煤多，但跑得多，也挣得多。

"自西历3月起，各华洋轮船准行内河，粤商踊跃，计已有100余只。"③一年之后"共有168艘"，比之去年，"实多至70%"。④"现已有250艘小火轮忙于经营这项贸易——少数作渡船用，但大部分是用以拖带那些特殊建造的能容纳150—200名旅客的船舶"。⑤

但善后局规定："小火轮不准向外国人租赁，船上只准雇用中国人。"1889年7月，按新规定发放第一批执照，一份执照收费很高，有些每年达1000元，但"小火轮的使用还是有相当大的发展"⑥，很多原来兼修轮船的铁工场扩展为造船厂，"梁悦利""成兴""泗和""永德祥""永泰林""永泰安""永泰兴"等轮船制造厂相继设立。如粤海关报告，"本省忽兴船厂七家，建造小火轮"，"另机器店四家，专门修整水镬

① 颜泽贤、黄世瑞：《岭南科学技术史》，广州：广东人民出版社，2008年，第483页。

② 《光绪二十五年广州口华洋贸易情形论略》，广州市地方志编纂委员会办公室、广州海关志编纂委员会编译：《近代广州口岸经济社会概况》，广州：暨南大学出版社，1995年，第388页。

③ 《光绪二十四年广州口华洋贸易情形论略》，广州市地方志编纂委员会办公室、广州海关志编纂委员会编译：《近代广州口岸经济社会概况》，广州：暨南大学出版社，1995年，第379页。

④ 《光绪二十五年广州口华洋贸易情形论略》，广州市地方志编纂委员会办公室、广州海关志编纂委员会编译：《近代广州口岸经济社会概况》，广州：暨南大学出版社，1995年，第388页。

⑤ 《粤海关十年报告（二）（1892—1901）》，广州市地方志编纂委员会办公室、广州海关志编纂委员会编译：《近代广州口岸经济社会概况》，广州：暨南大学出版社，1995年，第940页。

⑥ 《粤海关十年报告（一）（1882—1891）》，广州市地方志编纂委员会办公室、广州海关志编纂委员会编译：《近代广州口岸经济社会概况》，广州：暨南大学出版社，1995年，第889页。

（锅炉）"。同年，广州地区新投入行驶内河的华商小轮船约70艘，"本省河南现有几处船厂，系华人开设，甚为兴旺，其小轮船大半皆由彼处造成，并配机器。每见有小轮船入该船厂修理者，多至15只"。①

均和安机器厂迎来发展的黄金时期，大干快上、如火如荼的生产场景让陈桃川、陈子卿和工人们极为激动和兴奋。这一天，他们着实等了很久很久。

由于业务增加，均和安机器厂的生产场地显得局促；购销两旺的形势对货物外运能力也提出更高要求，为满足客户需求，本着运输方便的目的，均和安机器厂于1900年（光绪二十六年）庚子鼠年南迁，厂址在广州河南洲头咀，距陈联泰机器厂不到2公里路程，穿过珠江即到。

均和安机器厂"迁河南后，更有条件扩张"，说明新址四周开阔，可实现进一步扩大规模、提高产能的需求。另外，修理业务一直持续，且生意不错，"修整轮船机器之厂铺，生意则颇冗忙，缘省城工价廉于香港"。②

这一年，广州一带新投入航行的华商小轮达百艘以上，其中大半都是本地企业制造的。次年华商小轮又新增了七八十艘，"也多是广州本地企业制造的"。③"此等轮船日见加增，口内沿江俱系小轮船，或单行，或

① 《光绪二十五年广州口华洋贸易情形论略》，广州市地方志编纂委员会办公室、广州海关志编纂委员会编译：《近代广州口岸经济社会概况》，广州：暨南大学出版社，1995年，第388页。

② 《光绪二十六年广州口华洋贸易情形论略》，广州市地方志编纂委员会办公室、广州海关志编纂委员会编译：《近代广州口岸经济社会概况》，广州：暨南大学出版社，1995年，第398页。

③ 蒋祖缘主编：《广东航运史（近代部分）》，北京：人民交通出版社，1989年，第109页。

拖渡，频频来往内地。"①1900年（光绪二十六年），新增84艘。②1903年（光绪二十九年），"实有小轮船300余艘，往来内河"③，安全却有保障，"本年并无碰船大案"④。

诸多企业之中，陈联泰机器厂和均和安机器厂规模较大，实力较强，尤其是均和安机器厂后来居上，靠独家产品赢得市场口碑，声名远播，也有了自己的品牌影响力。

彼时，一条条江河之中，小火轮冒着青烟，拖着拖船，平稳、舒适、安全地航行；一艘艘尾明轮船，踏浪而歌，穿梭往返。船上，"麻将拍拍、纸牌立立、粤曲浅唱、丝竹萦耳、棋盘厮杀喊将军、讲古佬（说书）口水花喷喷"，⑤南来北往的游客济济一堂，甚是热闹，可谓风景这边独好。

各家小火轮为区别，往往会在拖船尾部画上花鸟等彩色图案，形成广州珠江独特的"花尾渡"的文化符号。这是那个"灰色时代"难得的彩色景观。

---

① 《光绪二十五年广州口华洋贸易情形论略》，广州市地方志编纂委员会办公室、广州海关志编纂委员会编译：《近代广州口岸经济社会概况》，广州：暨南大学出版社，1995年，第384页。

② 《光绪二十六年广州口华洋贸易情形论略》，广州市地方志编纂委员会办公室、广州海关志编纂委员会编译：《近代广州口岸经济社会概况》，广州：暨南大学出版社，1995年，第398页。

③ 《光绪二十九年广州口华洋贸易情形论略》，广州市地方志编纂委员会办公室、广州海关志编纂委员会编译：《近代广州口岸经济社会概况》，广州：暨南大学出版社，1995年，第422页。

④ 《光绪二十九年广州口华洋贸易情形论略》，广州市地方志编纂委员会办公室、广州海关志编纂委员会编译：《近代广州口岸经济社会概况》，广州：暨南大学出版社，1995年，第423页。

⑤ 吴竞龙编著：《流光碎影》，广州：广东人民出版社，2010年，第312页。

图27 1902年，广州河南常见的泊船 　　图28 1902年，广州市景一隅
场景

在内河行驶的168艘小轮中，"有一艘系头尾暗轮，有一艘系明轮，有六艘系船尾轮，其余俱系单暗轮。自行驾驶者约有一半，租与拖渡船者约有一半"，载客量很大，"每渡实可载客一二百之多"，也有头等舱，其"上等舱位，冬暖夏凉，甚合时宜"，①非常受有钱人欢迎，一般人家则选择次等舱位。

当陈子卿再拟试制较大的明车浅水客船时，由于操劳过度，于"一九〇二年病逝"②。另依陈允耀言，陈子卿因既负责工厂一般轮机技术设计监制重责，又专心钻研这种浅水轮船，积劳成疾，医治无效，于1902年冬（或1903年春）逝世。

果真如此吗？

———————————

① 《光绪二十五年广州口华洋贸易情形论略》，广州市地方志编纂委员会办公室、广州海关志编纂委员会编译：《近代广州口岸经济社会概况》，广州：暨南大学出版社，1995年，第388页。

② 陈滚滚：《陈联泰与均和安机器厂的概况》，中国人民政治协商会议广东省委员会文史资料研究委员会：《广东文史资料》第20辑，内部资料，1965年，第150页

笔者不经意间查到一则资料，是一位叫谢子修（祖籍广东开平，生于澳大利亚，1903年10月底到非洲南部工作，负责管理金矿的华工工作）的人在其所写《游历南非洲记》中记载的一件事，读后惊讶不解。现摘录于此，供研究者评判：

> 1904年10月20日，广东人陈子卿"以军功膺受五品蓝翎之秩，竟被招工者诱至该处当矿工"。他想到自己曾受朝廷恩赐，不愿在南非受辱，遂服毒自杀。临死前自题数句：

> 生长中华四十三，
> 今日不幸来到番。
> 英雄到此也无法，
> 想返中国难上难。
> 我今舍命别阳世，
> 难为众人在此间。
> 同乡做满三年后，
> 顺带弟魂返唐山。[1]

此陈子卿是否为彼陈子卿？

按照生平，本书所述陈子卿与谢子修所叙陈子卿属于一个年代的人，且皆为广东人。"广东人陈子卿"43岁，"以军功膺受五品蓝翎"，又被骗至南非打工——本书"陈子卿"其时也正好是43岁。难道只是一种巧合？

世上姓名相同者多矣。在《张謇日记》中，上海也出现过一个"陈子卿"，但那是1880年的事情。那时陈濂川之子陈子卿还在福建学习。

---

① 周南京主编：《华侨华人百科全书·历史卷》，北京：中国华侨出版社，2002年，第70页。

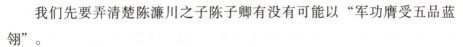

　　我们先要弄清楚陈濂川之子陈子卿有没有可能以"军功膺受五品蓝翎"。

　　花翎是清代朝廷用来嘉奖官员的重要冠饰，赐戴花翎是官方给予官员的一种极高的荣耀。但晚清时期，"花翎的赏赐出现了滥多的现象，范围也不断扩大，甚至有了捐翎的例制，用钱就可买到花翎"①。太平天国战争后清廷广开捐纳，一再降价"出售"官衔，中小商人捐有官衔的比比皆是，尤其在广东，"通过捐纳取得一个功名、职衔，实际上所费无多"，"捐纳的价格一降再降，虚衔越来越不值钱。实际价格往往只为原规定的几分之一甚至不到十分之一"。②陈启沅也曾得到从三品的花翎道衔。

　　按照清廷的制度，蓝翎为六品以下官员插在礼冠上的饰物，俗称"老鸹翎"。如果抛开军功不提，陈子卿以其他方式得到这样一顶帽子不费什么力气，顶多花点钱而已。

　　至于诗中所言"唐山"，不是河北唐山。自古以来，中国有很多别称，而大唐盛世尤为洋人仰慕，故华夏、炎黄、神州、九州、中原、唐山……都代表中国。

　　根据以上材料，加之又是谢子修亲眼所见、亲笔所写，笔者初步判断，两个"陈子卿"可能是同一个人。真相究竟如何，暂且存疑，有待更多史料问世之后证实。

　　中国人移民现象在近代一直存在，且命运悲惨。1870年，一位被英政府派去英属圭亚那调查那里亚洲移民情况的专员言，"华人在那里似乎被割断了返回中国的希望"③；他们被洋人"视同奴隶，有权鞭打，或上枷

①　扶之：《漫话清代的花翎》，《人文杂志》1996年第4期，第43页。
②　邱捷：《清末文献中的广东"绅商"》，《晚清民国初年广东的士绅与商人》，桂林：广西师范大学出版社，2012年，第116页。
③　《1874年广州口岸贸易报告》，广州市地方志编纂委员会办公室、广州海关志编纂委员会编译：《近代广州口岸经济社会概况》，广州：暨南大学出版社，1995年，第105页。

锁，任意惩罚"①。而清廷大臣袁世凯"积极为帝国主义招工"而"发了大财"却是不争的事实。②这也为"陈子卿"一句"不幸来到番"找到了现实依据。另据粤海关数据，当年，"华人出口者856029人"③，比前一年70余万人多了不少，当然，由省城来往港澳两处居多。但"在澳大利亚、英国海峡殖民地、旧金山等地，都可以找到很多广东人"④。在矿场自杀有多种原因，有的是因为不愿忍受被人奴役的命运，这些人往往是在不知情的情况下被人以诱骗的方式拐骗过去；有的是不能忍受各种苦役或刑法情愿一死了之。不论何种原因，都是对金矿里存在的奴隶制度的抗争。

根据谢子修记载，截至1906年6月30日止，共有49名华工自杀。

而澹浦陈公祠，亦曾安放陈子卿瓷像，上有《子卿公赞》，文为清末举人、民国律师潘炎熊所撰：

> 七二樵峰，间气所钟。磅礴积郁，笃生陈公。公名伊谁，是曰子卿。少小聪慧，玉立英英。昔在清季，公年正盛，欧风渐东，手工革命，公投袂起，屈身船政，机学电学，穷理极性。学成归国，操刀试割，百粤轮机，群推先觉。国家多难，凡百需才。天不永年，宁不惜哉。拜瞻遗像，遐想丰神，明德之后，必有达人。

"天不永年，宁不惜哉"，也间接证明陈子卿的离世非一般人寿命之

---

① 《1877年广州口岸贸易报告》，广州市地方志编纂委员会办公室、广州海关志编纂委员会编译：《近代广州口岸经济社会概况》，广州：暨南大学出版社，1995年，第225页。

② 韦庆远著：《澳门史论稿》，广州：广东人民出版社，2005年，第129页。

③ 《光绪三十年广州口华洋贸易情形论略》，广州市地方志编纂委员会办公室、广州海关志编纂委员会编译：《近代广州口岸经济社会概况》，广州：暨南大学出版社，1995年，第430页。

④ 《粤海关十年报告（三）（1902—1911）》，广州市地方志编纂委员会办公室、广州海关志编纂委员会编译：《近代广州口岸经济社会概况》，广州：暨南大学出版社，1995年，第983页。

自然终结。

陈子卿的瓷像是建祠前"约1925年到江西景德镇定制的"。[1]抗战期间，瓷像被毁。

第三节　煤气之机

不知不觉，后起之秀均和安机器厂的研发能力日益超过陈联泰机器厂，尤其是煤气机的仿制成功使均和安机器厂声誉如日中天。

关于仿制时间，版本众多。

如，1901年（光绪二十七年），由均和安机器厂制造出8马力煤油机[2]、8匹力煤油机[3]；天津内燃机研究所研究者言，这一年均和安机器厂制造的是"中国第一台煤气机"，该机是仿英国汽艇上的一台小型单杠卧式低速8马力煤油机制造的，"由于缺乏煤油而改燃发生炉煤气"。[4]如果在这个时间节点，陈子卿尚在世，他应参与了仿制工作。

但陈滚滚言，煤气机的仿制是在陈子卿因过劳而去世之后发生的事。仿制的这台煤气机是陈桃川从香港购买的。回厂应用的同时，"（陈）沛霖、（陈）拔廷二人依式仿造了第一部煤气机"。[5]那便是1902年及之后的

① 国拯：《广州机器工业元老陈澹浦》，关振东主编：《粤海星光》，广州：花城出版社，2008年，第39页。

② 广州市地方志编纂委员会编：《广州市志（1991—2000）》第9册，广州：广州出版社，2010年，第704页。

③ 广东省地方史志编纂委员会编：《广东省志·船舶工业志》，广州：广东人民出版社，2000年，第52页。

④ 魏励勇、贺焕然：《中国内燃机发展大事简记（1901—1958年）》，《小型内燃机》1986年第5期，第61页。

⑤ 陈滚滚：《陈联泰与均和安机器厂的概况》，中国人民政治协商会议广东省委员会文史资料研究委员会：《广东文史资料》第20辑，内部资料，1965年，第150页。

事情;《广东通史》记载,均和安机器厂于"1902年"①仿造煤气机。

有人言,1905年左右,广州均和安机器厂的陈桃川从香港购得一台8马力煤气机,陈沛霖和陈拔廷两人依式仿制成功。约相隔一年,上海求新制造机器轮船厂仿照从茂成洋行购得的煤气机,又制成一台8马力煤气机②;还有人言,上海求新制造机器轮船厂的这台煤气机是1908年生产的,是"单杠卧式低速8马力煤油机",是"中国最早的内燃机产品"③;华中理工大学出版社《内燃机课程设计指南》言,我国内燃机生产的历史从1908年仿制第一台煤气机算起,经历了漫长的岁月④。亦有人言不是仿制而是制造并"取得成功"⑤。

均和安机器厂研制煤气机的时间究竟是1901年、1902年、1905年,还是1908年?根据前面的调查研究,笔者原本倾向于1902年及之后的说法。仿制者非陈子卿,而是陈沛霖、陈拔廷。但按照"2008年既是我国改革开放30年,又是中国内燃机工业诞生一百周年"⑥的说法,这便是1908年的事。

2008年10月20日,新华网发布电讯《我国成为世界内燃机制造大国》:"经过百年发展,中国已经发展成为世界内燃机制造大国。2007年中国内燃机产量达到5700万台、10亿千瓦,除装备国内用户外,还出口1000万台……1908年,广州均和安机器厂和上海求新制造机器轮船厂先后制造出2.9—7.4千瓦的煤气机,标志着中国内燃机工业的诞生。"

从新闻中可知,官方的认定是1908年。

---

① 方志钦、蒋祖缘编:《广东通史(近代下册)》,广州:广东高等教育出版社,2010年,第551页。

② 陈朴主编:《世界技术编年史:交通 机械》,济南:山东教育出版社,2020年,第144页。

③ 陈争平主编:《中华民国史(第3册)志二》,成都:四川人民出版社,2006年,第107页。

④ 张宗杰主编:《内燃机课程设计指南》,武汉:华中理工大学出版社,1995年,第3页。

⑤ 陆敬严:《中国古代机械文明史》,上海:同济大学出版社,2012年,第288页。

⑥ 中国内燃机工业协会《中国内燃机工业年鉴》编委会编:《中国内燃机工业年鉴(2009年)》,上海:上海交通大学出版社,2010年,第142页。

煤气机的诞生是科学的进步，也是机器发展之必然。当蒸汽机大行其道之时，人们也看到了它的弊端，如体积大，热效率低，启动慢；不断烧煤，浪费能源；不断排气，污染空气；长距离航行，燃料供应不上；载货量少。

由于蒸汽机存在诸多缺点，长时间以来许多人不停地研究动力机。英国人莱特于1833年提出设想，通过燃气的爆发力直接推动活塞做功，还申请了专利，从而结束了真空机的历史。20多年后，法国人里诺制成世界上第一台实用煤气发动机——比较简单，二冲程、电子点火。1862年，法国人罗莎提出四冲程循环理论，即以"吸气""压缩""做功""排气"组成一个循环，但和莱特一样，他虽然获得了专利但没有付诸行动的机会和条件，"理论"始终委屈地"蜷缩"于抽屉里达十几年。之后，由德国一位名叫奥托的工程师付诸加工生产而成为可触摸的机器。

从1876年到1886年的10年间，奥托和兰根公司生产了3万多台四冲程煤气发动机。也有人说奥托于1867年成功设计出一台立式大气压燃气发动机。[1]总之，到19世纪末，世界上已经生产出煤气发动机20万台，几乎随处可见它的身影，起重、印刷、泵站、电站、运输、生产等现场，煤气发动机充分发挥其小巧、灵活、快捷、持久等特点，成为蒸汽机动力的重要补充。更重要的是，奥托的四冲程煤气发动机直接推动了汽油发动机、柴油发动机的研究和发展，后人因而习惯把四冲程循环称为"奥托循环"。

煤气机以什么为燃料呢？煤气、天然气、沼气等可燃气体。可燃气体在混合器中与空气混合后进入气缸，或与空气分开进入气缸后再行混合，随后可燃混合气被活塞压缩，憋足了气，铆足了劲，用电火花"一触即爆"，燃烧后产生巨大的推动力，力量作用于气缸，气缸周而复始运动产生源源不断的动力。

---

① 焦娅敏、张贵红主编：《能源科技史教程》，上海：复旦大学出版社，2016年，第109页。

陈氏子弟钻研新事物的信心来自陈桃川对于研制新机器的积极性。陈桃川的积极性又与温子绍有关。温子绍对朝廷政策风向的把握比较及时和准确；朝廷的风向，在某一时，显然又与陈澹浦的同乡康有为有一点关系。

1898年7月12日，在康有为的建议下，清廷总理衙门颁布《振兴工艺给奖章程》。这对于振兴当时萎靡不振的工业，激励民间工业的发展，调动技术人员从事科技研发的热情如同打了一剂强心剂，有百利而无一害。但好景不长，9月21日，慈禧太后发动戊戌政变，囚禁政变的领导者光绪皇帝，通缉康有为、梁启超，两人分别逃往法国、日本。9月28日，参与政变的谭嗣同、康广仁、刘光第、林旭、杨锐、杨深秀被处死于北京菜市口，史称"戊戌六君子"，历时103天的变法失败。《振兴工艺给奖章程》也因戊戌变法的失败而夭折，但它却是近代中国第一个鼓励技术、工艺发明的专利法规，揭开了近代中国专利立法的序幕。

章程内容如下：

第一款 如有自出新法，制造船、械、枪、炮等器，能驾出各国旧时所用各械之上，如美人孚禄成轮船、美人佘林士奇海底轮船炸药气炮、德人克鲁伯炼钢炮、德人刷可甫鱼雷、英人亨利马蹄泥快枪之类；或出新法，兴大工程，为国计民生所利赖，如法人利涉凿苏彝士河、建纽约铁线桥、英人奇路浑大西洋电线、美人遏叠灯德律风之类，应如何破格优奖，俟临时酌量情形，奏明请颁特赏，并许其集赀设立公司开办，专利五十年。

第二款 如有能造新器切于人生日用之需，其法为西人旧时所无者，请给工部郎中实职，许其专利三十年。

第三款 或西人旧有各器，而其制造之法尚未流传中土，如有人能仿造其式，成就可用者，请给工部主事职衔，许其专利十年。

……

第十二款 凡著书、制器各事，必由总理衙门认真考验，实属新书、新器，乃得给奖；捐办各事，必行查地方官所办属实，乃得给奖。告有剿袭陈言，冒认新书，私贩洋货，自称新器，及兴办各事捏报不实等情，自应从严驳斥，显暴于众，以愧耻之；若竟侥幸售欺得奖，一经查出，除撤销奖案外，仍当严示惩创，已得官者革职治罪，未得官者，另行酌罚重款，禁锢终身，原保大臣，分别议处。[①]

若此章程当日能够施行且一直施行下去，将对没落王朝的政治、军事、经济、文化、思想等诸多方面，起到一扫积弊、砥砺奋进之功效，是意识上的觉醒，思想上的开放，行动上的落实，方向上的指南。

这一章程是中国历史上第一次以法律形式承认民族资本工商业的合法性和发明创造的进步性，也是近代中国第一次从法律上提倡、保护和嘉奖从事科技及兴办各种实业，"起到了鼓励士大夫从旧学转向新学，以及促进农、工、商各种实业发展的积极作用"。[②]

时隔8年之后的1906年（光绪三十二年），《商部奏酌拟奖给商勋章程折并章程》获得批准：

窃维近百年来，环球各国艺术竞兴，新法、新器月异而岁不同。综其要端，举凡农业、工艺、机器制造等事，靡不进步甚速，收效甚巨。中国地大物博，聪明才力不难杰出，乃通商垂数十年，虽经次第仿办，惟咸拘守成法，莫能改良标异，推陈出

---

① 《东华续录·光绪朝卷》卷145，转引自王培：《晚清企业纪事》，北京：中国文史出版社，1997年，第359—360页。

② 王琰等编写：《中国历史上的今天》，成都：四川辞书出版社，1992年，第474页。

新，而每办一事，需用机器原料类，须取给外洋。故进口洋货日增，而出口者仅恃生货，一经制造贩运来华遂获巨赢，坐使利源外溢渐成漏卮。推原其故，岂皆办理之未力，殆亦提倡之未尽其道也。查欧、美当二百年前，所有新法、新器绝少发明。自英国首定创新法，制新器者，国家优予奖励之例，自是各国踵行。其奖励最优者，乃至赐爵。此例既颁，人人争自濯磨讲求艺术，每年所出新器多至数千百种。论者谓欧、美实业兴盛，其本原皆在于是。现在臣部工艺局日渐扩充，劝工陈列所将次开办，亟宜因事利导，设法提倡。其有创制新法、新器以及仿造各项工艺，确能挽回权利足资民用者，自应分别酌予奖励。①

此奏折中还明确列明了奖励标准：

一、凡制造轮船能与外洋新式轮船相埒者，能造火车、汽机及造铁路长桥在数十丈以上者；能出新法造生电机及电机器者，拟均奖给一等商勋，并请赏加二品顶戴。

二、凡能于西人旧式制造之外，别出新法创造各种汽机、器具，畅销外洋，著有成效者，能识别矿苗，试有成效，所出矿产，足供各项制造之用者，拟均奖给二等商勋，并请赏加三品顶戴。

三、能创作新式机器，制造土货格外便捷者，能出新法制炼钢铁，价廉工省者，能造新式便利农器，或农家需用机器，及能辨别土性，用新法栽植各项谷种，获利富厚，著有成效者……拟均奖给三等商勋，并请赏加四品顶戴。

……②

① 东方杂志社编辑：《东方》杂志，1906年（清光绪三十二年）第12期，第223页。
② 东方杂志社编辑：《东方》杂志，1906年（清光绪三十二年）第12期，第224页。

总计8款。此政策的推行，也许其出发点"并非立足于发展民族工商业，而是企图借民族工商业的发展，巩固其摇摇欲坠的腐朽统治"[1]，是一种无可奈何的选择，正所谓"德宗末叶，庚子拳匪之乱，创巨痛深，朝野上下，争言变法，于是新律萌芽"[2]，但以巩固政治局势为目的的一系列法律法规的出台"终于推动近代中国经济法制的大规模改革"。

按照文件出台的时间分析，在政策的激励下，均和安机器厂于1908年制造出"单杠卧式低速8马力煤气机"，是顺应时代、情理之中的事。作为中国最早的一台内燃机，按照文件规定，朝廷应给予了均和安机器厂一定的奖励和荣誉，但究竟落到何人头上不知。

陈沛霖、陈拔廷二人仿造的这台煤气机具体参数为：单缸，卧式，低速。单缸，指一个缸；卧式，指汽缸排列方式；功率，有言"5.88kW"[3]，有言"8HP""2.9—7.4kW"[4]。

kW是千瓦单位，即我们常说的马力。HP是英制马力单位。1千瓦=1.34英制马力。换算后，均和安机器厂的这台煤气机应为5.88kW或8HP。

只是，这台煤气机的关键部件如曲轴和磁电机，限于自身加工能力，均和安机器厂不能自制，要从香港等地定制或者选购。

言及此一瓶颈，陈桃川说过这样的话："均和安制造出的大小机器以及修理装配，各种原体、配件，都是自己制造的，有一时期曲轴一项，还要向外国购入，但后来也能自制了。"但是，制造曲轴必须用上等的钢材，而钢材国内不能生产，陈桃川不由叹息："在国内办工业何时才不倚

---

[1]　江旭伟：《中国近代商法研究》，中国政法大学1997年博士学位论文，第120页，转引自王涛：《变迁时代的经济与法（1600—1911）》，北京：中国方正出版社，2011年，第64页。

[2]　《清史稿·刑法志》，赵尔巽等撰：《清史稿》，北京：中华书局，1977年，转引自王涛：《变迁时代的经济与法（1600—1911）》，北京：中国方正出版社，2011年，第64页。

[3]　倪宏杰主编：《中国内燃机发展指南》，上海：上海交通大学出版社，1994年，第1页。

[4]　中国机械工程学会编：《中国机械史·图志卷》，北京：中国科学技术出版社，2014年，第90页。

赖外国原料呢？"①

据老行尊回忆，机器工业所需要的原材料和燃料都从香港进口，柴油、机油向亚细亚、美孚、德士古三大公司进口。一部机器的制成，原材料中最大量用到的是生铁，占百分之七十至八十，钢材占百分之十，其他包括五金杂件都是由香港进口的英国货，共占全部机器的百分之九十左右。只有有色金属如铜、锡、铝等是国内生产的，仅占百分之十左右。煤多数是由日本三井洋行进口的，也有一部分是荷兰的。②上海求新制造机器轮船厂于煤气机仿制上的关键零件——曲轴、磁电机等也均购自香港。

囿于自身条件的限制，在"仿制"与"研制"之间，既不能掩耳盗铃，也不能自欺欺人。一代觉醒者的努力变革是在"仿制"与"研制"之间尝试与突破。

均和安机器厂仿制的这台煤气机效果究竟如何？

陈滚滚用了四个字言简意赅地概括——"俭煤好力"③，即节省煤炭，马力大，比较适用于碾米厂的生产加工。

煤气机是蒸汽机与内燃机之间的一个产物。

热力发动机分为外燃机和内燃机。蒸汽机属于外燃机。内燃机的分类按采用的燃料不同，分为汽油机、柴油机、煤油机和煤气机等。

陈允耀言，彼时，在"陈联泰、均和安未有制出烧柴、烧煤发动机之前，大大小小的发动机，均是外国货，以德国的礼和、鲁麟、西门子，英国的怡和等洋行输入为多"。而自"陈联泰""均和安"制造轮船诸式发

① 陈允耀：《我忆均和安机器厂》，广州市政协文史委员会编：《广州文史资料存稿选编》第8辑，北京：中国文史出版社，2008年，第22页。

② 伍锦：《解放前广州市私营机器工业概况》，中国人民政治协商会议广东省广州市委员会文史资料研究委员会编：《广州文史资料（选辑）》第23辑，广州：广东人民出版社，1981年，第84页。

③ 陈滚滚：《陈联泰与均和安机器厂的概况》，中国人民政治协商会议广东省委员会文史资料研究委员会：《广东文史资料》第20辑，内部资料，1965年，第146页。

动机出世后，内河轮船公司或航商订购发动机者日渐增多，东江、西江、北江船商，南海、中山、顺德等地轮船拖渡企业，甚至广西、上海航商也来订购。粤海关数据证明，1906—1907年，在广州内河航行的船舶中，中国占474艘，英国、法国、德国、美国总计仅156艘。①

但这些小艇，又难免因天灾而横遭厄运。1908年（光绪三十四年）七月初一，"台飓为灾"，为"三十年来所未见"，泊于河面的大船因拴缚坚固，幸而躲过一劫，但"小轮汽号之声不绝"，"沉没者8轮，半沉者2轮，失去无踪者13轮"，据估，"约需修费银30万两"。此外，还有紫洞艇及各别项小艇"共约失100艘"……②

台风之后，均和安机器厂的维修业务旺极一时，但陈桃川却高兴不起来，他为同胞的遭遇难过，一艘船维系着一个乃至多个家庭的经济来源，一旦损毁，修理需要时间，生活怎么办，老老少少如何度日？均和安只有加班加点赶工，以期早日修好。

按照陈允耀忆述，当时均和安机器厂的业务已延伸至上海。而上海有生产发动机的民营企业，均和安机器厂能够打开上海市场，说明它在国内已具有相当的知名度，能与上海本土企业竞争且能占据一定的市场份额。由于业务需要，"均和安曾派一批老练工匠到上海去装配"。一时间，形势之好让均和安机器厂有应接不暇之势，它的业务很快"扩展到常州、无锡、天津、武汉和山东潍县等地"。③

1910年，一家叫兴隆织造局的工厂在报上刊登过一则广告："兹敝局

① 《1907年广州口岸贸易报告》，广州市地方志编纂委员会办公室、广州海关志编纂委员会编译：《近代广州口岸经济社会概况》，广州：暨南大学出版社，1995年，第467页。

② 《光绪三十四年广州口华洋贸易情形论略》，广州市地方志编纂委员会办公室、广州海关志编纂委员会编译：《近代广州口岸经济社会概况》，广州：暨南大学出版社，1995年，第475页。

③ 《当代中国的农业机械工业》编辑委员会编：《当代中国的农业机械工业》，当代中国出版社、香港祖国出版社，2009年，第235页。

向开铁机六百副，专织丝通、棉绳、各款边带为业，向用士点偈（蒸汽机）开车，今得均和安主人陈桃川创造新发明之煤汽［气］偈，每日可悭（省）煤费数元。"①广告内容从侧面印证了均和安机器厂生产的煤气机在市场上受欢迎的程度，也点明其节能的优越性。于企业而言，若无实实在在的收益，断不会为"均和安"和"陈桃川"免费做广告，能将"均和安"的产品"挂在嘴边"，借助其为自己造势，既是一种"标榜"，也是一种自豪。

均和安机器厂、陈桃川及其产品的品牌形象，已于多年累积之中在市场上形成和树立。

企业的品牌，一般来讲包含厂名和产品。有时，企业领导人也能成为企业品牌的代言人。但企业领导人必须以健康、良好的社会形象与自身的产品完美结合方可相得益彰。较好的品牌形象便是"厂名、产品、领导人"有机结合、融为一体。陈桃川实现了，这是他比陈濂川进步许多的地方。

当然，任何产品都会出现性能衰减的问题，均和安机器厂的产品也不例外。1918年（民国7年）10月，由华侨投资的江门造纸厂在"添置100马力省河均和安厂所出双盘煤汽［气］机一付"后，"生产额略有增加"，但至1921年，即使用3年后，"渐发觉前由均和安厂所制之煤汽［气］机马力日减，障碍频仍"②。"马力日减"的问题或因市面纸张求过于供，企业须加大马力生产，原有机器动力不足。机器出现故障，也很正常，即便故障"频仍"，但机器仍有使用价值，该厂将其"让"与中山榄镇兴业电灯公司继续使用。榄镇兴业电灯公司是1916年（民国5年）9月由广东中山人李钜卿等合资创办的，该公司原本使用的也是均和安机器厂制造的100匹煤

---

① 《国事报》（广州）1910年10月6日，转引自邱捷：《辛亥革命前资本主义在广东的发展》，《学术研究》1983年第4期，第73页。

② 林金枝、庄为玑编：《近代华侨投资国内企业史资料选集（广东卷）》，福州：福建人民出版社，1989年，第263页。

气机动力。[1]其与美国威士丁制造的3000瓦发电机组联合发电，用户约300户，每日下午6时发电，翌晨6时熄电。而榄镇兴业电灯公司能接手江门造纸厂淘汰下来的旧机器，说明其信得过"均和安"的机器，认为即便是旧机器也有"剩余价值"。而100匹马力的煤气机动力带动发电机组为300户用户提供源源不断的电能，说明煤气机效能不低。

无论怎么说，均和安机器厂煤气机的仿制成功标志着"中国内燃机工业的诞生"[2]，应是不虚之言。

但均和安机器厂的发展也受到越来越多条件的制约。老问题是，中国没有能力生产钢铁，所用的铁料、钢料都是外国输入的，价格操纵在洋人手里，供应也每每脱节。原料不能自产，便没有定价能力，也没有议价能力。即便有钱，洋人也不能保证按需供应。原材料掣肘均和安机器厂的发展。新问题更让人苦恼，每与洋商交易，又有"孖毡"（经纪者）从中作怪——物以稀为贵，洋人卖高价，且与中间商勾结，中间商还要赚差价，赚差价不说，还得请客送礼，结果"消耗于送礼物和酒席应酬的金钱，有时几达一批货价的三分至五分之一"，成本高企。当然，这些人为增加的成本，均和安机器厂无力自我消化，只能转嫁于消费者，结果导致订制者"难免诽辞"。面对客户的指责，承制者"难言隐痛"，一肚子苦水，又不敢明说。

但总体而言，由于市场的强大需求，均和安机器厂的修理、制造业一度是相当蓬勃的。

也有资料说，均和安机器厂仿制煤气机的"动力"是由于煤油燃料缺乏，便灵机一动将煤油机改制成煤气机。早期中国没有煤油，广东所需煤

---

①　中山市小榄镇地方志编纂委员会编：《中山市小榄镇志（1152—1979）》上，内部资料，2012年，第609页。

②　中国机械工程学会编：《中国机械史·图志卷》，北京：中国科学技术出版社，2014年，第198页。

油长期依靠进口。1915年，据粤海关的报告记载，"直至10月，各项外国煤油，极难附搭轮船，载运来粤，而美国煤油，水程更远，转运尤难"。煤油主要是照明所用，由美孚、亚细亚、德士古三大公司控制。"查美国煤油，本年进口，只得760万加仑，去年1823万加仑。波罗岛煤油，本年只得2058000加仑，去年2433000加仑。惟苏门答腊煤油，本年增至367万加仑，去年只得2235000加仑。此外更有日本煤油进口，共159500加仑。"[1]煤油进口量减少，但用户又增加，"各处商埠……现已建设电灯，铺户每多喜用，是则电灯营业，定必发达，此亦煤油价昂之一大原因也"。[2]

若是此原因，表明陈桃川对于市场的洞察力十分敏锐，对市场的风向标反应很快，能从市场营销环境出发，从宏观和微观上作出客观准确的分析并付诸行动——在煤油供应链出现异常之后甚至之前及时仿制新产品、调整生产布局，这是其具有出色应变能力的体现。

以上种种，说明均和安机器厂的产业链已经形成，已将设计、采购、生产、销售、交货、售后等各方面业务有机连接起来；供应链初具规模，能够围绕业务开展，通过生产制造和提供服务将供给方、需求方（或上游、下游）连接起来。形成各产业之间的科学分工和紧密协作。

一业兴，百业兴。

19世纪最后10年，广州有许多私人和小商号都在使用各种各样的机器，诸如蒸汽磨粉机，供家中照明的电机、电铃及制汽水的机器，制靴及缝衣的缝纫机也非常多，有时也见针织机。有人还试用小型固定煤油机来发动琢磨玉器及其他玩石的工具，但未成功。各种镟车也很多，机器玩

---

① 《中华民国四年广州口华洋贸易情形论略》，广州市地方志编纂委员会办公室、广州海关志编纂委员会编译：《近代广州口岸经济社会概况》，广州：暨南大学出版社，1995年，第574页。

② 《中华民国四年广州口华洋贸易情形论略》，广州市地方志编纂委员会办公室、广州海关志编纂委员会编译：《近代广州口岸经济社会概况》，广州：暨南大学出版社，1995年，第575页。

具、留声机以及诸如此类的东西都很普遍。洋人眼里的广州人"对诸如此类的机械仪器确实很感兴趣，或为省力，或为娱乐。他们在使用和修理（当机器出现故障时）这些东西方面，表现出相当的聪明才智"[①]。

福兮祸兮——因陈桃川一次不经意的"出走"，反而为"陈联泰"保存了火种——这粒火种熊熊燃烧；工人数量也有了大幅度增长，发展到300多人，大家继承陈联泰的业务，"更向机器前途迈进"[②]。

第四节　缉私之艇

企业在发展过程中难免经历一些波折，宛如人的一生。中国近代学者、国学大师王国维曰：古今之成大事业、大学问者，必经过三种之境界——"昨夜西风凋碧树，独上高楼，望尽天涯路"，此第一种境界也；"衣带渐宽终不悔，为伊消得人憔悴"，此第二境界也；"众里寻他千百度，蓦然回首，那人却在，灯火阑珊处"，此第三境界也。

均和安机器厂的发展时常遭遇艰难险阻，有时甚至陷入泥淖沟壑，面临生死抉择。其中有一件事与陈联泰机器厂类似，也与官府有关。

1904—1905年间，粤海关向均和安机器厂定制了一艘缉私火船，船名"虎门仔"。虽然是"大单"，但陈桃川起初犹豫不决，不太想接，一则他"向来不愿意与官厅交易"，知道官府的事情很复杂，不如市场上的生意简单，直来直去。他心里更清楚粤海关的情况，其虽属于清政府，但权

---

① 《粤海关十年报告（二）（1892—1901）》，广州市地方志编纂委员会办公室、广州海关志编纂委员会编译：《近代广州口岸经济社会概况》，广州：暨南大学出版社，1995年，第948页。

② 陈滚滚：《陈联泰与均和安机器厂的概况》，中国人民政治协商会议广东省委员会文史资料研究委员会：《广东文史资料》第20辑，内部资料，1965年，第146页。

力操在英国人手里，"其难交易处不下于官厅"。二则，他也听说过"虎门仔"的历史。

"虎门仔"曾是粤海关头号巡逻艇。1887年（光绪十三年）前，粤海关派驻香港的缉私船艇有7艘，包括"'江苏仔''伶仃仔''虎门仔''珠江仔'等4艘装配100匹马力蒸汽主机的小轮船和3艘内燃机艇"[1]，各船船头均挂绿底加黄色交叉的海关旗，但"虎门仔"却毁于一场暴乱。1883年8月12日，广州海关三等验货员英国人罗近无故枪杀1名儿童，伤2名成人，事发后，英国人包庇凶手，引起群众愤慨，埋下隐患。9月10日，英轮"汉口"号上葡萄牙籍水手迪安斯将中国搬运工罗亚芬踢伤落水致死后躲避，群众抛砖掷石以示抗议，但英籍船长不顾众怒，将船驶至江心"避难"。对这一起案件，清政府曾多次向英国交涉，但英国领事不仅拒绝交出凶手，反向中国要求赔偿。接二连三的事件让群众义愤填膺，人们冲入沙面租界，烧毁外国人住宅16间，一个外国人受伤，据赫德夫人致金登干的信中记载，"据说他们的小火轮'虎门仔'号被烧毁了"，还有英国领事馆、旗昌洋行、史密斯洋行及几家别的洋行的房子"也都被焚毁"。[2]

引发此次事件的直接原因是群众抗议洋人逞凶杀人，但实际反映的是中国人民对法国与越南在顺化缔结的《顺化条约》的不满。1883年，法国逼迫越南签订《顺化条约》，法国因此取得越南"保护权"。法国的企图是以越南为基地打开中国的西南大门，而广东与越南联系较多。1883年12月，法国发动中法战争；1884年5月11日，清政府与法国签订《中法会议简明条约》，承认法国对越南的"保护权"，屈辱求和。

---

① 何炳材：《旧中国海关缉私舰队和海务船队的兴衰简史》，罗进主编，中国人民政治协商会议广州市委员会编：《广州文史》第46辑，广州：广东人民出版社，1994年，第89页。

② 中国第二历史档案馆、中国社会科学院近代史研究所合编：《中国海关密档3·赫德·金登干函电汇编（1874—1907）》，北京：中华书局，1995年，第350页。

而此次迪安斯事件，由于中国人给外国人造成了损失，清政府"被迫赔款了事"①。当然，迪安斯也并非没有受到一点惩罚，次年11月，他在澳门受到审讯，"并被判处3个月徒刑"②。

图29　"虎门仔"同型"九龙仔"③

可以这样理解，"虎门仔"虽不是一艘臭名昭著的船，但因为特定的事件在中国人心中留下了难以磨灭的阴影，故而，从事件发生之后的20余年间，这个名字的船再未出现在广东海域。时隔如此之久，粤海关想重造"虎门仔"，是否有更深层次的原因，陈桃川不清楚。

这是一个烫手的山芋。均和安机器厂很多物品的购进、运出均与粤海关关系很大，"如不承制，恐惹麻烦"；但如硬着头皮承接，一是怕百姓听说此事来找他论理，二是怕洋人的钱不能顺利收回来。

他思来想去，犹豫不决。最终，为企业长远发展计，他硬着头皮"承

_____

① 中国第二历史档案馆、中国社会科学院近代史研究所合编：《中国海关密档3·赫德·金登干函电汇编（1874—1907）》，北京：中华书局，1995年，第351页。

② 《粤海关十年报告（一）（1882—1891）》，广州市地方志编纂委员会办公室、广州海关志编纂委员会编译：《近代广州口岸经济社会概况》，广州：暨南大学出版社，1995年，第850页。

③ 刘传标编纂：《近代中国船政大事编年与资料选编》第2册，北京：九州出版社，2011年，第531页。

允制造"。

对方要求，"虎门仔"船身长95尺（长达30多米），发动机以煤为燃料，装配2个蒸汽发动机，合计马力为100匹，整船马力约60匹。这些技术参数与被烧毁的"虎门仔"一模一样。

一直以来，均和安机器厂造的都是小船，如今面对"虎门仔"这样一个庞然大物，难度不小，故而造船的过程并非一帆风顺。其实，从技术上讲并不复杂，"大"与"小"只是量的变化，并无质的不同。但由于船体大，因场地限制，便不能全面开工；岭南的天气又时而变化，动辄暴雨如瀑、电闪雷鸣，这更影响进度。而对方对工期要求很紧，时不时派人过来督查，还动辄以影响粤海关的工作施加压力。那段时间，陈桃川几乎将全部人力都集中投入制造"虎门仔"，其他业务几近停顿。

经过数百工人一年来加班加点、通宵达旦地劳作，"虎门仔"终于完工，陈桃川长出一口气。

很快，"虎门仔"下水试航。陈桃川亲自掌舵，他拉响汽笛，"呜——呜——呜"，工人们向炉膛里不停地加煤，炉膛之火熊熊燃烧，分外耀眼。

起航——船身稳健，疾徐可控，劈波斩浪。陈桃川立于船舱，望苍茫云海，朝阳正冉冉升起，映红他的脸庞。

返回码头之后，洋人现场验收，诸多问题却出现了，洋人闭口不谈首航顺利情况，而是对"虎门仔"细节之处挑三拣四，如"锅炉浇铸有沙眼"的情况。

陈桃川眉头紧蹙。

这分明是鸡蛋里挑骨头的行为，以当时的浇铸工艺和质量，这是再正常不过的事。

何为浇铸？将金属熔化成液态状，采用范模浇铸而制成器物的方法。浇铸工艺在我国新石器时代末期就已出现。《三字经》云："魏蜀吴，争汉鼎。号三国，迄两晋。"那鼎，便是浇铸成型的青铜器。

而浇铸所用范模一般有两种，一是熔模，一是砂型。熔模一般用蜡，这种工艺可以追溯到4000多年前的中国、古埃及、古印度。我国出土的大量文物，包括春秋战国、汉代、明代、清代的文物，都使用过熔模。熔模铸造精度高，可制造形状复杂的铸件，铸造合金种类不受限制，但其局限是铸件尺寸。用蜡浇铸几吨甚至几十吨的铸件根本不可行，首先成本太贵，其次生产周期长，另外工艺复杂、不好控制。陈桃川是这方面的行家，他不可能以熔模铸造工艺制造"虎门仔"，因为"货不对板"。

他用的是砂型铸造。砂型铸造缺点是铸件精度低，优点是可以铸造大件，成本低，速度快。量材使用、量力而行，才能既完成客户的订单又最大程度地节约成本。

砂型铸造过程中必然要用到砂和土，不要说汽缸内部，就算汽缸表面，要想彻底清除型砂，也有很多技术难关要过，如"凡蒸汽要流通过的空间必须预留较大的出砂口，以便清除型砂，否则型砂很可能随蒸汽进入汽缸而损伤滑道面"[①]。在铸造生产中，由于操作不当或型腔内掉入型砂等，浇铸后就会在铸件中形成"夹杂缺陷"。

而洋人所说的"砂眼"是铸件表面有包容砂粒的"小孔"，产生的原因是砂型表面强度差，浇铸时高温金属液体充入导致砂粒脱落混杂于金属液体中——正如浇花，即便均匀地喷洒，但花盆中仍会有小块土壤被"点"开，使泥水流落地面。这只是外观的瑕疵，并不影响使用。蒸汽机不是摆在厅堂的工艺品，也不是穿着的衣物，没有必要拿着一面"放大镜"细细观察。

对方既然蓄意挑剔，定会将缺陷使劲放大，但又不能说洋人所指一点道理都没有，粗糙就是粗糙，有砂眼就是有砂眼。

砂眼如何修复呢？可用焊接或以填腻子的方式修补，但无论怎么补，

---

① 王蓉孙编著，姜圣文校阅，同济高工技术丛书编审委员会主编：《机件设计·下》（第3版），上海：大东书局，1953年，第32页。

也达不到洋人所要求的光洁度。好在，经过努力修复，洋人对这个问题不再纠缠。

"突遭挑剔"的第二个问题又出现了。洋人言，船体凡是焊接的地方均不牢固。陈桃川认为，焊接质量肯定不会有问题，否则就属于质量出现严重缺陷，航行之中船随时会漏水、解体、倾覆。以均和安机器厂几十年的技术实力断然不会出现这样的低级问题。另外，洋人并未使用探测仪器检验，只是空口白话。当然，焊接问题也分大和小。大的没有，小的难免，比如焊接部位不平整，没有仔细打磨，表面留有一些"疤痕"乃至小且浅的缝隙等。

不得已，陈桃川又让工人返工。

接下来是第三个问题，洋人说钢板厚度不够。这个问题不难测量。经过实测，厚度没有问题。

洋人继续信口雌黄，指出整船质量都有问题，大手隔空一挥，说："轮上装置的整件机器，如整间锅炉之类，都要拆换！"[1]

依陈允耀之忆述，陈桃川心知洋人恶意刁难，心中愤懑，但不敢据理力争。虽也萌发向"官厅陈诉"之心，可转念一想，搞不好情况更加复杂，生意被完全困死，企业命悬一线，只好作罢。

无奈之下，陈桃川提出削减造价，不求盈利只求回本，这已达到均和安机器厂的底线，但洋人仍不允许。

此时，有经常同洋人打交道的经纪商人暗中告诉陈桃川，洋人这是想讹钱，你们要"进行贿赂"，陈桃川方才茅塞顿开。

最终，陈桃川"花了一笔白银"。到底是多少？他人无从知晓。果不其然，洋人收了钱答应验收。于是，砂眼没问题了，焊接没问题了，锅炉不用换了，乃至整件机器也不用拆换了。

---

[1]　陈允耀：《我忆均和安机器厂》，广州市政协文史委员会编：《广州文史资料存稿选编》第8辑，北京：中国文史出版社，2008年，第20页。

但为了凑足这笔白银，陈桃川"迫得卖去一小铺"。①

其实，粤海关洋人收入并不低。有资料表明，在赫德执政时期，粤海关官员薪水由较高的基本薪水和优厚的福利构成。在基本薪水上，粤海新关（即粤海关税务司署）税务司1名，每年薪俸银6000两，帮办写字2名，每人每年银2400两。在福利上，粤海新关也不再使用简单的"养廉银"制度，而是给予各种酬劳金、房屋津贴、养老金、各种日常生活补贴及休假等，极大地丰富了"高薪养廉"的内容。除此之外，粤海新关的公务费用也不断提升，1876年，粤海新关的年度办公费用达到12万两白银，每月按时由海关监督拨付1万两，这样，海关官员因经费紧张而挪用公款和冒险贪污腐败的事情大大减少。

另外，赫德还通过严厉的惩戒制度来保障法治的权威和规则的效力，如《大清国海关管理章程》之《惩戒》专章规定：违规违法行为包括懒散、不遵守时刻、疏忽大意、工作不胜任、好生口角、不服管束、无故缺勤、泄露公务、涉嫌民事或刑事起诉、贪污、侵吞挪用、受贿、欺诈、经商、酗酒、严重道德败坏等，并对寻衅滋事、工作渎职、虚报账目等行为都严格按照规章执行处罚。

通过严格执行规章制度，粤海关的管理逐渐向近代化、法治化、规范化方向发展。廉政建设效果显著，逐步实现了高效廉洁运行，推动了广东对外贸易的持续性发展。但由于"积弊太深，到清朝末期，挪用公款、瞒税携款逃逸、受贿放私等行为还是时有发生"。②显然，陈桃川就是其中部分人贪污受贿、吃拿卡要、中饱私囊行为的受害者。

于"虎门仔"生意上，陈桃川未必严重亏本，但经无数次折腾，大利

---

① 陈允耀：《我忆均和安机器厂》，广州市政协文史委员会编：《广州文史资料存稿选编》第8辑，北京：中国文史出版社，2008年，第20页。

② 中国海关博物馆广州分馆编：《粤海关史话》，北京：中国海关出版社，2013年，第162页。

变小利，小利变微利，微利变保本，辛辛苦苦，白忙活一场，主业却受到影响。

但"虎门仔"发挥的作用不容小觑，即便很多年后，如1912年10月1日粤海关税务司致总税务司的公文显示：巡缉艇"虎门仔"号在"凯通"轮上查获走私鸦片1.2担，在"海生"轮上查获走私鸦片20担。[①]时黄埔、虎门一带河道纷歧、私运众多，粤海关连年加强巡查力量，同时健全抄班制度，抄班关员除检查进出口轮船和自东江、西江来穗的拖渡外，还经常乘关艇到西江一带搜查有走私嫌疑的船舶。1930年11月2日，粤海关在虎门附近查获进口轮船"加敦拿"号走私案，缴获布匹等私货一批，充公拍卖得关平银1.3万两。11月28日，又查获太古洋行所属轮船"济南"号走私洋参等案件，价值关平银1922两。[②]"虎门仔"可谓虎虎生风，屡立功勋。没有"虎门仔"因质量问题抛锚的记录。

从陈桃川卖铺子凑贿赂款的行为可以看出，时均和安机器厂的现金流已极为紧张，处于"存货多，现款缺"的经营困境之中。究其原因，按照陈允耀所言，陈桃川"不在眼前赚钱，而在发展营业"，具体表现在增建厂舍、增加设备、增购材料储备上，此几项占用了很多资金。于企业而言，这是一种高瞻远瞩的战略，属于积极的发展观；但同时也有不利的情况——企业投入基础设施建设资金较多，战线长、见效慢、拖累重。

另外，陈桃川为发展计，一直在不断加大科技投入，解决思想认识上的问题。这是一种先见之明，"甚至从某种意义上讲，西方工业革命的发端正是思想市场繁荣的结果"[③]，但于陈桃川所处的时代，研发与创新有时

---

① 粤海关博物馆编：《粤海关历史档案资料辑要（1685—1949）》，广州：广东人民出版社，2018年，第295页。

② 广州市地方志编纂委员会编：《广州市志》第10卷《政权政务》，广州：广州出版社，2000年，第1274—1275页。

③ 中国国际经济交流中心课题组：《抉择：中国及经济转型之路》，北京：中国经济出版社，2016年，第317页。

是"竹篮子打水"，搞不好会置企业于破产之境地。

让人百思不得其解的是，当民营机械工业企业面临经济危机之时，金融业为何不给予适当的输血？

广州金融业起步较早。在"十三行"传统金融区，一度集中"251家银号"，"全长只有138米的西荣巷（今属荔湾区），竟然集中了23家银号"。[①]至清末民初，更有新的银号纷纷设立。近代中国商业资本，发展速度和资本总额都远远超过工业资本，如清末，上海、苏州、武汉金融业和商号的户数与工矿企业和手工工场户数的比数，分别为7700∶2912、1000∶271、7105∶1000，这一对比到了广州更是相差悬殊，为27524∶2425。[②]1912年，全国商业资本（含金融业）总额是工业资本总额的675%。[③]

但如此多的银号，其目标重点在茶叶、丝绸、瓷器、海鲜、中草药等消费品领域，民族机械工业入不了它们的"法眼"，因为无法快速实现资本增值，甚至还有打水漂的风险。它们对于"前途黯淡之民族工业……皆冷眼旁观，不肯一加援手"[④]，它们生就一双势利眼，"与社会产业，绝不相关"[⑤]。它们忙着放高利贷经营公债，以投机的方式经营地产，以空手套白狼的方式大肆攫取民族财富。

于是，包括陈启沅、陈澹浦、陈濂川、陈桃川在内的民族工商业者只能靠自我造血，一旦造血功能失调，企业便会陷入困境。

① 任志宏主编：《资本合作与南亚机会——海上丝绸之路金融合作发展报告（2016）》，北京：中国金融出版社，2016年，第410页。

② 朱英：《近代中国民族商业资本的发展特点与影响》，中国社会科学院近代史研究所经济史研究室编：《中国近代经济史论著目录提要（1949.10—1985）》，上海：上海社会科学院出版社，1989年，第387页。

③ 朱英：《近代中国民族商业资本的发展特点与影响》，中国社会科学院近代史研究所经济史研究室编：《中国近代经济史论著目录提要（1949.10—1985）》，上海：上海社会科学院出版社，1989年，第387页。

④ 江志英：《序》，曾养甫：《广州之工业》上篇，广州：商务印书馆，1937年，第4—5页。

⑤ 宋嘉贤：《弁言》，曾养甫：《广州之工业》上篇，广州：商务印书馆，1937年，第1页。

在"虎门仔"制造过程中，还有一种情况困扰着陈桃川，因为轮船的制造是复杂的过程，除了主机，还有一些复杂的零件也需要制造，即便是关键部位的一个零件，如果不能顺利完成，也会耽误整个工艺流程的进行。在"虎门仔"制造过程中，如果陈桃川能够协调各厂通力协作，形成联动机制，效率则会大大提高，成本会有效降低，但各企业之间恶意竞争、单打独斗的状况存在多年，从未缓解。

更让陈桃川的经济状况雪上加霜的是，此时合伙人提出退股。陈允耀言，"温某又以投资合办均和安已久"，但始终未见大利而"至感不满"。此时温子绍已达古稀之年，垂垂老矣，他提出退股，也在情理之中。1907年（光绪三十三年），温子绍于家中染疾而亡。[1]

但退股便要分钱。陈桃川哪里有钱？陈桃川考虑再三，不得已向陈联泰机器厂求援。陈联泰机器厂先是不借，后陈桃川将大部分五金器材降价让与陈伯纯才解了燃眉之急。

温子绍退股之后，"均和安便如陈联泰一样，纯是陈氏家族的企业了"。[2]

一连串的"打击"使得陈桃川的事业受阻，其人生之"境界"似乎又重返"昨夜西风凋碧树"之阶段。陈桃川一度心灰意冷，想把均和安机器厂盘出去，交给别人去办；但他转念又想，英国人之所以向均和安机器厂发难，"是恐我国自办轮船机器制作业发达了，于他们不利"，才施以"种种打击手段"。[3]

陈桃川思前想后，终于还是坚持了下来，因为在他心里，"均和安有

① 温荣欣：《中国机械名师温子绍》，广州：广东人民出版社，2018年，第124页。

② 陈允耀：《我忆均和安机器厂》，广州市政协文史委员会编：《广州文史资料存稿选编》第8辑，北京：中国文史出版社，2008年，第20页。

③ 陈允耀：《我忆均和安机器厂》，广州市政协文史委员会编：《广州文史资料存稿选编》第8辑，北京：中国文史出版社，2008年，第21页。

大批技术工人"，有"悠久历史"，他要带着大家同舟共济、勇闯难关。

及至此时，陈桃川与陈启沅走了相同的路——陈启沅以其爱国、革新精神，以及对推动旧社会经济发展所作出的重要贡献而载入史册，陈桃川亦然。通过"虎门仔"诸事，他饱尝外国人的歧视与欺凌，内心逐渐滋生强烈的爱国主义精神，也深知爱国需要切切实实的行动，唯有在坚定地走实业救国之路的过程中才有机会为中国人打气、壮胆、撑腰、扬威。连洋人亦言，"有不少迹象表明不久之后，整个广州人会联成一个协调的实体，并将被高尚的爱国精神所鼓舞"[1]。

这是一种必然，从陈桃川后来所走的道路也可以看得出来。

的确，"陈联泰""均和安"的发展是因外埠通商、外商轮船大量维修需求而催生出的，它们在承接相关业务时自觉或不自觉地引入了西方先进的技术，进而使自己逐渐向近代机械工厂迈进。在这一不算漫长的过程中，起初国家对产业所具有的引导能力也因朝廷危亡、辛亥革命爆发而基本丧失，当企业处于完全市场主导之后，中国机械工业一度发展迅猛，正如陈联泰、均和安机器厂在某一个阶段的购销两旺；但亦危机重重——一是来自西方的敌视与觊觎，二是来自同行的挤兑与恶意竞争，三是来自自我抗风险能力的脆弱与不堪一击。

第五节　碾米之业

南宋词人辛弃疾词曰："稻花香里说丰年，听取蛙声一片。"今人（作者不明）有诗曰："遍地璀璨青山碧，早稻泛金收割忙。丝苗齐眉三餐米，玉肌珠雪四季香。百越香米肥岭南，千里稻花秀珠江。常忆童年梦

---

[1]　《1907年广州口岸贸易报告》（译文），广州市地方志编纂委员会办公室、广州海关志编纂委员会编译：《近代广州口岸经济社会概况》，广州：暨南大学出版社，1995年，第469页。

中米，四月斗粮接青黄。"

因水稻生长快、周期短，岭南大部分地区可种植三造水稻，正所谓"一年三造皆丰收"。但大部分农户以种植双季稻为主。

稻子熟了，收割之后便要碾米。唐代，岭南人慧能从新州（今广东新兴县）远赴湖北黄梅山学佛，五祖弘忍大师见其根性太利，先让其到后院干活，慧能劈柴踏碓达8月余。慧能身体瘦弱，为增加体重，在腰间坠了一块石头，这样踏碓时更有力量。

何为碓？即木石做成的捣米器具。用脚使劲踩，石锤抬起又重重落下，砸中石臼中的稻谷，去其皮，使米粒从壳里"蹦"出来，是比较原始的方法，叫碓米。

碾米便先进一步。磨石为上下结构，非一前一后。碾米用的石碾子由碾槽、碾磙和碾架三部分组成。碾槽由若干节呈弧形的石槽连接成一个大圆圈。碾磙是用石头打磨成的车轮状的石盘，表面凸凹不平。碾架固定前后石盘，使石盘嵌于碾槽中；碾架系由一根粗壮的直木从碾圈的中心牵出，控制碾磙始终绕着碾槽运转。碾磙靠牛或驴来拉动。碾米时，先把稻谷均匀地倒入碾槽，然后人挥鞭驱牛（多时无须挥鞭，对驴子则蒙其脸），牛（驴）走磙动，石磙不断地对稻谷磨碾，直到壳破米出糠成细粉，一槽米就碾"熟"了。

碓房家家户户都有，但石碾子这样的设备一般是几户或很多户人家共享。

《周易·系辞下》载："神农氏没，黄帝、尧、舜氏作……断木为杵，掘地为臼，杵臼之利，万民以济。"这段简短的文字包含三重含义：（1）杵臼的发明者是黄帝；（2）杵臼发明的过程；（3）黄帝发明杵臼的目的。看似简单，就是"断木"与"掘地"，但在洪荒时代的蒙昧状态下，这样的一种发明与创造是劳动人民智慧的结晶，极大改善了人民的生活质量，吃稻米不再带皮；麦子磨成"面面"，麦香四溢，提高了人体吸收程度与粮食品质。中华民族的文明正是在不断发明与创造中沉淀与积累。

图30 牛碾①

于岭南而言，6000年前的广东先民使用的是石磨、磨棒等石器，依靠人力加工谷物。到汉代开始用石臼舂米。在西晋年间，砻出现了，粮食产量、质量、成品率得以提高。宋代时，人们学会使用水力资源帮助进行农业生产。

故而，在相当长的时间里，岭南人大都使用人力碓臼砻磨。

何为碓臼砻磨？明末科学家宋应星言："凡稻去壳用砻，去膜用舂、用碾。然水碓主舂，则兼并砻功，燥干之谷入碾亦省砻也。凡砻有二种，一用木为之，截木尺许（质多用松），斮合成大磨形，两扇皆凿纵斜齿，

---

① （明）宋应星著，钟广言注释：《天工开物》，广州：广东人民出版社，1976年，第127页。

下合植榫穿贯上合，空中受谷。"① 见图31、图32。②

图31　木砻　　　　　　　　图32　土砻

这种土臼于1690年（康熙二十九年）前后从中国传去日本。日本人发现，相比之前使用的从朝鲜传入的磨小麦粉的水臼，土臼更适于脱壳和碾粗、白米。

算得出来，纯粹依靠人力，一个精壮的劳动力"八小时只能砻谷200公斤或舂米150公斤"③。这是到现代之后的情况，效率较低。

---

① （明）宋应星著，钟广言注释：《天工开物》，广州：广东人民出版社，1976年，第129页。

② （明）宋应星著，钟广言注释：《天工开物》，广州：广东人民出版社，1976年，第130页。

③ 余德晃：《薛广森和"十大成"米机》，广州市地方志办公室编：《广州话旧：〈羊城今古〉精选：1987—2000》，广州：广州出版社，2002年，第584页。

而水碓则不然。水碓是利用自然河流溪涧的水力资源，"凡水碓，山国之人居河滨者之所为也。攻稻之法省人力十倍，人乐为之。引水成功，即筒车灌田同一制度也。设臼多寡不一。值流水少而地窄者，或两三臼；流水洪而地室宽者，即并列十臼无忧也"。①见图34②。

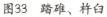

图33　踏碓、杵臼

图34　水碓

人类的进步，正是对"力"的不断辨析、使用、角逐。

当时米机是一种新兴事物。我国的机器碾米始自1863年（同治二年）上海的洪盛米号，当时是前店后坊。③广东地区的机器碾米始于陈启沅，如前所述，1873年陈启沅返乡后在西樵官山圩开设"永生号机米厂"，为鳏寡孤独废疾者施米，比上海迟了10年。此后较早成立的便是何渭文的"植

---

① （明）宋应星著，钟广言注释：《天工开物》，广州：广东人民出版社，1976年，第131页。

② （明）宋应星著，钟广言注释：《天工开物》，广州：广东人民出版社，1976年，第132页。

③ 嘉兴市粮食局粮食志编纂委员会：《嘉兴粮食志》第2稿，内部资料，1991年，第8章，第1页。

丰"号，但也有人说，何渭文当时专营的是"代磨牛骨粉"①的生意。"永生号机米厂"使用的是蒸汽动力。

据陈允耀忆述，自1902年起至1938年，均和安机器厂都是以"制造和修理碾米机具，轮船发动机、诸式柴油机，各种电灯机器等为主营业务"②。而另一则资料显示，1906年（光绪三十二年）后，"广州均和安机器厂仿制从国外输入样机的碾米机和煤气机等"。③其时，陈桃川已得知广州有人从南洋购进碾米机，于是设法与之联络，洞悉了碾米机器的构造、用料、性能，"自忖仿造是有信心的"④。之后，他专门从南洋购入一部煤气发动碾米机。

蒸汽碾米机的发明无从考证。19世纪后半期，第一批蒸汽机碾米厂始于泰国出现。最初这种企业全部由外国人投资，"1858年，美国人在暹罗（今泰国）开办了第一家蒸汽碾米厂，用机器碾米，效率是手工的几十倍、几百倍。到1864年，暹罗已有三家西方人开的蒸汽碾米厂，到1867年，增加至五家，并且还陆续增加"⑤。"曼谷的五家蒸汽机碾米厂就都是欧洲人所有的"，但中国人闻风而动，到1870年时，有几个中国船主向英国订购了几部蒸汽碾米机，华人碾米厂的数目在1879年就已和外国人的碾米厂并驾齐驱了。⑥

---

① 余德晃：《薛广森和他兴办的实业》，政协广东省委员会文史资料研究委员会编：《广东文史资料》第56辑《广东工商经济史料》，广州：广东人民出版社，1988年，第191页。

② 陈允耀：《我忆均和安机器厂》，广州市政协文史委员会编：《广州文史资料存稿选编》第8辑，北京：中国文史出版社，2008年，第22页。

③ 广东省地方史志编纂委员会编：《广东省志·科学技术志》，广州：广东人民出版社，2002年，第1075页。

④ 陈允耀：《我忆均和安机器厂》，广州市政协文史委员会编：《广州文史资料存稿选编》第8辑，北京：中国文史出版社，2008年，第21页。

⑤ 叶曙明：《泰国华侨华人史话》，广州：广东教育出版社，2018年，第64页。

⑥ ［苏］H.A.西莫尼亚、林克明、王云翔等：《东南亚各国的中国居民》，《南洋问题资料译丛》1963年第1期，第49页。

泰国华人机器碾米事业后来者居上，很快挤掉了外国人的生意。到1889年时，华人碾米厂总计有17家；1895年时，增加至23家；而1912年时，已有50家。随着华人碾米业的兴盛，外国人的碾米厂一共只剩3家，其余的或已倒闭，或被转卖给中国企业者了。①

　　陈桃川嗅到了商机，由于其始终身在国内，对新事物的敏感程度与当年陈启沅在越南相比显得"迟钝"一些，行动较为迟缓。不过对于百姓日日要食的大米而言，这种滞后的被动往往可以通过"后发制人"而得以弥补或化解。且陈桃川购进的是煤气碾米机，比蒸汽碾米机更胜一筹。

　　碾米机到厂后，陈桃川让工人逐项拆解并仔细研究。只是仿制也不容易，在仿制过程中，工人们屡次失败仍不气馁。

　　笔者在搜集资料的过程中，发现有一段视频，拍摄的是一台100多年前的蒸汽碾米机的运行过程，觉得异常震撼——发动机长4.6米，飞轮直径3.1米。仅从这两个数据便能感觉到那是怎样的一台机器。它这样运行：蒸汽机提供动力→带动飞轮旋转→集糠除尘装置启动→进料装置启动→传动装置启动→碾白装置启动→米糠分离装置启动→出料装置启动。整个系统非各自独立运行，而是有条不紊地联动。视频中，现场机器运转不时传出"轰隆隆"的声音——在那个时代是振奋人心的机器的"心跳"和丰收的交响曲。

　　不知陈桃川仿制的机器是何模样，规格几何，但也不会太小，不是家庭作坊所用的小型碾米机，而是中大型碾米厂所用的专业机器。

　　中国人掌握科学技术后，也能生产出高质量的机器。在泰国举办了一场华人碾米机与洋人碾米机表演赛，观众感言，"华人并不惧怕竞争，立即展开了反击……华人在机械方面的天分，丝毫也不比西方人差，一旦他们觉得需要学习某种技术，就努力在短期内学成，并娴熟运用……经他

---

① ［美］施坚雅：《泰国华人社会：历史的分析》，厦门：厦门大学出版社，2010年，第110页。

们改进后的碾米机，能碾出比以前更加白净的米，在市场上卖出更好的价钱，连西方人的碾米厂也不得不掉过头来向他们学习"；且有了电灯之后，华人的碾米厂率先安装上，这样就可以"两班倒，日夜开工，但西方人感到吃不消"。[①]

陈桃川研究的只是机器碾米部分——一个系统的协作，一些硬件的制作或改善，好比制作一把按摩椅，椅子的形状有了，动力有了，但如何让动力所传递的力量借助一个个零件按照轨迹运行，以准确地按摩身体的各个部位，是陈桃川需要解决的问题。

经过琢磨，在工人们的齐心协力下，均和安机器厂的仿制获得成功。只是仿制的时间相当长。而动力源——煤气机已是自家的名牌产品，调整马力、直接使用便是。

这台碾米机究竟于哪一年仿制成功？有两则资料可以互相印证：一则资料是，1911年，广东协同和米机开业时，规模还比较小，主要设备是从均和安机器厂购来的17英寸60匹马力煤气碾米机1台，碾米的扑磨与横磨各一套。[②]另一则资料是，1912年（民国元年），协同和米机厂生产各种碾米机械。[③]

据此推断，均和安机器厂仿制成功煤气碾米机的时间应为1910年（宣统二年）左右。

从1906年开始仿制到1910年仿制成功，耗时4年之久，对于一个从事"小本生意"的机器厂而言，的确是耗费了极大的时间、人力成本，也占用了较多的资金成本。

这是均和安机器厂献给近代民主革命的一份厚礼。

① 叶曙明：《泰国华侨华人史话》，广州：广东教育出版社，2018年，第64页。

② 徐海荣主编：《中国饮食史：全6卷》，杭州：杭州出版社，2014年，第31页。

③ 广东省地方史志编纂委员会编：《广东省志·科学技术志》，广州：广东人民出版社，2002年，第1075页。

孙中山鉴于"战争倥偬，凡百生业咸受影响"，提出"凡我国民仰体时艰，咸知大义，和衷共济，庶几商业之日兴；勤力同心，相跻共和之郅治"①。他特别强调，"夫国以民为本，民以食为天，不足食胡以养民？不养民胡以立国？是在先养而后教，此农政之兴尤为今日之急务也"②。

均和安机器厂的成功还在于不只效仿，还比外国的同类产品"更为精良"。这便是一个了不起的进步，用这样一台机器一昼夜就可碾米1万公斤左右，极大地提高了生产效率，有助于解决孙中山所言"民以食为天"的粮食供应问题。

煤气碾米机的仿制成功是均和安机器厂又一次通过创新而实现的成功转型，对广东碾米业帮助巨大。在此之前，进口一台40马力发动机配套一副砻碾输送设备，"需投资2—3万银元"③，即便经营得法，3年可收回投资，但不是一般企业都能拿得出的一笔巨资。到1921年时，20匹马力的蒸汽发动机可拖动多台米机，"每部机器价值六千两银左右"，价格已有所降低，至火油、柴油机问世后，碾米机每部不过"一千六七百元"，而本国机器厂所产机器每台售价仅"百余元"④，进入千家万户成为可能。

但据此估计，均和安机器厂仿制的煤气碾米机当时售价不菲，每台售价1万银元恐怕没什么问题，但远远低于进口机器的价格，为广东碾米业的兴盛作出了贡献。

依照常理，均和安机器厂既煞费苦心仿制成功碾米机，之后该批量生

①　孙中山：《令实业部通告汉口商民建筑市场文》，《孙中山全集》（第二卷），北京：中华书局，1981年，第58页。

②　孙中山：《上李鸿章书》，《孙中山全集》（第一卷），北京：中华书局，1981年，第17页。

③　广东省地方史志编纂委员会编：《广东省志·粮食志》，广州：广东人民出版社，1996年，第282页。

④　嘉兴市粮食局粮食志编纂委员会：《嘉兴粮食志》第2稿，内部资料，1991年，第8章，第1页。

产，继而购销两旺、效益大增才对，但是，由于陈桃川的经营策略出现了一些问题，导致企业出现了一些不良状况。

比如他喜欢多接生意，来者不拒。接了订单便等于作出承诺，企业经营要恪守信誉，如此便要投入人力、物力成本。若企业足以应付没有问题，反而可以多收一些定金，有利于资金周转，而陈允耀言，陈桃川仅"志在多接生意"，而"不多收定金"。此意，笔者没太弄明白，陈桃川是对有的客户收定金，对有的客户不收或少收定金？但定金应是固定的，该收多少收多少。或许是这样，一个客户订了3台机器，陈桃川只收其1台或2台的定金。这种方式应是陈桃川应对市场竞争的策略——先把目标客户笼络过来，以此挤兑其他碾米机器经营者。但问题就出现了，机具生产过程中占据的成本很高，若定金不足额收取，其结果必然是大量占用自有资金，若生产周期短则问题不大，若周期长便存在隐患，而陈桃川是"等机具完成后，才能收回本利"。于是，陈桃川从"垫资者"又变成"讨账者"，有些米机商人，怕出现故障时机器厂不予以迅速修理，会故意分次付余款。如此，便会导致资金链紧张。对于财大气粗的企业倒也无妨，但对于寅吃卯粮的企业来说则是致命的。

说到保修，那时企业生产经营、销售机器也要签订合同，合同中会注明保用保修时限，但人心不古，"各怀鬼胎"，让人无奈。如果遇到"难缠者"，陈桃川还故作大方，不急于追账，更会让自身陷于被动之中，无形中形成资金积压周转欠灵的境况。当然，这是外人眼里的陈桃川。

到1913年（民国2年）时，均和安机器厂所生产的砻谷机（或称企磨），能将稻谷的谷壳剥去，成为糙米。砻谷机主要依靠高速旋转的工作构件对稻谷施加挤压、搓撕、摩擦、撞击等作用，使其脱壳。根据主要工作构件的不同，可分胶辊砻谷机、砂盘砻谷机、离心砻谷机三大类。不仅如此，均和安机器厂制造的碾米机（或称横磨）能将糙米碾磨成白米并出大糠，[①]已经是相当成熟的机器了。

故而，民国时期上海、广州、福州、青岛等沿海地区已采用砻谷机、碾米机等稻米加工机具生产精白米。广东省有"恒丰""利济""安隆""恰益栈""怡昌隆""恒益"等许多米行，这些米行都有自己固定的稻谷来源，生产的精白米和米粉用于制作米饭、米糕、米粉等食品，生意十分兴隆。粮食市场繁荣的背后是均和安机器厂作出的巨大贡献。

碾米机是中国走向近代的过程中于传统农业中出现的近代化因素，政府虽起到了一定推动作用，但主要靠的是诸如陈桃川这样的有识之士与爱国者的持续努力与不懈奋斗。

但陈桃川也不是什么生意都做。1919年冬，东山火柴厂的创办人立定志愿要用中国机器、中国技师和中国原料制造火柴，但"协同和机器厂、均和安机器厂，都不肯承制这种从未制过的火柴制造机"[②]，不知缘由。

第六节　弟子三千

自古以来，很多门手艺均以师承的方式一代代传承。陈桃川也带了很多徒弟。

据陈允耀回忆，自陈子卿去世后，陈桃川便肩负"全厂技术责任"[③]，相当于既是司理又是总工程师。陈滚滚回忆，跟随陈子卿工作最长的陈沛

---

① 广东省地方史志编纂委员会编：《广东省志·科学技术志》，广州：广东人民出版社，2002年，第1075页。

② 利耀峰：《广州火柴工业与东山火柴厂》，全国政协文史资料委员会编：《中华文史资料文库》第12卷《经济工商编·工业》，北京：中国文史出版社，1996年，381页。

③ 陈允耀：《我忆均和安机器厂》，广州市政协文史委员会编：《广州文史资料存稿选编》第8辑，北京：中国文史出版社，2008年，第16页。

霖、陈拔廷担任管工职务。[1]

此时均和安机器厂规模颇大，工人及学徒众多；整日里机器轰鸣，车削之声、切割之声、钻扩之声、打磨之声、焊接之声不绝于耳，工人们来来往往、穿梭其间，各司其职，甚是火热。

工人及学徒绝大多数仍是陈桃川的亲戚、故旧之子侄辈，且以陈姓居多，这种情况自建厂以来未有明显的变化，既属正常，又是那个时代特殊的现象。机器厂需要大量的工人，那时没有职业院校、技工学校等专门培养技术工人的院所，故从社会上很难招到具有一定

图35　工厂介绍广告页

基础的人才，而从老家招人则省去很多麻烦，也简单易行。再者，那个时代找到一个工作机会很难得，陈桃川也有意让陈氏子弟"捷足先登"。因为工人和学徒几乎都是姓陈的，当时均和安机器厂便有"陈家祠"之称。当然不是指真的陈家祠，陈家祠如今是广州一个著名的景点，位于广州市中山七路，原叫陈氏书院，由清末广东省七十二县的陈姓人士共同出资修建，作为各地的陈氏读书人来广州参加科举考试时的住所，是广东地区保存比较完整、有代表性的民间宗祠建筑。1988年，国务院公布其为全国重点文物保护单位。

工人中还有一部分是陈联泰机器厂的老工人。在陈联泰机器厂被周馥查办之后，不少失业的工人及学徒纷纷加盟均和安机器厂，一部分人逐渐成长为生产骨干。当然，也不全是陈家人，广州不少人家推荐自家子弟到

---

①　陈滚滚：《陈联泰与均和安机器厂的概况》，中国人民政治协商会议广东省委员会文史资料研究委员会：《广东文史资料》第20辑，内部资料，1965年，第146页。

机器厂当学徒的情况也有。

对于机器维修和制造，当时社会有不同的看法，有人认为是一种较新的行业，能学到一门手艺；有人觉得还是一种手工劳动，比较辛苦。但平民百姓人家的子弟不怕吃苦，体力劳动者哪有不流汗的呢？且从事机器维修与制造，与搬砖、种地、清理旱厕、拉洋车到底不一样。据一则资料显示，时机器行业的薪水较高，故"习机器技艺者趋之若鹜"①。但选哪一家厂、跟谁学徒，要看企业的影响力和品牌。

陈桃川定出收学徒的办法：（1）要家长担保。为何要家长担保？因都是乡里乡亲，在宗族社会，一家之长便做一家之主，大到儿女婚姻，小至读书工作，担保便是承诺，要担负责任。而家长知道且担了保，学徒于思想与行为上便有了无形的约束和节制，有利于把事情干好，工作善始善终。（2）每一名学徒交保证金30银元。这笔钱数目不少，学徒没有，靠家长出资。学徒学满4年，出徒后仍须在均和安机器厂做工，如中途退出或期满后跳槽，保证金便归均和安机器厂所有。这一规定是防止自家培养的人才流失，虽较苛刻，但可形成有效制约机制，以免为他人作嫁衣裳。保证金数目不菲，学徒4年期间又没有工资，如果学徒期满便另谋高就，对家长而言是非常大的损失，学徒轻易不会采取如此下策。（3）学徒不公开招收。均由均和安机器厂股东、职员、工人介绍，此举会形成用人上的"关系网"与"近亲繁殖"，有一定弊端，但也会增加企业凝聚力、向心力。

用人权只在司理，也就是陈桃川。

从招录学徒上看，陈桃川不吃亏，仅保证金一项，"以50人计算，便有1500元"。②如学徒再多，保证金也更多。这笔钱陈桃川拿来用于生产经

① 王建生：《辛亥革命前后之广东机器行业》，广州市人民政府地方志办公室编：《地方史志与广州城市发展研究》，广州：广州出版社，2013年，第166页。

② 陈允耀：《我忆均和安机器厂》，广州市政协文史委员会编：《广州文史资料存稿选编》第8辑，北京：中国文史出版社，2008年，第17页。

营周转是无本万利的"买卖"。

学徒期间也并非一分钱没有,"理发钱和零用几角子"是有的,但很少;还有"学徒年终鞋金"①,相当于对学徒的奖励,主要视学徒勤怠而定,有多有少,但一年到头最多10元。

学徒与今日之大学生不一样,不好当,旧社会有徒弟如儿的说法,如在工作中被管工或师父认为偷懒,或因操作不小心而酿成事故,轻则遭谩骂、训斥,重者甚至遭挞掌,"学徒敢怒不敢言"。②"来自农村乡下的学徒,备受资方、工头的欺负","不论何因,缺一天就要补回","出现工伤、生病或不测,均立志愿书而'各安天命'"。学徒于工作时间上与工人无异,跟班10多个小时,师父打烊后,"学徒还在做加油、清洁等收尾工作",学徒"实为资方的廉价劳动力"。③此话虽是实情,但"观点"有失偏颇,俗话说,不经冬寒,不知春暖,在旧社会想学一门手艺哪里有不先付出、不受委屈的道理。

工人的月薪标准是陈桃川亲自制定的,司理、总管月薪均30元,其他店员,如掌柜、管工月薪10—15元之间。一线工人工资是最少的,按能力和岗位定收入,每人每年40—60元不等。这个工资标准如何?

据冯明泉《漫谈广州茶楼业》文章说,服务企堂年薪48元,大杂工年薪30—36元……照此比较,陈桃川给的薪水还是可以的。奖金,那时叫花红,但对真正辛劳操作的工人,陈桃川"没有丝毫分给"④,他对于工

① 陈允耀:《我忆均和安机器厂》,广州市政协文史委员会编:《广州文史资料存稿选编》第8辑,北京:中国文史出版社,2008年,第17页。

② 陈允耀:《我忆均和安机器厂》,广州市政协文史委员会编:《广州文史资料存稿选编》第8辑,北京:中国文史出版社,2008年,第18页。

③ 王建生:《辛亥革命前后之广东机器行业》,广州市人民政府地方志办公室编:《地方史志与广州城市发展研究》,广州:广州出版社,2013年,第166页。

④ 陈允耀:《我忆均和安机器厂》,广州市政协文史委员会编:《广州文史资料存稿选编》第8辑,北京:中国文史出版社,2008年,第17页。

人的福利方面是"极少注意的"①。而陈桃川认为机器的修理和制造"主要靠管工和总管对工人和材料管得好",因为管得好,所以"生产自然快而合格",因此福利向管工和总管倾斜。在绩效考核方面,陈桃川没有制定什么明确的规章制度,"对待店员,认为勤能的便加工资","对待工人,则可随时开除,或亦以年计,无论店员或工人,均于农历年终做出去留的决定,于明春农历正月初二日执行,即俗语所说'无情鸡'(正月初二日照例杀鸡开年,食过了开年饭,即由老板直接通知被开除的员工离店)",平时没有什么罚则之类,是典型的人治。员工的作息时间与普通商号一样,天光开铺,做到晚上9时左右,如以钟点计,整天从早至晚每日为12小时。除了早、晚饭和日间下午2时左右,稍为歇歇工作之外(旧社会的商号,早饭多在上午10时左右,晚饭多在下午5时半左右,中午2时稍为休息。工资较多的店员,多轮流到茶楼品茗,工资低的店员和工人,则在店内打瞌睡,如是制造厂号的技术师傅,亦有出外午茗的)。也有资料说,陈桃川给工人每天工资"一般有五六角钱,连开夜班每月约有二十元的收入,足养五口之家"②。

依陈允耀所言,陈桃川对待工人苛刻属实,便也为企业后来的发展埋下隐患。后文有叙。

综上所述,虽经相当长时间的经营,但均和安机器厂仍属一家家族式企业,与陈启沅创办继昌隆缫丝厂初期管理水平相比有较大差距。这不难理解,陈启沅曾在安南打拼多年,学习到很多国外企业的管理方法,而陈桃川始终在故乡单打独斗,眼界与陈启沅有着明显的不同。

---

① 陈允耀:《我忆均和安机器厂》,广州市政协文史委员会编:《广州文史资料存稿选编》第8辑,北京:中国文史出版社,2008年,第18页。

② 伍锦:《解放前广州市私营机器工业概况》,中国人民政治协商会议广东省广州市委员会文史资料研究委员会编:《广州文史资料(选辑)》第23辑,广州:广东人民出版社,1981年,第89页。

在技术操作上，不管对陈氏子弟还是其他技术工人及学徒，陈桃川都肯于放手，乐得让他们实践，从不设置技术壁垒，还经常"督促教导"。①这倒是开明之举，与传统师傅"留一手"相比是进步的。不过，机器维修这个活儿和其他祖传手艺不一样，没什么"绝技"，一般情况下谈不上保密，也没有保密的价值。但肯于将重要工作交给年轻人去完成也是很难得的一件事。如陈子卿之子陈伟泉，在河南育才书社毕业后到均和安机器厂当管工，他懂英文，工作勤勉，喜欢钻研，在陈桃川的培养下逐渐成长，成为一名既可从事机器设计又能在生产一线从事生产的"双料"人才。还有陈沛霖、陈援庭、陈泽业等，都是陈桃川的同族侄辈，均在均和安机器厂学有所成。

除陈氏子弟外，另外一些人也有所收获。东莞人李荫枝原来学的是木模，与机器不沾边，陈桃川放手让他学习机器维修、维护等工作。李荫枝聪明，日有研学，进步很快，一段时间之后便可实际操作。中山人何伯敏当了几年学徒后，又经过长期锻炼，手艺得到极大提高。这些工人成长起来后，被陈桃川先后提升为技工，陈桃川鼓励他们凭本事吃饭，靠手艺赚钱。

陈桃川起用新人还比较大胆。一次，要铸造一个技术要求高、较大型的汽缸，陈桃川本寄希望于两位老技工，可他们辛苦多日却先后出了废品，主要原因是，在汽缸造型时安放的是泥芯，但在浇铸铁水时，因铁水沸腾导致泥芯报废，尝试几次，均未成功。老技工还想再试，但工期不等人。陈桃川决定由刚出徒不久的翻砂技工龚纪主持浇铸。

这一决定令人惊讶，引得众人侧目，大家都不看好，龚纪一个刚出徒的工人怎能堪此大任？有不少人在等着看龚纪的笑话。

浇铸不是将铁水往泥坯里一倒那么简单，一则铁水温度极高，容易迸溅，一不小心就会烫着人甚至造成人身伤亡事故；二则铁水出炉之后温度

---

① 陈允耀：《我忆均和安机器厂》，广州市政协文史委员会编：《广州文史资料存稿选编》第8辑，北京：中国文史出版社，2008年，第21页。

呈下降趋势，必须在规定的时间里完成浇铸，否则冷热不均，容易出现缩孔、抽坑、变形、冷隔；三则铁水倾泻，如角度不合适或冲击力过大，容易造成落砂（泥），影响成型质量。笔者是见过用钢水浇铸机器的，不让也不敢靠近，只能远远地看，只见一股"红流"如落霞流泻，周围温度骤然升高，脸仿佛被烘烤一般，煞是壮观。在当时的技术条件下，浇铸是否成功完全取决于操作人员的手艺。前述"虎门仔"的"砂眼"正是浇铸问题。

可让大家都没想到的是龚纪居然一次成功，现场一时掌声如雷。

当时广州机器行业圈子并不大，但凡哪家厂哪个工人技术冒尖，消息就像长了腿似的传得到处都是，尤其在均和安这样的大企业。龚纪由此名闻行内。后来龚纪离开均和安创办了机器厂，但其不忘根本，机器厂以"和安"命名。[①]

在那个时代，人才流动虽不似现在这般常见，但翅膀一硬便开始单飞者仍有不少。

1912年间，陈沛霖、陈援庭离开均和安，"开办协同和"。[②]陈允耀言，传言此两人离开均和安机器厂是由于陈桃川停分花红引起。但他又说，"这只是片面的讲法"，"记得有一年年终期间，陈桃川为增建厂舍，添置工具，曾把备为分红的款，也挪移来用，不能及时分红，引起部分店员疑惑，及后补发说明，疑虑乃息"。一般来说，技术骨干的辞职会影响企业的正常运转，但由于陈桃川自始至终悉心培养技术工人，因此陈沛霖、陈援庭的离开并未影响均和安机器厂的生产。陈桃川让技术工人吴参庭、李荫枝接替陈沛霖、陈援庭的工作；随后又晋升何伯敏为管工，李荫枝为总管，陈伟泉则负责很多技术方面的事，陈桃川"统揽全局"。从以上分析，陈桃川又是一个非常善于企业管理的人才，在经营上有思路，

① 龚伯洪：《广州民营机器工业元老钩沉》，《羊城今古》2003年第2期，第26页。

② 陈允耀：《我忆均和安机器厂》，广州市政协文史委员会编：《广州文史资料存稿选编》第8辑，北京：中国文史出版社，2008年，第22页。

在人才梯队建设上未雨绸缪，有两手准备，也逐渐脱离了家族式管理的窠臼，走上了现代企业管理之路。

那些年，由于均和安机器厂的主营业务外延很广，涉及碾米机具、轮船发动机、诸式柴油机等的制造与修理，因此培养了大量的技术工人，企业实力也进一步增强，到1922年，均和安机器厂资本额为4万元。①这一说法，在曾养甫于1937年出版的一本著述中得到验证。但是，曾养甫言远不止这些，后文有叙。

曾养甫言，自均和安机器厂创办至1937年（民国26年），"出自陈桃川门下之学徒，在三千人以上"②。这是一个赫然的数字，3000火种洒向岭南大地，熊熊燃烧之势耀眼夺目，"二十世纪初，广东机器业的老师傅，大都是陈桃川的学徒"③。陈桃川可谓桃李遍天下，无怪乎民间称陈桃川为"机器老人"。

对于学徒制，曾养甫于1937年出版的《广州之工业》一书显然是戴着有色眼镜去看待的，书中言，"学徒规则最苛"，"学习期间定为四年，并无假日"，师匠与徒弟间属于"封建式剥削关系"。书中认为，学徒制度既促成广州机器工业发展，又妨碍机器工业发展。作者追根溯源认为，本市机器业之创立，其始不过一二稍有思想留心研究之人，由修理而进于仿制，辗转传授以有今日。但因为所有工匠既为学徒出身，绝无高深之机械工程学识，只凭师父传授之老法，陈陈相因而制造机器，故本业遂致十年如一日停滞不前！④说的是大实话，但如何在那样的时代凭空生出许许多多具有高深之机械工程学识的高层次人才呢？作者也是没有答案和解决方

①　广州市经济研究院、广州市地方志编纂委员会办公室编：《广州近代经济史》，广州：广东人民出版社，1998年，第214页。

②　曾养甫：《广州之工业》上篇，广州：商务印书馆，1937年，第34页。

③　姜铎：《调查散记——旧中国民族资本史料集锦》，《近代史研究》1983年第2期，第297页。

④　曾养甫：《广州之工业》上篇，广州：商务印书馆，1937年，第34页。

案的。

作者对广州机器工业进行仔细分析后认为，"我国之机器工业，异常幼稚"，即便如广州之机器工业在全国占有相当地位，但其仍属"贫弱堪怜"。原因有四点：（1）经营者缺乏高深之机械工程学识，思想又很保守，故充其量只能仿造半新不旧之机器；（2）经营者缺乏市场知识，不能为适应市场需要而生产，因而缺乏与舶来机器竞争之能力；（3）机械设备过于简陋，实难发展；（4）政府无保护奖励之政策。[①]

曾养甫，广东平远人，1936年调任广东省政府委员兼广州特别市市长，1937年兼任广东财政厅厅长及军委会西南运输处主任。[②]他"爱屋及乌"，表达了对广州机器业现状的担忧以及对未来的希冀。

学徒制度并非中国首创，可追溯到古希腊、古罗马、古埃及和中国的先秦时期。日本学者认为，"人们一向认为学徒制度是起源于欧洲中世纪行会组织中的一种教育形式"。《吕氏春秋》言，"孔、墨之弟子徒属充满天下，皆以仁义之术教导于天下"。柏拉图在他的《国家篇》中还有"他的儿子和他所教导的人们"或"他的儿子和徒弟"的说法。[③]

但"中国工业经济之萎靡不振，其症结在于外力之压迫，人所共喻"[④]，而绝非"制度化的技术传承形式"。反而，由于陈启沅、陈澹浦、陈濂川、陈桃川、温子绍等人的先知先觉、知行合一，才促进中国机器工业的开端。他们在与西方机器工业之斗智斗勇中完成了原始积累，培养了技术工人，锻造了技术实力，这是不争的事实，也是格外苦难之旅。

由于陈桃川出身洋务企业广东机器局，他的表率作用尤其明显，他成

---

① 曾养甫：《广州之工业》上篇，广州：商务印书馆，1937年，第37页。

② 王宗华主编：《中国现代史辞典》，郑州：河南人民出版社，1991年，第670页。

③ ［日］细谷俊夫编著，肇永和、王立精译：《技术教育概论》，北京：清华大学出版社，1984年，第11—14页。

④ 江英志：《序》，曾养甫：《广州之工业》上篇，广州：商务印书馆，1937年，第5页。

为"洋务派所办近代军用工业为民族资本准备技术条件的例证之一"①，也是洋务企业带动民族资本企业较为显著的"史例"。②笔者以为，他所创办的均和安机器厂是一家个体户借助政府的一部分力量或相关的资源不断创业、创新，破茧成蝶而成为颇具规模的机器企业的成功范例。

自1889年均和安机器厂成立到1912年前后，陈桃川操持企业进行生产经营长达20余年，他不仅闻名南粤、声名显赫，也成为"行中一位大资本家"③。

① 姜铎：《调查散记——旧中国民族资本史料集锦》，《近代史研究》1983年第2期，第297页。

② 黄逸峰、姜铎：《浅论晚清洋务运动的历史经验与教训》，《财经研究》1987年第5期，第48页。

③ 黄曦晖：《广州近代私营船舶修造业》，中国人民政治协商会议广东省委员会文史资料研究委员会编：《广东文史资料》第61辑，广州：广东人民出版社，1990年，第229页。

第五章

历史
文化

变幻的风云

第一节　机器救国

1911年，在华的外国人发现，"革命举动已在广东省城发见，渐次延及通国"①。一时间，省城人心惶惶，惴惴不安。

1912年1月1日，孙中山在南京宣誓就任中华民国临时大总统。他在誓词中说："倾覆满洲专制政府，巩固中华民国，图谋民生幸福，此国民之公意。"

"河山光正朔，中外庆阳春。"中华民国元年肇始，临时政府相继颁布了《修正中华民国临时政府组织大纲》和《中华民国临时约法》，迅速组建起临时政府的政治体制。

不久，南京临时政府以振兴实业为目标，专门设置机构，成立实业部，设总长一人、次长一人，职能为管理农、工、商、矿、渔、林、牧猎及度、量、衡事务，监督所辖各机构。下设秘书处及农政、工政、商政、矿政四司。②之后，中央政府颁布了一系列奖励发展实业、有利于工商业发展的法令、政策、措施，如《公司条例》及"施行细则"、《商人通例》及"施行细则"、《民法特别法部分（农工商法）》《商业注册规则》及"施行细则"、《公司注册规则》及"施行细则"等。其中，实业部颁布修订的《商业注册章程》准许各商号自由注册，取消清末规定的注册费，便利了大批实业的集股创办和申报注册。

实业部还为保护和提倡兴办工商矿业、农林渔牧及垦殖等实业，确定

---

① 《宣统三年广州口华洋贸易情形论略》，广州市地方志编纂委员会办公室、广州海关志编纂委员会编译：《近代广州口岸经济社会概况》，广州：暨南大学出版社，1995年，第513页。
② 章开沅主编：《辛亥革命辞典》，武汉：武汉出版社，2011年，第282页。

官产范围，交还被强行没收的商产，做了一些具体的工作。

交通部与实业部协作，在发展交通运输、便利工商方面有所努力。

财政部则进行改革币制和整顿金融的尝试，在筹设中国银行为中央银行、讨论采用贵金属本位制度以改铸新币的同时，先后拟订中央、商业、海外汇业、兴农、农业、殖边、惠工、贮蓄及庶民等各银行则例，以利于民间融资并兴农惠工。

此外，湖北、上海、杭州、宁波、温州、福建、广州等地方政府甚至一些县政府，都宣布废除厘金苛税及减赋免税。这些都成为这一时期政府经济举措重要的组成部分。

民国成立后，孙中山致力于发展实业，他说："中国乃极贫之国，非振兴实业不能救贫"，"仆之宗旨在提倡实业，实行民生主义"。[①]

实业部于1912年4月20日停止办公宣告解散之后，"经参议院议决分为农林、工商二部"。[②]

以上措施的出台，为推动民族资本主义经济的发展，创造中国民族资本主义发展的"黄金时代"起到了推波助澜的作用。《中华实业界》杂志曾这样写道："民国政府厉行保护奖励之策，公布商业注册条例、公司注册条例，凡公司、商店、工厂之注册者，均妥为保护，许各专利。一时工商界踊跃欢快，咸谓振兴实业在此一举，不几年而大公司大工厂接踵而起。"[③]

孙中山多次强调，振兴中国经济，必须在国家恢复主权之后，打开国门，破除闭关锁国的壁垒，实行"开放主义"。孙中山认为，"中国物产无不丰富，惟待开发而已"，中国"不患自然力不足，人力之不足，所缺

---

① 孙中山：《在上海中华实业联合会欢迎会的演说》，《孙中山全集》（第二卷），北京：中华书局，1981年，第339页。

② 《实业部宣告解散电》，马君武、文明国编：《马君武自述》，合肥：安徽文艺出版社，2013年，第67页。

③ 徐建生：《民国初年经济政策的背景与起步》，《民国档案》1998年第2期，第57页。

者资本也"。"开放主义"就是"让外国人到中国办理工商等事",认为这是一条"取人之长,以补己之短"的发展经济的重要途径。①

1912年12月23日,孙中山在上海机器公会成立大会上说:"……我中国在地球上数千年来文明最早,本是富强的国,何以退步至不堪言状",皆因"教育、实业两不发达以至于此",皆因"各国机器发达,货物千奇百变"。孙中山指出,"无论何种工厂,造何种货物,不用机器必不能发达",但是,机器不是凭空造出来的,"系从思想产生",是一种"精湛学理",如无学识,"既不能发明新机器,亦不能管理新机器",故而,"望诸公努力,自用聪明才力,发明种种机器,庶几驾乎各国之上"。②

第一次世界大战期间,帝国主义列强对中国的压力相对有所松弛。长期受帝国主义列强及本国封建势力压抑和摧残的中国民族工业在这一缝隙间得以发展,广州地区的民族工业特别是造船、橡胶、火柴、纺织等工业得到再度兴起。

借孙中山"实业救国"之理想与宏图,广州机器厂资方适时提出"机器救国"号召。

"实业救国""机器救国"之论调并不新鲜,中国早期资产阶级亦曾提过,但都未能取得成功,因为封建的生产关系不改变,何谈生产力之发展?但即便如此,"机器救国之论,尚不失为时彦之谠论,开明之思想"。③

"实业救国""机器救国"鼓舞人心,也造就了广东各行业的自给自

① 孙中山:《在安徽都督府欢迎会的演说》,《孙中山全集》(第二卷),北京:中华书局,1981年,第532页。
② 孙中山:《在上海机器公会成立大会的演说》,《孙中山全集》(第二卷),北京:中华书局,1981年,第559—560页。
③ 陈登原:《中国文化史》下,北京:商务印书馆,2017年,第893页。

足之黄金时代。[①]

广州地区除火柴制造、橡胶、纺织针织等新兴工业得到发展外，传统的榨油业、碾米业也得到相应发展。广州地区榨油业原纯粹为手工业生产，"生产方法，概用人力，工场设备简单，产量极少，普通只具备三次木榨、工人十数名而已，其具有十榨、工人二三十名者，即称大厂"[②]，民国以来，榨油业不断发展，生产方法较之前有所进步。

机器碾米厂纷纷创立，到1921年有32家之多。乡间的米店在收集米谷后运回碾米厂代碾，故当时各厂"营业极为蓬勃"。[③]

电力、自来水事业得到发展。广东电力公司"赓续扩充，多添用户"，营业状况日佳。1912年，该公司收费27万余元，翌年增至45万余元；1914年，广州用灯者益多，该公司"收费75万余元，又虑机力未充，故向美国机厂订购500匹马力油机两架，以免求过于供"[④]；1918年，该公司又向美商洋行订购新机器，计有"2500匹马力旋转机两架，连一切附属品"价值约150万元[⑤]；1919年，该公司增添股本，"除以历年股东溢利七十五万元，分填股票，派给股东外，另由股东按照原有股份先加三元，续加二元，统成三百万元之数"。[⑥]自来水公司业务蒸蒸日上，1910年，"推广水管，计约加多1000余英尺总管，并4万尺支管，而食水

---

① 王建生：《辛亥革命前后之广东机器行业》，广州市人民政府地方志办公室编：《地方史志与广州城市发展研究》，广州：广州出版社，2013年，第165页。

② 曾养甫：《广州之工业》上篇，广州：商务印书馆，1937年，第81页。

③ 曾养甫：《广州之工业》上篇，广州：商务印书馆，1937年，第182页。

④ 广州市商办电力股份有限公司编：《广州市电力公司二十年来之概况》，内部资料，1929年，第6页。

⑤ 《中华民国6年广州口华洋贸易情形论略》，广州市地方志编纂委员会办公室、广州海关志编纂委员会编译：《近代广州口岸经济社会概况》，广州：暨南大学出版社，1995年，第610页。

⑥ 广州市商办电力股份有限公司编：《广州市电力公司二十年来之概况》，内部资料，1929年，第8页。

用户，多2584家"①；1916年，添多用户1359家②；1917年，安放新水管约8.4万尺，添多用户530家③；1918年继续进步，接驳新水管117192英尺，新添用户282家。④

广州对外贸易形势发生转变。工厂生产的产品不仅弥补了因欧战导致洋货进口不足的缺口，且因土产价廉而起到抵制洋货进口的效果。

火柴工业蓬勃发展。火柴生产设备趋于完善，产量、质量得以提高，"洋火"销路受挫，华人各自来火厂所出之货日见增多，"是以外来自来火，不断浮动，总势呈现减少趋势"⑤，数据可见——1914年进口453292罗，1915年进口505656罗，1916年进口996000罗，1917年进口482000罗，1918年进口539190罗，1919年进口只有337351罗。

纺织针织工厂抵制了西方各种纺织工业制品在广州市场的倾销，"纺织土布工厂，年多一年。洋布进口既少，土产自然获利……手织棉货工艺所，因洋货价昂之故，乘时而起，制出棉袜、汗衫及内衣裤等类，销流迅

① 《宣统二年广州口华洋贸易情形论略》，广州市地方志编纂委员会办公室、广州海关志编纂委员会编译：《近代广州口岸经济社会概况》，广州：暨南大学出版社，1995年，第509页。

② 《中华民国4年广州口华洋贸易情形论略》，广州市地方志编纂委员会办公室、广州海关志编纂委员会编译：《近代广州口岸经济社会概况》，广州：暨南大学出版社，1995年，第583页。

③ 《中华民国5年广州口华洋贸易情形论略》，广州市地方志编纂委员会办公室、广州海关志编纂委员会编译：《近代广州口岸经济社会概况》，广州：暨南大学出版社，1995年，第596—597页。

④ 《中华民国6年广州口华洋贸易情形论略》，广州市地方志编纂委员会办公室、广州海关志编纂委员会编译：《近代广州口岸经济社会概况》，广州：暨南大学出版社，1995年，第611页。

⑤ 《中华民国7年广州口华洋贸易情形论略》，广州市地方志编纂委员会办公室、广州海关志编纂委员会编译：《近代广州口岸经济社会概况》，广州：暨南大学出版社，1995年，第622页。

速"①, 盖因广州地区纺织针织工业工人工资较低, 职工勤俭, 故产品成本比进口衫均低50%—60%, 因此, 产品不仅占领了本地市场, 还内销两广、潮南, 外销马来亚、新加坡、暹罗、柬埔寨、越南等国家和地区。

位于珠江南岸河南尾的广东士敏土 (即水泥) 厂引进技术设备, 不断改良机器, 产量日渐提高。广东出产的水泥除供给本地之外, 还有一部分出口。1915年出士敏土145000桶, 较上年"约多百分之十, 该厂工人时间, 近已每日加多一点半钟, 由六月起, 该厂另制新式花砖一种, 每日制出三千余块"②。1917年广东士敏土厂"所出水泥9.6万桶。中有6.6万桶行销本处, 2000桶, 运往外洋; 3000桶, 运往福州、汕头两处, 其余2.5万桶, 运往香港"。③至1918年, 该厂新出水泥增至"15万桶, 内有11.4万桶, 行销省城及邻近内地各处。其余3.6万桶, 系由轮船渡船, 运往香港、汕头及各洋埠"。④

航运业发展迅猛。民国元年底, 轮船"注册者计洋旗8艘, 华旗387艘", "其增加之故, 约有数种原因。溯自去年革命事起, 需用小轮甚多", "更有多数小轮, 由地方官雇用, 调拨军队", 故"省港两处, 现

① 《中华民国六年广州口华洋贸易情形论略》, 广州市地方志编纂委员会办公室、广州海关志编纂委员会编译: 《近代广州口岸经济社会概况》, 广州: 暨南大学出版社, 1995年, 第611页。

② 《中华民国4年广州口华洋贸易情形论略》, 广州市地方志编纂委员会办公室、广州海关志编纂委员会编译: 《近代广州口岸经济社会概况》, 广州: 暨南大学出版社, 1995年, 第583页。

③ 《中华民国六年广州口华洋贸易情形论略》, 广州市地方志编纂委员会办公室、广州海关志编纂委员会编译: 《近代广州口岸经济社会概况》, 广州: 暨南大学出版社, 1995年, 第536页。

④ 《中华民国七年广州口华洋贸易情形论略》, 广州市地方志编纂委员会办公室、广州海关志编纂委员会编译: 《近代广州口岸经济社会概况》, 广州: 暨南大学出版社, 1995年, 第631页。

正赶紧多造新轮"。①

机器行业更显景气。各机器厂开足马力，加班加点，并大量吸收社会劳动力，包括妇女儿童，涌现一批如"广同安""苏记"等字号的机器制造厂，相继仿制出花生磨、抽水机和煤气机等，由此衍生专门修理机器的修理厂，生产机器的铸造厂、锅炉厂、木样厂等。有新老机器厂近50家，奠定了机器行业在诸行业中的龙头地位。

形势一片大好。

1915年，著名机器行业从业人员熊明斋、陈桃川、陈拔廷、欧阳晴春等不谋而合，共商筹建一座机器行业总会所，并邀香港同行参与。②

熊明斋等人曾于1894年（光绪二十年）于广州河南尾创办了广州第一家民办锅炉厂——恒昌泰锅炉厂。笔者未查到欧阳晴春于机器工业有何建树的确切资料，但他也是机器业代表人物，有一例为证："陈省长于昨三十日邀请各机器工厂东西家代表到省公署谈话，业经前报。是日下午一时，各机器厂东西家代表齐到省署，东家方面到者为李景山、欧阳晴春、麦佐廷、陈德浩等五人；西家方面为黄焕庭、马超俊、李宗□等十余人。"③

时广东省长为陈炯明。省长召集会议，不论目的如何，欧阳晴春参会，表明其实力不可小觑。

陈桃川等之所以邀请香港同行参与，皆因"粤港两地所处的社会背景相似"，故"两地机器同行不分彼此，互相提携，共同发展"，如此已

① 《中华民国元年广州口华洋贸易情形论略》，广州市地方志编纂委员会办公室、广州海关志编纂委员会编译：《近代广州口岸经济社会概况》，广州：暨南大学出版社，1995年，第536页。

② 王建生：《辛亥革命前后之广东机器行业》，广州市人民政府地方志办公室编：《地方史志与广州城市发展研究》，广州：广州出版社，2013年，第167页。

③ 《与广州各机器厂东西家代表的谈话》（1921年5月30日），段云章、倪俊明主编：《陈炯明集（下）》，广州：中山大学出版社，2007年，第622页。

"维系多年"①。而于1929年初冬对中国南部劳工做过细致调查的陈达则写道："香港的机器工人，不仅在香港互相团结，并扩张他们的势力于中国内地，他们最早就有这种志愿。"②

只是，此次两地未能结盟，问题出在香港那边，"因其港侨之身份以及自掌2万元巨资，忧内地官僚的欺诈而拒之"。③

陈桃川等倡议建立一处总会所的目的是想有一处集中办公之所，以经常聚集行业翘楚，共谋发展大计，以群策群力、抱团取暖的方式，为"实业救国""机器救国"出点子、想办法，贡献更多谋略。

粤港两地，在多年不断改良机器的过程中，已逐渐涌现了一些团体。

广东方面，因清廷禁止"拉帮结派"，成立"社团"为非法之举，故无具体文字记载可考，但按行业数量而推算，"至少有30家"。④据言，1908年（光绪三十四年）成立的"广东机器研究社"是由电业局工程师冯俊南发起，成员为各机器厂的技术精英或厂主，从事机器技术交流、改良、仿制等活动，是广州市"第一个劳资混合学术团体"⑤。

1909年（宣统元年），在同盟会员的组织下，以广州铁路公司、电话公司、水厂、机器厂等的机工为基础，与进步的民族资本家联合组成团体，定名为广东机器研究公会。陈桃川也身在其中。

广东机器研究公会成立之初衷，以研究学术、习机器之技艺为宗旨，

① 王建生：《辛亥革命前后之广东机器行业》，广州市人民政府地方志办公室编：《地方史志与广州城市发展研究》，广州：广州出版社，2013年，第167页。
② 陈达：《我国南部的劳工概况》，孙燕京、张研主编：《民国史料丛刊续编》之《政治·政权结构》，郑州：大象出版社，2012年，第7页。
③ 王建生：《辛亥革命前后之广东机器行业》，广州市人民政府地方志办公室编：《地方史志与广州城市发展研究》，广州：广州出版社，2013年，第167页。
④ 王建生：《辛亥革命前后之广东机器行业》，广州市人民政府地方志办公室编：《地方史志与广州城市发展研究》，广州：广州出版社，2013年，第166页。
⑤ 王建生：《辛亥革命前后之广东机器行业》，广州市人民政府地方志办公室编：《地方史志与广州城市发展研究》，广州：广州出版社，2013年，第167页。

不论资方或劳方，只要对机器有浓厚的兴趣都可以个人名义入会，"因黄焕庭（柏洲厂主）及陈桃川（均和安厂主）等机器老行尊其声望，为马超俊力邀加盟，以兴公会之组织与发展，而雇主因有其厂务在身，对公会过问颇少，会务多为机工所主持"①。陈桃川不是主动加入，是被邀请，一家学术组织能有行业领袖人物加盟自然更有分量，也便于展开工作，还能为公会提供一些物质上的资助。1921年（民国10年），广东机器研究公会组成人员发生变化，改组为纯粹劳工团体，更定会章，易名为"广东机器总会"②，会址由广州长堤迁至广州如意坊。

只是，通过对更多资料的分析，笔者感觉事实并非如此。

一则，1911年，广东机器研究公会改组，即从原机器学术研究组织变身为行业管理组织，并更定会章，易名为"广东机器研究总会"③，此为名称之不同；一则，"1912年，由广东机器研究会改组的广东机器总会，与国民党有着直接的渊源关系"④，这是背景的不同；一则，1918年，孙中山的得力助手程天斗"被推举为广东机器总会总理"⑤，这是性质与负责人之称谓的不同。

1919年2月16日下午2时，参众两院议长邀集广东各界开茶话会，"各团体到者为……广东机器总会"⑥等数十人，组织的影响力可窥一斑。

该团体还与五四运动有"牵连"。

---

① 王建生：《血雨腥风之广东机器工会》，陈俊凤主编：《纪念广州起义80周年学术研讨会论文集》，广州：广州出版社，2008年，第347页。

② 广东省地方史志编纂委员会编：《广东省志·工会志》，广州：广东人民出版社，2007年，第64页。

③ 王建生：《辛亥革命前后之广东机器行业》，广州市人民政府地方志办公室编：《地方史志与广州城市发展研究》，广州：广州出版社，2013年，第167页。

④ 方志钦、蒋祖缘主编：《广东通史（现代上册）》，广州：广东高等教育出版社，2014年，第45页。

⑤ 刘居上编著：《学海之光》，广州：广东人民出版社，2009年，第207页。

⑥ 《广东之东园各界茶话会》，《申报》1919年2月24日。

1919年1月18日，第一次世界大战获胜的27个协约国在巴黎凡尔赛宫召开和平会议，中国作为战胜国之一，派出陆征祥、顾维钧等5位代表参加会议。巴黎和会不顾中国提出的维护国家领土主权的三项提案，背信弃义，把德国在青岛及山东的特权全部转让给日本。

5月初，巴黎和会上中国外交失败的消息传到国内，激起各界人士强烈愤慨。5月4日下午2时，北京大学、北京高等师范以及工业、农业、医学、政法等十几所专科以上学校的3000余名学生高呼"还我青岛""取消二十一条""外争主权，内除国贼"等口号，冲破反动军警的阻挠，从四面八方汇聚到天安门前举行抗议集会，并火烧签订"二十一条"条时的外交次长、卖国贼曹汝霖的家——赵家楼。一场震惊中外的反帝爱国运动在北京爆发了。

五四运动引发广东群众性爱国热潮。5月29日，广州青年学生3万余人举行示威游行声援五四运动。但队伍被广东督军莫荣新武装弹压，学生被打伤17人，被捕7人。[①]

两个月来，罢课罢工持续不断。

7月11日，广州、佛山全城商人罢市，往日的熙熙攘攘如空山夜雨，沉寂萧条。广州电灯、铁路工人全体罢工，夜晚全城无灯无光，黑黢黢一片，哭声闹声、锅碗瓢盆尖锐的摩擦、磕碰声间或从某一条街巷钻出，令人心悸。广三、粤汉铁路司机，乘务、信号、工勤人员撂挑子，火车停驶，短途或长途旅客焦灼地在车站广场等待，堆积如山的货物无人理会。

1919年7月10日至17日，广州各社团在东园接连举行七次国民大会（与会者达数千人至三万余人不等），要求军政府出师北伐，谴责桂系在粤实行武力专政；散会后又曾数次列队前往军政府及省议会请愿。桂系军阀一再出动军警弹压，"较著者为十四日在省议会驱散请愿群众，殴打及枪击

---

① 广东省地方史志编纂委员会编：《广东省志·大事记》，广州：广东人民出版社，2005年，第235页。

工人、学生致伤数十人，逮捕学生五十余人"；十五日强行取缔国民大会，用机关枪扫射与会群众，"逮捕广东机器总会副会长黄焕庭等工人代表及学生多人"。①

孙中山在上海闻悉广东警方对所捕黄焕庭等有枪毙之议，即驰电营救并予以谴责，"盖民气愈激而愈烈，若专恃威力，横事摧残，不惟为粤人之所公愤，亦即全国之所不容也"。②

军政府迫于各方压力，"于18日释放被捕学生"。③黄焕庭也没有被枪毙。

陈桃川虽处于时代逆流之中，却还想着机器的事。无论"广东机器总会"叫什么名，何时改名，他都未彻底脱离这一组织，而是适当参与社会活动，支持行业的发展。

香港方面的情况大致相同，但数量比广州少，成立的学术社团有"群乐别墅""群艺说学社""群爱公论社""群贤别墅"等十来个，分布各区，成员基本是各行业的机器精英。1909年（宣统元年）3月，香港"群乐别墅""群艺说学社"等行业学术团体联合成立"香港研机书塾"，即香港华人机器总会之前身。同年5月，"香港研机书塾"回穗联络众同行，促成"广东机器研究公会"成立。

1917年，粤港两地机器业强强联合虽然姗姗来迟，但曙光初现。港方2万资金之事外泄被港英当局获悉，施压力逼其将资金借出，香港机器同仁遂主动联系广东机器研究总会，"两埠的机器工人感觉到在广州建筑会所

---

① 黄彦编注：《论农民与工人》，广州：广东人民出版社，2009年，第107页。

② 孙中山：《致广东军政府电》，《孙中山全集》（第五卷），北京：中华书局，1981年，第84页。

③ 广东省地方史志编纂委员会编：《广东省志·大事记》，广州：广东人民出版社，2005年，第236页。

的必要"①，于11月11日成立"筹建中国机器总公会粤董事局"。次年，"同广州的机器工人联络，以厚声援"；6月，"由双方代表开会讨论，决定改组为中国机器总会"；1918年1月16日议决"关于香港及海外的部分"事宜并决议举行募捐运动，以便"建筑会所"。②至此，粤港两地抱团取暖意向达成并进入实质性合作阶段。

建永久性会址的消息如长了翅膀似地飞向海内外，不久，南洋各埠的华籍机工踊跃捐款，特别是新加坡、吉隆坡等处的机工响应积极。洋人甚至感觉到，辛亥革命以来，许多海外华侨纷纷回到祖国，为发展幼稚的工业和改善其他社会状况，"作出可贵的贡献"，"这无疑有助于中国将来的繁荣"。③

广东方面的机工亦热心赞助；香港董事局筹得1.5万元。不出3月，募集资金11万元。陈桃川等策划者利用这笔钱在广州河南永德货仓购妥地块，使建设会址的愿望成为可实现的目标。

1919年6月，广东机器研究总会正式易名为中国机器总会，在广州成立。

1933年出版的一本书上说，1919年10月9日新会所举行奠基典礼，"请有伍廷芳博士莅会参加"。④为何要请伍廷芳参会？"1919年3月（伍廷芳）因不满贵系专横，离广州去香港"⑤，并未在政府任职。按理，如此重

---

① 陈达：《我国南部的劳工概况》，孙燕京、张研主编：《民国史料丛刊续编》之《政治·政权结构》，郑州：大象出版社，2012年，第7页。

② 骆传华：《今日中国劳工问题》，内部资料，1933年，第80页。

③ 《粤海关十年报告（四）（1912—1921）》，广州市地方志编纂委员会办公室、广州海关志编纂委员会编译：《近代广州口岸经济社会概况》，广州：暨南大学出版社，1995年，第1049页。

④ 骆传华：《今日中国劳工问题》，内部资料，1933年，第81页。

⑤ 李穗梅主编，李兴国、曾舒慧撰稿：《孙中山与帅府名人文物与未刊资料选编》，广州：广东科技出版社，2011年，第108页。

要且大型的仪式，广东政要尤其省长应该出席，但政局动荡，人事更迭，权力之位，人人觊觎。1919年6月12日，广东原省长李耀汉遭通缉，代理省长翟汪辞职，原粤海道尹张锦芳任代理省长。张锦芳是何许人也？原为"广西镇南关的偷鸡窃匪，曾被安南法军捕获"①。且他这个代理省长系以"付给翟汪港币十多万元为代价"换来的，其人其行不得人心。而伍廷芳则不然，他似乎深得民心，6月23日，广东各界代表在广州东园前广场集会，"一致要求伍廷芳任广东省省长"；7月10日，广州国民会议开会讨论惩治卖国贼、废除一切不平等条约、实现粤人治粤，及"选举伍廷芳为省长"②等问题。虽伍廷芳表示不愿担任广东省省长一职，但在人民群众眼里，他是省长的不二人选。

只是，伍廷芳出席奠基典礼的时间另有说法，据《广东省志·大事记》（民国8年）记，"（1919年）10月4日，中国机器总会大楼在广州举行奠基典礼。伍廷芳主持仪式并撰写碑文"。③

尽管街市仍然萧条，但于粤港两地机器同行而言，这是格外鼎盛的时刻，不仅粤港两地，连海外机器技术同仁也风尘仆仆赶来，大家带着一身的机油味，甚至指甲缝里还藏匿着维修机器时留下的黑痕，欢聚一堂，寒暄问候，场面隆重热闹。

奠基石刻如下：

> 中国机器总公会奠基石，中华民国八年九月二十六日，勋一
> 位前署国务总理外交总长军政府总裁兼外交部长财政部长伍廷芳

---

① 中国人民政治协商会议广东委员会文史资料研究委员会编：《广东辛亥革命史料》，广州：广东人民出版社，1981年，第435页。

② 广东省地方史志编纂委员会编：《广东省志·大事记》，广州：广东人民出版社，2005年，第236页。

③ 广东省地方史志编纂委员会编：《广东省志·大事记》，广州：广东人民出版社，2005年，第237页。

安放此石。①

伍廷芳得到机器业人士尊崇，感慨不已，挥笔写了序文一篇与机器界同仁共勉。序文全文没有找到，按王建生所述，序文假国际工业（机器）发展，概述工业带来社会深刻之变革，褒扬机器促进社会进步的同时，引发劳资斗争的必然，深切冀望公会引以为鉴而善待之云云。

不知是笔误还是有意为之，中国机器总会变成了"中国机器总公会"。此后，香港中国机器研究总会感于"中国机器总公会"之名见于伍廷芳之序文中，为避免会名雷同，改为"香港华人机器会"。

中国机器总会的成立是受国内外工运形势的影响和孙中山开展革命的需要。且上述两团体早在武昌起义后已"经过某些改组而向名实相符的职业工会过渡"。尽管其在孙中山领导的旧民主主义革命中功绩卓著，在早期工人运动中也占有极为重要的地位，产生了极为重要的影响，但自1909年至1919年，名称虽经几次改易，其演变过程却始终"未离开雇主，完成独立组织"，"未把工会的意义显示出来"②。

实业一直是孙中山心之所系。

1919年6月，孙中山于《远东时报》发表《实业计划》③，包括六方面计划，并有"篇首"和"结论"。《实业计划》的要义是利用外国资本，由政府计划发展中国实业。

孙中山在"篇首"提出："中国今尚用手工为生产，未入工业革命第一步。"中国实业的发展主要包括：甲、开发交通。修铁道十万英里。

---

① 王建生：《辛亥革命前后之广东机器行业》，广州市人民政府地方志办公室编：《地方史志与广州城市发展研究》，广州：广州出版社，2013年，第168页。
② 黄艺博：《广东之机器工人》，1929年，第213页，转引自王永玺主编：《中国工会史》，北京：中共党史出版社，1992年，第53页。
③ 孙中山：《建国方略之二：实业计划》，《孙中山全集》（第六卷），北京：中华书局，1981年，第247—398页。

碎石路一百万英里，修浚现有运河并新开运河，治理扬子江、黄河、淮河等，增设电报线路、电话及无线电等，使遍布于全国。乙、开辟商港，于中国中部、北部、南部各建一大洋港口，沿海岸建种种商业港及渔业港，于通航河流沿岸建商场船埠。丙、铁路中心及终点并商港地设新式市街，各具公用设备。丁、发展水力。戊、设冶铁、制钢及造士敏土之大工厂。己、发展矿业……

《第一计划》提出，中国实业的开发应分两路进行，一是个人企业，二是国家经营。"凡夫事物之可以委诸个人，或其较国家经营为适宜者，应任个人为之，由国家奖励，而以法律保护之……"

《第三计划》主要在广州建设一南方大港，为五步走，第一步，改良广州为一世界港。第二步，改良广州水路系统，包括广州河汊、西江、北江、东江。第三步，建设中国西南铁路系统。由南方大港广州起，向西南各重要城市和矿产地引铁路线，成为扇形铁路网，包括广州至重庆和广州至成都等七线……第五步，创立造船厂。

《第五计划》是"衣食住行"。第一部分，粮食工业。包括生产、贮藏、运输、保存、制造、分配、输出等。第二部分，衣服工业。包括丝、麻、棉、毛、皮工业及制衣机器工业等。第三部分，居室工业。包括建筑材料生产及运输，居室建筑，家具制造，家用物供给等。第四部分，行动工业。主要指自动车（汽车）的制造，同时要求开发煤、油矿，以供给自动车燃料。第五部分，印刷工业。包括造纸、墨胶、印模、印刷机等。

《第六计划》为发展矿业计划。矿业与农业为工业上供给原料的主要源泉，"故机器者实为近代工业之树，而矿业者又为工业之根"，"如无矿业，则机器无从成立；如无机器，则近代工业之足以转移人类经济之状况者，亦无从发达"。分铁矿、煤矿、油矿、铜矿、特种矿、矿业机器制造、冶矿机厂设立七部分。

《实业计划》中关于机器的论述刺激着陈桃川的神经，机器为近代工业之树、粮食工业、机械制造，这些熟悉而又陌生的字眼一遍一遍"灼

"烧"着他的眼睛。

陈桃川坚信，中国机器总会会所的建立对于落实《实业计划》中与机器工业相关的事宜是大有帮助的。

事实正是如此，广东地区的华侨投资有明显的上升和发展。五四运动至第一次国内革命战争时期，"华侨投资额每年平均为1300多万元，比初兴期每年平均110多万元增加了11倍"。促成这一时期华侨投资发展的主要因素包括：一为海外华侨在第一次世界大战期间以及大战以后的经济有所发展，这是国内投资发展的前提。二为在初兴期内，华侨投资广东企业有一定的成功，刺激了他们。那一时期，华侨投资的企业有江门造纸厂、宁阳铁路、潮汕铁路，广州的大新公司，海南岛的侨兴公司等，都获得了一定的利润，在战时和战后规模都有所发展。三为广东某些地区如广州、汕头、江门、海口等地开始进行市政改革，为华侨开辟了一条新的投资途径。例如这一时期"房地产业投资共5500万元，比初兴期投资800多万元增加了7倍"。① "尤其入民国以后，一方面因资本主义机器商品之侵入日益加甚，国人咸知利用机器进行各种工业生产以抗衡，因而利用机器之习惯已极普遍……竞相参加此时期之机器生产。"②

陈桃川和均和安机器厂成为民国时期机器浪潮之推波助澜者。

第二节　罢工危机

正当陈桃川等机器行业的领袖们准备放开手脚大干一场时，政局的动荡又破坏了刚刚好转的经济，罢课、学潮、军阀冲突、军政府分裂一浪高过一浪，镇压、逮捕、枪炮声一波接着一波，严重冲击着社会、市场秩序

---

① 林金枝：《近代华侨投资国内企业史研究》，福州：福建人民出版社，1983年，第59页。
② 曾养甫：《广州之工业》上篇，广州：商务印书馆，1937年，第5页。

和治安，刚刚平息下来的社会又陷入急躁与焦虑之中。

此外，天灾人祸接踵而至。1920年1月5日，刚进入新年，广州西关一家爆竹店起火殃及西关大部分地区，焚毁房屋百余间，损失数百万元[①]，让百姓的日子雪上加霜。

祸不单行，1922年8月2日晚，12级强台风登陆汕头，"撼山震岳，拔木发屋；加以海汐骤至，暴雨倾盆，平地水深丈余，沿海低下者且数丈，乡村被卷入海涛中"，澄海、饶平、潮阳、揭阳、汕头死亡"统共34500余人"[②]，数十万人流离失所；财产损失巨大，仅汕头一地"估计约在三千万以上"[③]。

而西方产品及机器趁势以各种方式再度汹涌地进入中国，并故意以低廉的价格挤兑中国产品，侵夺中国市场，使广东民营企业受到极大冲击，导致各机器厂产品销量萎缩高达三分之二，不少工厂倒闭，工人失业，机器行业工人生活水平急剧下降，人们怨声载道。

有一名署名为"我亦工人"的机器产业工人在《劳动者呵！》一文中如此"坦露心声"：

劳动者呵！

我亦工人

世界上什么人应该享有幸乐呢？是至高贵的人。什么人是至高贵的呢？是至有用的人。这是一个至公平的答案！

可是至有用的人是谁呢？是总统、督军呢？是乡下的绅士、

① 广东省地方史志编纂委员会编：《广东省志·大事记》，广州：广东人民出版社，2005年，第239页。

② 高建国、夏明方主编，蔡勤禹、王林、孔祥成本卷主编：《中国灾害志·断代卷·民国卷》，北京：中国社会出版社，2019年，第131页。

③ 《申报》1922年8月10日。

商店的头家、工厂的东主呢？不是、不是。

我们食的东西，穿的衣服，住的房子，是他们种出来、织出来、造出来的么？他们能够驶船、驾车、制造器物么？他们能够发明事物、利用厚生么？

这都不是他们所能的。这都是我们做耕田、织造、裁缝、泥水、木匠、铁工、瓦工、油漆、机器工、驾驶工、搬运工一班人做出来的。

世界要有了米粮、衣服、房子、舟车、器物，方才成功的，所以只有做工的人，是最有用的人，是最高贵的人。可是享有至多幸福的，是不是至高贵至有用的工人呢？

嗳呦不用说了！在现世的制度里，我们看见的，只有总统、官僚、绅士、头家、财主是享福快活的，住的是高楼大厦，穿的是锦绣绫罗，食的是山珍海错。

我们至有用、至高贵的工人呢，偏偏是：种田的吃不到半饱，纺织的没有蔽体的衣裳，建造的没得房子可住，机器厂里的机工，不是使用人工制品的人，舟车工人不是坐车坐船的。把生活上至穷至苦的景遇，通通放在工人的肩上。

刚刚是一反对〔相反〕的现象：至有用、至高贵、至该享有幸乐的，生活是最揿苦、最难堪、地位都是最卑贱；一般人心理看来，却是最没用的。

这一种的情形，从人类有了历史到现今，从中国数到外国，差不多是一致的。然而我们看见少有不同的。

1.外国做工的人，虽然和我们一样被人家看得卑贱，看得没用，但他自己都认定自己做工是极贵重的，是极有用的。

2.他虽然挨受惨痛的生活，但他自己都天天想法子救济自己，想法子把颠倒的社会弄到平正；不象［像］我们一味放任，听人宰割的。

3.外国工人惨痛的生活，也断不象［像］我们的深切，贫乏的程度，也断不象［像］我们这样难堪。

由此，我们可以得两个结论，就是：

1.我们中国的工人，是格外苦恼的人，也是格外受得苦恼，不去想法子自救的人。

2.越能想法子自救的，都是越能脱离苦恼的。

唉！我们的苦恼够了，还不想法子自救吗？去罢！不用怀疑，我们唯一的大路，只有自救。

劳动运动是欧、美、日本的做工人自救的唯一途径。

在这个运动里面，可以划做两种过程：第一是改进生活景况的运动，第二是改革生产制度的运动。

工人生活的问题，是火烧眉毛的紧急问题。工钱怎样要求增加？工作时间怎样要求减少？工场制度怎样要求改良？病疾死亡怎样（要）求保险？工人子弟怎样要求教育？妇孺劳动者怎样要求保护？这是属于第一层的。

工人问题，是社会的根本问题，是生产和分配的问题。生活的来源是生产，生活的消费是分配。现在社会的制度，所以不良的原因，就在分配不得平均。由工人手中做成的生产品，不能听凭工人自由分配，却要特设一种非生产阶级，不必劳动的，来掌管消费的分配权。我们相信这种制度，是生活问题的祸根。所以第二层的劳动运动，是根本上要求制度改革的运动。是希图做工的，自己起来掌管生产和分配的运动。

必要有了第一层的运动，减除了目前的痛苦，方才有第二层运动的能力；也要有了第二层的运动，把一切大权都拿到自己手里，第一层的运动才算妥当。

属于第一层的运动，现在的欧美诸国，算做了一个结束。今后的运动，正向第二层着手进行。可怜我们却连第一层运动的影儿还未有呵。

我们从这一点看来，认定第一层目的未有达到以前，我们应该有先做的办法。现在我们工人还没有组织团结，还没有言论机关。大凡工人所应该晓得的道理，人家已经做了的事情，我们一点还没晓得。如此，不用讲第二层运动，就是第一层的，也是办不来的。想免除这样（的）因难，印书出报，也许是许多办法当中的一件办法。这是我们出板〔版〕的唯一原因……①

从这一大段带有抒情的文字中可以看出，当时劳资矛盾尖锐深刻，如干柴烈火一点就着。

冰冻三尺非一日之寒。均和安机器厂是什么情况呢？"那些最大的机器商厂，如协同和、均和安等，每日给予工人的工资，不过最多的是六七角，或至四五角不等，工作时间，达11小时，星期没有休息"②；协同和、广昌隆、均和安等赢利高的机器厂主多不提供食宿，有的备有食宿亦"不适合卫生"，至于工人"遇机件撞伤至残疾无用，亦复无所恤补，仍须辞工离厂，诸如此类，不胜枚举"。③

工人们是可以互相比较的，下了工一打听——公用机厂如铁路局、电灯局、自来水厂、士敏土厂等，洋人机厂如美孚煤油公司、亚细亚煤油公司等，工人每日工作9小时，工资大抵八九角，而且星期日休息。

不满的还有学徒。学徒是一个数量庞大的群体，学徒们认为"待遇条例，刻薄太甚，更非根本改良不可"。

①　沙东迅编：《劳动者》，广州：广东人民出版社，1984年，第2—5页。
②　刘明逵、唐玉良主编：《中国近代工人阶级和工人运动》第3册，北京：中共中央党校出版社，2002年，第565页。
③　《机器工人之生活状况》，《广东群报》1921年5月14日，第6页，转引自霍新宾：《清末民初广州劳资关系变动研究》，广州：中山大学出版社，2017年，第95页。

在种种不满情绪之下，大部分机器工人已隐伏了要求改善的动机，唯缺"组织带领"，他们意识到要想把一盘散沙聚集起来，依靠企业主是不可能的，唯有"自救"，成立自己的组织。

有资料言，如广州均和安机器厂、协同和机器厂联合成立"互劳俱乐部""觉然俱乐部"。①实则，互劳俱乐部由"广州各机器商厂机工，在河南洲头咀成立"②，觉然俱乐部在河南尾机工集中区城成立。其中成员有广州均和安机器厂、协同和机器厂的工人，但并非由工厂组织成立。之后，粤汉铁路机厂工人成立"工余群旅俱乐部"及"艺群工社"，广三铁路工人成立"职工养志团"，广九铁路工人成立"维机俱乐部"，电灯工人成立"互团互联俱乐部"等。还有电话局的"竞进俱乐部"，打铁工人的"佐劳俱乐部"，补炉工人的"憩劳俱乐部"，造币厂工人的"研艺俱乐部"，机器木样工人的"木样工社"等。这大约是1920—1921年间的事。均和安机器厂、协同和机器厂最大，工人数量最多，也是成立最早的。据粤海关统计，"广东省会至少有800个独立的有组织的工会"③。

1920年4月5日，香港机器工人举行罢工，揭开粤港两地劳资斗争的序幕。五六千人为要求增加工资、改善劳动待遇而举行同盟罢工，在广州工人的援助下，罢工工人纷纷离港抵穗。罢工持续到当月19日，以工人胜利而结束。

当全省机工的下层组织建立并成熟之后，1920年4月，为实现"他们

① 《中国劳工运动史》，台湾：中国劳工福利出版社，1959年，第142页，转引自卢权、禤倩红：《广东早期工人运动历史资料选编》，广州：广东人民出版社，2015年，第99页。

② 广东省地方史志编纂委员会编：《广东省志·工会志》，广州：广东人民出版社，2007年，第64页。

③ 《粤海关十年报告（四）（1912—1921）》，广州市地方志编纂委员会办公室、广州海关志编纂委员会编译：《近代广州口岸经济社会概况》，广州：暨南大学出版社，1995年，第1006页。

总组合的计划，产生了一个总会性质的广东机器工人维持会"①，发起人为"梁一余、李德轩、朱敬等"，"干事长为陈镜如"。②也有资料言，"广东机器研究总会，改组为广东机器工人维持会，于民国10年4月宣告成立"。③这便是1921年的事——4月1日，广东机器工人维持会成立。该会系行业工会性质，会员1万余人，分属于工厂企业的机器铸造、打铁、绘图、车床、锅炉、司机、木样、打磨、电器等科，国民党员马超俊任主任（马超俊称本人为主任）。维持会发表宣言，申明"改进工人的生活，维持工人的生活"的宗旨。

5月26日，维持会向广东机器商务联益公会提出改善生活待遇的要求，并发出请愿书，主要内容有：（1）增加工资，按原薪增加四成；（2）实行八小时工作制，超时工作每小时作两小时计算；（3）增加休息日，除星期日照休外，旧历元旦（即春节）休假4天，各种传统节日或纪念日共12天；（4）星期日及例假休息，工金照发。如星期日及例假加班，工金双倍计发。但厂商对于工人的要求置之不理。

5月30日，陈炯明召集机器工厂老板开会，言，"若一日罢工，则交通阻塞，接济艰难，必为桂贼所乘，于粤省大局实非常危险。诸君平日热心爱国，弟所素仰。故特柬请诸君来商一解决之法，务使双方各得其平，而罢工风潮不致实现。弟当尽其能力，以为诸君之助"。④

经各代表研究多时，陈炯明提出，"一、工资未满五毫者加四，五毫

① 刘明逵、唐玉良主编：《中国近代工人阶级和工人运动》第3册，北京：中共中央党校出版社，2002年，第565页。

② 《中国劳工运动史》，第143页，转引自卢权、禤倩红：《广东早期工人运动历史资料选编》，广州：广东人民出版社，2015年，第99页。

③ 广东省地方史志编纂委员会：《广东省志·工会志》，广州：广东人民出版社，2007年，第64页。

④ 《与广州各机器厂东西家代表的谈话》（1921年5月30日），段云章、倪俊明主编：《陈炯明集》下，广州：中山大学出版社，2007年，第622页。

至一元者加三，一元至二元者加二，二元以上者加一。二、规定每日食费二毫，作工时刻九时。三、各路局及商办作工时刻，原定八时者照旧。四、国庆日及休假日停工，仍给工资八折。五、休假日作工工资以一日半算"。

但省长的建议未得到机器厂资方积极的回应。

6月初，工人又提出第二次、第三次要求，资方仍不答复。

于是广东机器工人维持会领导广州1万多名机器工人罢工，要求加薪、减工时。

6月8日，广东省政府再次出面调停，劳资双方代表在省长公署举行谈判，在省长陈炯明干预下达成八条协议，主要内容包括：（1）规定每日工时为9小时，原定8小时者照旧，夜间工作每小时作两小时计；（2）每日工资5角及5角以下者加40%，5角以上至1元者加30%，1元以上至2元者加20%，2元以上者加10%；（3）星期日及例假开工，每日作两日计；（4）例假一年共8天，工资照给；星期日休息，不给工资，另给伙食费2角。

省长这次不再是倡议、建议、动员，而是发出指令——6月9日起协议生效实施。官方何尝不清楚，广州机器工人人数众多，罢工的序幕一旦揭开，便如火苗乱窜。

这次，机器厂主妥协了。

广州机器工人的罢工"坚持了3天并取胜"，这次罢工"提高了广州机器工人的威望，对后来的香港海员罢工起到了示范作用"。[1]

但是，由于资方拖延，学徒的要求没能得到切实解决。[2]

其实，相比有的行业，陈桃川给予学徒的待遇还算好的，有些行业对于学徒极为苛刻，"如陶瓷厂招徒，每人须先交白银480元，学徒期长达6

---

① 刘广州、涂良惠主编：《工会工作实用大全》，成都：四川人民出版社，1991年，第67页。

② 胡巧利：《广州机器工人罢工》，广州市地方志办公室编：《广州近现代大事典（1840—2000年）》，广州：广州出版社，2003年，第221页。

年"；到20世纪40年代，佛山的铸造厂"每名学徒须交大米200斤"，倒是不多，但"学徒期为1440天"[1]，也不短。

在罢工风波中，均和安机器厂不可能不受冲击和影响，陈桃川也不能不思考劳资关系出现问题的症结。很长时间以来，均和安机器厂没有发生过劳资纠纷。那时还没有工会，没有代表工人利益的组织为工人讲话。而如前所述，工人和学徒都是通过有关系的人介绍，或为老板、股东的亲友，或为职工的亲友，都是熟人，知根知底，带有家族性质，封建的"五同"关系在某种程度上掩盖了劳资关系的矛盾。同时，物价相对稳定，工人每天工资一般有五六角钱，连开夜班每月约有30元的收入，生活能够得到温饱。更比缝衣行业要优越得多——广州3000余缝衣工人，每天工作16小时，"工钱仅2.5角"[2]。但时过境迁，时局不稳，物价飞扬，使得工人们原本够用的工资捉襟见肘，生出怨气。

1930年时，官方做过一次调查[3]：

民国几省工人全年生活费用调查　（单位：元）

调查地点	调查者	调查年份	调查家数（家）	平均每家人口（人）	食物	衣着	房租	燃料	杂费	总计
上海	工商部	1930年	300	5.99	207.36	27.72	33.12	26.76	69.96	364.92
南京	工商部	1930年	56	4.92	264.57	8.87	12.30	35.34	103.12	424.20
武昌	工商部	1930年	119	4.66	180.57	22.36	31.08	38.97	61.22	334.20

---

[1]　广东省地方史志编纂委员会编：《广东省志·风俗志》，广州：广东人民出版社，2002年，第230页。

[2]　《广东群报》1921年1月26日，转引自卢权、褟倩红：《广东早期工人运动历史资料选编》，广州：广东人民出版社，2015年，第99页。

[3]　巫宝三：《中国国民所得（一九三三年）》，北京：商务印书馆，2011年，第220页。

（续表）

调查地点	调查者	调查年份	调查家数（家）	平均每家人口（人）	食物	衣着	房租	燃料	杂费	总计
杭州	工商部	1930年	45	3.86	189.47	28.0	36.86	25.33	56.61	336.36
福州	工商部	1930年	136	3.99	142.48	14.35	27.22	32.79	42.60	259.44
广州	工商部	1930年	199	3.72	174.02	22.03	67.04	28.17	33.70	324.96

　　到1933年时，根据巫宝三的估算，全国矿冶业人员总计有732950人，工人每日工资约0.5元，每月15元，一年150元左右；矿司平均每月50元。当年全国工厂总数为3450家，外厂283家，工人总数738029人，上海工人平均年工资178元。[①]

　　不清楚陈桃川做了怎样的改变，但可以肯定的是，陈桃川一定适当提高了工人的工资待遇，加强了劳动保护，因为事情的结局是朝着好的方向发展的，"均和安机器厂风潮圆满解决"[②]。

　　此外，粤海关的报告表明，机器工人的待遇的确改变了不少，"工程师和机械师每日工资原来为50分的，最近增加了40%；那些原来每日工资在51分至1元的，一般增加了30%；每天工资1.05元至2.2元的，增加了20%；每天工资在2元以上的，增加了10%"，另外，"人力车夫和轿夫的月工资从12元提高至18元；货船船工的月工资从6元提高至10元或12元；刺绣女工的日工资由20分增至40分"，其他各工种工人工资增加的幅度为"家仆增加了50%，市场管理员增加了200%，渔业工人增加了100%，铁匠增加了

---

① 巫宝三：《中国国民所得（一九三三年）》，北京：商务印书馆，2011年，第83—84、93、104、108页。

② 中央档案馆、广东省档案馆编：《广东革命历史文件汇集·报刊资料选刊（上）》，内部资料，1991年，第66页。

85%，金匠增加了120%，纺织工人增加了80%，裁缝增加了60%"①，这说明"工人行会及工会组织的力量"见到成效。而广州"机器总会"在粤海关报告"广州市的现代工会"里是排在第一位的。

中国机器总会会所的建设还在照常进行。省长陈炯明令刚成立的广州市政厅拨10500元用于会所基建。官方对这一会所的建设颇为重视的原因或许还有机器行业的社会影响以及它所创造的价值，包括会所在海内外华人心目中的重要地位。至于是否与陈桃川有直接的关系，目前还不太清楚。

随着建设的推进，部分设施已投入使用。1921年4月26日，广东机器工人维持会在《广东群报》刊登"特别广告"称："本会成立以来，已入会者达3000余名。诚恐各方面未及周知，请祈速早加入。本会会址在中国机器总会为办事处。"②

1923年秋，会所落成。10月4日举行隆重的揭幕仪式。前述奠基典礼邀伍廷芳参会，但伍廷芳此时已撒手人寰——1922年6月16日，陈炯明部署在广州发动"六一六兵变"，炮轰总统府，导致第二次护法运动失败；年迈八旬的广东省省长伍廷芳连日奔波，"身心过形困苦"③，于同年6月23日去世。故而，机器同仁特邀廖仲恺先生主持。廖仲恺自1921年起任军政府财政部次长、财政部部长、广东省省长等，后协助孙中山从事改组国民党事宜，当选为国民党中央常务执行委员。④

---

① 《粤海关十年报告（四）（1912—1921）》，广州市地方志编纂委员会办公室、广州海关志编纂委员会编译：《近代广州口岸经济社会概况》，广州：暨南大学出版社，1995年，第1051页。

② 《广东群报》1921年4月26日，转引自卢权、禤倩红：《广东早期工人运动历史资料选编》，广州：广东人民出版社，2015年，第107页。

③ 《中华民国11年广州口华洋贸易情形论略》，广州市地方志编纂委员会办公室、广州海关志编纂委员会编译：《近代广州口岸经济社会概况》，广州：暨南大学出版社，1995年，第680页。

④ 周川主编：《中国近现代高等教育人物辞典》，福州：福建教育出版社，2018年，第655页。

尤为令人瞩目的是，大会公推八十高龄的陈桃川担任主席[1]——此时，陈桃川应为74岁。

关于陈桃川担任主席一说，仅见于王建生的文章之中。1937年，曾养甫在《广州之工业》一书中言"陈桃川先生，为……广州机器业同业公会主席"[2]，指的应该不是一回事。

但王建生的文章未注明"主席"之来源，包括陈氏家族、陈桃川当时的合伙人等多人的忆述中，均未提及此事。但作者应没有理由空穴来风，故而，本着尊重学人研究成果，笔者认可这一说法。另外，从"绝无仅有"的一张照片的背景揣摩，当时陈桃川的确在参加一个重要的活动。

图36　陈桃川参加中国机器总会会址落成典礼

照片上的陈桃川身穿一件崭新的锦袍，脚穿一双锃亮的皮鞋，头戴一顶帽子，端坐在正中的位置。虽面庞消瘦，须发皆白，但精神矍铄。

能在高手如林的海内外机器大佬中脱颖而出担任主席，证明陈桃川在机器行业的地位和影响。"广州最老的均和安机器厂老板陈桃川，是在广东机器制造业中影响很大的'机器老人'"[3]，"行中的一位大资本家"的说法得到同行广泛认可。

只是，这个"主席"是指什么？似乎应是中国机器总会主席。

亦有资料言，1923年秋，由广东机器工人总会发起，东南亚和上海、

① 王建生：《辛亥革命前后之广东机器行业》，广州市人民政府地方志办公室编：《地方史志与广州城市发展研究》，广州：广州出版社，2013年，第169页。

② 曾养甫：《广州之工业》上篇，广州：商务印书馆，1937年，第6页。

③ 梁墨缘、薛则民：《协同和机器厂回顾》，中国人民政治协商会议广东省委员会文史资料研究委员会编：《广东文史资料》第8辑，内部资料，1963年，第7页。

广西、福建、香港等地机器工人团体大力捐助的"全国机器工人总会"大楼，在广州河南"落成"。①

陈桃川当选主席也充分体现了外国人所评价广东商人的特点："其商人性质之活泼、知识之灵敏、营业心之坚忍、商工业之熟练，实于支那人别开生面者。"②"支那"是近代日本侵略者对中国的蔑称。抛开其"妄自尊大"，仅就对广州商人的评价而言，似乎也是准确的——陈桃川头脑灵活，不安于现状，善于把握商机；有创新意识，从事上磨练，知行合一；遇到挫折与困难，砥砺前行，不言放弃；于经营管理上，将一个小作坊办成名满天下的机器工厂……这一切，虽离不开在温子绍手下得到的熏陶，使其眼界大开，但主要是个人的悟性、对机器的热爱和对行业的洞悉。

是日，省、市府各级政要，各国领事，各界社团代表及社会贤达均应邀前往庆贺，海内外机器工团代表则以主人资格分班接待，其欢庆场面不亚于当年的奠基之礼。

"我国的工人们，只有机器工人在广州建设了一所伟大的会所，这不但使他们有一个固定场所，作聚会及娱乐之用，并可以表示他们团结的力量。"③1920年香港罢工时，这里虽还在建设中，却已成为遮风挡雨的地方，"事先已由香港华人机器会将工友们回广州以后衣食住各种问题安排妥当，然后在香港宣告罢工，假入广州没有会所，困难必定增加许多呢"。④

这座由海内外机器工人用自己的力量建造的会所是中国工人阶级团结

---

① 方志钦、蒋祖缘主编：《广东通史（现代上册）》，广州：广东高等教育出版社，2014年，第45页。

② ［日］织田一著，蒋篪方译：《中国商务志》，上海：广智书局，1902年，第31页，转引自邱捷：《辛亥革命前资本主义在广东的发展》，《学术研究》1983年第4期，第76页。

③ 陈达：《我国南部的劳工概况》，孙燕京、张研主编：《民国史料丛刊续编》之《政治·政权结构》，郑州：大象出版社，2012年，第7页。

④ 陈达：《我国南部的劳工概况》，孙燕京、张研主编：《民国史料丛刊续编》之《政治·政权结构》，郑州：大象出版社，2012年，第7页。

互助精神的体现，史无前例，意义非凡，它见证了广东民族工业的发展，是中国"伟大的工会建筑物"。[①]

第三节　工人运动

1921年7月，党的第一次全国代表大会在上海召开（最后一天的会议转移到浙江嘉兴南湖一艘游船上举行），中心任务是讨论正式成立中国共产党的问题。大会通过中国共产党党纲，确定党的名称是"中国共产党"，并规定党的奋斗目标是：以无产阶级的革命军队推翻资产阶级，由劳动阶级重建国家，直至消灭阶级差别；采用无产阶级专政，以达到阶级斗争的目的——消灭阶级；废除资本家所有制，没收一切生产资料归社会所有。党纲明确提出，把工农劳动者和士兵组织起来，宣传共产主义，承认社会革命为党的首要政策。党纲规定了民主集中制的组织原则和党的纪律。大会还通过了《关于当前实际工作的决议》，确定党成立后的中心任务是组织工人阶级，领导工人运动。《决议》还规定，在反对军阀官僚的斗争中，在争取言论、出版、集会自由的斗争中，采取独立的政策以维护无产阶级的利益。从此，在中国出现了完全新式的、以共产主义为目的、以马克思列宁主义为行动指南的、统一的和唯一的工人阶级政党。

同年8月，中国劳动组合书记部（即中国工会办事处）在上海成立。随后又在北京、武汉、长沙、广州、济南设立分部，作为党公开领导工人运动的机关。中国劳动组合书记部出版了指导工人运动的刊物《劳动周刊》；举办工人补习学校，帮助工人学习文化，同时秘密地向工人宣传马克思主义，帮助他们提高阶级觉悟，掌握斗争本领；在办好工人学校的基础上，逐步组

---

① 骆传华：《今日中国劳工问题》，内部资料，1933年，第81页。

织产业工会。在党领导下，工人运动和罢工斗争有了新的发展。

> 1922年，党组织的革命活动扩展了，开始伸向机器工会去，在机器工人中举办工人补习学校。同年，谭天度同志入党（由谭平山作入党介绍人）。机器工人补习学校即由谭天度同志负责……我们在党组织开会时，还研究过如何打入广东机器工会进行革命活动，后来由于无政府主义者李德轩、国民党右派马超俊、国民党联谊社反动人物邓汉卿等的阻挠，使我们无法插手机器工会工作。[1]

1922年5月1日，中国劳动组合书记部在正在建设中的中国机器总会会所召开第一次全国劳动大会。原广东机器总会会长黄焕庭极力配合，并腾出该会所礼堂（当时还是仓库）作开会之用。

大会发出《全国劳动大会第一次会议宣言》，见下图[2]：

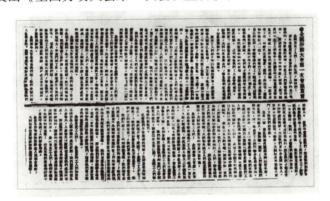

图37　《全国劳动大会第一次会议宣言》

---

[1] 梁复然：《广东党的组织成立前后的一些情况》，《"一大"前后（二）》，第449页，转引自刘明逵、唐玉良主编：《中国近代工人阶级和工人运动》第3册，北京：中共中央党校出版社，2002年，第128页。

[2] 根据1922年5月上海《民国日报》影印，转引自中国档案馆编：《中国共产党八十年珍贵档案》1，北京：中国档案出版社，2001年，第50页。

宣言称，"资本主义没有不是靠着剥夺工人们的血汗做养料的"，"使百余万的男女工人们集中在用机器的工厂里或各种企业里，变成一无所有的机器附属物"，"所赚的工资，多半不能维持自己的生活，受饥受冻的劳工，随处都可以发现"，"数十万的小孩子们"，"牺牲他们的康健"。

宣言称，"罢工使我们知道工人们的确具有伟大的能力和工人们是必要有组织，而且使我们知道全国工人们非一致行动不可"，"我们工人们决不要分地域，决不要分党派，决不要分男女老少，只要是赚工钱的工人们，都应该按照产业的分类法，组织在各种工会里；而且要把各地工人们按照产业组织的工会，联络起来，组织各种全国的产业总工会"。

大会决定在全国总工会未成立之前，委托中国劳动组合书记部为全国工会的总通讯机关，并负责召集第二次全国劳动大会。这实际上承认了中国共产党和中国劳动组合书记部对全国工人运动的领导地位[①]，也表明了全国工人运动和工会组织开始走上团结与统一的道路，为中华全国总工会的成立做了思想上和组织上的准备。

1923年2月7日，京汉铁路全线总罢工。直系军阀吴佩孚镇压铁路工人罢工，酿成"二七惨案"。

1923年6月12日，中国共产党在广州召开第三次全国代表大会，确立同国民党建立统一战线的方针和政策。

1924年1月20日，中国国民党在广州举行第一次全国代表大会，23日通过大会宣言，确定联俄、联共、扶助农工的三大政策。

如外国人所言，"近数年来，主客军队，时起纷争，政商两界，利

---

① 中共中央党史研究室：《中国共产党党史》（第一卷），北京：中共党史出版社，2011年，第87—88页。

害冲突，粤省经济情形，已甚见凋敝"①，陈桃川也感觉到，山雨欲来风满楼——天下要大变。他每日都要出门去买报纸，《民国日报》《市政日报》《民生日报》《大公报》等，细细查看政治与社会的"动静"。

他所在的均和安机器厂亦处于时代的洪流之中，革命的火烛已经发出微弱的光。

1925年初，大革命时期广东的优秀中共党员、工运战线上的一名重要干部谭毅夫到均和安、协同和等机器厂以及铜铁工人聚居的光复路和打铜街一带开展工作，并带领机器厂青工学徒开展改善待遇、减少工时的斗争。②对此，陈桃川不可能不知道。他究竟是拒绝、妥协还是采取了合作的态度无从得知。作为一名资本家，他首先要考虑企业的成本与利润，但作为一名有良知的人，他也知道机工的疾苦。那个时代，失业者如过江之鲫，陈桃川和他打造的机器帝国拯救了无数家庭的老人、孩子，这个功劳是抹杀不了的。

1925年四五月间，日、英、美等帝国主义在华势力连续制造了几起屠杀中国人民的惨案，继福州惨案和青岛惨案之后，又在上海枪杀工人及学生60多人，造成五卅惨案。惨案引起了全国性的五卅运动。在中国共产党领导下，上海的罢工、罢课、罢市斗争迅速波及全国。

1925年6月，为了支援上海人民五卅反帝爱国运动，广州和香港爆发了规模宏大的省港大罢工。

五卅运动促进了全国革命高潮的形成。

1927年秋，中共党员黎国琼被党组织派到河南均和安、协同和等工厂做团结工人的工作，"在厂内团结了一批青年工人，通过宣传教育认清形

---

① 《中华民国14州口华洋贸易情形论略》，广州市地方志编纂委员会办公室、广州海关志编纂委员会编译：《近代广州口岸经济社会概况》，广州：暨南大学出版社，1995年，第721页。
② 谢燕章：《谭毅夫》，叶创昌主编：《广州英烈传》，广州：广东人民出版社，1991年，第192页。

势，准备参加革命斗争"。①

陈桃川的工人有没有成为刽子手的刀下之鬼、枪下之魂，没有查到确切资料。革命者选择到均和安机器厂、协同和机器厂去，都是与陈桃川有密切关联的企业，原因为何？笔者认为，陈氏机器家族的人大多是穷苦人家出身，骨子里有对正义的向往，仇视被压迫、奴役。

另外，机工比其他行业的人更多接触洋人和洋人的机器，更多感受到被欺凌的耻辱；军阀与国民党反动派肆无忌惮滥杀致使生灵涂炭、血流成河，使得他们能够在中国共产党的领导下奋起而抗争。这一切，都是党之所以能在那里开展革命工作的基础。

风雨沧桑，俱往矣。

如今，陈桃川等倡议、建设的总会会所，矗立在广州繁华的街头，"第一次全国劳动大会旧址"保留至今。放眼望去，整个旧址由南北两幢建筑组成，规模宏伟，气宇轩昂。北面的西式混凝土建筑，是当年广东机器工会会所，南面的大礼堂则是召开第一次全国劳动大会的会场。

2007年5月，有一则消息：

第一次全国劳动大会旧址"五一"修缮竣工

新华网广州5月1日电（记者彭梦瑶）　5月1日，第一次全国劳动大会旧址修缮竣工典礼暨第一次劳动大会85周年研讨会在位于广州市的第一次全国劳动大会旧址隆重举行。

1922年5月1日，第一次全国劳动大会在广州胜利开幕。这是在中华全国总工会成立之前，由中国共产党以中国劳动组合书记部名义发起召开的中国工人阶级第一次全国性盛会，是中国共产党引导中国工人阶级走向联合团结的大会，也是中国共产党在新

---

① 李蓉、张延忠主编：《中国共产党第一至第六次全国代表大会代表名录》增订本，北京：中共党史出版社，2014年，第94页。

民主主义革命时期召开的第一次具有深远历史意义的全国性工人阶级盛会。

如今，在广州市滨江西路中段，伫立着一座四层西式楼房。它坐南朝北，面向珠江，顶楼正中有一颗大五角星——这就是1922年第一次全国劳动大会召开的原址。这座楼房历经岁月沧桑，直到今年初的一次文物普查中才被确认为第一次全国劳动大会的会址。2007年3月起，广州市委先后拨款200万元对该旧址进行修缮和复建工作。……①

笔者相信，即便再过去百年、千年，那都是一段在时代洪流中可歌可泣的历史。2007年4月，第一次全国劳动大会旧址被列为广州市重点文物保护单位、爱国主义教育基地和党史教育基地，并申报全国文物保护单位，会有更多孩子、青年，前去瞻仰、纪念、追忆，他们也会认识并记住一个曾为中国工业的发展作出杰出贡献的老人——陈桃川。

第四节　危机四伏

企业之发展经营，若管理不善，便有盛极而衰的可能。管理不善的表现有诸多方面。

日本企业家稻盛和夫言："很多企业在发展壮大后，很快就忘乎所以、狂妄傲慢，领导人将所有的成就都视为自己的功劳，最后导致企业盛极而衰。"②

---

① 《第一次全国劳动大会旧址"五一"修缮竣工》，央视国际网2007年5月1日。
② ［日］稻盛和夫述，日本KCCS管理咨询株式会社编，曹寓刚译：《心与活法》，北京：东方出版社，2020年，第236页。

陈桃川不在此列。百年过去，于历史的雪泥鸿爪间，笔者没有发现对他的言行举止、做人做事有特别贬斥的言辞。

在强敌入侵、军阀混战、内忧外患、大厦将倾、国将不国的时代，任何人都有强烈的危机感，陈桃川也不例外。

陈允耀忆述，均和安机器厂自1902年起至1938年，都是以制造和修理碾米机具、轮船发动机、诸式柴油机、各种电灯机器等为主营业务，单就广东这30多年来，内河300多艘轮船的机器中，就有半数是经过均和安修理的，其中不少是均和安制造的。故而，均和安机器厂一度经营得不错（特别是业务兴盛的1913—1914年间）。

但是，如陈桃川亲言，外国洋行常有大批机器运到我国，为了争夺市场，故意低价出售，以打击我国机器制造厂号，政府偶有购买机器，必向外国，"本地姜不辣"，这于机器制造业是十分不利的。均和安虽然用尽心力制造出一些机器，但受到上述情况的影响，发展是不易的。

故而，均和安机器厂几十年的发展历程时常处于逆境之中，如前所述，资金链断裂之险象不时出现。

陈允耀忆述，当碾米业的米机开设日多的时期，为着在社会上、商业上发生多些所谓"围内"（相互间有了经济或业务的关系之意）关系；或者一些经营米机的老板们利用陈桃川是机器行中人，为应付机器的使用、保用、修理，以至机器工人，邀陈桃川参加米机股份，陈桃川或主动或被动参加过几家米机的股份，数额达两三千元。有些与均和安经常交易的五金店，由于间或有赊购或订货多付定金等关系（如均和安有时急用五金材料钢铁等，一时现金未备，则向五金店赊购。有时五金店要向外国购入大批材料，周转未便，恰值陈桃川存款多或刚完成一宗巨价机器收到价款时，五金店便要求陈桃川预购材料，多付定金，以资应付之类），亦邀陈桃川参加些股份，这些都是陈桃川附营别业的做法。十多年来约达一万三四千元。后来，均和安碰到困难，陈桃川想将这些股份减折收回，也不可得，因之每有外股生意不能做的叹息。但同行中却有人说，均和安资金难以周转，是因资金外调太多之故，此实未知其中实况耳。

陈允耀忆述，在第一次世界大战期间，外国机器进口少，有经营银行和某洋行代理商顺德人陈某（忘名），曾想邀几家机器厂号采用合作性质合力研制或改装几类大型、中型机器，如缫丝机、碾米机、榨油机等，并愿投资和借出部分资金。陈某的目的原为赚钱，但他却说，这是为发展中国机器业，以挽回利权的。陈某这一提议，原来早与一家机器厂的老板商量过，他准备以这家厂作为基础，多联络几家共同合作，也和均和安的陈桃川谈过。陈桃川当面不置可否，背地里却说："不能这样做的。"第一是经营机器厂号的老板（包括从学师出身、先工后商、亦工亦商的厂号经营者），技术向不外传，谈到合作，则操作上必须一起动手，秘密的手法（所谓不公开的技术），便不能守秘了。第二是其时的机器厂号，全是靠着自己制造大大小小的零件、拼拼砌砌而成一具整件机器的，而零件中有主要、次要、曲直、圆方、简单、复杂之分，例如轴承（这时未有滚珠轴承，只有旧式的叫"杯士"及"啤呤"），有直轴和车头用的曲轴等，由于类式粗巧的不同，价值平贵、制作时间，自然有别。几家合作，哪一家制哪一款，很难分工。第三是如改装翻制则有原件，不需多制零件，工人便无工做了。陈某对于机器厂号的实际情况，不大清楚。与他商量过的那家机器厂的老板，也想得太简单。"陈桃川之所谓不能做是有根据的，因为，同行如敌国，是旧社会工商业者的通病，各厂号之间只知争夺生意，彼此排斥。有的资金稍充，则更高价蓄积原料，以骄同业；政府固绝不加以取缔，所谓商人组织的同业公会、商会，也不注意协调，甚至故意留难、破坏，例如洋商抬高五金价格，或办大批原料分割为小批提货或转运，请求交涉证明等；公会、商会的主事人多站在洋商的一边讲话，不肯替同业解决问题，甚至指责同业多事。"[1]

---

① 陈允耀：《我忆均和安机器厂》，广州市政协文史委员会编：《广州文史资料存稿选编》第8辑，北京：中国文史出版社，2008年，第28页。

　　第一次世界大战结束初期，各国机器及大五金材料输入还比较少，拥有资金和惯于投机的机器业或五金业商人纷纷向外国洋行预购订货，高价出售订单，牟取暴利。有曾充"孖毡"的陈老四（忘其原名），与其时广州市商会理财陈廉仲合作，向英国的汇丰银行借了一笔款，在怡和洋行定购大批机器和零件回粤营销，不仅替外国推销商品，还与本地机器商争夺市场。陈桃川这时拟向陈老四买一批零件，价约3000元，因回佣要索加一成（即300元），卒买不成。不独此也，同业间遇有困难，不仅不给予帮助，还乘人之危，压价收购人家的成品或原料，甚至中伤他人。抢夺生意这事亦屡见不鲜，"互相诟责……此种'落井下石'风气，民元之后，仍然故我"。

　　当陈桃川处境困难之际，有"好心人""雪中送炭"。所谓"好心人"，无非是惯于以组织资金经营所谓企业为名，企图"空手套白狼"——以注入少许资本而换得发起人之地位，从而跻身公司董事，工厂协、副理之层级。此种人物，旧社会名之曰揽手，实是商棍，用小小资金，获得商号职位或权势。

　　"好心人"曾频频向陈桃川进言，将均和安机器厂扩张，向外界招股，组织成立公司，以充实资金、购置新式机器，增强实力，挽回颓势。陈桃川深知此事关系均和安机器厂前途和几代人操持、主办机器业的历史命运，故苦思冥想，犹疑未决。

　　陈桃川曾约陈允耀详谈此事。陈允耀的说法是："主张均和安从内部整顿，充实技术人力，添购少量新式机器稳扎稳打，不赞成扩大组织，更不主张招外界股份。"

　　陈允耀担忧的是，一旦增了外股，则工厂的任何决策、改革都必须经过股东们的同意，而股东人数众多，人心隔肚皮，大家各打各的小算盘，于均和安机器厂之前途，未必有好处。

　　陈桃川"初亦以为然"，听进去了。只是，追后，其三子陈季岳也劝其父扩大组织。陈季岳平时与外界接触多，生意上多来往朋友，有人在他耳边"吹了风"。陈桃川又动了心思。陈沛霖、陈援庭同样力劝。于是，在各方的所谓"博弈"下，陈桃川显得"更无主张"，竟"求偶像作主，回到西樵云泉仙馆求签"。

陈允耀言，"签语是模棱两可似是而非的"，你解释它怎样，它便变成怎样。于是，与陈桃川日常亲近的几个朋友——想插手均和安机器厂股份的人借题发挥，见签语中有"鸿图大展"之类字句，将其"解释"为"应扩大组织图谋发展"。

陈桃川终于决定扩张，定名曰"均和安机器公司"，增股为"八万元"，成立董事会。陈桃川邀陈允耀入股，陈允耀投入3000元，也成为股东。

有了董事会，陈桃川所拥有的权责与自营时大不相同，如陈桃川主张赚钱之后应扩大再生产，继续充实设备，而新股东则急功近利，想见利即分。此外，增资之后的均和安开始招募人员，添置机器，一切都向新的方向发展，但由于"计划太大，新的措施较多"，"陈季岳、何伯敏又偏于对外活动"，故而"开支亦巨"。面对现金流吃紧的窘境，陈桃川不得不再次"大量吸收股友"，定期或不定期附项（旧社会商场习惯，用息甚至高息吸收股友或外间人存款，名曰附项）。实际上，按照现在的说法，陈桃川正在走向以贷还贷的危险局面，即将陷入高利贷的恶性循环之中。遇到附项人要取回原附项，可厂内无款以应时，陈桃川又不得不高利吸收新附项，"收甲垫乙""剜肉医疮"，民间俗话是拆了东墙补西墙。

既然新招了人，又填充了新机器，如果把生产搞上去，产销两旺，不是一样会多产生效益吗？只是，"生产亦非顺利"，所赚的钱不够支付附项利息，挣得少花得多，入不敷出，故而无法积累资金用于生产经营。

如陈允耀所言，几年下来，均和安"业务虚有其名"。实际上，他所说的"虚有其名"是指在扩股之后，没有看到非常明显的收益而已——不进则意味着退步。那一时期，由于广东企业机器的精密度高，新式产品多，机器营业逐步发展，销售范围逐渐扩大。

据《广州之工业》1935—1937年的调查，广州机器制造和修理业的销售区域不但在本省，而且销售到外省如湖南、广西、江西等省，也销售到香港、澳门，甚至远销越南、泰国、加拿大等地。外销产品计有缫丝机、开矿机、抽水机、碾谷机、碾米机、榨油机、榨蔗机、发动机和其他机器零件。1936年广州几家大厂的产品销售比例列表如下[①]：

1936年广州部分机器厂销售比例情况表

厂号 ＼ 销地	本省	外省	外国
协同和	50%	40%	10%
均和安	80%	20%	
捷和	60%	35%	5%
共和	70%	30%	
协安隆	80%	20%	
广同安	30%	70%	
公和祥	55%	45%	

排名第一的是"协同和"，本省市场占有率为50%，外省为40%，在外国市场占10%，应该说，发展后劲十足。

均和安机器厂排名第二，它的业务主要分布在广东省，外省不多，外国没有。看得出来，它仍是本地机器行业的龙头企业，稳固地把持着地盘。但产品比较"协同和"相对缺乏竞争力，因为，本地可以凭口碑，但外地一定要凭口碑、质量、价格，国外则要凭质量和价格取胜。当时，国人生产的机器能漂洋过海卖给外国人，不是一件小事情。

---

① 伍锦：《解放前广州市私营机器工业概况》，中国人民政治协商会议广东省广州市委员会文史资料研究委员会编：《广州文史资料（选辑）》第23辑，广州：广东人民出版社，1981年，第84页。

第五节　劫掠一空

1937年7月7日，卢沟桥事变的爆发，标志着我国进入全面抗日战争的历史时期。

1938年5月28日起，"粤垣惨被轰炸，约达旬日之久"，嗣后敌机复时来袭击，"举凡铁路，电灯厂，工厂以及政府机关，均为其投弹之目标"①，本埠各工厂，"多告停顿"②。

9月，日军决定进攻广州，广州城如临末日。

陈桃川眉头紧锁，愁云满面。他没有想到日本侵略军会来得这么快。但陈桃川心存希望，广东国民党守军余汉谋部有10万重兵，日本侵略军人数不多，又"水土不服"，我军胜算大。

10月上旬，日本侵略军第二十一军下辖之第五、第十八、第一〇四师团分别从青岛、上海、大连出发到达澎湖集结，准备从广东大亚湾登陆进攻广州。在海、空军的配合下，日本侵略军凭借优良武器和优势兵力接连攻占惠州、增城等地，进逼广州城。

10月12日，日本侵略军在向武汉发动进攻的同时，为牵制我华南兵力，策应武汉攻势，切断我内地经广州至香港转往海外的国际交通线，出动南支派遣军在南海大亚湾澳头附近强行登陆。南支派遣军并非主力部队，"日军在进攻武汉的同时，为了从海上切断中国的对外联系，并和武汉战役相策应，乃抽调一部分兵力夺取广州"，"日军是先占领广州五天

---

① 《民国27年海关中外贸易统计年刊》，广州市地方志编纂委员会办公室、广州海关志编纂委员会编译：《近代广州口岸经济社会概况》，广州：暨南大学出版社，1995年，第815页。

② 《民国27年海关中外贸易统计年刊》，广州市地方志编纂委员会办公室、广州海关志编纂委员会编译：《近代广州口岸经济社会概况》，广州：暨南大学出版社，1995年，第817页。

后才占领汉口的"。①

日本侵略军为何如此"轻敌",仅派一支"小分队"来?要知道,余汉谋有10万重兵。

一种说法是,"广东国民党守军余汉谋,素与日寇有勾结"②;一种说法是"余的抗日作战策略,在政治上是专以依靠港英政府的'势力',误认为可作凭借,然而港英政府,其实不堪一击,是泥菩萨过河——自身难保的。迨至1938年10月14日拂晓在大亚湾发现敌兵登陆时,还以为是敌佯攻部队。由于上述原因,致使兵力部署上不伦不类,破绽甚多,陷于完全无力反击的状态,致使驻在广东的10万军队,而能用于战场上与敌周旋的,实在微不足道"。③

结果,日本侵略军仅用10天,于21日,就将坦克车队和机械化部队开入广州,广州由此沦陷,真乃"开抗战后失地未有的先例"④。

事发突然,令人猝不及防。均和安机器厂"事前既无疏散准备,情势紧迫,无法搬移,陈桃川只得只身避难,回到南海良登村"。陈允耀当时亦同样被迫忍痛弃德祥机器厂而回到良登。

日本侵略军所到之处,烧杀抢掠,省民营企业大都来不及内迁,全被敌寇所占据,"损失达十分之八九"⑤,均和安机器厂的"机器工具全部被

① 魏宏运主编:《中国现代史稿(1919—1949)》,哈尔滨:黑龙江人民出版社,1981年,第55页。

② 魏宏运主编:《中国现代史稿(1919—1949)》,哈尔滨:黑龙江人民出版社,1981年,第55页。

③ 侯梅:《余汉谋在广州沦陷时的表现》,李齐念主编:《广州文史资料存稿选编》第2辑,北京:中国文史出版社,2008年,第416—417页。

④ 魏宏运主编:《中国现代史稿(1919—1949)》,哈尔滨:黑龙江人民出版社,1981年,第55页。

⑤ 彭梅娇:《抗日战争时期日本对广州的经济侵略》,中共广州市委党史研究、资料征集委员会办公室,广州市中共党史学会编:《纪念抗日战争胜利四十周年学术讨论会论文选编》,内部资料,1986年,第310页。

劫掠一空"[①]，广州民族工业"所罹浩劫，影响尤烈"[②]。

乐从圩沦陷时，陈允耀的德祥机器厂也被劫掠拆毁一空。

不久，日本侵略军得知了陈桃川的名望，出于自身利益需求，曾几次派人到良登村请陈桃川回厂复工，但被陈桃川拒绝。

于国仇家恨面前，于大是大非面前，陈桃川是一条汉子。彼时，他的不配合的态度很可能为自己和家人带来杀身之祸。

陈允耀言："日寇于第三次派人叫陈桃川回穗时声明，如不回则均和安全部机器都拆迁他处。"陈桃川仍不允回。

于日本侵略军面前，陈桃川既有一身傲气，亦有一副傲骨。作为广州民营机器行业的领袖，他的一言一行具有标杆和示范作用，他若回去复产，则成为中华民族的汉奸、日本帝国主义的走狗，机器厂则成为为日本侵略军生产武器以屠杀中国人民的血腥工厂。他宁可成为鲁迅那样"我以我血荐轩辕"的人，也不愧对生他养他的这片热土。赤子与家国情怀体现得淋漓尽致。

于是，日本侵略军乃尽将均和安机器劫走搬去海南岛，均和安便在反动政府消极抗战、日本侵略军蹂躏之下完全破产，成为历史陈迹了。

也有不同说法，民营"均和安"与"广同安"被占据后，日本侵略军把两厂合并为军用造船厂。

抗战期间，广东沦陷区的造船业遭受日本侵略者的严重摧残，部分船厂、船铺迁至内地，部分关闭歇业。1939年，国民党在统治区实行贷款优惠，扶助造船的政策，北江、东江和韩江中上游各地，纷纷设立民办木船厂。1940年，广东各县造船厂合计128家，资本22.6万元，建造电船、木船

①　陈滚滚：《陈联泰与均和安机器厂的概况》，中国人民政治协商会议广东省委员会文史资料研究委员会：《广东文史资料》第20辑，内部资料，1965年，第146页。

②　《民国29年海关中外贸易统计年刊》，广州市地方志编纂委员会办公室、广州海关志编纂委员会编译：《近代广州口岸经济社会概况》，广州：暨南大学出版社，1995年，第821页。

共7216艘。这些船厂在曲江有54家，合浦25家，惠阳15家。其余分布在粤东、粤西、粤北等13个县，每县一二家、五六家不等。[①]

1945年，日本投降。抗战胜利后，广州复兴的船厂有16家，新开24家，共计40家，船用机器厂41家。仍居住在良登村的陈桃川似乎看到希望，"满以为机器虽全失掉，还可得回厂舍藉以设法谋生"，不料，日、伪军存于货仓的物资极多，接收人员见财起意，不但将部分货物盗卖，还为了消灭罪证，丧心病狂地放了一把火，致"全座仓舍及仓存劫余的物质烧光"。这一把火将均和安机器厂的"根"烧了个一干二净。

此时，陈桃川已96岁高龄，属于风烛残年且久卧病于乡之人。闻此噩耗，悲愤异常，病益加剧，又乏资医理，最终带着无限的遗憾与愤懑离开世间。

乡邻闻讯赶来看陈桃川最后一眼，人们怀念他为大家所做的一切。

陈桃川是"达则兼济天下"之人。

据丹灶镇志记载，陈桃川年过半百时，见良登村连年遭受水灾、旱灾，于是回乡与同村人罗玉堂商议，在村里建造一个排灌站，当即受到众人赞同与支持。1914年前后，由陈桃川出资修建的良登排灌站修建完毕，这是当时南海县第一个机械排灌站。排灌站的修建让周边的良登村、竹径村、孔边村的旱涝灾害得到缓解，大约5000多平方米土地受益。就连隔壁的三水也曾受益于良登排灌站的调节，可见良登排灌站工程之大，影响之深。

　　排灌站，中国自古就有，但是真正意义上进行技术上的革新，非陈桃川修建的良登排灌站莫属，与以往的自然排水不同，这是一座机械排灌站，这背后同样离不开陈家深厚的机械制造能力。[②]

---

① 陈建平等编著：《广东船舶发展简史》，哈尔滨：哈尔滨工程大学出版社，2018年，第111页。

② 龚伯洪：《广州民营机器工业元老钩沉》，《羊城今古》2003年第2期，第26页。

图38　新良登排灌站（一）

图39　新良登排灌站（二）

如今，陈桃川修建的良登排灌站已不可寻。据良登村村委成员罗标英介绍，老排灌站曾历经数次维修重建，但后来废弃了，如今，一座新的排灌站矗立其旁，继续守护着良登村的村民与土地。

陈桃川还关心下一代人的文化学习，在工场后面的四层楼住宅内办过

私校，请康有为的学生、清末秀才陈迅宜任教，陈氏本家子侄免费上学。[①]

陈桃川的一生可谓波澜壮阔。

于私，他另起炉灶，传承父亲倾情一生的机器事业，将均和安机器厂发扬光大；于民，他培养弟子三千，不但解决了成千上万人养家糊口的难题，更为后来中国机器工业的发展储备了优秀人才；于乡，他乐善好施，扶助乡民；于民族大义，他三次拒绝日寇的要求，不复出、不复工。

之后，陈桃川的后人陆续回穗，在均和安机器厂旧址先后搭建了一些简单的房舍居住，也从事制作机器零件、代客修配机器的业务，只是规模不大。

1949年后不久，人民政府需用均和安机器厂这块厂址空地，给回陈桃川后人一笔费用作为收用这块地段和简单房舍的代价，陈桃川后人即赖此笔款以维持生活。

回首往事，1937年是均和安机器厂的一道"分水岭"，是陈桃川机器人生的一道坎儿。

在曾养甫的书中有述，陈桃川将自己对广州机器行业的理解和盘托出留给历史和子孙后代。事后，曾养甫在书中有这样的记载："本节史实之轮廓，均根据其（陈桃川）口中所述"，"其余各节之材料，亦多由其介绍有关方面之人，询问及调查而得。本篇之草成，应对此机器老人表示谢意"。[②]

干了一辈子机器，陈桃川对广州机器工业如数家珍。广州之机器工业就其经营之主体言可分为四类：一是公营机器工业；二是交通机关监办之机器工业；三是学校兼办之机器工业；四是民营之机械工业。四者之中，因"民营之机器工业在社会经济上发生较大之作用"，故曾养甫对陈桃川

① 广州市地方志编纂委员会编：《广州市志（1991—2000）》第9册，广州：广州出版社，2010年，第705页。

② 曾养甫：《广州之工业》上篇，广州：商务印书馆，1937年，第6页。

的访谈范围，也限于民营机器工厂。

时陈桃川担任广州机器业同业公会主席，公会名册所载"集体会员"共有36家。

36家之中，层次参差不齐，规模有大有小，甚者，有不少仍属于"一个师，两个徒"之机器维修店，如陈澹浦起家时的"小作坊"。而机器维修店在曾养甫眼中实在算不上机器工厂，虽其在从事维修之余也造一些机器，但只是小打小闹，可如把这些除去，那就所剩不多，故勉强列入。

而36家之中，"稍具规模之工厂，计得22家"。

曾养甫重点对这22家工厂的营业种类、资本数额及其组织内容进行列表并加以分析。

一是营业种类。专门从事生产制造机器者有12家，算规模比较大的；制造机器兼修理机器的有4家；虽专门修理机器，但仍接造机器的活儿的有5家。经计算，总计有21家，与曾养甫所统计的"22家"对不上号。大概是"笔误"，漏掉了1家。

它们的发展都经历了相同的轨迹，"初本由修理机器开始，继而由修理而兼制造，再进而始有专事制造机器之工厂"，循序渐进，没有一蹴而就、一成立就造机器的。它们虽然经过七八十年的发展，但也只有50%以上的小作坊达到了专门制造机器的程度，虽然"不可谓非机器工业发展之一种向上之现象"，但现实仍然很苍白和残酷。在曾养甫所列表格中，没有"陈联泰"，因为它早已不存在了。排在第一的是"协同和"，第二是"均和安"，第五是"德祥"，这三家都与"陈联泰"有关，可谓师出同门。

二是资本额，即工厂投入的本金。本金越大，企业规模越大、生产能力越强。据曾养甫调查，22家工厂存在一个相同的现象，资本额都极少，与他所看到的事实明显不符。分析其原因，大概是因为"避免捐税负担"。但资本额对于分析一家工厂的经营能力至关重要，曾养甫便面临一个棘手的问题，想了解真相，但机器厂主对于资本之实数"一向讳莫如

深"，这对曾养甫的分析研究造成很大的困难。他认为，如广州最大机器厂之协同和，其所填报资本额不过5.6万元，显然是"虚报"，因为这与其所报之机器设备与价值明显不符——发动机有3部，共290匹马力，值2.9万元；工作机有85台，价值总计为15万元。同理，均和安填报资本额为4万元。"在产业幼稚之社会内，各种企业之资本有机构成，通常为流动资本大于固定资本，今协同和机械部分之固定资本，就其填报之数目已达如此之巨（其实仍不止此数），若加上其他之固定资本（如250方呎之地皮及厂屋等）及流动资本计，则其填报之资本额56000元，谁能置信？"曾养甫为协同和估值为28万元，均和安估值为20万元。又如共和机器厂，其机械设备，有10匹马力之风油机1部，值900元；工作机7台，值2000元，其出品则有油渣发动机、米磨、抽水机、剪面机，年产值3万元以上，而其所填报之资本额仅为500元。"如此渺小之资本，焉能有如此之设备及如此之生产力？"曾养甫认为，机器工厂所报"资本额"，只可视为一种"厂资料"，以其占实际资本额的20%估计，"似未为过当"。

三是组织。广州机器工厂之组织，大都处于"没有章法"的阶段，只其中三家规模较大者有粗略的工作之划分。盖广州之机器工业，虽其机械已粗具工厂之规模，但在生产过程上仍以手工占主要之成分。故其工厂组织仍不外由"自己不必劳动，只以劳动之指挥命令及生产物之占有贩卖为唯一职务"之工厂主，指挥一般熟练之劳工，从事于粗略的分工之劳动。从这一点看，目前的工厂，与工厂手工业之组织"无稍异也"。相比，协同和、均和安机器厂要正规很多。如协同和，经理之下分总务处、会计部、营业部、制造部、货物部、人事委员会、科学管理委员会、工厂建设委员会，比较正规，具备现代企业管理体制。均和安设总务处、会计部、铸造部、机械部，没有营业、人事、研发、建设、物流等职能部门或办事机构，相关业务便应由经理或经理授权的人独自操持，权力过于集中，未脱离家族企业管理模式。但均和安有铸造部（即翻砂），有铸造，便也要木样（即模型），估计业务都划归铸造部。另外一家能够铸造的企业是义和。

另外，"广同安""苏记""艺坚""宏艺昌""梁兆记""东昌隆"等也或多或少设有一些部门。其他的企业便都是"老板说了算""老板让咋干就咋干"。

　　经过详细调研，曾养甫发现，因实力不同，各机器工厂之机械设备或大或小，或多或少，或先进或落后，分布不均衡。

　　而"一切已发达之机械，乃由三个本质不同之部分组织而成。即发动机、传力机，及器具机或称工作机"。如发动机，有的单设柴油发动机1部，如"裕泰""广同安""广和兴"等8家；有的单设电气发动机1部，有"广协和"等5家；有的单设电球（小型马达）1个，有"潘美利"等3家。"协同合"则设柴油发动机2部及蒸汽发动机1部。"均和安"与"苏记"则各设柴油发动机1部及蒸汽发动机1部。"德祥""共和兴""艺坚"则各设柴油发动机1部及电气发动机1部。

　　曾养甫发现，发动机马力值大小与工厂填报资本额之多寡成正比。这是自然的，否则单从"账面"上看，也"糊弄"不过去税务稽查官员。各厂使用的发动机，除电气发动机为英国、德国出品外，其余多为自制及本地制造。这说明此时电动机还是新鲜玩意，广州企业未能仿制，更谈不上自制；而柴油机、蒸汽机，因均和安等企业的"先行先试"，广州机器工厂已实现"自产自销"。

　　关于工作机之设备，有车床、刨床、锯床、插床、钻床、勾床、磨床等种类，比较齐全，但因工厂规模之大小不同，有的全副齐备且各有多台，有的虽然全副齐备但每样只有一台，也有仅勉强维持生产"敷用"有若干台者。而那些小规模作坊，专门搞修理则无所谓工作机，甚至没有正儿八经的机器，使用的仍是手工业时代的简单工具，比如锤子、锯子、手钻、锉刀等，全靠工匠一双手、一双眼，以经验论英雄。

　　但各厂之工作机多数还是旧式机器，新式机器鲜见。协同和机器厂的工作机有一部分是新式的，也有一部分是旧式的，新旧混合，但其中有若干台工作机，如齿轮螺床、炮台车床、勾槽床、歪心轮螺床等，皆为华

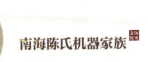

南地区所仅有。这说明，协同和的生产实力和技术实力的确首屈一指。但是，无论新式还是旧式工作机，从标签即可看出，都采购自欧美国家，"自制者绝无"。

关于传力机部分之设备，此部分之机械为由发动机直接、间接传达运动于工作机之飞轮、动轴、滑车、帆布带、齿车等而组成之装置。各工厂对此部分机械设备，各视其发动机马力大小及工作机数多寡，"而为适当之配置"。此类机械亦不少都是从欧美购进的。

关于模型部，先以木材制造模型，所以名为木样，再将木样印于地面特备之灰泥上成为泥模，然后由翻砂部用熔解之生铁倾注而成各种机件粗胚，再经车、钻、打磨等工艺，即完成一件机件。此部分之工作，除锯木、钻木、车木需要用到机器外，整个木模之制作，"均赖人工"。"协同和"设有具备电动锯床、车木机器的大型木工厂，专门制作木样。均和安机器厂也能制作木样。

关于铸造部，全市机器工厂均无高周波电炉设备，非不能购置，而是无公用电供给，即电压达不到，故而各机器厂只能铸铁、不能熔钢。上述有木样之工厂设有用煤之熔铁炉，此种熔铁炉火力仅可熔生铁，而熔量亦有限。故广州机器业最大之铸造能力即能铸造1万余磅重机件者，仅协同和机器厂一家，但铸造时必须同时开用两个熔铁炉。均和安机器厂可铸造每件四五千磅重以下之飞轮、车轴、齿轮等各种机件。从列表看，义和机器厂有铸造部。而其他机器厂，则须委托代铸。

经详细调研后，曾养甫认为，广州机器厂仅小部分具有近代工业之规模。

以上所述，均为"制机器之机器"。每一部机器的产生，首先需要设计绘图。

所谓设计，不过是根据外国机器说明书或机器杂志上的图片与说明，选择其中"力所能及之机器"，全部照录，进行仿制。也有局部或略微改变的，但重新设计者绝少。也就是"照猫画虎"。但此种做法，耗时费力，因为机器的尺寸、零件、构造，都要细心揣摩，"悟"不出来，便容易失败。

财力雄厚、较具胆识者，如协同和机器厂和均和安机器厂，则"兼有购买外国较为复杂、精致之机器回厂"，拆开仿制。这也是陈氏机器家族"惯用"的手法。

部分机器，属于顾客定制，有专门的用途，且没有现成的样板，只能按照指定之用途仔细研究，并尽力对照外国机器中有关的部分进行"改凑"，这便带有"研发"和"创新"的成分。

限于人力和成本，通常设计与绘图均为一人。一件机器一般有总图也有分图，但一般机器厂只绘总图无需分图。绘图者了然于胸之后，站在工人旁边进行指导，即设计师与制作工人合作，无缝隙对接，以尽快完成机器制作。

曾养甫还详细调研了各厂原材料的使用。以生铁为最多，钢的用量次于生铁，铜的使用也不少。此外，铝、铅、锌、钨等各种合金有时也采用。

曾养甫发现，因我国每年生铁产量最多仅40余万吨，绝大多数为军事与官办企业所用，所以广州机器工业所用之原料，除生铁及铜、铅，有一小部分可用破铜烂铁熔用外，其他全要依赖进口。

曾养甫认为："原料之供给，为工业发展主要条件之一，现在广州机器用之钢铁及其他金属原料（自己不能制造之各种机器配件，更不能不由外国输入），全恃外国输入，则机器工业之发展往往受此限制，即如近年以来金属价格之暴涨，各厂因此生产上亦不无减缩。但此仅为'军需景气'之初潮，不久之将来，军需景气即达最高兴旺期，乃必然之事，到彼时则所受影响更大。设不幸一旦世界大战爆发，更何堪设想！"[1]

从曾养甫的调查可以看出，广州机器工业在长达几十年的时间里，于

---

[1]　曾养甫：《广州之工业》上篇，广州：商务印书馆，1937年，第17页。

夹缝中艰难地生存，是何等的尴尬与困窘。正如江志英在《广州之工业》的序文中言，"中国工业经济之萎靡不进，其症结在于外力之压迫"，除此之外，"银行资本与工业资本之分离"，"中国银行资本之繁荣，乃建于公债与地产之基础上，与工业资本漠不相关"，银行资本"直接剥削国家""间接剥削人民"。但"自新货币政策实施以后，吾国吾民经济，渐趋好转；外货倾销之势日杀，而各地之国货运动又如风起云涌，一日千里，此诚发展民族工业之绝好条件，同时，亦即吾国银行界遂行其时代任务之绝好机会也！故年来，吾国银行界颇有翻然［幡］觉悟之表示，对工业之投资已感兴趣"。①

对这种变化，陈桃川没有理由感觉不到。他为机器而生。

曾养甫这样评价，陈桃川的一生"不啻为广州之机器工业史"②。

笔者认为，可以再"拔高"一些——陈桃川的一生，不啻广东之机器工业史，亦是中国近代民族机器工业的世纪缩影。

---

① 江志英：《序》，曾养甫：《广州之工业》上篇，广州：商务印书馆，1937年，第4—5页。
② 曾养甫：《广州之工业》上篇，广州：商务印书馆，1937年，第6页。

第六章

陈拔廷经营时期

文历
化史

第一节　后来居上

在原协同和机器厂主厂房的北侧有一幢始建于20世纪20—30年代的廊柱式两层楼房，它坐北朝南，砖木结构，宽20米，深16.5米，建筑占地面积330平方米。外墙为白色灰砂砖，两坡顶，碌灰筒瓦。二楼外廊设瓶式栏杆，梁架为传统轩廊做法。室内设有会议室、客厅、办公室及主人居室。

这便是陈拔廷的故居。

斯人逝矣。但能在广州这样的历史文化名城，在繁华的寸土寸金之地矗立一座故居，足见故居主人在历史上留有痕迹并有所建树。

笔者原也以为，陈拔廷一定是陈氏子弟——能够继承陈氏机器家族的事业并发展壮大，按照常规思维，不是陈氏子弟又能是谁？

但，陈拔廷，生卒年不详。出身与来历有说祖籍为广东番禺县[①]，这便和南海陈氏不是一支；有言系南海县丹灶村人[②]；有人说是"陈桃川的门徒"[③]，同时代的曾养甫亦言"现当生存之机器老人陈桃川……创业最大之协同和司理陈拔廷，亦其一也"，曾养甫之《广州之工业》出版于1937年，当时陈桃川在世，且他们当面聊过[④]；还有人说两人有血缘关系，

① 广州市文物普查汇编编纂委员会、荔湾区文物普查汇编编纂委员会编：《广州市文物普查汇编·荔湾区卷》，广州：广州出版社，2006年，第206页。

② 方文瑜：《陈拔廷与协同和机器厂》，中国民主建国会广州市委员会、广州市工商业联合会等编：《广州文史资料》第36辑《广州工商经济史料》，广州：广东人民出版社，1986年，第43页。

③ 陈建平等编著：《广东船舶发展简史》，哈尔滨：哈尔滨工程大学出版社，2018年，第110页。

④ 曾养甫：《广州之工业》上篇，广州：商务印书馆，1937年，第34页。

"陈桃川是他的叔父"①，"该厂（均和安机器厂）是他的叔父陈桃川开办的"②；等等。若是这样一层关系，那陈拔廷的父亲与陈桃川必是亲兄弟。但查很多资料，未见有这一方面的记载。

综上所述，无论陈桃川和陈拔廷是不是叔侄关系，师承关系是确凿无疑的；也或许既是叔侄，又是师徒，亲上加亲。

陈拔廷小时候读过两三年书，十二三岁到均和安机器厂当学徒。他记忆力好，模仿性强，聪明好学，肯钻研工艺技术。而陈桃川又很关注青年人的成长，故陈拔廷不但学会了机械维修，还学会了绘图，掌握了一定的技术，当上了"技术员"③，几年后还"升为领工"④。

余德晃言，"这二人（指陈拔廷、陈沛霖）有技术又有抱负"——这也许是陈拔廷不愿长久地寄人篱下，想自立门户的关键。只是，正常情况下缺少一个"导火索"，碍于师徒情分，两人不好意思离开，但因年终分红利少问题，两人与陈桃川发生争执。

"分红"是陈桃川对骨干人才除工资之外额外的奖励。他为了充分利用陈拔廷的技术能力，与他订立合同，规定了年终分红比例。既有白纸黑字的合同，陈桃川应遵照执行，不执行或执行不到位，陈拔廷便会不满，结果愤而离开均和安厂。陈滚滚则言，1912年，陈拔廷以机器事业蓬勃发展，又借陈桃川答应的花红发生问题，被何渭文乘机拉了过来⑤，后"创设

① 余德晃：《薛广森和他兴办的实业》，政协广东省委员会文史资料研究委员会编：《广东文史资料》第56辑《广东工商经济史料》，广州：广东人民出版社，1988年，第191页。

② 方文瑜：《陈拔廷与协同和机器厂》，中国民主建国会广州市委员会、广州市工商业联合会等编：《广州文史资料》第36辑《广州工商经济史料》，广州：广东人民出版社，1986年，第43页。

③ 邱树森主编：《中国历代人名辞典》，南昌：江西教育出版社，1989年，第1237页。

④ 林正康：《陈拔廷与协同和机器厂》，寿乐英主编：《近代中国工商人物志》第3册，北京：中国文史出版社，2005年，第68页。

⑤ 梁墨缘、薛则民：《协同和机器厂回顾》，中国人民政治协商会议广东省委员会文史资料研究委员会编：《广东文史资料》第8辑，内部资料，1963年，第1页。

协同和米机于大涌口"。①

何渭文何许人也？系米业植丰号老板②、富商③，一位有经济实力的人。

梁墨缘、薛则民则言，这个厂（协同和机器厂）创建于1912年。它的前身是协同和米机，厂址设在广州市郊河南芳村大冲口。另一则资料显示，1911年，陈拔廷与何渭文在广州合资创办协同和碾米厂。④余德晃则言："据《协同和机器厂厂史》大事年表记载：1911年由陈拔廷、陈沛霖、陈德浩、薛广森等四人发起创办协同和米机"，"厂职工简称这四人为'三陈一薛'"。⑤时间相差一年，或岁尾年初，区别不大。

图40为《协同和机器制造厂小史》，不知其刊印于哪一年，上面除有"（协同和）为私人资本所办"外，看不出股份人员的构成，但其清晰地写有"成立于民元"的说法。

图40 《协同和机器制造厂小史》

---

① 陈滚滚：《陈联泰与均和安机器厂的概况》，中国人民政治协商会议广东省委员会文史资料研究委员会：《广东文史资料》第20辑，内部资料，1965年，第150页。

② 罗兴连：《近代广州民族企业发展的重要物证》，程存洁主编：《发现广州》，广州：岭南美术出版社，2015年，第86页。

③ 广州市国土资源和规划委员会、广州市岭南建筑研究中心编：《岭南近现代优秀建筑（1911—1949）》，广州：华南理工大学出版社，2017年，第241页。

④ 李盛平主编：《中国近现代人名大辞典》，北京：中国国际广播出版社，1989年，第406页。

⑤ 余德晃：《薛广森和他兴办的实业》，政协广东省委员会文史资料研究委员会编：《广东文史资料》第56《广东工商经济史料》，广州：广东人民出版社，1988年，第191页。

对于此厂股份，说法也不尽相同。

梁墨缘、薛则民言全部资金为"一万二千元，何渭文占三分之二；其他三分之一由陈沛霖和陈拔廷分担"①。董平言，1912年，他（薛广森）与原均和安机器厂的技师陈沛霖、陈拔廷一起集资1.2万银元，在广州开办协同和米机。②余德晃言，合股资金白银1.2万元，分股400份，每股30元。5人中（三陈一薛一何）何渭文占股份较多，陈德浩较少。

开办资金为1.2万元，应是无误的，资金实力与当年陈桃川借债5000元办机器作坊已经有了明显的不同。

言及协同和米机，还有资料言："协同和米机的老板薛广森……他与陈拔廷、陈沛霖被合称为协同和厂'三大寇'。"③

陈德浩何许人也？曾在香港英文书院读书，其父陈绍芬是从美国归来的华侨商人，与陈桃川颇有交情。余德晃言，他还是均和安厂机器厂的大股东——此说与前述温子绍退股后"均和安"纯属于陈桃川的企业又有所出入。陈绍芬与陈拔廷关系亦密切。但据有些老职工反映，陈德浩入协同和厂较迟，年纪也轻，"实际有份创办协同和厂的应为陈绍芬，不是陈德浩"。④

《广东通史》中也有一段记述，陈沛霖、陈拔廷与薛广森于1911年（宣统三年）创办协同和米机。创办人还有何渭文、陈德浩。该厂由5人合

① 梁墨缘、薛则民：《协同和机器厂回顾》，中国人民政治协商会议广东省委员会文史资料研究委员会编：《广东文史资料》第8辑，内部资料，1963年，第1页。

② 董平：《协同和创办人薛广森（1865—1943）》，方继浩等选编：《佛山历史人物录》，广州：广东人民出版社，2016年，第201页。

③ 徐海荣主编：《中国饮食史》卷6，杭州：杭州出版社，2014年，第31页。

④ 余德晃：《薛广森和他兴办的实业》，政协广东省委员会文史资料研究委员会编：《广东文史资料》第56辑《广东工商经济史料》，广州：广东人民出版社，1988年，第191页。

资,何渭文是最大股东,以陈沛霖任经理。①

三人也好,五人也罢,陈拔廷是身在其中的。

因前述"均和安"等机器企业的努力,米机大行其道,到陈拔廷另立门户时,米机已遍地开花,蓬勃发展。利之所在,经营者趋之若鹜,纷纷集股合资经营米机业,当时就有"十大成"之说。

1910—1938年"十大成"碾米集团情况表②

碾米厂所在地址	碾米厂名称	集资金额（银元）	主要负责人		备注
			经理	协理	
顺德县陈村	协昌成	36000	周康后（先）薛广森（后）	张玉蕴	
广州市大涌口	协同成	12000	薛广森（先）	卢杨光（先）杨秀芝（后）	前身为协同和米机
顺德县乐从	公心成	100000	薛广森	陈 满	前身为顺栈机器厂
南海县官山	协大成	25000	薛广森	张 露	
佛山市火车站	德丰成	84000	薛广森	卢杨光（先）陈 满（后）	
中山县石岐	协和成	50000	薛广森	杨沃山	
顺德县龙江	正心成	100000	薛广森	李心潮	包括正栈米机
佛山中山桥	公德成	100000	薛广森	陈滚滚	
顺德县桂洲	协天成	100000	薛广森	张玉蕴	
广州芳村花地、六二三路	协德成	110000	周 康	薛广森	接顶花地广丰泰米机

---

① 方志钦、蒋祖缘主编:《广东通史（近代下册）》,广州:广东高等教育出版社,2010年,第551页。

② 广东省地方史志编纂委员会编:《广东省志·粮食志》,广州:广东人民出版社,1996年,第284页。

　　但碾米厂不同于碾米机厂。前者做的是碾米生意，后者则生产碾米机器。对于机器厂出身的陈拔廷、陈沛霖而言，这段时期，他们等于放弃了专业而走上大米生产与销售的路子，是另外的一个行当。

　　协同和米机开业时规模很小，开业时所用机器，系"往香港购进美式和德式米磨机各一部"①，因当时广州碾米厂所用的碾米机器"多是德国或美国货"②。这时均和安机器厂已经在生产碾米机，"协同和"舍近求远似乎没有必要，故而另一种说法比较符合实际：其"主要设备从均和安厂购来17英寸60匹马力煤气机1台，碾米的扑磨与横磨1套。其它〔他〕附属设备则自行制造"。③购买外国机器与使用均和安机器厂的机器是两种思维，也是两种境界。协同和米机厂初办，通过使用均和安机器厂的煤气机加碾米的扑磨与横磨组成一套碾米机，说明陈拔廷对老东家度量宽宏，不计前嫌；陈桃川也不可能狭隘到连上门的生意都不做。

　　亦有资料言，当时各碾米厂使用的美国磨、德国磨，或者使用的仿造的磨，按大小规格分为1号、2号、3号，2号使用较为普遍；有扑磨、横磨两种或两个工序。在使用过程中各厂家都发现扑磨问题不大，因它属于粗加工阶段，即让谷壳和米分离；但到精加工阶段，即褪糠皮时，所依赖的美式横磨虽出米率不错，但磨位短、速度慢、效率低。而德式横磨速度虽快，但磨位斜度大、伤米、出米率低。

　　这一问题早已显露，但大家无力改良。陈拔廷、陈沛霖在使用过程中很快发现这一现象，为提高碾米的成数和质量，他们决意"改造

---

① 梁墨缘、薛则民：《协同和机器厂回顾》，中国人民政治协商会议广东省委员会文史资料研究委员会编：《广东文史资料》第8辑，内部资料，1963年，第1页。

② 方文瑜：《陈拔廷与协同和机器厂》，中国民主建国会广州市委员会、广州市工商业联合会等编：《广州文史资料》第36辑《广州工商经济史料》，广州：广东人民出版社，1986年，第43页。

③ 余德晃：《薛广森和他兴办的实业》，政协广东省委员会文史资料研究委员会编：《广东文史资料》第56辑《广东工商经济史料》，广州：广东人民出版社，1988年，第191页。

机器"。①

既有"改造"之举，一则说明他们的机器可能是从香港购买的一套洋机器，也可能是均和安机器厂出品的碾米机用到了洋人的配件。

改的是机器的"磨位"。听起来简单，实则要经过反复试验，不断调整。土法所用之"磨"是石头制造的，靠硬度挤压大米，而碾米机的"磨位"应不是一般自然物质，可能是金属或其他制品，于此点笔者是外行，也没有查到相关资料，因此，改良磨位的具体细节无从知晓，但取美式和德式磨机之所长、摒弃其所短是毫无疑问的。

图41　宏信922创意园科普基地文化街
砂岩画之研制"米磨二号"（一）

图42　宏信922创意园科普基地文化街
砂岩画之研制"米磨二号"（二）

改造成功之后，他们给它起了个新的名字——"米磨二号"或"新2号横磨"。先供"协同和""植丰号"自家试用，效果立竿见影。一台机每天可分出180多市担②。"市担"也称为"市石"或"石"，一石为50公斤。从出品质量看，精白度高，米粒表面油润光滑，完整米粒多，碎米粒

①　余德晃：《薛广森和他兴办的实业》，政协广东省委员会文史资料研究委员会编：《广东文史资料》第56辑《广东工商经济史料》，广州：广东人民出版社，1988年，第192页。
②　王建生：《辛亥革命前后之广东机器行业》，广州市人民政府地方志办公室编：《地方史志与广州城市发展研究》，广州：广州出版社，2013年，第164页。

少，成品率高，含杂质、糠粉都少，与之前差别较大。

细心的人们很快发现这两家碾米厂所售之米色泽好、残缺率低、颗粒饱满，质量明显优于其他厂家。也直接证明，"新2号横磨"胜于洋人的横磨。

创新是民族工业不断发展的源泉和动力，这一点，陈拔廷等深受陈桃川影响，他发现问题不回避，并想方设法解决，这正是陈氏机器家族不断取得成功的基因，并逐渐成为陈氏机器家族的一种独特文化。

第二节　茅棚起步

"新2号横磨"的成功引起同业瞩目，受到行家赞赏，诸多米机厂迫切要求改良原有的设备。一次自主的技术革新为陈拔廷等带来更大的机会，市场意外的收获让他们考虑改变经营方向。

陈拔廷等意识到，要批量生产新横磨，必须开设机器厂；但机器厂若只生产新横磨，又能否吃饱？经过详细调查研究，他们认为，开设机器厂的业务范围广阔，不能只生产新横磨，新横磨只是一个主打产品，以他们的经验，可以生产更多的机器，显然，这比只经营碾米机更有发展前途。

他们决定开设机器厂的底气还因为他们原本就是机器行业中人，熟门熟路，如此，改弦易辙便不是格外难的事情。

但要办一家机器厂也不容易。

曾养甫言，成立于1912年（民国元年）的协同和机器厂注册资本为5.6万元，估值为28万元。[①]但这是1937年的事情。

协同和机器厂成立后，为避免名称雷同，原协同和米机改为"协同

---

① 曾养甫：《广州之工业》上篇，广州：商务印书馆，1937年，第7页。

成"（见1910—1938年"十大成"碾米集团情况表），陈沛霖、薛广森分任两厂经理。也有说"原来的协同和米机改名为协源米机，由薛广森兼任经理"，而在粤海关的报告中，表述为"花地的协源碾米厂"[①]，言其使用动力机器，把老式的脚踏机和使用人力或牛力的风车都淘汰了。

陈沛霖招收了3名技工和5名徒工，主要任务是生产"新2号横磨"，兼营机器修理。

机器厂初建，一无像模像样的场地，所谓车间，是陈拔廷在米机厂旁边搭起一座茅棚作为生产车间，"面积108×70（呎）"[②]，这个面积有多大呢？大概是702平方米，作为一个新建的生产场所，面积还算凑合，实际是"一间半机械的手工作坊"；且无像样的设备，"只有二部陈旧的车床"，没有动力源，即没有购进蒸汽机或煤气机。动力从何而来？穿墙而过，以皮带连接米机的动力机"借力打力"，实在有点寒酸。另外，夜间车间也没有电力照明，黑黢黢一片，工人们又经常需要加班加点，则由学徒为师父掌烛照明。

企业的生存一度困难重重，资金周转常常发生问题。更让人难堪的是，有时甚至连工人的伙食费都难以支付。有一次因为没钱买米做饭，连"厂里的时钟也拿去卖掉

图43　学徒为师父秉烛
[广州城建职业学院 闵文又（学生）作]

---

① 《粤海关十年报告（四）（1912—1921）》，广州市地方志编纂委员会办公室、广州海关志编纂委员会编译：《近代广州口岸经济社会概况》，广州：暨南大学出版社，1995年，第1033页。

② 余德晃：《薛广森和他兴办的实业》，政协广东省委员会文史资料研究委员会编：《广东文史资料》第56辑《广东工商经济史料》，广州：广东人民出版社，1988年，第193页。

了"①。或许有些言过其实，虽"米机"与"机器"是两个业务领域，但始终还是同一拨人在经营，自家卖米，工人岂能连吃饭的问题都解决不了？

经过两年积累，到1914年时，协同和机器厂第一次向外招股，"四处串联，吸收了股东20余人。连同原有资金共为三万元"②。

图44　宏信922创意园科普基地文化街砂岩画之增资股东大会

此时，协同和机器厂已有一些名气，在广州机器行业挂上了号，但机器设备仍相当简陋，只有"旧式皮带车床三台和小立钻一台"。也有人言，"有三四台较新式之齿轮车床等，而于最普通、最重要又为机器工业所必须之蒸汽锤"，竟"亦付缺如"。③

在股东们的不断资助之下，又经过一年补充之后，机械设备条件才大大改观，"安装动力，增加车床10多台"④。但此时的工人数量，说法不尽相同，梁墨缘、薛则民言，"吸收工人和学徒共六十多人"，其中学徒占一半以上；余德晃言，"陆续招收技工80人、学徒80人"。

薛广森之子薛则民便是在此时进去当学徒的。

此外，厂址可能发生了改变。梁墨缘没有提及此事，但余德晃言，

---

① 梁墨缘、薛则民：《协同和机器厂回顾》，中国人民政治协商会议广东省委员会文史资料研究委员会编：《广东文史资料》第8辑，内部资料，1963年，第1页。

② 梁墨缘、薛则民：《协同和机器厂回顾》，中国人民政治协商会议广东省委员会文史资料研究委员会编：《广东文史资料》第8辑，内部资料，1963年，第2页。

③ 曾养甫：《广州之工业》上篇，广州：商务印书馆，1937年，第37页。

④ 余德晃：《薛广森和他兴办的实业》，政协广东省委员会文史资料研究委员会编：《广东文史资料》第56辑《广东工商经济史料》，广州：广东人民出版社，1988年，第193页。

"购买了一块地，改建旧厂房"①。究竟是在原址扩建，还是另外又找了块地方，无从证实。但不管怎样，经过大家几年的艰苦创业，"协同和"越来越像一家机器制造厂了。

随着第一次世界大战爆发，帝国主义无暇东顾，洋机器来源中断，给中国民族工业发展创造了机会。协同和机器厂趁势而上，大量制造"米磨二号"，当时广东全省米机的横磨有70%是协同和制造的。协同和机器厂的

图45 协同和机器制造厂之打磨部

图46 协同和机器厂旧剪床

图47 协同和机器厂的
老设备

图48 协同和机器厂老照片

① 余德晃：《薛广森和他兴办的实业》，政协广东省委员会文史资料研究委员会编：《广东文史资料》第56辑《广东工商经济史料》，广州：广东人民出版社，1988年，第193页。

产品还远销广西、江西、湖南等地。

协同和机器厂的生意因"米磨二号"而旺极一时；"米磨二号"则推动了广州地区碾米业的发展。"米磨二号"名声传到海外，海外订单也纷至沓来，"行销南洋"①。同时，东南亚一带的

图49　协同和机器厂旧址建厂初期的
生产车间

碾米业多由我国尤其广东籍侨胞经营，他们同国内有一定的联系或有联号关系，一时间，"越南、泰国、新加坡的华侨也有来订货的"，形势一片大好。市场反应迅速、强烈，一方面说明协同和机器厂生产的产品本身质量好，一方面反映出海外华侨热爱国家、力挺国货的精神。

分析协同和机器厂初级阶段的发展演变过程不难发现，其能在三四年的时间内从一间茅棚起步并迅速崛起有以下几个原因：

第一，拥有技术人才是关键因素。

清末民初，不要说民间创办的企业，即便像张之洞创办的石井兵工厂，也是连子弹头、子弹壳的铜坯甚至药料都要从外国进口，枪筒也不能自己加工，而是买回来枪筒坯再钻孔。甚至，连枪把子用的木料也要靠进口。泱泱华夏，由于技术人才匮乏，连枪把子都要受制于洋人，真乃滑天下之大稽。而陈拔廷、陈沛霖等通过在陈氏机器家族企业中的历练，掌握了修理、制造机器某一方面娴熟的技能，将机器厂发扬光大，这充分说明，人才是企业的核心竞争力。

---

① 李盛平主编：《中国近现代人名大辞典》，北京：中国国际广播出版社，1989年，第406页。

第二，拥有核心产品是重要因素。

当初陈联泰机器厂的迅速发展，是因陈启沅制造了蒸汽缫丝机，蒸汽缫丝机便成为陈联泰机器厂在某一时期的"专利"。而协同和机器厂立厂是因"米磨二号"。这足以证明，任何时代、任何一家企业都必须有拳头产品和核心技术，而核心技术是产生拳头产品的关键因素。

纵观民国时期的中国民族工业，在数量上有一定程度的发展，1919年注册的工厂有475家[①]，那么，核心竞争力呢？

民国以后，在政府的倡导之下，中国不断发展科技和工业，使得近代科技的引进和运用达到了一个较高的程度，也成为近代产业革命发展的一个重要标志。据统计，从1895年到1913年设立的工矿企业达到549家，包括燃料、采掘、金属开采冶炼、金属加工、水电、水泥、砖瓦、陶瓷、玻璃、火柴、烛皂、扎花、纺纱、织染、缫丝、呢绒、织麻、碾米、面粉、炸油、卷烟、饮食、造纸、印刷、胶革等各个行业。1913年后发展更快，北洋军阀政府时期工业企业达706家，矿业企业达186家。[②]工业体系更为完备，形成轻工业发展和重工业发展兼备的局面。特别是重工业中，采煤业、钢铁工业、机械工业都已相当正规，尤其是以往没有的化学工业也得以发展。

随着民国时期教育事业的发展，大批留学生学成回国，涌现出一批卓越的科学家、工程技术专家。

南京国民政府成立后，建立了正式的官方科研机构，高等学校也纷纷设立科研院所，奖励各种技术发明。同时，晚清以来的归国留学生及国内培养的高校学生也已经成才，中国的科技人才队伍初步形成并得到不断发展壮大，在日本发动全面侵华战争之前的10年里，"中国的科学技术得到

---

① 李明伟：《清末民初中国城市社会阶层研究：1897—1927》，北京：社会科学文献出版社，2005年，第33页。

② 杜应娟：《近现代中国社会简明教程》，广州：暨南大学出版社，2013年，第127页。

很大的发展"。①

　　陈拔廷等人虽不属于这一类，但他们在实践中摸索，在模仿中创新，所拥有的核心技术和独特成品成为中国科学技术发展的不可忽视的民间力量。

　　第三，拥有革新理念是成功关键。

　　科学技术的进步要靠有想法的人去实现。那个时代，中国的机器工业极度落后。当洋人的机器轰鸣之声不绝于耳时，熟视无睹、听之任之成为常态。其实，中国自古以来并不缺乏能工巧匠，"四大发明"世界闻名。即便在遥远的春秋战国时期，墨子也发明了一系列守城器械。但是，当奔驰的列车、劈波斩浪的轮船驶入工业文明时代时，中国人的工具仍是"简单的机器"②。都是机器，洋人的"复杂"，我们的"简单"；但把简单的搞复杂，把复杂的搞简单，却不仅仅是技术问题，而是思维与意识的革命，甚至是一道"哲学命题"。正如《周易·系辞下》曰："穷则思变，变则通，通则久。"面对手工缫丝，陈启沅思变，他成功了；面对洋机器的缺陷，陈拔廷思变，他成功了。

　　第四，拥有坚毅的精神和爱国的操守是成功法则。

　　无论陈启沅、陈澹浦、陈拔廷，还是薛广森、陈沛霖、陈子卿……在寻绎机器的过程中无不拥有吃苦耐劳的品质、坚毅的精神乃至爱国的操守。他们中的很多人完全可以小富即安，并且他们中有的人在义无反顾地选择回到自己的国家从事一项前所未有的事业时，已是巨富，身后几代人吃用不尽、衣食无忧。可是，他们仍然义无反顾。从他们身上，我们看到的是事业心、爱国心。他们研制成功一个新机器，帝国主义便失去了一个"旧机器"。

　　于中国近代民族工业而言，佛山人，功莫大焉！

---

① 关艳珍、李志英、李庆洪：《近现代文化的变迁与教育变革研究》，天津：天津人民出版社，2019年，第120页。

② ［德］马克思：《机器。自然力和科学的应用》，北京：人民出版社，1978年，第93页。

第三节　柴油之机

蒸汽机虽然弊端多多，但人们一时还离不开它。

1900年，在政府"官督商办，招商集股"的政策下，广东轮渡业呈发展之势，有轮渡250多只。至1911年，在粤海关注册的内港小轮有310艘[①]，数量有所增加，但这些小轮基本上都用的是蒸汽机。

前文所述梁墨缘曾于1910年跑去三水县西南镇源和安布店当"后生"（勤杂工），布店老板区氏看到梁墨缘做事勤奋、能说会道，便升其为"行街"（相当于现在的营业部主任）。此时，善于经营的布店老板和当地许多商家都认定航业大有可为，决定集资开办航业，因梁墨缘可靠，大家便委托其筹办招股事宜。梁墨缘在清远、三水、广州等地一些从事布业的商家中进行发动，并以每股5元吸纳资金，开办了一间联商公司，由梁墨缘担任经理。公司自装了几只蒸汽机动船航行于勒流至西南之间，这是一段从顺德到三水的短途航线，属于细分之后的市场空隙，单程60余公里。梁墨缘解决了两地旅客往返交通问题，生意不错，不到一年，业务有所发展。之后，他又开辟了广州—三水—清远航线，虽仍属支线，但客人多，能吃得饱。

三水为古城。秦代属南海郡。1526年（明嘉靖五年），建置三水县。如今，一条广三高速公路把城区分为老城和新城。夜晚星光璀璨，颇有新都市的气象。三水之名，源自三江汇流，笔者曾去寻"根"，那地方叫江根村——江根，江之根也。登高望远，见雾霭低沉，浮云萦绕，三江（北江、西江、绥江）在方圆几公里的范围里形成汇流，三江六岸，仿佛集水

---

① 《宣统三年广州口华洋贸易情形论略》，广州市地方志编纂委员会办公室、广州海关志编纂委员会编译：《近代广州口岸经济社会概况》，广州：暨南大学出版社，1995年，第521页。

之大成，景观罕有。此地由三江冲击而成平原。彼时航行之蒸汽机船，靠岸时，离岸越近，河道越窄，河水越浅，因机体笨重，船身负荷大，行驶不灵便，常被搁浅而进退不得，往往要费九牛二虎之力，旅客也有不满。尤其秋冬枯水季节，必须改用"明车"汽轮，把蒸汽锅炉安装在船头，机器安装在船尾，车叶板（推进机）露于水面运转，中间还要堆放柴、煤等燃料，一艘四五十吨的船只能用三分之一的地方载运客货，利用率很低。且燃煤又需要人工点火，熏得乌烟瘴气，还半天点不着。

如今很多人都没坐过蒸汽机拉动的火车，而蒸汽机车笔者不但坐过，也"修"过。笔者青年时期工作的厂子，主营业务便是维修蒸汽机车。带动火车的蒸汽机矗立于空旷的场地，无论从哪个角度看上去它都硕大无比，像一个钢铁巨人，远非陈澹浦、陈桃川、陈拔廷时代的"袖珍"蒸汽机可比。所有从事维修的机工，一身原本蓝灰色的帆布工作服，一日下来脏兮兮，整个人也灰头土脸。

而此时，陈拔廷发现，一种先进动力机——柴油机已经悄然来到身边。

世界上第一台柴油机诞生于1893年的德国。柴油机的名称至今在很多地方仍被称为"Diesel Engine"，或被称为"狄塞尔发动机"。是因为世界第一台柴油机的发明者是鲁道夫·狄塞尔（Rudolf Diesel），他首创了压缩点火式内燃机，为内燃机的发展开拓了新途径，有"柴油机之父"的美誉。

狄塞尔1858年出生于德国一个城市贫民家庭，青年时当过流浪汉。从慕尼黑技术大学毕业后，成为一名冷藏工程师。上学时，为改变贫寒的生活状况，他凭着一股旺盛的进取意识致力于蒸汽发动机的研究，设法改进蒸汽机，但经过6年努力没能成功。他没有为失败而颓丧，转而研究内燃机。1892年，34岁的狄塞尔于偶然中受到面粉厂粉尘爆炸的启发，设想将吸入气缸的空气高度压缩，使其温度超过燃料的自燃温度，再用高压空气将燃料吹入气缸，便可使之着火燃烧。他因此发明一种机械装置，可将空气压进容器并与煤粉充分混合直至被压燃为机械提供动力。他取得了发明专利。

第二年，MAN公司根据这一专利制造出世界上第一台柴油发动机的原型机，并取名"狄塞尔"。虽然这款柴油机技术上并不成熟，但狄塞尔急于见效，便制造20台卖了出去，可为时不久，用户纷纷要求退货，令狄塞尔陷入经济危机。

MAN公司全称是奥格斯堡—纽伦堡机械制造股份公司（Maschinenfabrik Augsburg Nürnberg AG），以生产柴油机为动力的汽车为主，并在这一领域名列前茅；另外还生产铁路车辆、原子能设备、建筑钢结构件、起重设备等。

1897年，狄塞尔经过5年反复试验，由MAN公司生产出世界上第一台具有实用价值的高压缩比自动点火式内燃机，即压燃式柴油机。这是一台输出功率25HP、四冲程、单缸立式柴油机，气缸直径为15厘米，活塞冲程为40厘米。它加长了燃烧过程前的压缩过程，能将26%的燃料能转变成动力。

人类历史上第一台柴油机由此诞生。

柴油机的问世轰动欧洲，狄塞尔也名扬四海，他靠出卖发明专利一下子成了百万富翁。名利双收使狄塞尔自我陶醉，不再追求进取，更无心对尚不完善的柴油机作研究改进，而是奔忙于生财发家享受美好的生活。结果，后续生产出的大批柴油机在使用过程中运转不良，用户纷纷退货——狄塞尔破产了。据传，1913年隆冬，在英吉利海峡的一艘渡轮上，狄塞尔投海自杀，时年55岁。而这时他设计的柴油机问世仅仅16年，它的优良性能和巨大潜力还像一片尚未开发的处女地。

对于这些，身在岭南、处于闭塞之中的梁墨缘、薛广森、陈拔廷、陈沛霖无从知道。但身处这一行业，他们敏感地注意到外国航轮所使用的动力发生了变化。

1913年，英商亚细亚公司有一艘"青龙"号油船经常停泊在广州花地大冲口。"亚细亚"是一家石油公司，是在"英荷石油公司"的基础上产生的"联合体"，"亚细亚的汽油和煤油，在旧中国很出名，曾深入到中国的边远地区，在中国培养了一批新的买办资产阶级"。①

何谓"油船"？不是邮轮，是运输石油及其制品的海运航船。国际间的石油运输主要靠油船。油船大小不同，到1972年时，"平均吨数约五万三千净吨，其中约有三分之一控制在各大石油公司手中"，"就西方世界海上货物运输量而言，油船约占百分之四十五，虽然油船数目只占世界五万五千艘船舶的百分之七。这是因为油船的吨数比较大，石油的运输也比较频繁"。②

他们注意到，"青龙"号油船用的是油渣机③。

他们发现得晚。最迟4年前，即1909年（宣统元年），也有说是1907年（光绪三十三年），7月，官商合股组建广州电力股份有限公司，集资300万元向旗昌洋行赎回自办，当时"增购油渣机两副，共240千瓦"。④但民营企业与官办企业素无交往，故而民营企业无从获悉有关信息。

油渣机使用的油渣不是石油之物，是石炭之高温干馏而产生的"万能的煤脂等副产品"。"副产品之中以煤脂为最重要"，这样的东西通常称之为柏油，如我们常见的铺柏油马路用的沥青，用途很广，"稍加提炼便可充柴油机（Diesel Engine）燃料"，若"加以制馏处理便可供给汽油"。⑤

这是有机化学工业范畴。中华人民共和国成立前，"光华化学工业

①　朱福东、卫弘编著：《险中生辉——英荷皇家壳牌集团公司》，沈阳：辽宁人民出版社，1997年，第44页。

②　《人民日报》1974年2月9日，转引自《国际知识》，杭州：浙江人民出版社，1975年，第311页。

③　梁墨缘、薛则民：《协同和机器厂回顾》，中国人民政治协商会议广东省委员会文史资料研究委员会编：《广东文史资料》第8辑，内部资料，1963年，第4页。

④　广州市越秀区人民政府地方志办公室、广州市越秀区政协学习和文史委员会主编：《越秀史稿》第4卷《清代（下）》，广州：广东经济出版社，2015年，第290页。

⑤　程耀椿：《中国之动机燃料问题》，何亚平、朱惠珏、胡岚编：《惊鸿浙大》，杭州：浙江大学出版社，2007年，第86—87页。

公司在今富源县用烟煤为原料，干馏制成煤脂及半焦，再用煤脂分馏制汽油、柴油、甲酚、沥青等产品"。①

陈拔廷等人经过详细了解发现油渣很便宜，而用油渣燃烧提供相同的动力要比蒸汽机烧煤所消耗的成本低一半。笔者的理解是，蒸汽机用的是煤，还得是优质煤，否则燃烧不充分，船跑不起来，而油渣是从"石头"中提炼的，中国储量丰富。因烧煤太贵，时"行驶内港小轮，有大多数改用柴薪"②，但于岭南湿热之自然环境中，柴火也不便宜，甚至价格高昂，因此有很多小轮被迫暂停贸易。

更重要的是，油渣内燃机体积小而轻便，极适于航行于内河的船只，能够破解蒸汽机船舶于河浅窄道之处动辄搁浅的问题。很久以来，"本关码头历至海珠以下，河面窄狭，大小轮渡，杉板华船，加以烟花酒艇丛杂其间"③，实在难以行驶。

他们决定仿制，但没有图纸和技术资料。要解决这一问题有两种选择，一是买一台新的回来研究，但余德晃言，自己厂小，家底薄，平日资金周转已有困难，没有巨款买台进口的柴油机以供分解研究。④二是沿袭旧法，进行仿制。

薛则民同陈拔廷参与了整件事情。薛则民在忆述中提到，在仿制过程中陈拔廷首先碰到的困难是没有图纸，起初冒过向亚细亚煤油公司借图纸

① 云南省人民政府办公厅编：《云南经济事典》，昆明：云南人民出版社，1991年，第140页。

② 《中华民国6年广州口华洋贸易情形论略》，广州市地方志编纂委员会办公室、广州海关志编纂委员会编译：《近代广州口岸经济社会概况》，广州：暨南大学出版社，1995年，第603页。

③ 《光绪十九年年广州口华洋贸易情形略论》，广州市地方志编纂委员会办公室、广州海关志编纂委员会编译：《近代广州口岸经济社会概况》，广州：暨南大学出版社，1995年，第345页。

④ 余德晃：《薛广森和他兴办的实业》，政协广东省委员会文史资料研究委员会编：《广东文史资料》第56辑《广东工商经济史料》，广州：广东人民出版社，1988年，第194页。

的想法，但当时英帝国主义正千方百计扼杀我国民族工业，怎么可能答应这个要求？只有另辟蹊径。

据薛则民言，他们结识了船上的中国籍船员邓心泉，"一连三个晚上，由他（陈拔廷）率领薛则民等三位工人一齐上船拆解设备，逐件量好尺寸，绘成图样"。①

但是，面对一台从未见过的机器，仅凭3个晚上就能够拆解、绘图，之后还要完整地安装回去，在时间和技术上都存在难题。

余德晃的忆述或许更科学一些。他说，当时陈沛霖、陈拔廷经常上"青龙"号船检修机器，认识该船轮机长邓心泉。这是一位爱国而又热心的老海员，常给他们以技术指点。有一次，邓心泉提供方便，让薛广森等人拆开离合器，细看推力轴承结构，了解它跟船体的前进后退关系。因是白天，在场人多，又有英国船员，不便绘图。轮机长有心帮助，借口机器发生故障，年修期限又到，报告香港公司，就地由协同和机器厂大修。他的建议获得洋人同意，也打破洋公司的船"一向返回香港入坞大修的惯例"。②

既承接了工程，便可以大大方方地上去检修。但他们无法把整个发动机都拆下来运回工厂，即便能够做到也容易引起洋人的注意，于是把"汽缸拆卸运回厂里镗光和更换活塞"，其他部件能搬则搬，不能搬就地拆开。经过几个月的努力，图纸绘制任务全部完成，有关部件的技术资料和数据也了然于胸。这一过程"全赖工人经过几个不眠之夜的辛勤劳动，将机器一件一件的拆开，描绘成图样"。③仅用几个不眠之夜远远不够，现场

---

① 梁墨缘、薛则民：《协同和机器厂回顾》，中国人民政治协商会议广东省委员会文史资料研究委员会编：《广东文史资料》第8辑，内部资料，1963年，第4页。

② 余德晃：《薛广森和他兴办的实业》，政协广东省委员会文史资料研究委员会编：《广东文史资料》第56辑《广东工商经济史料》，广州：广东人民出版社，1988年，第194页。

③ 伍锦：《解放前广州市私营机器工业概况》，中国人民政治协商会议广东省广州市委员会文史资料研究委员会编：《广州文史资料（选辑）》第23辑，广州：广东人民出版社，1981年，第92页。

绘图，又在晚上，光线、空间十分有限，欲速则不达。余德晃言："白天修理，晚上绘图，持续了两三个月，顺利地把这台柴油机的图纸全部绘制完成，并获得有关部件的技术资料和数据。"

虽有了图纸，但要想成功仿制谈何容易？当时协同和机器厂还只是一间小型机器厂，既无工程师、技术员，也无技术、设计和工艺机构，没有研发的基础和实力，不比均和安机器厂。好在薛广森是轮机师，有一定的专业技术和理论学识，陈拔廷和陈沛霖跟蒸汽机、煤气机打交道多年，对动力机械的性能使用有一定的经验，大家都不完全是门外汉。研发小组还补充了几个人，如从石井兵工厂过来的车工高乐，从土敏土厂过来的木模工何锡，还有钳工陈玉棠等人。三个臭皮匠赛过一个诸葛亮，大家一起研究、攻坚克难，遇到的诸多疑难问题都被逐一攻克。这个过程，包括研制、生产，总计持续大半年。

整机安装完成后，进入试机阶段。发动机的运行一般先空载运行，再轻载运行，再满载运行和过载运行。所谓空载运行就是"裸机"启动，听声音，看有无异常响声，感觉气缸的磨合是否正常。大家都是行家，竖起耳朵一听，比蒸汽机的声音小了许多，且确实节约燃料，用的油渣不多。也不像蒸汽机那样冒黑烟、落白灰，释放的烟气很干净。

"裸机"运行一段时间，一切正常，没有出任何故障。大家决定上船试验。

早先，他们已与河南某船厂协调联合安装，"由该厂出船壳，协同和出机器"。船壳早加工出来，已在河岸就位。

安装后，试车时出现车前车后机件不灵的问题，这便是不能联动。要解决这个问题，需调整各部机件的联结，但也要经过一段时间的摸索、修改。第一次试车没有成功。

再次试车时又有新问题出现，"车叶设计过大，震动力大，船身受不了"。人在船上如被巨大的筛子筛动，浑身颤抖。发动机与其他部件虽可联动，但车叶设计尺寸出现问题，"用力过猛"。车叶，是行内人语，就是螺旋桨的"叶片"，好比电风扇的叶片。螺旋桨是由叶面为螺旋面的桨叶与桨毂构成的推进器，船用螺旋桨通常装在船的尾部，发动机带动纵向主轴，主轴旋转带动螺旋桨，螺旋桨转动搅动水流，形成一种推进力。叶片过大，虽发动机可以带动，但若船不够大，船身便摇晃。解决这个问题只能"重新改细"。解决起来也不复杂，只是还要耗费一些时日。

经过反复修改至试车成功，又花去一年多时间。

这是格外煎熬的一年。这些对机器痴迷的人挑灯夜战、夜以继日，他们立志研究外国的新机械技术，"为中国人争口气"[1]，夺回被外国人霸占的珠江航运市场。

在这一漫长的过程中，他们也遇到了与陈桃川相同的问题，所用原料——钢材、生铁和燃料绝大部分依靠进口，某些机器零件如柴油机的曲轴、高压柴油管也不能自制，仰给进口。[2]

终于，喜讯传来，有言，"一九一四年仿制火胆油渣内燃机成功"[3]；有言，"1915年仿制成功船用火胆式二冲程横流曲柄箱扫气柴油机"[4]；有言，1915年广州协同和机器厂制成第一台功率为29kW的烧球式柴油

图50　协同和机器厂旧址车间门口

① 余德晃：《薛广森和他兴办的实业》，政协广东省委员会文史资料研究委员会编：《广东文史资料》第56辑《广东工商经济史料》，广州：广东人民出版社，1988年，第194页。

② 伍锦：《解放前广州市私营机器工业概况》，中国人民政治协商会议广东省广州市委员会文史资料研究委员会编：《广州文史资料（选辑）》第23辑，广州：广东人民出版社，1981年，第84页。

③ 梁墨缘、薛则民：《协同和机器厂回顾》，中国人民政治协商会议广东省委员会文史资料研究委员会编：《广东文史资料》第8辑，内部资料，1963年，第3页。

④ 顾宏中：《中国舰船柴油机研发百年回眸》，《柴油机》2008年第5期，第1页。

机①；余德晃亦言，1915年，"波轮打式火胆柴油机"研制成功②；《世界技术编年史》则言，1915年，中国制成首台烧球式柴油机③。

当然，这只是一台"半柴油机"，是谓"火胆式"，后又被称为烧球式或热球式，国外称为Semi-Diesel。

"烧球式"是什么？图51为《世界技术编年史》提到的广州协同和机器厂两冲程烧球式柴油机。

1890年5月8日，英国人斯托尔特因发明"热球式发动机"而在伦敦获得专利。这项发明在丹麦得到进一步发展，它同时也是

图51　中国首台烧球式柴油机④

后来所有烧球式发动机的先驱，又被称为中压原油发动机。由于安装有退火罩，不可能只布置一个阀门，所以是二冲程式设计。点火装置除了利用气缸内10倍以上高压缩空气产生高温从而点火的工作原理之外，还有利用火花塞、自行点火装置以及混合结构进行点火的装置。

热球必须在发动机发动之前用火焰（比如煤气燃烧器）持续加热10—15分钟。这种发动机拥有汽油发动机的优点，它可以燃烧便宜的重油，相比柴油发动机，原料成本低。

① 中国内燃机学会编，梅德清、张登攀主编：《内燃机百问》，镇江：江苏大学出版社，2018年，第86页。

② 余德晃：《薛广森和他兴办的实业》，政协广东省委员会文史资料研究委员会编：《广东文史资料》第56辑 广东工商经济史料，广州：广东人民出版社，1988年，第195页。

③ 潜伟、王洛印：《世界技术编年史》之《采矿冶金·能源动力》，济南：山东教育出版社，2020年，第437页。

④ 潜伟、王洛印：《世界技术编年史》之《采矿冶金·能源动力》，济南：山东教育出版社，2020年，第437页。

烧球式柴油机的另一个优点在于构造简单和坚固。另外，曲轴回转一周就能完成活塞上下次的工作循环。但由于油气混合比差、压缩比小，所以燃油消耗（544 g/kWh）比狄塞尔柴油机大。退火罩也可能因受热膨胀而炸裂。气缸功率低于15kW。为了缩短启动时间，装置中配有一个辅助性的用汽油做燃料的电子点火装置。[①]

它也有比较明显的缺点，首先，由于坚固而笨重，上了船，会增加船的负重，短途尚可，长途成本太高。其次，因为"简单"而导致油气混合比差，燃烧不充分，油耗高。

当然，"烧球式"是一个专业术语，一般人不理解，以文学的比喻或"望文生义"——它就像一个铁球，中间有一个不大不小的洞，发动机自己打不着火，得先将这个洞烧热，为发动机打火提供"力所能及"的热能。笔者请教了专业人员，广州城建职业学院机电工程学院高级工程师郭广荣画了一张草图：

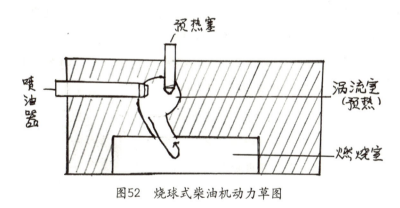

图52 烧球式柴油机动力草图

涡流室是一个球状或圆柱形的空间，通常设在气缸盖内，其容积为总压缩空间的2/3。涡流室内装射油嘴，在压缩过程中，气缸内的大部分

---

① 机电设备编辑部编著：《船舶动力100年》，武汉：湖北科学技术出版社，2016年，第6—8页。

空气进入涡流室形成回转运动，燃料在压缩终点喷入涡流室，它和运动着的空气混合开始燃烧过程。"这种发动机可以在最小的过量空气系数下工作，因此平均有效压力值达到最高，这对于运输式发动机特别有价值"。"在高速运输式发动机中广泛应用涡流室式雾化法，它是由苏联首先提出的"。①

"火胆式"柴油机结构较为简单，没有进排气门；气缸头用半球形顶，不冷却；启动时，先用喷灯把半球形顶部烧红，当柴油喷入气缸顶部时便易于着火，"该种机型用曲柄箱扫气而没有扫气泵；整机结构特别简单、易于制造"。②

二冲程一次工作循环两个活塞行程包括：扫气和压缩，膨胀和排放燃烧气体。

能"船用"也能"陆用"是这台柴油机的"特色"。船用与陆用柴油机功率的标定有两点不同，陆用柴油机是在大气压力为760毫米水银柱、气温为20摄氏度、相对湿度为50%的条件下测定功率；船用柴油机的大气压力与陆用柴油机是一样的，但气温为30摄氏度、相对湿度为60%。陆用柴油机的功率分为三种：额定功率、最大功率和持续功率。额定功率是指在规定的外界条件下，柴油机连续运转12小时的有效功率。最大功率是指在规定的外界条件下，在一小时内允许超过额定功率10%而运转的功率。在此功率下不准冒黑烟，燃油功率不得超过额定功率时燃油耗率的7%。持续功率是指在规定的外界条件下，长时间连续运转的功率。持续功率一般为额定功率的90%。而船用柴油机的功率分为两种：额定功率和最大功率。"当一部陆用柴油机装上船时功率就不同了"，简而言之，一部柴油机，在陆地上使用，功率大，上了船，因"所规定的外界条件"发生了变化，所以其功

① ［苏］符拉歇夫、列特尼克、希弗陵著，李渤仲、沈维道译：《机器学》，北京：机械工业出版社，1960年，第445—446页。
② 顾宏中：《中国舰船柴油机研发百年回眸》，《柴油机》2008年第5期，第2页。

率会发生一定的"修正"①，会减少。

"立式"与"卧式"，指的是气缸排列的形式，直立或者横卧。

顾宏中在《中国舰船柴油机研发百年回眸》②一文中详细介绍了这台柴油机的技术参数——"缸径317.5 mm（12.5英寸）、行程342.9mm（13.5英寸）、350r/min、单缸功率30马力"。③

对于这台柴油机的功率众说纷纭，薛则民言其为"七十匹马力"④，余德晃言其为"75匹马力"⑤，都远大于顾宏中所说的30马力，也有人如前所述，称功率为29kW⑥。

余德晃又言，这台机器"可以说是中国制造成功的第一台柴油机"。他认为，在中国近代工业史里还未见有关制造柴油机历史的记载，"是谁制造中国第一台柴油机？各地说法不一，揣测各异，但未见有早于1915年广州协同和机器厂所仿制成功的柴油机的记载"。

其他见诸于世的材料中，亦有言这台柴油机是中国第一台柴油机，如，"民国4年（1915年）仿制出中国第一台柴油机"⑦，"70年前，顺德人薛广森制造出中国第一台柴油机，对广东机械制造业、航运业作出了巨

①　武汉河运专科学校编：《内河船舶轮机问答（柴油机分册）》，北京：人民交通出版社，1983年，第14—15页。

②　顾宏中：《中国舰船柴油机研发百年回眸》，《柴油机》2008年第5期，第1—2页。

③　顾宏中：《中国舰船柴油机研发百年回眸》，《柴油机》2008年第5期，第2页。

④　梁墨缘、薛则民：《协同和机器厂回顾》，中国人民政治协商会议广东省委员会文史资料研究委员会编：《广东文史资料》第8辑，内部资料，1963年，第4页。

⑤　余德晃：《薛广森和他兴办的实业》，政协广东省委员会文史资料研究委员会编：《广东文史资料》第56辑《广东工商经济史料》，广州：广东人民出版社，1988年，第195页。

⑥　中国内燃机学会编，梅德清、张登攀主编：《内燃机百问》，镇江：江苏大学出版社，2018年，第86页。

⑦　广东省地方史志编纂委员会编：《广东省志·科学技术志》上，广州：广东人民出版社，2002年，第892页。

大贡献"①。薛广森参与了仿制，这毋庸置疑，但这个时间肯定是不准确的，因为推算之后迟了20年。

那么，这台柴油机是否为中国第一？

顾宏中在《中国舰船柴油机研发百年回眸》一文中另言，1904年，民族企业家朱子尧（或名"朱志尧"②）在上海南码头创办求新机器制造轮船厂，于1910年（宣统二年）制造出25马力柴油机，由于名称不统一，当时称为油气合炸力发动机、火油引擎、黑油引擎等，可以用作多种用途。"这是我国制造的第一台柴油机"，该型机在1914年6月参加国际巴拿马博览会，"获得头等奖"。③

求新机器制造轮船厂档案室曾有这样的介绍："求新机器制造轮船厂创办人朱志尧，上海人。父朴斋，世居青浦淀山湖之诸巷。初事贸易，颇能获利。其后积有资金，造置沙船，往来上海、山东一带，代客运货，兼自营业，获利尤多。几年后，扩造沙船至七艘，航程遍山东、东北、天津、牛庄、日本等地。除代客运货外，自营南北货贩买［卖］，利润更高。于是陆续在上海南市董家渡一带，购置大批沙地，经营房地产，设立钱庄。待朱志尧长，沙船在山东洋面遇风，二次沉船数艘，人、船、货物全部损失，家道中落。其舅父马眉叔，时任招商局总办，即介绍朱志尧在招商局'江天'轮船上任买办。朱志尧对轮船机器甚感兴趣，经常细心观察。后马眉叔出国任驻外使节，偕朱志尧往法国参观各大工厂。回国后，办《格致报》周刊。复因马眉叔关系，与招商局盛宣怀联系，盛委朱志尧为大德油厂总办。后其弟朱云佐逝世，由舅父马相伯介绍，继其弟任法国

---

① 姚斌华、王基国主编：《人民日报记者眼中的顺德》，北京：人民日报出版社，2007年，第116页。

② 《求新机器制造轮船厂人事组织》：《中国舰艇工业历史资料丛书》编辑部编纂：《中国近代舰艇工业史料集》，上海：上海人民出版社，1994年，第745页。

③ 顾宏中：《中国舰船柴油机研发百年回眸》，《柴油机》2008年第5期，第1页。

东方汇理银行买办。于1904年，筹资4万元，在马相伯协助下，租得南码头沿黄浦江沈姓土地，购置机器，聘和丰船厂（一说瑞熔船厂）头脑钱和尚和钱锦华为领班，筹备设厂。"①

另外，朱子尧是张謇家的常客。张謇是清末民初中国政治、经济、文化舞台上极其活跃并产生过重要影响的历史人物。在《张謇日记》中，1907年（光绪三十三年），有这样的"流水账"：正月二日，"朱子尧自沪来"，三日，"子尧回沪"。②而从1901年到1907年，张謇先后创办了19个企业单位。"1907年，朱子尧应南通张謇的要求为大达轮步公司定制了一艘客货两用轮。朱子尧对这一订单非常重视，亲自主持设计和制造，终于造出了技术性能良好的'大新'轮，为求新厂赢得了更大的声誉"③。此后，求新厂业务有了长足的发展，为客户建造了客轮、趸船、专用兵船、浮码头船、拖轮、驳轮等多艘。

而那时的陈拔廷，还只是均和安机器厂的一名工人。

1911年，求新机器制造轮船厂发布过一则企业介绍，言：

本厂专造各种机器，名目繁多，不及备载，略举数则，弁之篇端：

一、发动机部（即译名引擎）：大小立式水汽引擎、大小卧式水汽引擎、大小立式火油引擎、大小卧式火油引擎。

二、蒸汽锅部（即俗名炉子）：大小立式汽锅、大小卧式汽锅。

①　《求新机器制造轮船厂创设经过》，《中国舰艇工业历史资料丛书》编辑部编纂：《中国近代舰艇工业史料集》，上海：上海人民出版社，1994年，第745页。

②　李明勋、尤世玮主编：《张謇日记》，上海：上海辞书出版社，2017年，第641页。

③　苏生文：《中国早期的交通近代化研究（1840—1927）》，上海：学林出版社，2014年，第90页。

三、汽轮、轮船部：大小钢壳深水兵轮、大小钢壳、木壳拖轮、大小深水浅水快轮、火油机轮船、大小钢壳方码头驳船、趸船、游船等。

四、铁路机车部：客车、材料车、小平车、转辙器、起重机、弯道机、铁桥、水塔、信号等。

五、榨油机部：花核榨机、黄豆榨机、菜子榨机、桐子榨机、茶子榨机、芝麻榨机、花生榨机、各色轧机、各色筛子、蒸桶。

六、农具部：耕田机、抽水机、砻谷机、碾米机、织布机、缫丝机、面粉机。

琳琅满目，产品种类多而全。

"以上各部皆近年承造之件，择其大者要者编印成册，以供绅商浏览"，"如蒙赐顾，价值格外从廉，工料务求精美，实事求是，定无贻误"。[①]

"求新"的成功源于其举办人特殊的背景，"业务方面，因朱子尧与马相伯系外舅关系，以及与其他一些旧官僚方面的联系，政府公用事业、桥梁、车厢等工程，占了一大部分"[②]。1911年左右，全厂工人数已达四五百人。

当然，1919年，由于人才、技术和资金等的限制，求新机器轮船制造厂"被迫与法国邮船公司合营"[③]。

---

① 《求新机器制造轮船厂产品图册》，《中国舰艇工业历史资料丛书》编辑部编纂：《中国近代舰艇工业史料集》，上海：上海人民出版社，1994年，第744—745页。

② 《求新机器制造轮船厂人事组织》，《中国舰艇工业历史资料丛书》编辑部编纂：《中国近代舰艇工业史料集》，上海：上海人民出版社，1994年，第746页。

③ 苏生文：《中国早期的交通近代化研究（1840—1927）》，上海：学林出版社，2014年，第91页。

与朱子尧比较，陈拔廷等人属于彻底的"草根"，是在摸爬滚打中成长起来的工匠，两个人起点不同、路径不同，但目标是一致的。

顾宏中亦言，1915年，江苏常州奚九如创建的厚生机器厂在求新厂的帮助下也开始制造小功率的柴油机；"差不多在同一时间"，"南方广州均和安机器厂……1915年仿制成功……柴油机"。[①]

是不是"中国第一"的确很重要。但是，对于当时的陈拔廷们，顾不得多想。还有什么比为中国人争口气、夺回被外国人霸占的珠江航运市场更重要？他们也没有意识到这个成就"使协同和博得华南地区第一家自行生产柴油机工厂的声名，对该厂企业发展的方向也具有重大的意义"[②]。

这台柴油发动机安装于广西航商陈汉的"海马"号客轮上，客轮航行于梧州、南宁之间，行驶情况良好，再也不受浅滩阻搁，每次总能按时到达目的地，极受旅客欢迎，生意骤然兴旺。

图53　"海马"号客轮[③]

①　顾宏中：《中国舰船柴油机研发百年回眸》，《柴油机》2008年第5期，第1页。

②　梁墨缘、薛则民：《协同和机器厂回顾》，中国人民政治协商会议广东省委员会文史资料研究委员会编：《广东文史资料》第8辑，内部资料，1963年，第4页。

③　刘传标编纂：《近代中国船政大事编年与资料选编 第2册》，北京：九州出版社，2011年，第621页。

有人又言，其安装于"海日"电船上，在东江航线试航成功。①

之后，协同和机器厂又对新产品展开宣传，有的轮船公司想仿效、使用，但也有不少有实力的航商不愿改换旧机器。

其中一个原因，至1914年时，"遵章行驶内港小轮，共460艘，实属供过于求"，"旧式迟缓小轮，常见停泊口内，听候租赁，有数星期之久，亦无人过问者。小轮贸易，据称甚难获利，且伊等并无意识，互相竞争，以致彼此失败"。②市场供大于求，航商生意普遍不太景气，便没有改换新机器的积极性。

但事实胜于雄辩，好东西总能获得市场青睐。经过一番曲折之后，这部分航商打破保守思想，自愿改装柴油机，"协同和厂产品打开销路后，确定了以生产柴油机为主的经营方向"。③

图54这台柴油机，是顾宏中文中所指陈拔廷们仿制的那台柴油机，但笔者觉得它不像一台柴油机，更像一台空气压缩机。

而同样的机器，由广州市宏信创意园投资有限公司投资建设的协同和动力机博物馆有模型展示，标注的说明是"空气压缩机模型"。

① 方志钦、蒋祖缘编：《广东通史（近代上册）》，广州：广东高等教育出版社，2010年，第387页。

② 《中华民国3年广州口华洋贸易情形论略》，广州市地方志编纂委员会办公室、广州海关志编纂委员会编译：《近代广州口岸经济社会概况》，广州：暨南大学出版社，1995年，第564页。

③ 余德晃：《薛广森和他兴办的实业》，政协广东省委员会文史资料研究委员会编：《广东文史资料》第56辑 广东工商经济史料，广州：广东人民出版社，1988年，第195页。

④ 顾宏中：《中国舰船柴油机研发百年回眸》，《柴油机》2008年第5期，第2页。

图54　1915年造30马力二冲程
柴油机[②]

图55　空气压缩机模型

　　当年陈拔廷们仿制的柴油机，协同和动力机博物馆亦有展示，见图56、图57。

图56　柴油机模型图

图57　柴油机实体图

　　同年，陈拔廷和工人们又一鼓作气制造了相同缸径、行程和转速的两缸机，功率60马力，安装在"均兴"号内燃机船上，作为内河拖运货船等用途。

　　没有查到"均兴"号是否也为广西船舶，但依薛则民所言，"广西境

内许多内河轮船都先后改用协同和的油渣内燃机"[①]。应该说，协同和机器厂的柴油机先夺得的是广西内河航业阵地。

之后，协同和机器厂又在广东境内推行这种油渣内燃机，试图把珠江三角洲这个阵地夺过来。1917年，他们试制成功100匹马力内燃机。之后，协同和机器厂的产品开始销往广西、湖南、江西及东南亚等地。1917年，还有一台柴油机远销新加坡。[②]

协同和机器厂前进的步伐稳健而有力。1918年，协同和机器厂又生产了四型热球式二冲程曲柄箱扫气柴油机，具体参数为：单缸30马力、缸径292.1mm（11.5英寸）、行程317.5mm（12.5英寸）、转速360r/min；单缸40马力、缸径330.2mm（13英寸）、行程381mm（15英寸）、转速300r/min；四缸100马力、缸径266.7mm（10.5英寸）、行程279.4mm（11英寸）、转速410r/min；四缸160马力、缸径330.2mm（13英寸）、行程342.9mm（13.5英寸）、转速330r/min。

1918年产销表[③]

产品种类	数量	马力	附注
煤气机	3	200	
船用火胆柴油机	10	875	其中一台160匹马力
陆用火胆柴油机	7	430	
横磨	5		
企磨	4		

① 梁墨缘、薛则民：《协同和机器厂回顾》，中国人民政治协商会议广东省委员会文史资料研究委员会编：《广东文史资料》第8辑，内部资料，1963，第5页。

② 区长存、关建华：《广州机器制造业的先驱——广州柴油机厂》，广州市地方志编纂委员会办公室编：《广州著名老字号》，广州：广州文化出版社，1989年，第106页。

③ 余德晃：《薛广森和他兴办的实业》，政协广东省委员会文史资料研究委员会编：《广东文史资料》第56辑《广东工商经济史料》，广州：广东人民出版社，1988年，第196页。

（续表）

产品种类	数量	马力	附注
扑磨	3		
……			

协同和机器厂的研发实力呈快速增长势头，放眼全国，它都是一间重要的柴油机制造企业，鲜有能够望其项背者。

作为一名彻头彻尾的"草根"，陈拔廷实现了人生重大的跨越，靠双手和智慧为自己赢得了声誉。他和协同和机器厂仿制柴油机的过程也进入了《广东船舶发展简史》：

民国四年（1915年）

广州协同和机器厂仿造英国船用双杠二冲程柴油机成功，30马力，安装在"海马"号浅水客轮上。这是广东建造的第一艘柴油机木壳内河客船。

民国七年（1918年）

广州协同和机器厂试制160马力柴油机成功。[①]

但好景不长，因"欧战延长""炮击督军府""龙济光叛乱""南北分离"等诸多原因，惊扰异常、民不聊生，内港行驶小轮，比较去年，"少2480艘"[②]。

梁墨缘忆述，在第一次世界大战结束后的1919年，外国机器大量进

---

① 陈建平、关伟嘉、端木玉等编著：《广东船舶发展简史》，哈尔滨：哈尔滨工程大学出版社，2018年，第122页。

② 《中华民国7年广州口华洋贸易情形论略》，广州市地方志编纂委员会办公室、广州海关志编纂委员会编译：《近代广州口岸经济社会概况》，广州：暨南大学出版社，1995年，第627页。

口，这些运来广州的机器都是德制纸煤内燃机，灵敏度高，一绞车便可发动起航，比起协同和机器厂烧火胆油渣内燃机（每次至少烧20分钟才能开车），不仅省时，也省燃料。并且价钱便宜，每匹马力为60元甚至低到40元，即航商购买100马力的柴油机，德国机器最低为4000元，而协同和机器厂的要1万元乃至更多。不是陈拔廷不想降价，而是进口生铁和其他配件不断涨价，导致成本高企。如此，航商愿意购买纸煤内燃机而不买协同和的火胆内燃机，其"上半年生意甚好"，但下半年，军人纷纷封用轮船，"遂令全行如患瘫痪"[1]。曾经旺极一时的协同和机器厂遭遇沉重打击，门庭顿然冷落，一年之中，仅生产小型船用柴油机4台，比上年减少60%。[2]"连续三年，协同和机器厂又被迫转以修理和代安装机器为主要业务。"[3]虽然也有资料言，1913年至1921年，各地区向协同和机器厂订购了煤气机39台（2188马力）、柴油机96台（6874马力）、各种磨具317台、筛具146台、水泵35台、大风柜49个。9年中，协同和厂机器厂不断扩大，信誉日高，也获取了可观的利润[4]。但主要集中于1919年以前。

为求生存，夺回市场，协同和机器厂曾向外商订购纸煤油渣内燃机，借以仿造，但外商吃过"米磨二号"的亏，拒绝出售。最后，陈拔廷等以粤海轮船公司名义向外商购回一部144马力纸煤机，才解决了这个困难。

协同和仿照进口内燃机，把烧火胆改为纸煤，并将其中的"飞轮"和"泵"作了修改，使机器变得更为完善。此时，适逢进口机器涨价，每匹

① 《中华民国9年广州口华洋贸易情形论略》，广州市地方志编纂委员会办公室、广州海关志编纂委员会编译：《近代广州口岸经济社会概况》，广州：暨南大学出版社，1995年，第656页。

② 颜泽贤、黄世瑞：《岭南科学技术史》，广州：广东人民出版社，2008年，第486页。

③ 梁墨缘、薛则民：《协同和机器厂回顾》，中国人民政治协商会议广东省委员会文史资料研究委员会编：《广东文史资料》第8辑，内部资料，1963年，第6页。

④ 区长存、关建华：《广州机器制造业的先驱——广州柴油机厂》，广州市地方志编纂委员会办公室编：《广州著名老字号》，广州：广州文化出版社，1989年，第106页。

马力超过了协同和机器厂产品的价格，协同和内燃机才重新打开销路，夺回市场。

1922年是协同和机器厂大发展时期，拥有工作母机机床80多台，业务从"生产米机、柴油机（内燃机），扩展到煤气机、水泵、制糖机、榨油机、轧烟机、矿山重型机械"①。

设备齐全，技术人员水平高，工厂的产能便提了上去。1923年，协同和机器厂生产内燃机6台，共395匹马力；米机34台。1925年，协同和机器厂造了13台船用柴油机，共785马力；米机34台。②且在1925年前后，"每年出产'米磨二号'连同柴油机、榨油机、榨蔗机等机器的收入，可获纯利约达五万元之巨"③。"协同和机器厂自第二次扩厂后，设备和技术力量都向前跨进了一大步，产品质量比其他机器厂的好，在客户中越来越有威信。"④

第四节　四缸之机

行文至此，我们不禁要问一个问题——其实这个问题，原本应该早一点提出来——协同和机器厂始终从事"仿制"的生意，从技术上而言属于弯道超车，从帝国主义恶意倾销而言出了一口恶气，从民族工业现状而言时不我待……但是否涉及侵权？假如是，万一被洋人发现，均和安机器

---

① 方志钦、蒋祖缘编：《广东通史（近代上册）》，广州：广东高等教育出版社，2010年，第388页。

② 颜泽贤、黄世瑞：《岭南科学技术史》，广州：广东人民出版社，2008年，第487页。

③ 梁墨缘、薛则民：《协同和机器厂回顾》，中国人民政治协商会议广东省委员会文史资料研究委员会编：《广东文史资料》第8辑，内部资料，1963年，第7页。

④ 梁墨缘、薛则民：《协同和机器厂回顾》，中国人民政治协商会议广东省委员会文史资料研究委员会编：《广东文史资料》第8辑，内部资料，1963年，第8页。

厂是否会面临危机，洋人借助软弱的官府是否会罚得协同和机器厂倾家荡产？且这并非协同和机器厂一家的"难言之隐"。

协同和厂机器厂生产的柴油机投入市场后，引起外国工业界人士的惊异。据说，"曾发生一宗'柴油机诉讼案'趣闻"①——将一桩案子说成"趣闻"显然不合适，实际情况是，一家洋行商人看到一艘行走广州—梧州—南宁线的柏林电船里安装着协同和机器厂制造的160匹马力柴油机，十分震惊，在收集了信息之后，认为协同和机器厂侵犯了他们公司的发明专利，遂向中国政府提出控诉。

柴油机的发明专利，正如前述，属于狄塞尔。除非狄塞尔之后，洋人（德国商行）又做过什么发明或技术上的改动，否则他们也没有资格状告中国企业。

面对洋人的诉讼，薛广森与陈拔廷等人早已预先做好准备——在仿制时，不照原样十足摹仿，而是对一些有缺点的部件进行改良，比如在大盘脚架下多加个法兰以作清洗大盘砂碛之用，而洋机器无此设计，"二者的车页（应为"车叶"）转向恰恰相反"，此外，"还有其它［他］一些部件装配亦有差异"②——既要仿制，也要防止被洋人抓住把柄；既要仿得像，也要让洋人百口莫辩。这是智慧之举。

这一次，官府以洋机器与中国人的机器设计和结构各不相同判洋公司的诉讼失败。这一宗著名的专利诉讼案由于"协同和生产的柴油机在内部结构上做出了许多改进，因此在诉讼中被判胜诉，薛广森造出的柴油机获得了合法专利权"③。

---

① 余德晃：《薛广森和他兴办的实业》，政协广东省委员会文史资料研究委员会编：《广东文史资料》第56辑《广东工商经济史料》，广州：广东人民出版社，1988年，第195页。

② 余德晃：《薛广森和他兴办的实业》，政协广东省委员会文史资料研究委员会编：《广东文史资料》第56辑《广东工商经济史料》，广州：广东人民出版社，1988年，第196页。

③ 何惠文：《薛广森 制造第一台国产柴油机》，谭海清等编：《百年佛山》，广州：广东旅游出版社，2005年，第184—185页。

这宗"诉讼案"无档案可查证，是靠协同和厂的"老人"口碑相传，协同和机器厂一代一代工人记得很牢，言之凿凿。

1925—1926年，协同和机器厂先后仿制成功四冲程和二冲程船用、陆用柴油机多种[1]；梁墨缘、薛则民亦言，在同一期间，又"陆续仿制成功船、陆用二冲程和四冲程柴油机"[2]；顾宏中言，1926年以后，协同和机器厂开始生产二冲程立式柴油机（不是半柴油机）及仿德四冲程立式柴油机[3]。

1928年生产的二冲程柴油机，是卧式。

图58 协同和机器厂1928年生产二冲程柴油机

而四冲程柴油机工作过程相当于将二冲程的工作过程分解为"进气""压缩""膨胀"和"排气"四步。四冲程柴油机完成一次完整的工

---

① 区长存、关建华：《广州机器制造业的先驱——广州柴油机厂》，广州市地方志编纂委员会办公室编：《广州著名老字号》，广州：广州文化出版社，1989年，第106页。

② 梁墨缘、薛则民：《协同和机器厂回顾》，中国人民政治协商会议广东省委员会文史资料研究委员会编：《广东文史资料》第8辑，内部资料，1963年，第8页。

③ 顾宏中：《中国舰船柴油机研发百年回眸》，《柴油机》2008年第5期，第2页。

作循环需要曲轴旋转两转。其优点是热负荷低，在防止因热疲劳而引起机械性能降低而导致损坏方面优于二冲程柴油机；废气排得干净；容易采取废气涡轮增压来提高功率；燃油消耗率和机油消耗率都低于二冲程柴油机；燃油系统的工作条件较好。

协同和机器厂研制的四缸机是一种自行改进的产品，安装在"大有为"号柴油机船上作推进动力；梁墨缘、薛则民则言是装备在一艘"大有围"电船里。按照时间和名称分析应指同一艘船。

试船当日，珠江河面，风起云涌，海鸥低回，陈拔廷、陈沛霖等驾驶"大有为"从远处稳稳驶来，引起多艘客轮围观。"大有为"间或停驻，再灵活地倒车，或是轻轻转向，转而加速航行，宛如一条水龙进行水上表演。

当日，围着那艘船，看客不少，不乏老航商们，但均冷眼旁观、不为所动。柴油机的销售开局不利，继而困难重重，与在广西的热销形成鲜明对比。

究其原因，珠江河道深，蒸汽机船不容易搁浅；大家对柴油机性能还持怀疑态度。另外，柴油机贵，蒸汽机便宜，如更新换代要花不少本钱，协同和火胆机每马力造价100元，换一台100马力的便要1万元，是一笔巨大的开支。

至关重要的是，因"频年纷扰之故，本地生活费用继长增高，通年柴米二项及其他日用必需品价格皆异常昂贵"。正当贸易所受损失亦极重大。粤海关报告记述，广州港口至沙面以西的沿岸素来停泊着大量的船只——有载大米的民船、装生丝的船艇等，而现在"江面空空荡荡，呈现出许多年以来所不曾见过的景象，一艘船艇也见不到"。①

还有卷土重来的瘟疫、自然灾害、人祸。人民处于水深火热之中，而连年战乱更是让天下之太平遥遥无期。

战乱使得商务之发达受到阻碍，如"西北两江，转运货物，因军事阻

① 《粤海关十年报告（1912—1921）》，广州市地方志编纂委员会办公室、广州海关志编纂委员会编译：《近代广州口岸经济社会概况》，广州：暨南大学出版社，1995年，第1006页。

挠，每有阻碍"①。社会治安形势严峻，1923年（民国12年），据粤海关报告，"查本省区内，法纪荡然，水陆常有重大劫案"，年度内广州辖区，火车被劫6次，每次皆掳去旅客，勒赎巨款。计广九铁路被劫3次，粤汉铁路2次，广三铁路1次。内有一次财物被掠者值10万元；又一次旅客被杀者2人，掳去百人。至于海面劫案尤不可胜数，民船渡船及大小各轮船皆蒙其害，最著者为招商局轮"泰顺"及"新昌"、日轮"大图丸"暨来往省港之华轮"西就""和富""浙江"等。有来往省城江门之某旧式饷渡，被劫时将搭客百余人掳去。海盗猖獗如是，政府又力难兼顾，故民船被逼缴纳海盗打单之索款，以冀幸免滋扰也。②

故而，看似虽欧战告终，广州商务有恢复之征兆，实则因内乱频仍，"连续不断的步枪声和漫无目标的、杂乱的火炮声，响彻8月份大部分日子的夜空"，经济民生受影响严重。

但随着近10年来进口商品价格平均增长40%，特别是1931年后，进口机器的价格增长了20%③，协同和机器厂又开始向前迈进，"一九三五年以后……登上了它在旧中国发展的顶峰"④。从表格可以看出，1930年至1937年是协同和机器厂生产柴油机的全盛时期，且其生产经营于1936年"达到

①　《中华民国10年广州口华洋贸易情形论略》，广州市地方志编纂委员会办公室、广州海关志编纂委员会编译：《近代广州口岸经济社会概况》，广州：暨南大学出版社，1995年，第666页。

②　《中华民国12年广州口华洋贸易情形论略》，广州市地方志编纂委员会办公室、广州海关志编纂委员会编译：《近代广州口岸经济社会概况》，广州：暨南大学出版社，1995年，第699—700页。

③　《粤海关十年报告（五）（1922—1931）》，广州市地方志编纂委员会办公室、广州海关志编纂委员会编译：《近代广州口岸经济社会概况》，广州：暨南大学出版社，1995年，第1084页。

④　梁墨缘、薛则民：《协同和机器厂回顾》，中国人民政治协商会议广东省委员会文史资料研究委员会编：《广东文史资料》第8辑，内部资料，1963年，第9页。

了它在旧中国的最好水平"①，成为颇有名气的机器制造厂。自协同和机器厂成立至1937年，共生产内燃机383台、碾米机683台、榨蔗机20台、榨油机4台、抽水机274台……另有采矿机械等50余台。此时，它"拥有各类设备近90台，全厂职工增加到350人，产品销售范围扩展到云南、江苏。碾米机远销到加拿大"。这些产品对于华南地区的工业，特别是航运业、碾米业和矿业起了一定的促进作用。

协同和机器厂柴油机生产种类表

缸数	缸径（英寸）	行程（英寸）	转速（r/min）	功率（马力）
1926—1937年二冲程柴油机主要规格与种类				
3	10.5	14	320	100
4	8.5	10.5	430	80
4	9	11	410	100
4	10.5	13	350	130
1925—1935年仿德四冲程柴油机主要规格与种类				
2	9.17	13.81	350	70
2	10.75	13.81	350	80
3	6	8	600	36
3	7.5	10.5	450	60
3	8.5	11.5	420	75
3	9	12	400	90
3	10	14	340	105
3	12	16	300	150
4	12	16	300	200
4	9.48	12	415	130

① 黎润珍、赖俊明：《老牌"协同和" 再创新动力——广州柴油机厂》，广州市政协学习和文史资料委员会，广州市地方志编纂委员会办公室合编：《广州文史》第61辑《广州老字号（下）》，广州：广东人民出版社，2003年，第158页。

第七章

机遇与嬗变

历史
文化史

第一节　另辟蹊径

柴油机滞销，让陈拔廷面临抉择：一是继续游说、公关，让更多航商了解、认可柴油机，这是产品营销之路，也是一种服务营销模式。二是另寻生存发展之道，以期困境重生。

笔者在武汉大学读EMBA时，《市场营销学》是一门重要的课程。陈拔廷时代，市场营销学作为一门学科已于美国发源。早在19世纪，美国学者已经发表和出版了一些分别论述推销、广告、定价、产品设计、品牌业务、包装业务和实体分配等问题的论著。1902年开始的10年间，美国的知名大学相继开设了有关市场营销的课程。1912年，美国哈佛大学的赫杰特齐教授通过对大企业主的调查，了解他们如何进行市场销售活动，写出了第一本以*Marketing*命名的教科书。这本书的问世被视为市场营销学作为一门独立学科出现的里程碑。[1]

但是，营销也有其局限性。"营销服从于企业战略"，而"战略是营销的灵魂"。协同和机器厂的战略不是生产柴油机，而是让柴油机服务于广大的航商，改变水路运输受制于洋人的被动局面，夺回本应属于自己的市场。于是，营销便受制于市场和竞争者的水准。此处的市场是消费者——也就是航商的购买力，而竞争者——洋人，则虎视眈眈，不可谓不强大。洋人还分两种，卖柴油机的洋人，用柴油机的洋人。

故而，如果协同和机器厂只是做"中端"产品，就无法抵达终端消费者。这一点，庆幸的是，陈拔廷等人意识到了。所以，他们选择了走第二

---

① 王若男、张敏：《市场营销与财务管理》，天津：天津科学技术出版社，2019年，第5页。

条路，实践证明，这一条路是十分正确的。

梁墨缘是有生意头脑的人，他当时参观协同和机器厂并了解了柴油机的优越性之后，向所任职的联商公司的股东们推荐请求改换使用柴油机动力，但是，与有些航商一样，联商公司的股东们不愿意淘汰蒸汽机而花巨款改良发动机。

陈沛霖便拉梁墨缘"合伙组建航业公司，先行试验，借以打开销路"。[①]

至此，陈拔廷、陈沛霖等人于商业经营上的过人之处可窥一斑。一般来说，拥有核心技术与核心产品，只司生产，求质求量，这一种经营之道甚为稳妥。虽然柴油机特殊，不同于日用消费品，但苦心经营下去也不一定打不开局面。但是，他们清醒地认识到民营航商数量有限，购买力也有限，且一旦更新换代，短期内再次购买的可能性又极小，因此，当柴油机生产抵达一个峰值之后便会停滞不前，若到那时再调整企业战略恐显迟滞。

而如果直接投入航运，一来可以消化自产柴油机，二来可以于主营业务中分出一支，增加利润，抵抗风险。

梁墨缘经过分析认为柴油机航运市场前景可期，柴油机船必将取代蒸汽机船，因此，他选择退出联商公司，欣然答允"与协同和的经理组织粤海公司"。[②]

粤海轮船公司于"次年正式成立"，即1918年。也有资料显示其成立于"1917年"[③]，创办人为梁墨缘，资本额10万元，吨位1200（估）。而吴

① 梁墨缘、薛则民：《协同和机器厂回顾》，中国人民政治协商会议广东省委员会文史资料研究委员会编：《广东文史资料》第8辑，内部资料，1963年，第5页。

② 梁墨缘：《粤海（航运）公司四十年》，广州市工商业联合会、广州市政协文史资料委员会主编：《广州工商经济史料》第2辑，广州：广东人民出版社，1989年，第37页。

③ 聂宝璋、朱荫贵编：《中国近代航运史资料·第2辑（1895—1927）》，北京：中国社会科学出版社，2002年，第1422—1428页；转引自苏生文：《中国早期的交通近代化研究（1840—1927）》，上海：学林出版社，2014年，第137页。

广义、范新宇的说法是，为筹建粤海公司，"协同和机器厂认股3万元，米机行业和其他机器行业的商人也有投资，共集资10万元"①。

以上两个数字对应得上。梁墨缘在《粤海（航运）公司四十年》中也有明确记载，创办时集资10万元，协同和机器厂的经理和股东认了3万元，其余由米机行业和其他机器行业的商人认股，另外有一小部分是华侨资金。

同期，在全国来看，粤海轮船公司处于什么样的规模呢？

同一年，创办资本或船只、吨位均超过粤海轮船公司的航运企业在全国范围内寥寥可数，主要分布于上海、重庆等地。在广州，仅1917年成立的"余发"创办资本23万元，吨位1231，投资多，但船只、吨位与粤海轮船公司不相上下。

粤海轮船公司起初由陈沛霖担任经理，梁墨缘主管业务，后改由梁墨缘任经理。公司有轮船10艘，大的160马力，小的四五十马力。从实力而言，其他航运公司一时无法与粤海轮船公司展开竞争。粤海轮船公司用自家生产的柴油机，成本低；协同和机器厂、粤海轮船公司是同一拨人控股、设备、人员、资金流转均属于内部走账，一旦遇到资金短缺问题，内部即可拆借。而其他公司购买设备均要现款现结。正所谓"机器自己造，船只自己造，拉长补短，互相挹注，共同发展，不需外求"，这是一种良性运行机制，"大家都这样想：有了机器、有了船，又有了货运，就不愁航业不发展了"②。

故而，珠江三角洲航业的阵地"全操在协同和手上"，"华南地区的航运业便被协同和所控制"③。这是协同和机器厂事业发展的一个巅峰时

---

① 吴广义、范新宇：《苦辣酸甜——中国著名民族资本家的路》，哈尔滨：黑龙江人民出版社，1988年，第251页。
② 梁墨缘：《粤海（航运）公司四十年》，广州市工商业联合会、广州市政协文史资料委员会主编：《广州工商经济史料》第2辑，广州：广东人民出版社，1989年，第37页。
③ 梁墨缘、薛则民：《协同和机器厂回顾》，中国人民政治协商会议广东省委员会文史资料研究委员会编：《广东文史资料》第8辑，内部资料，1963年，第5—6页。

期。而形成鲜明对比的是，由于军事行动和煤价过高，小火轮运输业受到严重阻碍，登记在案的"500艘"小火轮，在迫不得已的情况下，用木柴代煤作为燃料[①]。珠三角地区气候常年温润，时有大雨滂沱，冬季阴冷，梅雨季节又细雨霏霏，墙上都挂着水珠，木柴难以迅速干透当作燃料。

粤海轮船公司使用柴油机动力后竞争优势凸显。旅客乘坐这样的船，不仅速度快，且航行效果好；于载货而言，柴油机船吃水浅，速度快，载量大，蒸汽机船和其他木帆船无法与之比拟、竞争。另外，最关键的因素是，粤海公司的船节省燃料，以从广州到清远的航线为例，蒸汽机船"每班要用煤炭6吨，成本在120元以上"，而柴油机船"只需柴油一吨，成本仅30元"。[②]燃料的节省就是成本的降低，对于从事航运的商家而言，两类船之间有如此大的成本差，因循守旧者何来竞争优势？事实是，因煤柴价格高昂，小轮贸易，殊不满意，及至年底，"有多数小轮，暂停贸易"[③]。

但古语道，出头的椽子先烂。粤海轮船公司这个航业界新兴的队伍，在生产和发展的过程中势必要经历如梁墨缘所形容的"曲折复杂的斗争"，甚至，航业界公开称粤海公司的10艘新船为"十大害"。

对于非议和诋毁，起初，梁墨缘等人不予理睬，还大刀阔斧地将"协同和"新制造成功的100马力和160马力的柴油机用于航运，结果导致一些航运商"大为恐慌"，开始联手拉拢广东航政局，无中生有地指责粤海轮船公司"破坏政府饷源"。

暗箭难防。但梁墨缘等人也没有一味地等着挨打，他们进行了所谓的

① 《粤海关十年报告（1912—1921）》，广州市地方志编纂委员会办公室、广州海关志编纂委员会编译：《近代广州口岸经济社会概况》，广州：暨南大学出版社，1995年，第1001页。

② 梁墨缘：《粤海（航运）公司四十年》，广州市工商业联合会、广州市政协文史资料委员会主编：《广州工商经济史料》第2辑，广州：广东人民出版社，1989年，第40页。

③ 《中华民国6年广州口华洋贸易情形论略》，广州市地方志编纂委员会办公室、广州海关志编纂委员会编译：《近代广州口岸经济社会概况》，广州：暨南大学出版社，1995年，第607页。

公关活动。据梁墨缘言，当时的航政局"直属于财政厅"，主要是为"抽捐派饷而设"①。经查民国法规，正是在粤海轮船公司成立前后，广东省政府照准颁布《广东航政局组织法》，其中明确规定，广东航政局是在广东省建设厅的领导下办理全省航政建设事宜，其中有一条职责便是"关于船舶碰撞或湾泊之争执预审事项"②，至于船税收入仍"解缴财政厅核收"。

实际上，诸多商家使出的杀手锏是"从来没有停泊这种船的码头"。这是个极为可笑的"莫须有"之罪。如果"没有码头"的"罪责"成立，粤海轮船公司的船就成了"水上漂"。经协同和机器厂疏通，时任厅长杨永泰批准了粤海轮船公司打上去的"报告"：珠江船只分为六等，一等船泊出海码头，二等船泊省港码头，三等船泊近海码头，四等船泊拖渡码头，五等船泊单行船（电船）码头，六等船泊横水渡码头。粤海轮船公司把自己的船列入五等之列，申请停泊单行船码头。

"这种建议和要求，本来是很合理的"，财政厅发布布告，要各船照上述等类分别湾泊。但蹊跷的是，"布告"的寿命期只有半天，连夜即被撤销，梁墨缘前去询问，对方的理由是："所请对多数船商有碍，仰候修正再行公布。"

梁墨缘心里清楚，"一经他们拉拢，便把我们要码头的路堵死了。再去申请，或曰：'从来没有停泊这种船的码头'，或曰：'这种船的停泊处所查无明文规定'"。

粤海轮船公司没有自己的码头，各类码头都"握在各个垄断集团的手上"。梁墨缘内心愤懑，官商"沆瀣一气"，是想"扼死我们"。

无可奈何之下，梁墨缘让船停在河中心，借助小艇摆渡客人，问题得以解决。因此产生的接驳费用，不给旅客增加负担，实行"一票制"，一

---

① 梁墨缘：《粤海（航运）公司四十年》，广州市工商业联合会、广州市政协文史资料委员会主编：《广州工商经济史料》第2辑，广州：广东人民出版社，1989年，第38页。
② 刘燡元等编：《民国法规集刊》第14集，上海：民智书局，1930年，第582页。

票坐两船，成本算公司的。如此一来，虽给旅客增加了一点麻烦，但旅客觉得粤海公司的船速度快，票价又低；船上设施齐全、舒适，还有卖小商品的"便利店"，服务非常周到，故而，因为换船而带来的一点小麻烦便可忽略不计。这一看似无法破解的难题迎刃而解，"虽无码头可泊，营业却仍然不错"。①

以航政局为首的一些人没有料想到粤海轮船公司走了这样一步棋，为继续制约粤海轮船公司，他们挖空心思，无所不用其极。如，限制不成载客，那就限制载货，"利用一切旧的规章制度来阻止我们载货"。②

按照老规矩，单行船（木身机动，不挂拖驳船的）不能载货；载货的拖驳船一律要向航政机关承饷开摆（航业界术语，犹如一般商场所谓开张），凭饷簿缴纳厘金，然后接载，而粤海轮船公司的单行船无法取得这种饷簿，如果接载货物，就会变成违法。

事实上，粤海轮船公司新装的柴油机船，载货量大，运价低，是一种极好的运载工具，远远不同于往日无法载货的"冬瓜盅"，但航政机关在守旧航商的怂恿下，根本不管这些，其对粤海轮船公司百般刁难的目的只有一个，"迫使我们停航"。③

与政府部门的态度迥然不同，军阀却格外"喜欢"粤海轮船公司的船。

"由于船只速度快、载量大，因应军公差也就特别多"，梁墨缘注意到，"派差多半派到我们的船上"，越来越给人的感觉是军阀专征他们的船。

这又是一个新的不利局面。按理，军阀征船也是要给钱的，但在那个

---

①　梁墨缘：《粤海（航运）公司四十年》，广州市工商业联合会、广州市政协文史资料委员会主编：《广州工商经济史料》第2辑，广州：广东人民出版社，1989年，第39页。

②　梁墨缘：《粤海（航运）公司四十年》，广州市工商业联合会、广州市政协文史资料委员会主编：《广州工商经济史料》第2辑，广州：广东人民出版社，1989年，第39页。

③　梁墨缘：《粤海（航运）公司四十年》，广州市工商业联合会、广州市政协文史资料委员会主编：《广州工商经济史料》第2辑，广州：广东人民出版社，1989年，第39页。

时候，即便给，也是蜻蜓点水般意思一下，是亏本的买卖，何况多时"租金极难追讨"①，粤海轮船公司损失极大。且军阀征船没有固定的时间，得随叫随到，严重干扰了正常的经营。

粤海轮船公司"要求成立一个为军公服务的临时组织——'轮流服务办事处'，把所有的机动船只列队编号，按号轮流征派"。这样做的结果是可以让部分船只投入正常运营，运行秩序不被打乱。

但这样的建议在本来就肆意刁难粤海轮船公司的航政机关那里是"搞不通"的，梁墨缘只好与有关方面多方疏通，费尽唇舌，最后才得到省最高军事机构形式上的批准，"从此总算不专征派我们的船了"。

但是，当时军阀据地分肥，沿江五里一关，十里一卡，进到谁的防区就要向谁缴保护费，特别是滇军，见船就捕，"对我们的船也特多留难"。

在如此夹缝中求得生存空间，粤海轮船公司异常艰难。但在股东们的支持下，粤海轮船公司还是站住了脚，得到一定的发展。梁墨缘认为，粤海轮船公司能够在那样的环境下得到发展有很多原因，"首先，公司的组成都是'围内人'，在对外竞争中大家能够一致，并且自己掌握了装备，掌握了技术，一切都不需外求。其次是得到亚细亚石油公司长期供应柴油，使我们的成本比一般船只大大降低"。

梁墨缘言，"先进的事物总是会取胜的"②，尽管有些酸楚的味道，但除了自我慰藉，别无他法。

面对诸多航运商的百般刁难，为了改变生存环境，梁墨缘等人在一个

---

① 《中华民国9年广州口华洋贸易情形论略》，广州市地方志编纂委员会办公室、广州海关志编纂委员会编译：《近代广州口岸经济社会概况》，广州：暨南大学出版社，1995年，第656页。

② 梁墨缘：《粤海（航运）公司四十年》，广州市工商业联合会、广州市政协文史资料委员会主编：《广州工商经济史料》第2辑，广州：广东人民出版社，1989年，第40页。

合适的时机，诚恳地邀请有关航商到公司来参观。他把历年的账簿拿出来让大家翻看。陈拔廷压抑着心头的怒火，不卑不亢地说："不管怎样，都不会构成对我们致命的打击。"见众人惊愕，陈拔廷继续说道，一个企业的运营最关键的因素是成本，谁的成本低、服务好，谁就能决胜于市场。在大量真实的数据面前，航商们总算是明白了，粤海轮船公司具有绝对的成本优势，这是无论怎样打压也能活下来的关键原因，"当他们明白了无法把我们压倒的原因以后，回过头来希望和我们合作"。

诸多航运商开始加入粤海轮船公司。大家联合经营，改换柴油机，航行新船。粤海轮船公司长期被掣肘的局面被打开，不但解决了码头停泊的问题和载货的问题，而且大大提升了广东内河航运的质量和水平，改用柴油机的客船一天多似一天，传统的"明车"绝迹，"冬瓜盅"不复再现，冒着青烟的柴油机动力船舶成为各条江河的一大景观。

1918—1919年，前后不足两年的时间，粤海公司已拥有柴油内燃机新船10艘之多——吃一堑长一智，粤海轮船公司与各航商联合经营以后，本公司为避免树大招风、招人嫉恨，仅保留10只船，让外人看起来是一个小公司，其他的船以另外的公司名义去经营，实际上彼此互有投资、合作联营。

粤海公司"成为当时航业界一个新兴的力量"[1]或为不争之事实。

虽时过境迁，但通过以上危机处理和运营举措的改进，可以看到，像粤海轮船公司这样在夹缝中生存的民营企业，无论面对怎样的掣肘和复杂多变的环境，都应懂得变通，否则只能关门大吉。

但是，很快粤海轮船公司又面临外国资本的控制，而这一次，与往日里"斗利益"不同，事关生死存亡。

粤海轮船公司制胜的法宝是使用了柴油机，但柴油机要"喝油"。创办之初，英商亚细亚石油公司与粤海轮船公司签订了供油合同，"每吨30

---

① 梁墨缘：《粤海（航运）公司四十年》，广州市工商业联合会、广州市政协文史资料委员会主编：《广州工商经济史料》第2辑，广州：广东人民出版社，1989年，第38页。

元，保证满足供应"。①正是在油料供应充足的情况下，粤海轮船公司才下大力气在柴油机制造和航运上投入了大笔资金，他们万万没有想到，有朝一日，公司运行的生命线被英国人紧紧地箍住，越勒越紧，几乎窒息。

梁墨缘言，至1925年，粤海轮船公司及其围内公司已拥有20余只新船，亚细亚公司突然单方面毁约，单独提出取消供油合同。②

无油可烧，对依赖柴油的粤海轮船公司来说是致命的打击。究其原因，有说是外国资本加紧了对我内河航运的控制，有说是1924年下半年间，我国"对外经济绝交，而对英尤甚，以致广东各商埠与香港间之关系，大受影响"③，"本埠三大油公司，因征煤油专卖税，已经停止营业"④。而至1925年6月，政府取消煤油专卖，另征特税，每箱10加仑，收毫洋2元，名曰军费，声明北伐成功后，停止征收，于此，歇业年余的洋商三大油公司，"始行复业"⑤。

梁墨缘、陈拔廷等人或许不知道内情，按照粤海关的报告分析，亚细亚公司并非有意刁难，而是由于长时间歇业无油可卖。这一点，从粤海关统计中看得出来，"煤油，本年进口……不及去年输入之数"，退落原

① 梁墨缘：《粤海（航运）公司四十年》，广州市工商业联合会、广州市政协文史资料委员会主编：《广州工商经济史料》第2辑，广州：广东人民出版社，1989年，第38页。
② 梁墨缘：《粤海（航运）公司四十年》，广州市工商业联合会、广州市政协文史资料委员会主编：《广州工商经济史料》第2辑，广州：广东人民出版社，1989年，第41页。
③ 《粤海关民国14年华洋贸易统计报告书》，广州市地方志编纂委员会办公室、广州海关志编纂委员会编译：《近代广州口岸经济社会概况》，广州：暨南大学出版社，1995年，第721页。
④ 《粤海关民国15年华洋贸易统计报告书》，广州市地方志编纂委员会办公室、广州海关志编纂委员会编译：《近代广州口岸经济社会概况》，广州：暨南大学出版社，1995年，第735页。
⑤ 《粤海关民国15年华洋贸易统计报告书》，广州市地方志编纂委员会办公室、广州海关志编纂委员会编译：《近代广州口岸经济社会概况》，广州：暨南大学出版社，1995年，第736页。

因，因罢工抵制、俄油竞争，"定价低廉故也"①。而柴油，报告中一字未提，是否"柴油煤油"列为一类？另外，由于政府还要加税，导致煤油成本增加，而原先订立的合同，价格本来就已经非常优惠，如今卖得越多就越吃亏，宁可毁约、不守信誉，也不愿意做亏本的买卖。

但后面发生的一系列事情，便有落井下石乃至刻意刁难的意味，归根结底就是一个"利"字。

陈拔廷、梁墨缘等人商议，石油公司又不止亚细亚一家，它不给油，就找其他公司。可当粤海轮船公司转向美孚公司和德士古公司求援时，两家公司的答复如出一辙：鉴于粤海轮船公司已与亚细亚公司订有合同，他们不能打破"惯例"。陈拔廷等人便明白，这哪里是一家公司和一家公司的事，分明是外国公司和中国公司的事，是赤裸裸的"攻守同盟"，企图以此垄断市场，抬高油价，完全是利欲熏心。没有办法，粤海轮船公司只好回过头去被迫接受亚细亚公司每吨80元的天价柴油。"我们的船每月至少要用100余吨油，算起成本和烧柴炭的'明车'已相差不远。"②

面对外国公司的制约，梁墨缘、陈拔廷等人也在积极地活动，寻求突围之道。他们设法与美国旧金山一家小石油公司联系，由其每月供应柴油250吨，到岸价为每吨30元。中国造不出柴油，但外国柴油多得是。看似难题迎刃而解，但这条路又被外国垄断资本通过香港海关堵住。当粤海轮船公司第二次订的柴油到香港海关之后，香港海关立即"登船留难，百般指责"。梁墨缘等人几经交涉才准卸货，但运至大铲关时又遭扣留，要粤海轮船公司按火水（煤油）纳税，"交了2万余元才得放行。运到广州，算

① 《粤海关民国15年华洋贸易统计报告书》，广州市地方志编纂委员会办公室、广州海关志编纂委员会编译：《近代广州口岸经济社会概况》，广州：暨南大学出版社，1995年，第740页。

② 梁墨缘：《粤海（航运）公司四十年》，广州市工商业联合会、广州市政协文史资料委员会主编：《广州工商经济史料》第2辑，广州：广东人民出版社，1989年，第41页。

起成本，每吨已达80余元"。粤海轮船公司颇有点"偷鸡不成蚀把米"的滋味。

此时，亚细亚和美孚又把每吨80元的柴油降价至40元。但粤海轮船公司又能奈何？只有"自认晦气，埋怨自己的命运而已"。

经过几个回合的斗争，面对遭遇的如此大的挫折，梁墨缘更加认识了外国资本家的真正面目，"事情至此我才明白，原来当初亚细亚对协同和的怂恿和对我们的'支持'不是为了别的，正是为了更多地向我们榨取超额利润"，"多少年惨淡经营，到头来还是为他们造成发财机会，心里真是痛愤交加"。[①]

他们也认识到了自己的先天不足，"有了机器有了船，但没有柴油，命运还是操在人家的手里"[②]。

这一局面始终无法化解。彼时之中国，军阀割据、国力衰弱、山河破碎、任人宰割，西方豺狼虎豹个个都想吃一口，岂会放过任何一个敛财的机会？"内河新式航运依赖外国资本的石油要想得到发展是不可能的。"[③]当然，这是梁墨缘气头上的话，事实上，如果没有洋油，陈拔廷们也不可能仿制柴油机，没有柴油机，也就没有内河航运业的一度繁荣，更没有中国民族工业的兴起。

只是，陈拔廷、梁墨缘等人或许还不曾察觉，就在他们身边，革命的火种从未熄灭，中国共产党人逆风而行，正在艰难地寻找拯救中国之路。

1925年2月1日，在中国共产党的支持和帮助下，广东革命政府举行第一次东征。3月，东征军打垮了陈炯明的主力。

---

① 梁墨缘：《粤海（航运）公司四十年》，广州市工商业联合会、广州市政协文史资料委员会主编：《广州工商经济史料》第2辑，广州：广东人民出版社，1989年，第41页。
② 梁墨缘：《粤海（航运）公司四十年》，广州市工商业联合会、广州市政协文史资料委员会主编：《广州工商经济史料》第2辑，广州：广东人民出版社，1989年，第43—44页。
③ 梁墨缘：《粤海（航运）公司四十年》，广州市工商业联合会、广州市政协文史资料委员会主编：《广州工商经济史料》第2辑，广州：广东人民出版社，1989年，第44页。

5月1日至9日，全国第二次劳动大会和广东省第一次农民代表大会在广州同时举行。全国第二次劳动大会决定成立中华全国总工会，它代表166个工会，共拥有有组织的工人54万人。

……

1928年，梁墨缘被选为广东商船公会副会长。[①]

至抗战前夕，粤海公司及其合作的"围内"公司已达10家之多，总共拥有内河航船50余艘。

广州沦陷前夕，面对来势汹汹的日寇，粤海轮船公司的船有的"逃往"南海西樵，由梁墨缘凿沉10多只；有的逃往西江和北江，被国民党军队征用而没有下落；在广州被拉充军用而没有下落的有几只；还有几只被日机炸毁。

到日伪时期，粤海轮船公司能够航行的船已寥寥无几，能行驶的几只船所赚的钱不足以维持原船员工的生活。公司机构不复存在，"濒于破产"。

抗战胜利后，三大石油公司（亚细亚、美孚、德士古）机构恢复，但不肯在广州上油。他们把油囤在香港，要粤海轮船公司在广州交款，而赴港提油。此举风险太大，且奄奄一息的"粤海"已不复当年盛况，没有这个经济能力。几只船，只好以国产松香渣代替柴油，继以蓖麻油和菜油代替机油，勉强维持了一段时期。

至中华人民共和国成立前夕，粤海轮船公司又遭受了一次损失，其在顺德大坝的两艘船被国民党军焚毁。

而在共产党地下工作人员的帮助下，粤海轮船公司先后将部分船只疏散至澳门，避开了国民党反动派的劫夺和毁坏。中华人民共和国成立后，由梁墨缘带回广州继续航行。

---

① 李盛平主编：《中国近现代人名大辞典》，北京：中国国际广播出版社，1989年，第653页。

梁墨缘感慨颇深，言，中华人民共和国成立初期，虽然船只破旧，人员星散，资本很少，并且燃料无着，百废待举，但"在这个时期反而觉得什么事情都好办了"。他感觉到，"内河航运不仅仅是商人自己搞，而是政府在帮助商人搞"，这是过去任何时期不曾见过的，"过去只有被刁难，受压榨，有谁关心、帮助过呢"。他认为，"只有人民政府才给航业界许多具体的帮助"。

中华人民共和国成立初期，燃油紧张，无法供给内河航船，"政府对我们说明，柴油因为国家有更大的需要"。但是政府劝导和协助企业对船机进行适当的改造，"使用一种没有冷结的沥青渣"，虽然不及柴油好用，但比松香渣好得多，而且是"自力更生，不必仰人鼻息"。

1954年11月公私合营以后，燃油的问题"源源供应，不虞匮乏"，梁墨缘把全部精力投身于新中国的航运事业，使当时的广东航运业得到"迅速的恢复和发展"。①

"我搞了一辈子内河航运，至1954年才真正使用了自己国家生产的柴油——这是一桩多么令人兴奋的事啊！"②

梁墨缘后来当选为广州市政协委员。1976年10月病逝于广州，终年83岁。

第二节　管理之道

协同和机器厂之所以取得成功得益于三点：一是修与造兼营，易于维持生存；二是以发展产品品种和保证质量来提高竞争力；三是有方便客户

---

① 吴广义、范新宇：《苦辣酸甜——中国著名民族资本家的路》，哈尔滨：黑龙江人民出版社，1988年，第255页。

② 梁墨缘：《粤海（航运）公司四十年》，广州市工商业联合会、广州市政协文史资料委员会主编：《广州工商经济史料》第2辑，广州：广东人民出版社，1989年，第45页。

的经营服务措施。

第一点，并不具有独特性，因为那个时代的中国，众多机器民营作坊和机器厂都是如此兼而有之，且百分百以维修起家。即便上海求新机器轮船制造厂初期也只是承接轮船的修理及辅助配件的配制业务。

第二点是协同和取得成功的关键，即不断生产新产品，满足市场需求，且紧跟市场步伐，在时间节点上抓得很紧。

第三点，经营服务措施得力，却不稀奇，所有从事市场经营的企业，都需要提供售后服务，甚至，要提供售前、售中、售后一条完整的服务链。

企业的经营是一门学问。

陈拔廷从无到有，将一个机器作坊发展成为华南地区最大的机器企业，自有其独特的经营之道。

企业经营，人是关键。

陈拔廷是如何选人的呢？

比如他选派薛则民前去美国通用电气公司（General Electric Company，简称GE）进修，既是对未来人才储备的思量，也是对"最勤奋，技术水平进步较快"的员工的嘉奖。薛则民利用4年时间学成，回来之后没有另起炉灶或攀高枝儿，而是继续回到协同和机器厂从事技术工作。放眼那个时代的民营企业，能将骨干职工派去外国进修，不能说绝无仅有，但一定是不多见的，更不可能是常态。

协同和机器厂发展到一定阶段后，增设了总务处、会计部、营业部、货物部、人事委员会、科学管理委员会、工厂建设委员会等工作部门。还开设了一些分厂。而这些职能部门和分厂负责人的人选，陈拔廷没有搞任人唯亲那一套，而是"不断把参加了股份的技工安插到主管部门去"。职工持股不算新鲜事，过去几个人合伙办企业，都有股份、都是股东。但把股份"稀释"后让更多职工持股则不是一般企业所能为。如"穗厂的协理钟礼泉、港厂的协理陆泽如、穗厂技务长高乐"都是在厂里工作了很久的技术熟练的工人，陈拔廷对他们予以重任。梁墨缘认为："这就是协同和

能步步发展壮大的秘诀。"①识人、察人、用人，"尚贤"——不任人唯亲而是任人唯贤，这也是中国古代思想家墨子的思想。

陈拔廷生活在半封建半殖民地社会时期。在物质资料生产方面，有资本主义机器大工业，也有落后的手工业作坊，生产社会化的程度参差不齐。所以，企业管理方式多种多样。但是从总体上来说，"旧中国的企业管理主要还是封建衙门式的，以及小手工业方式的经验管理"②，都离不开"家族"的影子。既是家族，外人是不能主事的。而这种旧的思想在陈联泰机器厂存在，在均和安机器厂也存在，但在协同和机器厂彻底消失了。陈拔廷培养的弟子人数众多，很多人慕名而来，如揭阳人郑翼之"前往广州协同和机器厂拜师学艺，学习机械生产技术和企业经营管理经验"③，为家族开设工厂而做准备。"大量吸收徒工，徒工入厂后，要求甚严而又充分给以学习技术知识的机会，学徒期满，经过考核由厂发给证书。毕业的学徒一般都有一定的技术知识和工作能力，不少工厂喜欢雇为技工"④。在广州博物馆藏有一件"协同和机器厂学徒毕业证书"，是1922年协同和机器厂颁发给学徒张镜的。该证书正上方为标题"协同和机器厂学徒毕业证书"，标题下方为竖行文字，最右边为"第五十七号证书"字样。正中间正方形内有一圆圈，圈内有"张镜君经在本厂学艺，遵约期满，堪作良工，应予卒业，特此证明。由民国六年八月廿六日就学，至民国十一年四月四日卒业"等字样。证书最左边为"中华民国十一年一月十五日司理陈沛霖、总管陈拔廷发给"等字。

① 梁墨缘、薛则民：《协同和机器厂回顾》，中国人民政治协商会议广东省委员会文史资料研究委员会编：《广东文史资料》第8辑，内部资料，1963年，第7页。

② 谢京师编著：《现代管理学》，开封：河南大学出版社，1986年，第174页。

③ 杨群熙：《华侨与近代潮汕经济》，汕头：汕头大学出版社，1997年，第56页。

④ 方文瑜：《陈拔廷与协同和机器厂》，中国民主建国会广州市委员会，广州市工商业联合会等编：《广州文史资料》第36辑《广州工商经济史料》，广州：广东人民出版社，1986年，第47页。

非但如此，当有的客户订购机器又想"订购"技术人员时，陈拔廷则会"从学徒中挑选合适的徒工让给这些客户"[1]，这一方面体现出陈拔廷的大度，不怕旁人挖墙脚，一方面体现他的自信。另外，也给更多徒工提供了成长和晋升的机会，还给企业做了很好的宣传。

那一时期，由于政治上腐败，经济上落后，工业基础薄弱，大部分企业普遍处于"勉为其难"的生存状态，故而，"企业管理粗放"[2]，做不到精细和科学。而陈拔廷等的企业却以人事委员会、科学管理委员会、工厂建设委员会"统领"企业发展，吸引干部职工"参政议政"，避免企业领导人陷入"一言堂"的局面，避免企业管理者"一意孤行"，盲目冲动进行

图59　协同和机器厂学徒毕业证书

企业扩张、投资，无疑为企业发展注入了强心剂和无穷的活力，为企业管理者作出科学的决策提供了重要的参考。虽然受历史条件和社会条件的限制，这种管理模式也存在一定的局限性，但比较如今一些先进企业，协同和机器厂的管理也毫不逊色。这对于没有读过什么书、没有出过国、没有在跨国公司历练过的陈拔廷以及他的搭档们来说，是了不起的进步。

中国人崇尚以和为贵。作为陈桃川的徒弟，他另起炉灶之后做的仍然是机器修理和制造的业务，他越做得好，便越是均和安机器厂的竞争对手，甚至是死对头。陈桃川是这一行的老大，徒弟的光芒盖过师父本来也

①　罗兴连：《近代广州民族企业发展的重要物证》，程存洁主编：《发现广州》，广州：岭南美术出版社，2015年，第88页。

②　乔有让主编：《冶金工业企业管理》，北京：冶金工业出版社，1994年，第10页。

没什么，长江后浪推前浪，但"陈拔廷也把他（陈桃川）拉过来参加了协同和的股份"①。陈拔廷此举既出人意料，又在情理之中。他首先是一个聪明人，有饭大家吃，有钱大家赚，抱团取暖比单打独斗要务实。这是"和"的基础。其次，他是一个懂得感恩之人，若没有师父的照顾他哪里能学到一身本事？"涓滴之恩，当以涌泉相报。"《诗经》云："投我以木桃，报之以琼瑶。"人懂得感恩，必然是"和"的进一步延伸，可以获得更多的人脉资源。

协同和成功的秘诀，还有一个，就是"连环扣策略"。正所谓，环环相扣，牵一发而动全身。

机器厂、米机、轮船公司，看似是经营不同业务的企业，实则占据的是三个行业。而这三个行业在当时都有举足轻重的地位。陈拔廷将机器厂视为"龙头"，所生产机器，种类多，用途广，如何形成一个"闭环效应"？陈拔廷等人深谋远虑，直至航运业务"加盟"，时机便成熟。陈拔廷采取的策略是不断地吸收股东，尤其是加大对航运业务和米机板块的投入，最终形成"有'粤利'等航运公司十家，'协昌成'等米机十多间"的集团化规模。协同和机器厂在其中有股份，这二十几家公司的股东在协同和机器厂也有股份。如此一来，大家便都是"一根绳子上的蚂蚱"。尤其对"协同和"极为有利，"机器修配、安装和购置，都要找到协同和，成为固定的客户"。②从某种意义上，"协同和"成为其他公司的"母体"和"土壤"。如果按照现代企业管理模式来看，协同和是母公司，其他企业是子公司。虽然"体制"上并非如此，但从业务分部、核心技术、售后服务等方面而言已经是这样的布局。这些公司荣辱与共、风雨同舟，形成

---

① 梁墨缘、薛则民：《协同和机器厂回顾》，中国人民政治协商会议广东省委员会文史资料研究委员会编：《广东文史资料》第8辑，内部资料，1963年，第7页。
② 梁墨缘、薛则民：《协同和机器厂回顾》，中国人民政治协商会议广东省委员会文史资料研究委员会编：《广东文史资料》第8辑，内部资料，1963年，第7页。

了足够的抗风险能力。协同和机器厂在1925年前后这段时期，每年出产"米磨二号"连同柴油机、榨油机、榨蔗机等机器，纯利甚巨。陈拔廷除把其中的部分利润投资扩大机器厂的设备外，其余都投资于米机和航运业，且派出梁墨缘、薛广森两人专责经营这两方面的业务。有了环环相扣的关系，机器修配、安装和购置，就都要找到协同和，便都成为固定的客户。"协同和的营业一直比同行的厂坊景气，奥妙就在这里。"①

还有一点也很重要，即协同和机器厂在发展过程中不断面临各种困局，有时甚至濒临生死抉择，每当这样的时候陈拔廷便选择了"退"，不管市场如何变化，修理机器始终成为协同和机器厂维持生存的最后一根稻草。一旦"风声"过去，市场形势好转，立即转守为攻，迅速占领市场。陈拔廷深谙兵家之道。《孙子》曰："知彼知己者，百战不殆；不知彼而知己，一胜一负，不知彼，不知己，每战必殆。"陈拔廷知己，又通过摸索，达到知彼，因此，一路进退自如。

陈拔廷是学而时习之，还是无师自通？从现有的资料中，无法洞悉其深谙企业管理之道的根源，但有一点毫无疑问，他是一个非常善于学习和懂得创新的人。

当然，陈拔廷并非完人，在经营过程中，也出现了一些问题，比如薪酬分配的问题。1925年，陈拔廷担任协同和机器厂的经理，此前，他一直担任协理，而陈沛霖担任经理。随着工厂不断扩大，经理和副经理的薪水不断提高，"从原来的三十元升到三百到四百元"。与管理层薪酬相比，一线工人的收入则"捉襟见肘"。工人们每天要工作十三四个小时，特别是学徒，连星期日也不得休息。但是，一个普通工人除去每天三角三分的伙食费，每天只得到工资六七角；技术水平较高的工人也不过得到一元左右的酬劳。而当时的大米，每石约值八九元，房租每月至少需两三元，家

---

① 梁墨缘、薛则民：《协同和机器厂回顾》，中国人民政治协商会议广东省委员会文史资料研究委员会编：《广东文史资料》第8辑，内部资料，1963年，第7页。

里有三四张口等着吃饭的工人，以那样低微的工资收入，只不过勉强够糊口。这还是工厂正常经营的时候。如果工厂生产经营遇到困难，工人的收入更低，生活更苦。但是，事实上"在当时那样的设备、技术条件下，企业的利润，主要还是由工人创造的"①。

在协同和机器厂不断仿制洋机器的过程中，工人们立下汗马功劳，如仿制榨蔗机时因缺乏迫切需要的设备滚齿机，厂方原想向德国礼和洋行购买，但外商乘机索价，全套配件要几万元。工人们不甘受外商勒诈，决定自行仿制。没有涡轮刀，他们根据涡轮构造推出涡轮刀的结构而制成了涡轮刀；又利用磨制磨心的车床成功磨制滚齿机重要的配件高碳钢轴，制成滚齿机。这两项发明对以后大量制造榨蔗机起了决定性作用。"其他各种机器也都是通过工人们的双手制造出来的"。②

与所创造的价值相比，工人们的劳动环境却非常恶劣，梁墨缘、薛则民言，"装配车间的学徒卢长务，入厂一年多，每天都在阴暗潮湿的车间里工作十几个钟头，缺乏休息和营养，患了脚气病，因为得不到及时治疗而死去"。伍锦则言，有一位叫卢务长的学徒，入厂一年多，患了脚气病，"因得不到及时的治疗而死亡"。③说的应是一个人。

显然，陈拔廷等并未从思想深处意识到一线工人的作用和价值，他们对工人的收入分配仍然停留在"资方"与"雇工"的身份认知上，结果导致工人情绪不满。1921年，"部分徒工为改善徒工待遇，曾自发组织过怠工斗争"，同年，"全厂工人参加了全市性机器工人为减少工时，增加薪

---

① 梁墨缘、薛则民：《协同和机器厂回顾》，中国人民政治协商会议广东省委员会文史资料研究委员会编：《广东文史资料》第8辑，内部资料，1963年，第13页。

② 梁墨缘、薛则民：《协同和机器厂回顾》，中国人民政治协商会议广东省委员会文史资料研究委员会编：《广东文史资料》第8辑，内部资料，1963年，第13页。

③ 伍锦：《解放前广州市私营机器工业概况》，中国人民政治协商会议广东省广州市委员会文史资料研究委员会编：《广州文史资料（选辑）》第23辑，广州：广东人民出版社，1981年，第90页。

水的同盟罢工"，"罢工时间持续十个月"。①是不是厂里没有钱？非也。
"它（协同和）的产品在价格上一般都高出他厂百分之十左右，而顾客还
是喜欢订购它的产品"②，产品销量一直逐年增加。

工人们只有通过维权，迫使资本家"接受了工人部分要求"。

而在企业经营困难时，侵犯工人权益的行为更是家常便饭。1948年上
半年，国民党统治区的经济濒临崩溃，民族工业濒于绝境，仅广州一地，
关闭的工厂便达到原有工厂总数的百分之八十左右，加上货币贬值，金圆
券、银圆券等于废纸，更严重威胁各企业的生产。"这一年，协同和不仅
没有厂商来订制机器，就是修配业务也很少客户来问津了"，由于生意不
景气，资金周转困难，常常发不出工资，协同和机器厂被迫"向伪银行和
惠米机械厂等同业借债来发放"。正是这一年，陈拔廷把十名工人"逐出
厂门"；1949年，又有两批六十多个工人"无故被解雇"，工人们"举行
了全厂性的罢工斗争"，整整"持续了二十天"。③

也许，陈拔廷也实属无奈。出人意料的是，困局之下的陈拔廷体恤工人，
发给被解雇工人"遣散费"，"另给参加罢工工人补发十天的工资"。④

① 梁墨缘、薛则民：《协同和机器厂回顾》，中国人民政治协商会议广东省委员会文史资
料研究委员会编：《广东文史资料》第8辑，内部资料，1963年，第12页。
② 梁墨缘、薛则民：《协同和机器厂回顾》，中国人民政治协商会议广东省委员会文史资
料研究委员会编：《广东文史资料》第8辑，内部资料，1963年，第8页。
③ 梁墨缘、薛则民：《协同和机器厂回顾》，中国人民政治协商会议广东省委员会文史资
料研究委员会编：《广东文史资料》第8辑，内部资料，1963年，第12页。
④ 梁墨缘、薛则民：《协同和机器厂回顾》，中国人民政治协商会议广东省委员会文史资
料研究委员会编：《广东文史资料》第8辑，内部资料，1963年，第13页。

第三节　建设港厂

1930—1937年，在协同和机器厂生产柴油机的全盛时期，陈拔廷等在香港建立了工厂。港厂的设立看似一个偶然。1930年，梁墨缘和薛广森到香港购买船只，他们买了一艘轮船之后又遇到新买主，索性将轮船卖掉，一进一出干挣8000元。他们用这笔款在九龙土瓜湾买了10万英尺（约929平方米）厂地。他们的打算是如果陈拔廷不同意买受这块地，便另行招股在香港开设工厂。陈拔廷怎么会不同意呢？早在"米磨二号"出产后，陈拔廷见侨商订购量增加，已有意在港另设新厂专营海外生意。后来穗厂生意日益发展，在港建厂的想法也更为迫切，但一场世界性的金融危机打乱了陈拔廷的计划，使他在香港设厂的战略发展规划暂时搁浅。

1929年10月24日，美国爆发了资本主义历史上最大的一次经济危机。在历经10年的大牛市后，美国金融崩溃了，股票一夜之间从顶峰跌入深渊，一周之内美国人在证券交易所内失去的财富达100亿美元。1929年10月29日到11月13日短短两个星期内，共有300亿美元的财富消失，相当于美国在第一次世界大战中的总开支。农场主为了销毁过剩的产品，把牛奶倒进密西西比河，纽约流行一首歌："梅隆拉响汽笛，胡佛敲起钟。华尔街发出信号，美国往地狱里冲！"[1]

这次危机历时近5年。资本主义各国工业生产剧烈下降，各国企业大批破产，失业人数激增，失业率高达30%以上。资本主义农业危机与工业危机相互交织激荡，导致农副产品价格大幅下跌，农业生产严重衰退。国际贸易严重萎缩，各国相继发生深刻的货币信用危机，货币纷纷贬值。资本主

---

① ［德］卡尔·马克思著，邵新顺编译：《资本论》（全新插图普及本），北京：中国工人出版社，2015年，第285页。

义国际金融陷入混乱之中。由于商品严重滞销，市场问题变得异常尖锐，主要资本主义国家争夺市场的斗争日益激烈。

经济危机余波袅袅，中国不可能不受影响。协同和机器厂从1930年起"机器生产一度陡降"①，效益剧烈下滑，在这样的形势面前，陈拔廷在香港设厂的想法无法付诸实施，他知道，这样的时期能活命已是不易，谁还敢进行巨额的投资。

但梁墨缘、薛广森玩的这一次漂亮的"空手套白狼"给协同和机器厂创造了机会，按照梁墨缘的说法，陈拔廷"哪有不要之理"。

第二年，陈拔廷亲自出马到香港主持筹建新厂。陈拔廷亲自出马的原因是此时协同和机器厂仅"剩下"他还在勉力支撑。

1925年以前，陈沛霖担任协同和机器厂经理一职，陈拔廷担任协理，何渭文任财政。1925年，陈沛霖因病逝世，经理一职改由陈拔廷担任。但陈沛霖逝世后，何渭文便乘机退股，自行招兵买马，在芳村建立"渭文教养院"。

何渭文早年毕业于英国人开办的育才书社，受资产阶级兴办实业影响，如前述，开过"植丰号"磨厂。但他对机器一窍不通，开设协同和米机只是想借助陈拔廷和陈沛霖的力量起家。由于他不懂业务，整个厂的业务由"两陈"主持，自己只担任"财务"一职。随着工厂不断扩大，经理和副经理的薪水也不断提高，从原来的三十元升到三百到四百元。何渭文的月薪虽也不断上升，但低于"两陈"。他在厂里的威信也不如"两陈"高。这对何渭文都是很大的刺激。在工厂日益发展、资本日见扩大时，他便乘陈沛霖逝世之际拉拢少数技术工人离厂另走发家之道。但此时"协同和"的生产已有基础，资金数量相当庞大，何渭文的退股对"协同和"并未造成很大的影响。他退出的股份很快被人买去。"何渭文退出股份另建

① 梁墨缘、薛则民：《协同和机器厂回顾》，中国人民政治协商会议广东省委员会文史资料研究委员会编：《广东文史资料》第8辑，内部资料，1963年，第9页。

新厂，说明了资本家内部之间的矛盾。"何渭文把从"协同和"退出来的股金全部投建"渭文教养院"。他以教养贫苦儿女为名，收养了男女童工各20名，聘请了一位德国工程师从事机器生产管理。"他招收这批童工是打算待他们长大后双双结成夫妻，自己当个当然的家长，将来也就可以任意使唤他们。"但是由于工厂技术力量不足，设备差，只经营了三四年便垮台了。"渭文敬养院"的建立对当时的机器工业没有起任何作用，但是，广州的妇女参加机器制造这一行业却是从"渭文教养院"开始的。"协同和创业的三个人，一死一离，只剩下陈拔廷继续经营这份事业。""无人可用"，陈拔廷只能亲自到香港主持建厂。①

笔者去过几次九龙。九龙半岛是香港三大区域之一，与一海之隔的港岛一样是组成繁盛的香港的不可或缺的部分，对香港经济发展有重要作用和影响。九龙东、南、西三面被维多利亚港包围。从铜锣湾地铁站上港铁，乘坐两站到金钟地铁站，换荃湾线坐3站，转观塘线，坐1站到何文田地铁站，换屯马线乘坐1站即到土瓜湾地铁站，看似线路复杂，实则全程加上步行只需26分钟。

在陈拔廷建厂之时，土瓜湾显得有些杂乱。村落消失没几年，相对红磡、九龙城而言，属于早年发展较慢的地块。正因如此，梁墨缘、薛广森才可用8000元买了10万英尺厂地。

土瓜湾名称由来，一说是土瓜湾旧日的海湾"海心岛"的形状像土瓜（即番薯）而得名；一说是那里的居民以种植土瓜为主而得名。根据《九龙城区风物志》描述，临近土瓜湾天后庙的土瓜湾村早于1813年的《新安县志》已有记载，是为数不多的九龙半岛古村落之一。

土瓜湾也已有工业区"雏形"。

香港是一座港口城市，商业与金融是其主打产品。此前，工业是一片

---

① 梁墨缘、薛则民：《协同和机器厂回顾》，中国人民政治协商会议广东省委员会文史资料研究委员会编：《广东文史资料》第8辑，内部资料，1963年，第14页。

空白。1922年到1927年间，香港的第一家纺织厂和电筒厂先后设立，"香港工业才算稍具雏形"。[①]1931年，全港从事制造业的工人超过11万，占全体劳动人口的24%。[②]1932年开始，"各业工厂的开设慢慢增多"，到1934年，香港的工厂大大小小合计约有800家。1939年，年仅17岁的广州人冯景禧只身闯荡香港时，便首先在土瓜湾卑利船坞当学徒，后来凭借"大家庭式哲学"经营和管理新鸿基公司屡创战绩，称霸香港证券市场和银行界。几十年后的1977年，广东梅县人曾宪梓在香港创办金利来（远东）有限公司，后在土瓜湾购置六层工厂大厦生产领带，业务遍及港九新界各地、东南亚各国、日本、澳洲、欧洲和北美，成为"领带大王"。

土瓜湾有地利之便，湾者，海岸向陆地凹入的地方，适宜建筑港口，在港口建厂，原料、机器、产品进出便利，能省去极大的物流成本。

"新厂共投资二十二万多元，规模与穗厂差不多，设备较穗厂还要好"。[③]

一年之后，新厂陆续投入生产。港厂分设旧机械修理、新机械制造和铸造三个车间。

"港厂的建立是协同和机器厂扩展的一个重大标志。"尤显重要的是，港厂适应形势发展需要，在推出新产品的同时还注册了"协同和"商标。

商标其实是中国古代的"发明"。北宋时期，山东济南有一家"刘家针铺"专门造针，以"白兔"为商品标志，这是我国目前发现的最早的商标。而对于彼时的国人而言，商标又是一个新鲜事物。

商标是企业的脸面。一个企业如果只有一个商标，就只有一张

① 经济导报社编辑出版：《香港经济年鉴》，内部资料，1973年，第5页。

② 金应熙：《金应熙史学论文集·近现代史卷》，广州：广东人民出版社，2006年，第358页。

③ 梁墨缘、薛则民：《协同和机器厂回顾》，中国人民政治协商会议广东省委员会文史资料研究委员会编：《广东文史资料》第8辑，内部资料，1963年，第9页。

"脸"，有十个商标，就有十张
"脸"。商标的作用，一是混个脸
熟，二是标明产品的"出身"。它是
区别于生产、经营同种或类似商品的
厂家的重要标识，商品的质量借助商
标的知名度直接关系企业及产品在市
场上的地位和形象。另外，拥有商标
的产品可以获得法律保护，注册人享
有商标专用权，假冒、仿造、伪造商
标都是违法行为。

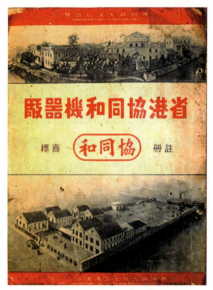

图60　"协同和"商标

虽然商标起源于中国，但欧洲对
于商标的立法却比中国早。而"香港
的商标法依随英国的法律体系，主要有以1938年英国《商标法》为蓝本，
于1955年颁布实施"[①]。但早在1873年香港立法局就通过了香港第一个商标
注册条例《香港第16号法例》，这比英国制定的第一个《商标注册法》还
要早两年。而"该英国商标注册法在一定程度上是参考香港的经验而制定
的"。[②]这便传递出一个重要信息——"协同和"已走上制度化轨道。陈拔
廷为自己的企业和产品注册"协同和"商标，是企业实力的彰显和自信心
的直接体现，是寻求法律保护、更好地树立和打造企业文化及产品品牌的
有效方式。

"协同和"商标的构成并不复杂，甚至非常简单，三个红色的汉字
稳健而有力，外围一个红线框。从"商标"上看到，协同和港厂的厂名为
"省港协同和机器厂"。

以三个车间的分布来看，港厂主营业务与穗厂区别不大。而此时，

---

① 曹淳亮主编：《香港大辞典·经济卷》，广州：广州出版社，1994年，第158页。
② 王文祥主编：《香港澳门百科大典》，青岛：青岛出版社，1999年，第472页。

"帝国主义对我国的商品倾销已趋缓和，广东的碾米业又因洋米入口税的增加而呈现'中兴现象'"，故"协同和的营业已日有起色"，便同港厂形成"互补互助"之势——港厂建成以后，除招揽侨商生意外，还作为穗厂购买原料的据点，经常通过它购买外国厂拍卖的陈旧机器运回穗厂改装翻新，此外，还为穗厂生产零件及柴油机之类的机器，直接支援穗厂。

港厂与穗厂齐头并进，红火一时。

随着生产业务的扩展，穗厂工人从150多人发展到350多人，穗厂、港厂合计共拥有工人700多；各种车床、刨床、钻床100多台，其中包括新式的为华南地区厂矿罕有的齿轮螺床、刨台车床、勾槽车床和歪心软螺车床等新型机器。

对这几种机器一般人可能不太熟悉，尤其是"歪心软螺车床"。一般车床的卡盘结构不能调节，属于三爪自定心卡盘，卡爪相当于车床的手，一个卡盘有三只"手"，故曰"三爪"。"手"夹紧机件，定好位，才可进刀，车削。这种卡盘定心精度低，粗加工没什么关系，权当给工件"去皮"而已，但去粗之后取精，三爪自定心卡盘很难保证零件的同轴度和垂直度，搞不好就"车"歪了。比较先进的机器，卡盘"卡爪"有"硬""软"之分，以外圆为基准定位，车削内孔时，可卸下硬卡爪换上软卡爪。软卡爪是用未经淬火的45号钢制成，特点是工件虽经几次装夹仍能保持一定的相互位置精度，可减少大量的装夹找正时间；其次，当装夹已加工表面或软金属工件时不易夹伤工件表面，"软卡爪在工厂中已得到越来越广泛的使用"[1]。梁墨缘等所指的车床也可能有四爪卡盘，这种卡盘适用于装夹截面为矩形、正方形、椭圆形或其他不规则形状的工件，并可装夹加工出偏心轴和偏心孔。"由于四爪卡盘的卡爪是单动的，因此夹紧

---

[1]　沙乾、唐益萍编著：《车工快速掌握精要问答》，上海：上海科学技术出版社，2011年，第101页。

力比三爪卡盘大。它也可用来装夹尺寸较大和表面很粗糙的工件"①，这比较符合港厂对于特殊零件的加工要求。

一时间，协同和机器厂产品销往国内广东、广西、湖南、江西等地，还远销越南、缅甸、加拿大等地。连设在香港和广州的洋行也向"协同和"订制"米磨二号"，还"暗地换上自己的商标，运往香港等地出售"②。从彼时仿制洋人的机器，到此时机器被洋人"贴牌"，协同和机器厂品牌虽然遭受一定程度的损害，但从侧面说明其获得了市场认同，是中国民族工业打出自有品牌的前无古人之举，是一种实力的象征和莫大的骄傲。

经过短短几年发展，港厂规模"已与穗厂相近"③。此时的协同和机器厂早已有了"图样设计"，管理制度更加健全，两厂在董事会统辖下分设经理、协理。到抗日战争前夕，港厂也有了总务处、会计部、营业部、货物部、人事委员会、科学管理委员会和工厂建设委员会等工作部门。同时，建立了制造单和记录工时的制度。此外，还改进了厂内附设的轻便铁道——厂内拥有自己的铁路运输线，是企业实力雄厚的绝佳体现。这些制度的建立和条件的改善是由陈拔廷的儿子陈澄翰主持的，"它对当时工厂的生产起到了积极的推进作用"④。

① 李志军、武建荣编著：《车工基本技能训练》（修订版），西安：西安电子科技大学出版社，2009年，第39页。

② 梁墨缘、薛则民：《协同和机器厂回顾》，中国人民政治协商会议广东省委员会文史资料研究委员会编：《广东文史资料》第8辑，内部资料，1963年，第9—10页。

③ 黎润珍、赖俊明：《老牌"协同和" 再创新动力——广州柴油机厂》，广州市政协学习和文史资料委员会，广州市地方志编纂委员会办公室合编：《广州文史》第61辑《广州老字号（下）》，广州：广东人民出版社，2003年，第158页。

④ 梁墨缘、薛则民：《协同和机器厂回顾》，中国人民政治协商会议广东省委员会文史资料研究委员会编：《广东文史资料》第8辑，内部资料，1963年，第10页。

第四节　厄运再现

日本侵略者的铁蹄践踏着中华大地，协同和机器厂与均和安机器厂一样，终究难逃厄运。

协同和机器厂从1936年到广州沦陷为止，仅内燃机生产量平均每年就达到1000多匹马力，"最高年份竟升至三千匹马力"[①]。回首艰难的创业史，陈拔廷感慨万千，20多年来，除去经常性的修配业务外，他们共制成内燃机、碾米机、榨油机、抽水机等上千台，成为对华南地区工业特别是航运业、碾米业和矿业的发展产生重要促进作用的综合性机器生产厂。机器厂还在长期发展过程中培养了一大批技术工人。毫不夸张地讲，协同和机器厂已成为广东民族机器工业的中流砥柱。

但是，1938年，命运骤然逆转。因抗日战争之故，"日军封锁中国海岸"，以致"华籍船只前来本埠者，竟至绝迹"；军事当局也于2月3日至15日之间，封锁珠江，"航行悉告停顿"。[②]

日本侵略军气焰嚣张、来势汹汹，陈拔廷不得不思考厂子的退路，他认为港厂可能是他们唯一的退路。

10月12日，日本侵略军登陆大亚湾。陈拔廷知道日本侵略军很快将兵临城下，广州危如累卵。一时间，能跑的人都跑了，"粤垣居民，亦纷纷迁避"；生意做不成了，"商人懋迁，俱告停顿"。

社会彻底停摆，秩序混乱无章，偌大的广州城陷于"火焰四布，燃烧

---

① 梁墨缘、薛则民：《协同和机器厂回顾》，中国人民政治协商会议广东省委员会文史资料研究委员会：《广东文史资料》第8辑，内部资料，1963年，第9页。

② 《民国27年海关中外贸易统计年刊》，广州市地方志编纂委员会办公室、广州海关志编纂委员会编译：《近代广州口岸经济社会概况》，广州：暨南大学出版社，1995年，第815页。

正烈"①之中。

在日本侵略军入城之前，"协同和即自行停止了生产，除留下二十个人护厂外，大部分技术工人撤往香港厂"。②人可以尽可能地撤走，但那么多机器该如何搬运？陈拔廷只能将少数机器寄存在沙面，其余都"原封不动地留在厂里"。

很快，日寇"饭岛部队"占据了协同和机器厂。1939年，日本垄断资本福大公司"接管"协同和机器厂，将三分之二设备运往海南岛，剩下三分之一设备继续进行生产，主要"为日寇修理军械和生产少量柴油机"③。起初，参加生产的人员除一部分是日寇从自己部队中抽调来的人员外，都是从香港招募来的工人。后来，又把少数原来在协同和机器厂工作没有到香港去的老工人找回来。全厂共有工人150人左右。

广州协同和机器厂也因此"再次"进入《广东船舶发展简史》④：

民国二十七年（1938年）

10月，日本侵略军饭岛部队占据广州协同和机器厂。翌年，将该厂转归日商福大公司生产单缸柴油机。

遭受厄运的还有广南造船所，于1939年（民国28年）转给"福大公

①　《民国27年海关中外贸易统计年刊》，广州市地方志编纂委员会办公室、广州海关志编纂委员会编译：《近代广州口岸经济社会概况》，广州：暨南大学出版社，1995年，第815页。

②　梁墨缘、薛则民：《协同和机器厂回顾》，中国人民政治协商会议广东省委员会文史资料研究委员会编：《广东文史资料》第8辑，内部资料，1963年，第14页。

③　彭梅娇：《抗日战争时期日本对广州的经济侵略》，中共广州市委党史研究、资料征集委员会办公室，广州市中共党史学会编：《纪念抗日战争胜利四十周年学术讨论会论文选编》，内部资料，1986年，第310页。

④　陈建平、关伟嘉、端木玉、龚幼编著：《广东船舶发展简史》，哈尔滨：哈尔滨工程大学出版社，2018年，第122页。

司"，批量生产10马力及7.5马力单缸柴油机，供日式木艇使用。

日本侵略军运输队还在黄埔船厂设立第八野战船舶修理所，利用这些船厂为日军修造浅水轮船、机帆船和炮艇。[①]

一张表格证明，1936年，"福大公司"在华北、华中投资额为"0"，到1938年，投资额陡然升至"866"千日元，属于"空手套白狼"。

这是一间什么样的公司？福大公司开设于1937年9月27日，成立时间处于"卢沟桥事变"之后，系台湾拓殖株式会社子公司。台湾拓殖株式会社设立于1936年11月25日，为台湾总督府以土地方式出资1500万日元，日本大企业认股及日、台民间募股出资1500万日元，总计资金3000万日元的一家股份有限公司。其在华南地区的"事业"包括：广东——从事投资（修复）自来水、电力设施、采矿、农林、海岸填土、造船与建设职工场所设备等；汕头——投资（修复）自来水设施；香港——投资（修复）自来水设施、采矿、农作物栽培；海南岛——投资农林、畜牧、移民、交通运输、制冰、建筑、砍伐等。从其成立的时间以及从事的业务来看，这是一间貌似"半官半民"实则由政府控制，"帮助日本开发、掠夺大东亚地区资源"[②]的彻头彻尾的"国资""霸权"企业。

且种种迹象和事实证明，战争期间日本军队的"慰安妇"制度与台湾拓殖株式会社有着千丝万缕的联系。

广州企业因广州沦陷而遭遇灭顶之灾，但香港航运业却出现暂时的兴旺景象，香港轮船公司"营业独甚"，货客满载，各公司收入"创开业以来未有之最高纪录"。[③]

---

①　陈建平、关伟嘉、端木玉、龚幼编著：《广东船舶发展简史》，哈尔滨：哈尔滨工程大学出版社，2018年，第123页。

②　周伟民主编：《琼粤地方文献国际学术研讨会论文集》，海口：海南出版社，2002年，第436页。

③　陈大同：《各行商业录》，《香港商业年鉴》，香港新闻社，1949年，转引自张晓辉：《香港近代经济史（1840—1949）》，广州：广东人民出版社，2001年，第417页。

　　香港是世界自由贸易区之一，造船业和海运业一直很发达，英商早期在香港的经营也是从船舶修造业开始的。从1843年开始到19世纪末期，在香港九龙共发展有8个设备良好、规模巨大的船坞。以后，太古洋行又成立太古船坞机器公司及卑利船坞①。香港航运分太平洋航线、南洋航线、大西洋航线、沿海航线，各家公司总计拥有邮轮、轮船一百二三十艘，总载重量为10万吨左右。庞大的航运市场需要机械修理业的支撑，并利于机器制造业的发展。省港协同和机器厂一度出现短暂的繁荣，工人数目从100多人增加到200多人。还有一个业务仍在持续，"广西矿场订货仍源源不绝"②——这一业务与抗日战争爆发有关，"当时广西产煤数额，与军事、交通及工厂需要攸关"。③

　　广西富产煤炭，其煤炭资源发现、开发和利用始于宋代，到清代时已多处开采，用于冶炼和烧石灰等。据统计，至民国24年（1935年），全省发现煤炭资源39处（其中勘查17处），从事开采煤炭公司14家，员工1576人，年产原煤4005吨。1936年，发现煤炭资源增至40县97处，年产原煤增至22335吨。抗日战争爆发后，湘北沦陷，湘煤供应中断，广西煤炭更是供不应求。

　　煤矿开采需要用到大量的采矿设备——柴油机、鼓风机、空气压缩机、车叶和水泵，这些都是协同和机器厂的主打产品，适销对路，需求大

---

① 冯维标：《省港各洋行杂记》，广州市政协文史资料研究委员会，广州市荔湾区政协文史资料研究委员会编：《广州文史资料（选辑）》第35辑，广州：广东人民出版社，1986年，第93页。

② 梁墨缘、薛则民：《协同和机器厂回顾》，中国人民政治协商会议广东省委员会文史资料研究委员会编：《广东文史资料》第8辑，内部资料，1963年，第15页。

③ 广西壮族自治区统计局等编：《百年广西工业（1840—2002）》，南宁：广西人民出版社，2004年，第21页。

增，工厂为此获利颇丰，"仅一九三九年就获纯利数十万"。①

　　1941年7月25日，美国宣布冻结日本在美的资产，实行石油禁运。英、荷等国随即仿效。日本自认为被"逼进了生死攸关的经济危机之中"②。为摆脱困境，日本于1941年9月8日提出南方作战的全部设想，明确其攻占香港的目的是要"摧毁英美在东亚的主要根据地"并"迫使中国屈服"。③日本最高统帅部认为香港具有重要的战略价值，攻占了香港就切断了中国军需物资及对外贸易的唯一海上通道，加强对中国的军事和经济封锁。同时，可以充分利用香港的优良海港，把中国沦陷区的物资源源不断地运往南洋各地和日本本土，实现"以战养战"的目的。

　　1941年12月7日，日本偷袭美国太平洋海军舰队基地——珍珠港，太平洋战争爆发。次日凌晨，在炮兵、空军、海军的配合下，经过精心谋划部署的日军主力向香港发起猛烈进攻，一时间，炮火纷飞，香港居民在轰炸中听到了高射炮和高射机关枪的声音，"但显然的火力不够，敌机还能安然的俯冲下来投弹"。④

　　日军首先轰炸了香港启德机场和停泊在香港海面的英军舰船，摧毁了香港英军薄弱的空军力量。步兵随即向九龙要塞发起攻击。英军瓦利斯准将指挥的大陆旅疏于防范，九龙要塞被日军轻易攻占，英军被迫转守香港岛。12日，日军向英军发出通牒，要英军投降，遭到拒绝。18日深夜，经过5天连续炮击后，日军分别在北角、不莱玛、水牛湾完成登陆。英军反攻未能成功。19日，英军西部旅旅长罗松准将战死。20日，英军被日军完全

①　梁墨缘、薛则民：《协同和机器厂回顾》，中国人民政治协商会议广东省委员会文史资料研究委员会编：《广东文史资料》第8辑，内部资料，1963年，第15页。

②　日本防卫厅防卫研究所战史室著，天津市政协编译委员会译：《中华民国史资料丛稿 译稿 香港作战》，北京：中华书局，1985年，第23页。

③　日本防卫厅防卫研究所战史室著，天津市政协编译委员会译：《中华民国史资料丛稿 译稿 香港作战》，北京：中华书局，1985年，第25页。

④　萨空了：《香港沦陷日记》，北京：生活·读书·新知三联书店，1985年，第5页。

分割在东、西两个地区。21日，东部旅向黄泥涌山峡反攻，西部旅向尼克松山反攻，均未能成功。24日，日军再次对英军劝降，仍被拒绝。25日，日军飞机及炮兵集中火力对仓库山峡、湾仔山峡、歌赋山、扯旗山、西高山的英军阵地狂轰滥炸，迫使英军放弃抵抗无条件向日军投降。

12月25日，1.5万名驻港英军18天的抵抗宣告失败，港英总督杨慕琦（Mark Young）向日军投降，英国在香港"百载繁荣一梦消"，日本太阳旗取代英国米字旗。

一位亲历者言，香港"一夜之间，世外桃源变成了人间死市。霓虹灯再也不亮了，舞场、戏院、酒楼、茶肆，除了少数小吃店以外，所有大小商铺，全部关门停业。入夜灯火管制，漆黑一片，只有从远处飞来的炮弹，曳空而过，嘘嘘作声，引起了一些震动，表明这个城市还没有停止呼吸"①。

日寇占领香港后即开始肆无忌惮地抢掠。日军贴的第一张布告以"保护华人财产"为借口，几乎将一切物资都列入统管范围，未经"皇军"允许，一切物品都不能自由搬动和买卖。昔日人来人往的先施、永安、大新、国货公司和英美的大公司门可罗雀，门上都被钉上了"大日本军陆军管理""海军管理""军搜集部管理""金融班管理"②等的牌子；日本兵还公开抢掠商人的货物，导致没有哪家店铺敢开门营业，好多店门口上都写着"被劫一空"的条子。

陈拔廷"精心"选择的一条"退路"成为一条"死路"，"港厂随香港陷落，被日寇海军陆战队占用"。③

被占用之后，日寇强迫工人为其修理机器，但付给工人的报酬十分微

---

①　徐铸成：《旧闻杂忆续篇》，成都：四川人民出版社，1982年，第27页。

②　萨空了：《香港沦陷日记》，北京：生活·读书·新知三联书店，1985年，第109页。

③　梁墨缘、薛则民：《协同和机器厂回顾》，中国人民政治协商会议广东省委员会文史资料研究委员会编：《广东文史资料》第8辑，内部资料，1963年，第15页。

薄，"一个技工每日仅得'军用票'一元左右"。"军用票"是日本侵略军在中国占领区内以武力滥事发行的"无准备不兑现"的支付凭证，目的是方便筹备物资，扰乱、破坏中国经济。此种军用票购买力极低，"一元只买得几两米"。虽然后来日寇不再发军用票而改发实物，一个技工每日有两斤米，普通工人为一斤米，也只能勉强养活自己和家人。

但香港米荒很快出现。因日本侵略军将香港的95万担存米抢走80万担充作军粮，香港居民每人每日仅定额"六两四"大米，折合现在的计量单位大约200克，即四两；后来还减到"三两二"，即二两。这点米根本无法维持强体力劳动者的体能付出，"工人们不堪挨饿，且不愿为日寇做工，好些人相继离厂返乡"。

最后的情形是，与穗厂相比，港厂厂房还在，机器还在，生产也在维持，但在日寇极端压榨政策之下，"协同和"几乎倒闭。

香港居民和陈拔廷所带领的工人，整整度过了3年零8个月暗无天日、不堪回首的岁月。

第五节　雪上加霜

经过中国军民浴血抗战，1945年初之后，日本侵略军在中国战场已呈垂死挣扎之状。

7月17日至8月2日，美、英、苏三国首脑在德国柏林郊外的波茨坦举行会议。会议期间，通过一项由美、英、中三国代表签署的决议，即《波茨坦公告》。苏联于8月8日对日宣战后加入该公告。公告宣布：盟国对日作战将继续到日本完全停止抵抗为止，日本政府必须立即投降。但是，日本政府拒绝接受《波茨坦公告》。

8月6日、9日，美国分别在广岛和长崎投下原子弹。虽然美国在广岛和

长崎投放两颗原子弹的决策是历史上"最具争议的行为"①，但瞬间数十万民众的消亡，让日本天皇终于意识到，他的帝国梦彻底破灭了。

在苏联红军出兵对日作战的同时，中国军队开始全面反攻。8月9日，毛泽东发表《对日寇的最后一战》，指出："对日战争已处在最后阶段，最后的战胜日本侵略者及其一切走狗的时间已经到来了。在这种情况下，中国人民的一切抗日力量应举行全国规模的反攻，密切而有效的配合苏联及其他同盟国作战。八路军、新四军及其他人民军队，应在一切可能的条件下，对于一切不愿投降的侵略者及其走狗实行广泛的进攻。"

8月14日，日本天皇发布停战诏书，宣布无条件投降。

抗战胜利后，协同和香港厂恢复生产。这本是让人喜悦的事情，正当所有人开始重新忙碌运转机器，准备大干一场时，噩耗接踵而至。

先是，协同和机器厂穗厂被汪伪广州先遣军总司令招桂章占据。招桂章系南海人，广东黄埔海军学校第十四期毕业，"他们盗卖了大部分工具、零件、马达和库存物资"②。

当招桂章被国民党当局逮捕之后，国民党军政部广州接收委员、阳江人莫与硕又趁火打劫，把"剩余"的协同和机器厂"接收"过去，"继续盗卖厂里的机器零件"，还被作为"逆产""接管"，企图一口吞没。

何谓"逆产"？早在1927年，武汉国民政府即公布过《处分逆产条例》：凡与国民革命为敌者，或为帝国主义之工具者，或压迫人民以巩固封建制度社会者，或侵吞国家地方收入、剥削人民生活利益以饱私人贪欲者，或操纵金融以动摇革命势力者，例如军阀、贪官、污吏、土豪、劣绅

① ［美］阿米尔·D.阿克塞尔著，孙扬、杨迎春译：《铀之战——开启核时代的科学博弈》，上海：上海交通大学出版社，2018年，第167页。

② 梁墨缘、薛则民：《协同和机器厂回顾》，中国人民政治协商会议广东省委员会文史资料研究委员会编：《广东文史资料》第8辑，内部资料，1963年，第15页。

及一切反革命者，其财产皆为逆产。[①]"逆产"的命运，是毫无悬念地被没收；"逆产"的主人，属于背叛国家和民族的人，哪里能有好的结果？但是，从协同和机器厂遭受的待遇来看，它哪里能与"逆产"沾上边？而一旦被定为"逆产"，便逃脱不了被肆意"宰割"的命运。

梁墨缘前往交涉，"莫总以'调查'为名，迟迟不肯归还"。

1946年春，国民党军事委员会粤桂闽敌伪产业审议委员会主任兼处理局长、中山人林继庸来到广州。梁墨缘又代表厂方前往交涉。此番，"判明协同和企业股东没有附逆行为"[②]，协同和终于"物归原主"。非但如此，林继庸还派人到厂里监督复工。

多行不义必自毙。1946年9月，莫与硕因大肆贪污被国民党当局逮捕，1947年9月被军法处决。[③]

只是，工厂遭受两次严重破坏已元气大伤，机器所剩无几。陈拔廷等决定，从香港搬回部分机器先进行部分生产。

1946年6月，工厂正式恢复营业。7月，组成协同和机器厂股份有限公司。

1948年，英国、美国的机器不断输入香港后，协同和机器厂港厂生产又遭受严重冲击，产量日见低下。此

图61 协同和机器厂股份有限公司出品介绍

① 《国民政府现行法规》下卷，内部资料，1928年，第47—48页。
② 梁墨缘、薛则民：《协同和机器厂回顾》，中国人民政治协商会议广东省委员会文史资料研究委员会编：《广东文史资料》第8辑，内部资料，1963年，第16页。
③ 陈予欢编著：《民国广东将领志》，广州：广州出版社，1994年，第337页。

时，穗厂业务只以修配为主，不再需要港厂作为购买外国机器的据点。协同和股份有限公司便决定结束港厂，把部分机器设备搬回广州，与穗厂合并；其他部分机器及厂房则在港拍卖。从1948年开始延至1949年，港厂剩余资产才拍卖出去。

为使工厂能在当时的社会政治形势下立足，并解决内部争夺经理职位的矛盾，陈拔廷聘请林继庸派驻的林志澄担任经理，并吸收他参加股份，自己只任董事长一职，副董事长为梁墨缘。董事会决定由林志澄担任经理还有一个原因：林志澄在监督复工过程中曾四处奔波，出力不少。同时，陈拔廷也看出他在经营管理上有一定的魄力，是个能担得起担子的人。董事会企图通过他重整旗鼓，恢复昔日生意。林志澄从此担任经理一职到1954年公私合营为止。后文有叙。

放眼广州工业已是一片萧条。经过日寇多年严重摧残，众多当年蓬勃兴旺之工厂均已奄奄一息，能够复工的工厂寥寥无几。过去协同和机器厂赖以起家的两大基地——米机和轮船业已歇业倒闭，工人已作鸟兽散。这给协同和机器厂的复兴造成了很大的困难。尽管如此，协同和机器厂从1946年复工到1947年底，仍然得到一定程度的恢复，分析其原因，因抗战胜利后尚有部分机器碾米、榨油和榨糖业等恢复生产，这为协同和机器厂从事机器修配业务提供一定的市场空间。"加上协同和有悠久历史，技术水平又高，而一些企业又与它有股份关系，因而工厂的营业就比同行的机器厂坊为好。"从复工初期只有工人10多人，到后来增加到200多人便可看出它的影响力和恢复的程度。[①]但是，机器的产能大幅度下滑，无法恢复到当年的鼎盛时期，从1946年到1948年，仅制成内燃机4台，米机9台，还有少量的榨油设备。3年的生产总值低于1913年，而1913年是协同和机器厂创办第二年，基础还十分薄弱。

---

① 梁墨缘、薛则民：《协同和机器厂回顾》，中国人民政治协商会议广东省委员会文史资料研究委员会编：《广东文史资料》第8辑，内部资料，1963年，第17页。

企业与人一样，一旦伤了元气，即便假以时日也难以恢复。

而国家总体经济形势愈来愈严峻。在美帝国主义的经济侵略与买办、封建的国家垄断资本集团——四大家族的残酷压榨下，国民党统治区的经济发生了严重危机，民族工商业大量倒闭。据1947年1月不完全统计，国民党统治区20个大城市中，仅1946年秋至年底，倒闭的工商业达27000家。据上海一地1947年7月份统计，4055家工厂中，有3162家倒闭。工商业倒闭导致城乡失业人数急剧增加。"一九四六年下半年，仅北平、上海、南京三地，失业半失业的人数达二百六十万。"[1]

广州亦难逃厄运，复工工厂屈指可数，仅达20%左右。协同和机器厂陷入困境，不仅没有厂商来订制机器，就是修配业务也很少有客户前来问津，不得已，陈拔廷"经常派人下乡，四处兜揽生意"[2]。一家曾经响当当的机器制造厂派业务员出门四处寻找生意，这是极为可悲的事情。但即便如此，由于生意一直不景气，工厂资金周转极为困难，常常发不出工资，陈拔廷被迫向伪银行和惠来机械厂等同业借债来发放。

为尽快摆脱困境，陈拔廷与股东商议筹建"协记"轧钢厂。1947年筹建，1949年开炉生产，该厂曾一度为协同和机器厂带来相当的利润，因此有"协记养协同和"的说法。但好景也不长，由于市场需求量少，原料来源困难，轧钢厂开工不久便夭折了。"协同和并没有从这里找到出路。"

梁墨缘言，协同和机器厂从创办以来，不断"遭受这些不应有的浩劫，已濒于毁灭"。他叹息道："协同和机器厂这株刚刚苗长起来的民族工业新苗，终于在帝国主义和反动派的双重摧残下枯萎下去了。"

此时，按照前述陈拔廷人生历程推测，其已年逾古稀，英雄迟暮，廉颇老矣。

①　姚守中、王福年编写：《党史名词简释》，成都：四川人民出版社，1983年，第168页。
②　梁墨缘、薛则民：《协同和机器厂回顾》，中国人民政治协商会议广东省委员会文史资料研究委员会编：《广东文史资料》第8辑，内部资料，1963年，第17页。

晚年，陈拔廷隐居香港，"活到80多岁"①。

《中国历代人名辞典》中专门收录"陈拔廷"词条：

【陈拔廷】近代机械工程师、民族资本家。对我国机械工业产生和发展作出重要贡献。②

---

① 子月：《岭南经济史话（下）》，广州：广东人民出版社，2000年，第279页。

② 邱树森主编：《中国历代人名辞典》，南昌：江西教育出版社，1989年，第1237页。

第八章

走进新中国

历史
文化

第一节　外姓徒弟

陈拔廷一生培养了很多徒弟，虽没有他师父陈桃川那么多，但不乏佼佼者，薛则民便是其中之一。

于传统观念而言，一位外姓人似乎不应算作陈氏机器家族之中的一分子，但一项事业的传承有时依靠"本家"，这是"正宗"，属血脉相连；但如只依靠"本家"，固守"肥水不流外人田"的古训，事业便可能陷入尴尬之境地，或后继无人，或"富不过三代"，然后在某一个节点戛然而止，如转动的机器停摆，如航行的船舶触礁搁浅。故想做事业者，唯有抛开门第之见，只为事业着想才能做成事业、做大事业。

陈氏机器家族从陈澹浦算起"赫赫扬扬"、风雨百年，个中人物你方唱罢我登场，但有此大胸怀者不过两人——陈桃川、陈拔廷。

薛则民生于1898年，字举直，系佛山顺德龙江人，是著名工商业家薛广森次子。薛则民的成长一部分得益于其少年时代"远走他乡"的经历。1911年（宣统三年），薛则民随父迁去香港，入湾仔英文学校读书[①]。按照粤海关洋人的说法，更早时，广州人中已出现一种趋势，"放弃旧学，学习西方学科，特别是各种科学知识"[②]。湾仔英文学校——可理解为地处

---

①　广州市地方志编纂委员会编：《广州市志》卷19《人物志》，广州：广州出版社，1996年，第362页。

②　《粤海关十年报告（二）（1892—1901）》，广州市地方志编纂委员会办公室、广州海关志编纂委员会编译：《近代广州口岸经济社会概况》，广州：暨南大学出版社，1995年，第938页。

湾仔的英文学校。香港英文学校的鼻祖是1843年开学的英华书院①，但距"湾仔"较远。港英当局也于19世纪中期设立西方教育制度，开办政府英文学校，如"皇仁书院在1912年间，学生约有2000余人，其中大多数为华人"②，英文课程分为八班，最初为第八班倒数至第四班为初中程度。这符合薛则民入学时的年龄段。英语课本采用的是特别编辑供印度人及亚洲人用的"皇家"课本。"这些英文学校的课程，不单重视中英文科目，亦同样重视不同种类的学科，如史地、哲学、几何、三角、化学等。"③如一直学下去，薛则民不独在西方语言及科学科目方面较国内的学生更为精通，更对中国以外的世界情况明了得多，换而言之，他的世界观比较内地的同龄人乃至成年人亦更宽宏广博。不过他只学习了两年，应是英语基础或各科基础都比较薄弱而跟不上课程所致，便于1913年（民国2年）回广州读中英文补习学校④。当时由于很多广州人都想学习英文，"每年都有一些私立学校开办"⑤，这便满足了薛则民的需求。

在香港生活两年，又在中英文学校补习了一年多，接受了一定程度的西方文化教育，薛则民的英语水平得到提高，或许还能看懂一点英文报刊、书籍，能与外国人进行简单交流，这便是他不同于一般少年的人生起点。

如果薛则民按照这样的人生之路一直走下去，他很有可能走上学术道

---

① 金林祥主编：《中国教育制度通史》第6卷《清代下（公元1840年至1911年）》，济南：山东教育出版社，2000年，第375页。

② 陈谦：《香港教育旧事》，全国政协文史资料委员会编：《旧中国的文化教育》，合肥：安徽人民出版社，2000年，第812页。

③ 《香港辕门报》，1869年，第36页，转引自中国社会科学院近代史研究所：《"近代中国与世界"国际学术研讨会论文集》，1990年，第730页。

④ 广州市地方志编纂委员会编：《广州市志》卷19《人物志》，广州：广州出版社，1996年，第362页。

⑤ 《粤海关十年报告（二）（1892—1901）》，广州市地方志编纂委员会办公室、广州海关志编纂委员会编译：《近代广州口岸经济社会概况》，广州：暨南大学出版社，1995年，第938页。

路。只是，1914年，16岁的薛则民到协同和机器厂学师①——这不一定是薛则民的本意，很可能是他父亲薛广森的安排。

薛广森是一个有想法的人。他出生于1865年（同治四年）。无显赫的家世，是佃农家庭，家里没有土地。由于家穷，薛广森"幼年只读过三年私塾"②，一位作家描述薛广森学习的情景，私塾的老先生常常给他讲述中国古代四大发明的故事。老先生瘦削的脸庞显得很有精神，他说话时不停地打着手势，目光炯炯有神，言语中带着关爱与期望。薛广森听得痴迷，目不转睛。他从老先生讲述的故事中"找到了认识世界的窗口"③。那时起，他便试图摆脱命运的束缚，活出另外的模样。17岁，薛广森跟随堂兄到香港谋生，先在一家英国船厂学徒——学徒，又苦又累，经常要爬到十几米高的脚手架上"叮叮当当"敲去船身外壳上的油漆，油漆饱经海水侵蚀已斑驳陆离，薛广森将其一块一块地敲掉后，再一层一层涂上防锈漆和罩面漆，这是轮船保养和维修中的正常工序。雨天干不成这活儿，骄阳似火才好干，薛广森汗如雨下，浑身晒得黝黑，脸尤其像个煤球儿。他也有机会接触轮船的机器，但那活儿更脏更累，要将大修轮船的发动机及其他部件一件一件拆卸下来，将螺丝钉、螺帽收好，再用汽油或柴油逐一清洗，以去除油污、碎屑，在清洗过程中，手很容易被"拉伤"的金属划破，鲜血直流。但薛广森能吃苦，工作卖力，领会能力强，博得师傅好感和信任，"师傅常常跟他'开小灶'，不厌其烦地讲解每个零件的作用，让他熟识机器的性能和特点"④。薛广森是一个有心人，不仅用脑子记，有

① 广州市地方志编纂委员会编：《广州市志》卷19《人物志》，广州：广州出版社，1996年，第362页。

② 佛山市地方志编纂委员会编：《佛山人物志》，北京：方志出版社，2011年，第113页。

③ 吴国霖：《中国柴油机先驱的民族情怀》，顺德区作家协会编：《风正好扬帆》，广州：花城出版社，2015年，第161页。

④ 吴国霖：《中国柴油机先驱的民族情怀》，顺德区作家协会编：《风正好扬帆》，广州：花城出版社，2015年，第162页。

机会还将一些要点绘成图纸、写成笔记。

他还在红磡船厂当过钳工。

在香港，薛广森先后工作了13年，对香港很熟，这也是他后来将儿子薛则民带到香港读书的原因。薛广森在学得出色的机器维修技术的同时也接受了西方企业经营管理思想的启蒙，阅读了英国古典经济学家亚当·斯密的《国富论》，通过对中西文化的比较加深了对西方企业的理解。

1895年底，薛广森回到家乡后应聘至桂洲忠信恒丝厂当大伙（机械设备总管）。1898年，薛广森得到"梳起不嫁"的胞姐资助，以250两白银加入当地大丝商曾秋樵在大良开设的顺成隆机器厂并出任经理。当时顺德县内有缫丝厂100多家，以往购机、修机要往返广州、香港，十分不便。"顺成隆"开业后解决了众多丝厂"就近"购机、维修的需求，薛广森又注重产品质量、交货及时、服务到家，在赢得客户好评的同时，生意一度兴隆，数年间赢利可观，逐步开拓了自己的事业。

笔者曾去顺德龙江寻访薛广森的影子，也曾去他的出生之地美里坊，顺德人卢兴强、田乃林还陪同笔者去了"大光明碾米厂"旧址，那是薛广森当年创业的地方。

站在碾米厂旧址高高的台阶上向远处望去，仿佛看到一艘艘满载谷物的船停泊在龙江附近的堤岸，一些苦力上了船，从里面抬出一担担稻谷，再晃晃悠悠地走进这座青砖大厂房一楼宽阔的空间。

时过境迁，此时，厂房内空荡荡的，没有机器，也无机器之声，岁月卷走了历史的印痕。但那时，大型碾米机、粉碎机轰轰隆隆，白花花的大米通过输送带井然有序地移动。这是那个时代碾米厂的生产情景。

薛广森是一个"特立独行"的人，体现在工厂管理中，如不准设立"菩萨"等神位，不得叩拜"财神""土地爷"，不得购买元宝、香烛。而岭南一些从事商业的人，往往会于一些"显眼"的地方设立膜拜之位——常见"关公"，迷信也好，喜好也罢，是南方生意人普遍向善和寻求心理慰藉的行为，故薛广森的"特立独行"便颇有意味。为省钱？非也，他将用于买迷

信品的钱为职工午餐加菜,还"美其名曰'吃菩萨'"。

一个未受过高等教育的人敢于在乡邻面前言"吃菩萨",需要极大的勇气,或许正是他所具有的勇于打破传统陋习的勇气和魄力才使得他在近代兴办民族实业的浪潮中脱颖而出。

1898年还有两件好事,一是他的次子薛则民出生,一是清廷总理衙门颁布《振兴工艺给奖章程》。他在这样的时间节点涉足机器制造业应是受了"政策"的影响,也耳闻目睹如陈联泰机器厂、均和安机器厂的发展势头。

至1911年,薛广森与"协同和"结缘后,事业便走上了快车道。但碾米仍是他的主业,无非以前用人工现在用机器。他经营的碾米厂有一块镜框特别醒目,上书"秤磅司码,买卖公平,货真价实,童叟无欺,薄利多销,微中取利",时刻提醒员工注意诚信经营的重要性。每日开市前,他规定负责司磅的员工要先校准秤磅,若有店员短秤、以劣充好欺骗顾客,这位平时看起来平易近人的薛老板必定会厉声叱喝:"你这塞门砖的家伙!"

"塞门砖"为何意?可能是薛广森的"首创",指短斤少两、以次充好、欺骗顾客的行为。

对于"塞门砖"者,薛广森不留情面、立即辞退。他常语重心长地对人说:"利人才能利己。"遇有自然灾害、歉收时,他会亲自到当地召集有名望的人士开会,公开自家储粮数目,且打开谷仓让大家眼见为实,然后再讨论供应计划,决不乘机提高粮价,发国难财,挣昧心钱。

凭着勇毅、自信、诚信,薛广森逐渐建立了自己的企业集团,后来还被称为"粤海交通领袖,岭南机轴先模"。

薛广森还是一个极为反叛的人。在辛亥革命爆发前夕,他不但率先剪掉自己的辫子,还动员乡人剪辫,由此得到一个美称——"无辫森";抗日战争爆发后,面对日伪商会的笼络,他嗤之以鼻、甩手就走。他所办的企业迭遭打击,经营的银号被强征重税,米机被烧毁,住宅被洗劫,终至破产，但对他而言，事业、财富不算什么，"民族气节要重要得多"①。

薛广森从事工商业40多年，能够做到发展快、经济效益高、竞争能力强，在余德晃看来，主要有四方面的原因：第一，把盈利所得迅速化为办厂资金，他熟悉业务，懂机器，点子又多，易见成效；第二，了解市场信息，与各方面联系密切，生意越做越旺，厂店连续扩展多间；第三，不故步自封，适应社会发展需要，不断经营新的项目；第四，经营宗旨主张质量第一、信誉第一，不搞歪门邪道，不投机倒把，博得客户信赖。

此外，薛广森所办企业有一个独特之处，就是全部为集资合股形式，没有一家独资经营。他招股的方式，是先从内股招起，有60%资金后，才招外股，牢牢掌握企业控制权。

薛广森少年时代读书不多，能达到如此境界，得益于其一生"矢志求学，奋发自强"。据曾跟薛广森学艺一段时期的亲侄薛白老先生言："我伯父（薛广森）在工作之余喜欢浏览西方工业兴起的历史及中外名人传记。他对英国阿当·斯密的《原富》读了不知多少遍，对其中搞经济办实业的基本原理有深刻体会，并探讨如何以最小的力量和资本去获取最大的经济效益。他喜欢读《三国演义》，认为世界总是不断变化，做人立念要正确，做事的方法要灵活，才能适应在变化中的世界，就像《三国演义》中描写的一些人物，在诸强纷争的局面里立于不败之地。这也和弈棋一样，一着之差可导致全局失败。他对当时颇负盛名的标志性刊物《东方杂志》每期必读，了解世界形势。他认为办实业和经商一定要及时掌握世界形势和市场情况。他每天打开《七十二行商报》一定先看'行情表'一栏，从枯燥的数字里了解商业信息，他办实业取得成功与此

<hr>

① 龙江镇政府编，严丽暖编著：《龙江读本·历史人物篇》，广州：花城出版社，2014年，第102页。

有很大关系。"①

薛广森也便成为协同和机器厂兴盛的"推动力"。如1929年间,薛广森承办了位于南海的绵远纸厂,这是一间生产困难、债务重重、濒临倒闭的中国较老的机器造纸厂,"绵远纸厂与协同和厂关系密切,纸厂的机器全由协同和厂承接维修",还"派协同和有经验的工程师李志轩到纸厂任经理,负责全面管理"。②

于是,当我们重新审视薛则民的成长之路和机器之路时,便不能不与他父亲的视野、境界、理想一并思考。

在协同和机器厂,薛则民经过4年刻苦磨炼,熟练掌握了车、钳、锻、铸技术,并被陈拔廷提拔为绘图员。

机械绘图员是一个专门的岗位。一般没有受过专门的教育是无法胜任的,如国外一般由具有两年学历(即从高等技术学院毕业)的技术人员担任。晚清小说家、佛山人吴趼人年轻时曾在江南制造局的翻译馆任抄写员,后升至"机械绘图员"③;匈牙利党政领导人拉扎尔·捷尔吉受过高等教育,当过机械绘图员④。

一般的企业,尤其那个时代的民营企业是没有绘图员的。

在大型机械工厂,绘图员是一个让人尊敬的职业。

薛则民从事绘图工作,职责是绘制详细的图样。他绘制的图样应包括零件的俯视图、主视图、左视图,必要时还绘制其他视图与剖视图。那时没有电脑,也没有CAD机械制图,是纯手工绘图,要在相对厚一点的白纸

---

① 余德晃:《薛广森和他兴办的实业》,政协广东省委员会文史资料研究委员会编:《广东文史资料》第56辑《广东工商经济史料》,广州:广东人民出版社,1988年,第212—213页。

② 余德晃:《薛广森和他兴办的实业》,政协广东省委员会文史资料研究委员会编:《广东文史资料》第56辑《广东工商经济史料》,广州:广东人民出版社,1988年,第208—209页。

③ 黄伟宗、李俏梅、包莹编著:《珠江文流》,广州:广东旅游出版社,2018年,第63页。

④ 张象主编:《当代世界知识新辞典》,天津:南开大学出版社,1993年,第840页。

上，用直尺、丁字尺、三角板、圆规、分规、铅笔、橡皮等简单的工具，以粗细不等的线条精确地绘制零件的尺寸，速度慢、时间长、耗费精力大，也容易出现误差。但为提高图样质量和绘图速度，他必须熟悉作图的方法、步骤和正确使用绘图工具。

大抵，他每天的工作是这样的：

绘图前的准备。如有文件、资料，必要仔细阅读，了解所画图样的内容和要求，做到了然于胸。如无，则要"照猫画虎"，仔细揣摩，认真思考。准备好绘图用的工具、用品，按线型要求削好铅笔。根据所绘图形或物体的大小和复杂程度选定比例，确定图纸幅面。

画底稿。先画图形的轴线或对称中心线，再画主要轮廓线，然后由主到次、由整体到局部，画出所有图线。检查校对，擦去多余线条和污垢。

底稿确认无误后，按线型加深，做到线型正确，粗细分明，图面整洁。

但这些步骤须坐在办公室里方能完成。外出"仿制""偷绘"时无法携带很多工具，现场也不允许"展开"绘图，便要徒手绘。徒手所绘之图称为草图，指不借助更多的绘图工具，以目测估计图形与实物的比例所绘制的图样。在现场测绘、参观，讨论设计方案、技术交流时，绘制草图是绘图员常做的"功课"，是一种基本能力。

薛则民徒手绘图的功夫很强。他绘的图图形正确、线型分明、比例匀称、字体工整、图面整洁，将图给加工师傅，不必再"絮絮叨叨"地讲解，师傅一看就懂。

16岁进入协同和机器厂，20岁学徒期满……薛则民以见证者和亲历者的身份与协同和机器厂共同成长乃至一生荣辱与共。

但他晓得，无论自己取得如何的成就，即便在业界享有了"机器天王"的美誉，他始终是薛广森的儿子、陈拔廷的徒弟，义不容辞地负有传承前辈机器事业与实业救国的责任。

第二节　浴火重生

　　1920年，薛则民被广州五仙门火力发电厂的两位美国工程师推荐到美国通用电气公司工程技术学校学习。[①]对于薛则民这一次出国"留学"，说法不尽相同，如，薛则民的父亲要送薛则民去美国半工半读，陈拔廷知道后提出由协同和机器厂负担费用，条件是薛则民学成后仍要在协同和工作，薛广森认为这会束缚儿子的前途，"坚持自行负担费用"[②]；薛则民则自述，因自己最勤奋、技术水平进步较快而被陈拔廷"送往美国奇异电力公司学习"[③]。

　　说的是一件事；去的也是一家公司——通用电气（简称GE）。

　　从GE公司官网，可以简单了解GE的历史。

　　GE公司的前身是1878年成立的爱迪生电灯公司。1882年9月4日，爱迪生照明公司开启电气时代；1892年，GE公司诞生；1895年，GE扩大电力使用规模，建造了当时世界上最大的电气火车头（重达90吨）和变压器（功率高达800kW）；1906年，GE与中国正式开始贸易往来；1908年，GE为纽约中央铁路局提供34台94吨级重型电气机车，当时，两台这样的机车能够拉动任何重量的货物；1918年，GE建造了200千瓦、25000转的交流发电机，第一次将两块隔洋相望的大陆用电磁波联系在了一起。薛则民去的

---

① 广州市地方志编纂委员会编：《广州市志》卷19《人物志》，广州：广州出版社，1996年，第362页。

② 方文瑜：《陈拔廷与协同和机器厂》，中国民主建国会广州市委员会，广州市工商业联合会等编：《广州文史资料》第36辑《广州工商经济史料》，广州：广东人民出版社，1986年，第47页。

③ 梁墨缘、薛则民：《协同和机器厂回顾》，中国人民政治协商会议广东省委员会文史资料研究委员会编：《广东文史资料》第8辑，内部资料，1963年，第10页。

1920年，GE研发的X光管及电流转换器重量只有20磅，非常适合应用于牙科及便携式X光机领域。

能去GE公司学习对薛则民而言是极为宝贵的机会，若没有薛广森或陈拔廷雄厚的财力支持，薛则民是不可能实现的。

但去公司的学校学习和到公司学习效果有所区别，一般来讲，学校的学习理论课程偏多一点，而到公司学习等于见习，实践收获会更大。但无论怎样，既是"学制"4年，机会又来之不易，薛则民一定刻苦学习到不少知识乃至先进的技术，而他的英语基础也有利于他向美国老师或公司的工程师请教一些专业问题。

1924年（民国13年），有说薛则民以优异成绩从GE公司"结业"，有说以优秀成绩毕业，有说他谢绝GE公司的高薪聘请——都不重要，重要的是，他真的又回到了协同和机器厂。即便听起来很勉强——薛广森碍于陈拔廷的情面，"只得同意"[①]。但最终的结果令人欣喜——薛则民成为协同和机器厂历史上第一位工程师。

薛则民担任工程师后即着手建立技术室。薛则民言，在自己学成回国之前，协同和机器厂"根本没有技师和工程师"——此言似乎不妥，在长期实践中，很多人早已具有优秀机械工程师的素质和能力，不少员工也已成长为优秀的技师。协同和机器厂建立技术室、薛则民担任工程师后，协同和机器厂不仅有了图样设计，管理制度也初步建立起来。

薛则民密切关注国际技术革新动态，及时收集各个渠道的信息，锐意发展国内柴油机制造业，并不断更新产品以提高企业市场竞争力。

协同和机器厂的产品以优异的性能和质量赢得广大用户的信赖，销售范围遍及南方各省，促进了内河航运的发展。此外，薛则民还应社会和用

① 方文瑜：《陈拔廷与协同和机器厂》，中国民主建国会广州市委员会，广州市工商业联合会等编：《广州文史资料》第36辑《广州工商经济史料》，广州：广东人民出版社，1986年，第47页。

户需要研制出各种新型机械和配件，较著名的有适合小型糖厂制造白糖的离心机，适合冶铸行业使用的猪腰式鼓风机，可媲美进口产品的柴油机油泵和柴油机喷嘴，单手操纵开、停、顺、倒兼能的船用车掣等，投放市场后深受欢迎。

久而久之，薛则民因才艺出众而被粤港同行誉为"天王"（意为无所不能）[①]。

薛则民精湛的技术水平还为协同和机器厂挽回过巨额损失。德国礼和洋行卖给协同和机器厂一台四缸四冲程140匹马力柴油机。机器到厂后，薛则民在验收时发现该机马力不足。但生产进度不等人，他一面改换机中的"菲轮"以补足马力，一面请陈拔廷与销售方交涉要求赔款。

德商其实是知道产品"缺陷"的，本以为中国人不识货，存心欺瞒，在问题被发现后态度还非常傲慢："是你们搞错了吧？说话要有根据啊！请拿出数据来。"

德商到厂里之后，薛则民将证明该机器马力不足的数据一一开列出来，并当场试验经过改换"菲轮"的柴油机以进行比较。"原形毕露"，德商无话可说，赔礼道歉，并很快退回全部款项。还将该机无偿送给协同和机器厂使用。经过这一次真刀真枪的较量，德商对薛则民非常佩服，要跟薛则民交朋友。

1940年，香港举行工业展览会，一位英国高级工程师看了协同和机器厂送展的多种"高、精、尖"产品，不相信这是中国人制造的。及至协同和机器厂参观才初步消除怀疑，但为了检验协同和机器厂的产品质量和精度，这位英国高级工程师故意将薛则民设计制造的柴油泵泵芯拉出，用力紧握3分钟后回插，发现泵芯因受手温影响膨胀而无法插回，但过了一会儿，待泵芯冷却后再回插时则没有任何问题，证明泵芯加工精度极高、密

---

① 广州市地方志编纂委员会编：《广州市志》卷19《人物志》，广州：广州出版社，1996年，第362页。

合度极好，属于"无缝衔接"。英国高级工程师非常佩服，连声称赞"Very good，协同和！"

这两件事，直至几十年后仍为厂里的老工人以及更多的后辈津津乐道。

30年代中期，广东江防司令部新造"仲元""仲凯""执信""坚如"4艘浅水军舰，总共需要8台柴油机，对方没有采购进口产品，而是慕名聘请薛则民设计监制。

协同和港厂被日本侵略军侵占后，薛则民拒绝日本侵略军征聘，潜回顺德，化名薛忠和，往来于番禺市桥、顺德大良一带，以维修米机、糖厂机器为生。

1945年8月，日本投降后，薛则民回到协同和机器厂。港厂未受破坏，很快恢复生产；但穗厂损毁严重，机器设备大半被盗，经过两年努力仍未恢复。

广州解放前夕，股东们商议抛弃已成包袱的穗厂，集中资金经营港厂。会上，薛则民和方百里等股东坚持"保存广州厂"，"宁可卖掉香港厂"，"双方争执十分激烈"。[①]结果，以港币140万元将港厂的股份卖给另一方。薛则民携全家返回广州，任协同和机器厂工务组组长，薛则民在"护厂斗争中发挥了重要作用"[②]。

薛则民因何坚持？为何护厂？

此时薛则民已年过半百，要说是为钱，他大可卖掉工厂拿钱一走了之，既省事钱也不少，故不是为钱。

唯一的解释可能是，他为的是新中国，要给新中国留下一份"家业"，送上一份"厚礼"。其父薛广森已于1943年去世。父亲是在日寇的

---

① 广州市地方志编纂委员会编：《广州市志》卷19《人物志》，广州：广州出版社，1996年，第363页。

② 中国人民政治协商会议广东省顺德县委员会文史资料研究组编：《顺德文史》第15期，内部资料，1988年，第53页。

欺压之下，亲历企业破产，回到乡下后，于悲愤交加之中度完余生的。薛广森的临终嘱托一定是守住"家业"，为中国人争气；他也相信日寇气数将尽，中华大地迟早会迎来明媚的朝阳。薛广森主持顺成隆和顺栈机器厂业务时，在他的影响下，工厂里的民主革命气氛比较浓厚。1911年3月29日，顺栈机器厂青年工人张潮（全名张潮富）参加了乐从圩的武装起义，随队伍奔赴省城，支援广州起义。起义的队伍行至佛山通济桥时遭清兵伏击，张潮在战斗中英勇牺牲，后被列为黄花岗七十二烈士之一。辛亥革命胜利后，薛广森特请人画了张潮的大幅画像悬挂在顺栈机器厂的大厅内供全厂职工瞻仰，让全厂都来纪念，以表尊崇先烈之情。[①]

1949年10月14日，具有光荣革命历史的名城广州，终于迎来解放。

广州解放以后，党和政府非常重视发挥协同和机器厂的作用，给以大力扶持，生产很快得到恢复。

客观地说，协同和机器厂在几十年发展过程中，拥有了一批新式设备及技术力量，成为华南民族工业中的一支新兴力量，但是，它的生产管理仍然有着半殖民地半封建社会的烙印。工厂所需的钢材、生铁和绝大部分的原料都要依靠香港进口。某些机器的零件如柴油机的曲轴、高压柴油管都不能自己制造，得向外商购买。在技术设计方面还存在着依赖性，主要的产品都是仿照外国机器制成，自己不能独立设计。在设备方面，虽然购进不少新式车床，但一些车间还保留着相当大程度的手工劳动，"这些都充分反映了旧中国的民族工业的软弱性和依赖性"[②]。

而进入新中国的协同和机器厂逐渐发生了翻天覆地的变化。梁生、区

① 陈乃良：《商界奇人陈祖沛》，广州：羊城晚报出版社，2000年，第225页。

② 梁墨缘、薛则民：《协同和机器厂回顾》，中国人民政治协商会议广东省委员会文史资料研究委员会编：《广东文史资料》第8辑，内部资料，1963年，第11页。

长存在《协同和机器厂的社会主义改造》[①]一文中，借助一些档案资料，详细记述了中华人民共和国成立以后协同和机器厂的发展与变迁。

一些数据呈现明显变化。全厂职工由1949年前的55人发展到1950年的162人，1951年的218人。产值迅速增长，1949年只有13万元（按1957年不变价计算，以下同），1950年达49.3万元，1951年达57万元。利润随之增加，1950年盈利8.99万元，1951年达17.22万元。工厂的恢复与当时整个国民经济贯彻中共"发展生产、繁荣经济、公私兼顾、劳资两利"的经济方针密切相关。

"国家订单"有力地支持了工厂的发展。如，为广州纸厂复产修理柴油机，为内河船舶修理船机，为恢复广州通讯制造大批电线杆螺栓，为解放军加工因解放海南岛改装机动船所需的螺旋桨尾轴，为军胶厂制造辗胶机等，业务一个接着一个。1950—1951年，除修理业务外，厂里还生产发动机11台，抽水机8台，碾米、碾谷机多台，轧钢筋1070吨。

党和政府对企业的领导作用开始发挥，工人阶级在企业中的主人翁地位开始确立。广州解放后第四天，市军管会即派工作组到厂里开展宣传发动工作，帮助工人组织纠察队，配合解放军守护工厂。1950年4月，在市总工会工作组的帮助下，工人成立了自己的组织——协同和机器厂工会。5月，工人派代表与资方组成劳资协商会议。通过这一形式，工人阶级得以贯彻对私营企业的利用、限制、改造的方针，并有效督促资方制订生产计划，接受国家特别是海军的修舰任务，发动工人开展劳动竞赛，争取改善工人福利等。在劳资协商过程中，"工人代表对资方又团结又斗争"，1952年，工人反对资方把本厂制造的机床卖给某私营工厂，要求留在本厂扩大生产。资方拗不过，告到法院，工人理直气壮地应诉，结果机床留了下来，工人一片欢腾。

---

① 梁生、区长存：《协同和机器厂的社会主义改造》，《中国资本主义工商业的社会主义改造·广东卷（广州分册）》，北京：中共党史出版社，1993年，第616—631页。

　　1950年5月4日，机器厂第一批进步青年举行入团仪式，并宣告青年团支部成立。在抗美援朝和土地改革中，团支部也做了大量卓有成效的工作。

　　1951年8月，在上级党委和市总工会派来的工作队领导下，协同和机器厂又开展了民主改革运动，培养了一批工人积极分子。还广泛发动群众，揭发出一个反革命分子和两个工贼，如在该厂抓管理业务大权的资本家陈通曾勾结本地"大天二"（即恶霸）当上冲口自卫队长，搞反动"联防"，恃势欺压工人，中华人民共和国成立后藏枪不缴，经过斗争他受到公开管制；两名工贼，一个是旧工会第一分会理事，一个是工会铸造分会副主席，他们在中华人民共和国成立前出卖工人利益，中华人民共和国成立后篡夺工会领导权，为资本家说话，经过斗争，他们的丑陋面目被揭开，并交由群众监督劳动。工会还开展了忠诚老实运动和劳保卡登记审查，教育了工人群众，纯洁了工人队伍。

　　虽然党和政府重视协同和机器厂，不断给以加工订货、银行贷款等的支持，同时让总经理林志澄出任市工商联监察委员会主任，发挥其工商界代表人物的作用，但是，当国家要求机器厂遵守国家政策法令，积极接受国家安排任务，尊重工人地位，正确处理劳资关系时，有的资本家却要"自由发展"，表现在行动上，如愿意接私人生意，不愿意接国家订货任务，在生产经营中违法乱纪，不服从工人监督等。事实说明，"这个厂和其他私营企业一样，限制与反限制的斗争严重存在着"。

　　1952年初，全国在各私营企业中普遍开展了反行贿、反偷税漏税、反盗骗国家财产、反偷工减料、反盗窃国家经济情报的斗争（简称"五反"运动）。鉴于协同和机器厂在广州私营企业中的地位和影响，市委决定将该厂列为试点厂之一，派出工作队帮助该厂工人建立节约检查委员会，具体领导这场斗争。经过团结教育广大职工特别是发动接近资方的职员检举揭发，揭露出该厂有的资本家在接受加工订货时虚报成本以攫取高额利润的行为，如承造军胶厂4台辘胶机，每台成本只有6994元，却虚报为13042元，还故作大方地说："任由你们给多少利润吧！"结果，每台售价14300

元，利润率达100%以上。经过斗争，在事实面前，资本家承认了自己的不法行为。最后核实定案，资方共非法攫取国家财产达14万多元。根据工业从宽的原则，协同和机器厂被定为"基本守法户"，应退补5.23万元，分3年退清。

历时4个多月的"五反"斗争，锻炼了工人队伍，提高了职工觉悟，一批工人骨干在斗争中成长起来。在工会领导下，厂里还成立了工人监督生产委员会，配合劳资协商会议对工厂生产计划、财务管理等进行监督，派出两个工会副主席分别抓生产安排和财务审核。

"五反"后，有的资本家表面上态度老实了，表示希望工会对他批评帮助，愿意公开每月账目，但又以消极经营的态度来反限制、反改造。他们仍是不愿接生意，特别是国家任务，如1953年中南海军找到该厂修舰，资方先后以没原料及技术力量不足来推却。工厂的资本家平时极少回厂，其余资方人员也不处理问题，毕竟企业掌握在资方手里，加上消极经营是当时私营企业主的普遍现象，因此该厂生产不景气，1952年总产值比1951年下降10%，全年亏损6.25万元，1953年上半年继续亏损1.2万元，债务累计近30万元，不得不靠向银行借款维持生产，最后全厂稍值钱的设备都被作为借款抵押而贴上了银行的封条。1953年春节，工人代表与资方一起去找市长批准向银行贷款才得以发出工资，"生产停停打打，有时连高级技工也没活可干而在厂内拔草"，工厂到了无法维持的地步，岌岌可危，近乎倒闭。

对于这一切，薛则民是不希望看到的。虽然1950年他被广州军管会任命为协同和机器厂厂长兼总工程师，但他的股份不多，也只"主持工厂的工务"，工厂的大权并未掌握在他的手里。

总经理林志澄主持生产。林志澄，祖籍广东省新会县，1890年出生于加拿大温哥华市。1909年考入美国麻省理工学院造船工程系学习，1916年取得硕士学位回国。1934年冬，进入广东国民大学工学院任教授，一年后转入黄埔海军学校任轮机教官，属于非常专业的人才。1938年，广州沦

陷后，他与妻子迁居澳门；香港沦陷后，他举家迁到台山。1942年春，他和"姨甥赵元浩相处一段时间（赵是中共党员），赵曾借给林一批进步书籍，其中有《西行漫记》，对林影响很大"①。1948年3月12日，林志澄的小儿子林浩明在广州岭南大学读一年级，因思想进步而被国民党当局怀疑是共产党员而逮捕并遭杀害。这"使林志澄对国民党反动派更加痛恨"。1949年国民党垮台，中共地下工作部门为迎接解放，做好保护城市的准备工作，通过在中共香港工作委员会担任财委工作的赵元浩与林志澄联系，请他掩护共产党地下工作人员，并介绍许涤新和饶彰风等同志与他详谈。之后林志澄利用职务上的方便，掩护了从香港派来广州工作的地下党员李见心和另一位姓伍的同志到协同和机器厂和广州市工业协会工作。

这样一个人怎么会阻碍工厂发展？当然，在《协同和机器厂情况总结报告》（《广州市总工会档案》第92卷宗第76卷，第127页）中，林志澄的"嘴脸"是非常丑陋的，在"五反"运动期间，是一个十足的"奸商"，面目可憎。但结合《广州市志》以及诸多材料的记述证明，"五反"运动期间档案资料对林志澄的描述"显然是当时浓烈的反资思想与意识形态混合的产物"②。

对于工厂出现的情况，林志澄也忧心忡忡，但也很无奈，因为业务组主任陈通是创厂资本家陈德浩之子，陈通及其母共占950股股份，是广州的大股东，"一向把持工厂管理大权"。虽然1951年民改时被定为反革命分子受公开管制，1953年2月解除管制，自此不敢多事，但"创始人"及大股东的地位仍在。

---

① 民建广州市委员会：《为国贡献一生的林志澄》，广州市政协学习和文史资料委员会编：《天地存肝胆》，《广州文史》56辑《广州市民主党派史料专辑》，广州：广东人民出版社，1999年，第63页。

② 王霞：《国家、资本家与工人 资本主义工商改造再研究》，北京：中国政法大学出版社，2016年，第139页。

此时，陈拔廷仍是工厂的董事长。陈拔廷"避居"香港原因不明，但彼时香港"开始制定比过去更有利于工业发展的政策"，如"降低工业用地的租金，将其降到市场利率以下"，同时，"由于私人资本在中国内地的处境急转直下，大量资本纷纷涌入香港"①，为香港经济发展注入了新鲜血液。

但经历了那么多的风风雨雨，陈拔廷也应该能看清形势——新中国诞生了，一切的逆流都不复存在了，只有顺势而为，协同和机器厂才能重现生机。

第三节　公私合营

对资本主义工商业进行改造是大势所趋。

1953年6月，中共中央根据中央统战部的调查，起草了《关于利用、限制、改造资本主义工商业的意见》。9月，毛泽东同民主党派和工商界部分代表座谈，指出国家资本主义是改造资本主义工商业的必经道路。10月，中华全国工商业联合会召开了会员代表大会，传达了中国共产党在过渡时期的总路线和对资本主义工商业的社会主义改造的政策。

对于公私合营，薛则民态度非常积极，正如有人所言，"厂长薛则民股本不多，有技术经验，有搞好工厂生产技术的一定的事业心，他对合营也拥护"②。薛则民一遍遍翻阅、研读有关"公私合营"和"社会主义工商

---

① ［美］苏珊·博尔格（Suzanne Berger）、理查德 K.李斯特（Richard K. Lester）主编，侯世昌等译：《由香港制造：香港制造业的过去·现在·未来》，北京：清华大学出版社，2000年，第16页。

② 梁生、区长存：《协同和机器厂的社会主义改造》，《中国资本主义工商业的社会主义改造·广东卷》（广州分册），北京：中共党史出版社，1993年，第621页。

业改造"的文件，知晓了其中的基本精神，就是要资本家认识放弃私人资本、消灭人剥削人的制度、走社会主义道路的伟大意义和历史趋势。他向政府表过决心，心甘情愿地接受思想改造，因此，对于公私合营有思想准备。林志澄"本身股本很少，通过公私合营可以博得政治地位，加上受到党和政府的教育感召，他倒是积极要求合营的"①。也有资料言，"1956年，林志澄积极响应党的号召，拥护国家对资本主义工商业实行社会主义改造，申请协同和机器厂参加第一批公私合营"②。这一时间与事实有出入。其他内地的股东，股本较多的，明知不能退股，只求能维持股东权益；股本少的，看到当资本家没有什么前途，也就采取不闻不问的态度。

对于公私合营，在香港的股东原先希望退股、卖厂，当目的无法实现时抱"听之任之的态度"；陈拔廷则认为现在只要不用他"再拿钱维持工厂就算了"。

在厂掌权的资本家经过中华人民共和国成立3年来的教育和帮助已感到私人资本主义没有前途，且工厂又处于生产半停顿、连续两年亏本、靠银行借债度日的窘境，索性"抱着'丢包袱'的思想"同意公私合营。

工人的意见也很重要。工人们在党的教育下，政治觉悟大大提高，在资本家消极经营的现状下觉得"有力无处使"，同时普遍担心"不合营就要吃光"，工厂就要倒闭，大家就要失业，所以，非常拥护公私合营。

官方则认为，协同和机器厂是一间有一定规模和较好技术基础的机器厂，一方面，当时中南海军（后称南海舰队）的许多舰艇是从国民党海军中缴过来的，急需修复，而该厂职工有较丰富的修理内燃机的经验，工厂

---

① 梁生、区长存：《协同和机器厂的社会主义改造》，《中国资本主义工商业的社会主义改造·广东卷》（广州分册），北京：中共党史出版社，1993年，第620页。

② 民建广州市委员会：《为国贡献一生的林志澄》，广州市政协学习和文史资料委员会编：《天地存肝胆》，《广州文史》56辑《广州市民主党派史料专辑》，广州：广东人民出版社，1999年，第64页。

又处于珠江主航道岸边，是理想的修理场所，"但资本家因修舰要求高、利润低、管理严而消极对待"①，因此，在中央着手进行公私合营工作时，海军便积极向广州市人民政府建议把该厂先进行合营。

至此，公私合营的条件和时机基本成熟，万事俱备。

1953年8月，协同和机器厂出具公文向政府申请公私合营——东风已至。

公私合营顺利实施的前提是弄清楚公司现有股权分布情况。经了解，协同和机器厂创办初期的主要股东只有何渭文早就退股外，其余的一直留了下来。中华人民共和国成立前，他们相继以遗产、分家、赠与、转让等形式把资本分散。经重新估价，登记资金为66万元（当时币值66亿元），分22000股，每股30元；股东人数152人，其中，3000股以上者有15人，100股以下者有95人。陈拔廷本人及妻女共占2453股。在港股东人数占36%，股数占56%。在工厂内操实权的资本家主要有4人：林志澄、薛则民、钟礼泉、陈通。

1954年1月1日，协同和机器厂正式宣布合营，挂上了牌子，从这一刻起，工厂掀开了崭新的一页，之后，旧企业的面貌逐步发生改变。

一边是历经半年时间的清产核资、人事安排等紧张工作，一边是生产经营两不误。一系列的好消息从厂子里传出：广州市人民政府投资该厂购买的一批机器，大部分已经运到，其中一部分已安装完毕投入生产。准备新建的一个机械车间正在进行技术设计，次月可动工兴建。该厂的全部扩建工作预定在当年年底完成。扩建完成后，生产能力将比公私合营前提高两倍以上，生产也将逐渐走向专业化轨道。全厂职工在公私合营后都以高度的热情进行生产，该厂职工已第一次试制成功水夹层气缸套（高速柴油发动机内的重要机件），"工人们还把一部用了将近三十二年的车床加以改进，使它从三十二年来每分钟最高二百转的速率提高到每分钟四百八十

---

① 梁生、区长存：《协同和机器厂的社会主义改造》，《中国资本主义工商业的社会主义改造·广东卷》（广州分册），北京：中共党史出版社，1993年，第620页。

转"①。

到1954年6月，改造完成。

清产核资工作一度成为"斗争"的焦点。资方想尽量高估资产，争夺所有权阵地；公方则按照公平合理、实事求是、公私两不亏的原则进行。清估工作开始时，在筹委会领导下成立清估小组，有公方、私方、工人三方代表参加，公方代表任组长，工人代表为主力。过去资方申报的资金都没有准确数额，中华人民共和国成立前夕报的是88万港元；1950年12月向政府登记时重估为120万元人民币；1953年工业调整时又登记为66万元。此次清产核资前，以1953年12月31日止统计账面资产净值为86.74万元。

资产重估是一个专业性很强的工作，其中重要的两项是固定资产和流动资产。固定资产包括厂房、设备、原料等，重估时发现降值很大，主要原因是一些设备没有按年提取折旧，"年"也有"说法"，比如如今汽车中有私家车和出租车两类，如果都按照"年"折旧，那私家车是吃亏的，因为每天跑的时间不一样，就要考虑公里数。但机器没长腿，无法统计"公里数"，只能按照每天使用的时间来测算使用年限和剩余的寿命，资方要按每天使用9小时计，公方则坚持按16小时计，并解释这是国家规定的标准。有些设备虽然存在，但已不使用或不能发挥价值、产生效益，就不能作合营的入股资产。还有库房里堆积的长期积压的产品，无法售出，等于一堆废品，不能计入资产。对于外面拖欠的应收款、债务，能够追回的入股，无法追回的不能入股。初步重估结果出来后，由于差距较大，资方有意见，但又不敢明着争，便抓住一些明显的估价偏差在职工中散播"小道消息"，引起职工情绪的波动。公方充分依靠群众，团结职工，掌握政策，与资方开展适当斗争，也实事求是地听取他们的合理意见。比如要求资方对初估结果认真研究并提出书面意见，对一些确实低估了的资产则实

---

① 新华社新闻稿，1954年4月2日。

事求是地予以调整。经反复核实最后确定可入股资产值为39.6万元，为原账面值的46%，为国家挽回了巨额损失。合营中，国家把该厂私营时所欠的银行债款20多万元和资方"五反"应退补款5万元作为公股投入，加上合营后立即进行的基建和设备投资116万元，当年总计公股为148万元，占资产的80%，私股占20%。股权问题顺利解决。

签订公私合营合同之后，协同和机器厂的私营企业性质便从根本上发生了改变。合同是经过协商之后签订的，内容包括：（1）公股，即社会主义经济成分在企业中占领导地位；（2）生产投资纳入国家经济计划；（3）生产经营符合国计民生需要；（4）科以上干部由政府主管部门委派；（5）董事长、厂长须服从政府领导，并对股东大会负责；（6）盈余分配办法，所得税34.5%，公积金 29.5%，股息、红利24.9%，职工福利奖励金11.1%。

至此，对这间私营企业的社会主义改造以签约的形式得到确认。

新董事会由9人组成，公方占6人，私方占3人。董事长由市政府委派人员兼任，副董事长由林志澄担任，按厂长兑现待遇。薛则民有技术专长，工作负责，被组织上安排任副厂长兼总工程师，原业务主管陈通，虽刚获解除公开管制，但鉴于他对计划管理比较熟悉，管制期间也愿意接受改造，应给出路，安排为生产科长……为加强干部力量，除政府派出的工作队干部作为公方人员任职外，还从工人中提拔了15名干部担任车间主任、工段长、计划调度员等职务。

在整个改造过程中，还做了一些重要工作：

一是，依靠工人阶级组成坚强的领导力量，成立党支部。二是，大力搞好生产，经过下半年的努力，将产能上去，由上半年亏损1.2万元到年终实现利润2.6万元。事实胜于雄辩，良好的生产形势给了职工以搞好合营的信心，也使资本家看到了工人的力量和工厂的前途。三是，做好思想发动工作，帮助资本家、职员、工人端正认识，解除顾虑。四是，对企业内部进行改造，使企业沿着社会主义方向发展，确定生产发展方向，把原来单件、小批、门类多的产品生产和修理的状况逐步转为以生产柴油发动机为主兼营修理（特别是海军船舰修理）的发展方向。五是，逐步实行计划管理，健全各项管理制度，如厂务会议、生产调度会议、计划经济分析、废品分析、合理化建议分析、车间区域管理等。六是，逐步改革不合理制度，9小时工作制改为8小时工作制，并实行每天1小时学习会议制度。资方人员过去工资过高，经理、厂长工资为高级技工的4倍以上。公方代表启发他们报酬的获得应该合情合理，不宜与群众收入差距过大，让他们自行提出适当减薪，但也给予高于公方同级人员的照顾。七是，职工教育由工会主持，办学目的更明确，使职工系统地提高文化程度，培养了一批工人阶级知识分子，还开设了普及班和提高班，让青壮年职工都达到初中毕业文化水平。

企业发展虽然步入良性轨道，但很多人仍对"公私合营"概念不清。1954年9月2日，政务院通过了《公私合营工业企业暂行条例》，文件解释了什么叫公私合营，即"由国家或者公私合营投资并由国家派干部，同资本家实行合营的工业企业，是公私合营工业企业"。合营的三个前提是：国家的需要、企业改造的可能和资本家的自愿。

薛则民认真地读了几遍，还在职工大会上做了讲解。薛则民满怀深情地表示，在旧中国挣扎了几十年的协同和机器厂，一直过着提心吊胆的日子，如今才算"真正走上了发展的康庄大道"①。

第四节　建功立业

企业"改制"之后，广大管理人员和专门技术人才如沐春风，在党的

---

① 　梁墨缘、薛则民：《协同和机器厂回顾》，中国人民政治协商会议广东省委员会文史资料研究委员会编：《广东文史资料》第8辑，内部资料，1963年，第17页。

阳光雨露的滋润下，不断为我国社会主义事业取得新胜利作出重要贡献。

薛则民身体力行，投身海军废旧舰艇的修复工作中。人民海军建立之初，只有国民党海军起义和我军缴获的舰船183艘，约4.3万吨，加上其他接收、征用、打捞、购买的旧船223艘，约9万吨。这些中小型舰船多由美国、日本、英国、法国、德国、加拿大、荷兰、澳大利亚等国家建造，而且都是第二次世界大战中和大战前制造的，有的还是清末我国江南造船厂建造的，都早已超过规定服役期限。[①]海军亟须新的舰艇，但新的可望而不可即、远水解不了近渴，为了保卫海防和支援解放沿海岛屿，当务之急是修旧利废，让旧舰艇重新动起来。艰巨的任务落在薛则民身上，他"继受海军部队专聘，负责舰只检修技术指挥工作"[②]。

那些日子，薛则民和普通工人一样，每日穿着工作服，戴着安全帽，带上手电筒，忙碌在广州港和黄埔港维修现场。从轮船上拆卸下来的机器五花八门，有蒸汽机，有柴油机，品牌与规格不统一，出产很杂，各国的都有。存在的问题千差万别，有发动机的，有传动系统的，有涡轮旋转系统的，没有先进的检测仪器，全凭经验。薛则民让工人找来一截完好的竹管，一头贴在机体上，一头贴在自己耳朵上，让工人轻轻转动需要检查的部位，情形像医生用听诊器听诊。从事多年维修工作，他很清楚发动机在长期运转过程中受振动、摩擦、磨损、热应力、残余应力、腐蚀、烧瓦等的影响，或由于突发性的机损事故容易造成机体失效甚至发动机报废的情况。他边"听诊"边为年轻工人们讲解，机体常见失效形式有磨损、改变、裂纹、穴蚀和其他失效形式，要仔细辨别，找到"病灶"，对症下药。见现场油污遍地、零件散乱，薛则民告诉大家，要分门别类做好归置，以利于有序安全生产，一天下来，薛则民两手黑，工作服上也沾满黑

① 刘培一等主编：《上将风云录》，北京：中国大百科全书出版社，1997年，第75页。
② 中国人民政治协商会议广东省顺德县委员会文史资料研究组编：《顺德文史》第15期，内部资料，1988年，第53页。

乎乎的机油，甚至脸也变成"黑二团"，他毫不在意。他专业严谨的工作态度颇受海军指战员欢迎。薛则民还经常到海南岛上检修军舰，受到海军官兵的热烈欢迎，相处十分融洽。

只是，维修工作除了"修修补补"，更多时候需要更换零配件。可外国舰船零配件本来就奇缺，在被国民党反动派损毁的过程中很多备用零配件早已不知去向。有的零配件"通用"，规格、尺寸稍有不同，可仿制加工，但对于一些精度要求高的零配件，生产工人们往往束手无策。轴承瓦便是一例，这是一个易损件。熟悉机械传动的人都知道，轴承分为滚动轴承与滑动轴承，前者应用于较小的机械，承载的传动力较小；后者应用于大型机械，载荷较大，轮船这样的大家伙多采用滑动轴承。滑动轴承工作时要用到轴瓦，轴瓦为瓦状半圆柱面，内部十分光滑，轴瓦与轴承之间靠润滑油减少摩擦力，如果轴瓦材质差，刚度与韧性不够，容易发生磨损和断裂。一般情况下，轴瓦所用材质为青铜、减摩合金，都是耐磨材料，在特殊情况下可以用木材、工程塑料或橡胶。那时技术十分简单，原材料也极为匮乏，中华人民共和国成立之初，钢铁工业是一个烂摊子。1949年，全国才生产15.8万吨钢，难以找到合适的原材料。薛则民决定自行研制"替补品"。他挑选厂里最强的力量组成技术攻关小组，亲自带队指导实验。所谓实验，没有先进的仪器，没有分析金属材料成分的工具，全靠一次次摸索，一次次失败，一次次从头再来。功夫不负有心人，经过一年的艰苦实验，小组终于找出了铜铅锡合金的技术数据和熔炼方法，制成了符合轴承瓦需要的合金材料。有了原材料，新轴承瓦的生产不再受到制约，"所铸出的轴承瓦，耐磨度可与进口产品媲美"[①]。

当时，类似原材料短缺问题在全国舰船维修工作中是普遍存在的棘手问题。薛则民研制成功轴承瓦的消息飞到全国各地，取经者纷至沓来。薛

---

① 广州市地方志编纂委员会编：《广州市志》卷19《人物志》，广州：广州出版社，1996年，第363页。

则民把技术毫无保留地告诉"取经人"。有意无意间，薛则民为新中国的冶金工业提供了一项合金熔炼工艺技术。

有资料言，薛则民还成功研制出球墨铸铁，"为国家填补了技术空白，解决了海军军修和国家机械工业急需元件的补充问题"[1]。据有关资料介绍，球墨铸铁这种材料的获得，是通过浇铸前向铁水中加入定量的球化剂（如稀土镁）和少量孕育剂（如硅铁），进行球化处理和孕育处理，以促进石墨呈球状结晶，浇铸后直接获得的。由于在组织内石墨呈球状，对基体的割裂作用最小，应力集中小，其基体的强度能够得到充分的发挥，因而球墨铸铁具有很高的强度和良好的塑性和韧性。当然，薛则民是否以"球墨铸铁"填补了国家技术空白值得推敲，经查阅大量文献资料，发现说法很多，"球墨铸铁于1949年取得专利"[2]，"（球墨铸铁）本世纪四十年代末（1947年）才发展起来，而真正用于工业是从1950年前后才开始的"[3]，周行健于"50年代开发了中国球墨铸铁新技术"[4]。清华大学科技人员言，"（球墨铸铁）自20世纪40年代研究成功以来获得了极大的发展，其产量成为衡量一个国家铸造综合水平的重要标志之一"[5]。

从时间角度分析，是否可以这样理解，中国的"球墨铸铁"技术未必是薛则民的"发明"，却是薛则民率先运用于轮船曲轴的？

相对钢铸件，球墨铸铁的成本比钢低廉，也便于加工，因其"软"与

① 中国人民政治协商会议广东省顺德县委员会文史资料研究组编：《顺德文史》第15期，内部资料，1988年，第53页。

② 徐林红、饶建华主编：《金属材料及热处理》，武汉：华中科技大学出版社，2019年，第148页。

③ 陆文华主编：《铸铁及其熔炼》，北京：机械工业出版社，1981年，第6页。

④ 《周行健》词条，《湖南名人志》第2卷，北京：中国档案出版社，1999年，第453页。

⑤ 李言祥、陈祥：《球墨铸铁核乏燃料储运容器》，清华大学机械工程系先进成形制造教育部重点实验室：《重大装备制造研讨会论文集》，内部资料，2006年，第33页。

"韧"，可应用于受力复杂、综合性能要求较高又无较大冲击力的场合，如曲轴、凸轮轴等。但在中华人民共和国成立之初是一项从未有过的新技术。薛则民带领攻关小组夜以继日投入研发，终于1956年试制成功，自此，可以球墨铸铁曲轴代替钢轴而应用于双夹层汽缸，此项技术"扭转了柴油机曲轴依赖进口的被动局面，实现了零件完全国产化"[①]。

这的确是一项了不起的技术创新与应用。清华大学科技人员言，"球墨铸铁件产量快速增长的主要原因之一是其在壁厚超过100mm的大型、特大型砂型铸件领域内的大量应用"，但各国针对厚大断面球墨铸铁件生产与质量控制开展研究，是20世纪60年代以后，"一大批具有划时代意义的厚大断面球墨铸铁件先后出现，在许多领域取代了钢铸件"[②]。如果从这一点说，薛则民是走在了世界的前列。

如前所述，发动机曲轴一直是困扰几代机器人的老大难问题，长期依赖进口、受洋人制约，始终未能得到彻底解决。而薛则民解决了这个问题，这正是公私合营给薛则民创造的机会，"对原资方厂长薛则民，安排为副厂长兼总工程师后，让他有职有权，主抓技术工作"[③]。薛则民在组织的信任和重用之下，开展工作游刃有余、得心应手，如开会由他布置工作，工作由他负责，诸如在主持设计、组织试制200马力柴油机和试制球墨铸铁曲轴等项目中，他能"说了算"，能拍板，能发挥关键作用。他的工作热情高涨，为解决铸造质量问题，他还每周两晚为冶铸工人上技术课。

---

① 梁生、区长存：《协同和机器厂的社会主义改造》，《中国资本主义工商业的社会主义改造·广东卷》（广州分册），北京：中共党史出版社，1993年，第628页。

② 李言祥、陈祥：《球墨铸铁核乏燃料储运容器》，清华大学机械工程系先进成形制造教育部重点实验室：《重大装备制造研讨会论文集》，内部资料，2006年，第33页。

③ 梁生、区长存：《协同和机器厂的社会主义改造》，《中国资本主义工商业的社会主义改造·广东卷》（广州分册），北京：中共党史出版社，1993年，第630页。

图62　技术工人在研究解决加工难题

1956年6月4日，新华社广州电讯报道：

协同和机器厂生产出海轮船使用的柴油机

一艘新制的渔轮2日在珠江口试航，渔轮上安装的一部适于出海轮船使用的二百匹马力柴油机，是广州市公私合营协同和机器厂今年初次试制的新产品。

这部柴油机的试机情况良好。国营南海水产公司一位参加试机工作的老轮机长对记者说："在我使用过的轮机中，这一部算是很不错的。它的结构比较简单，操作、保养和管理都很方便；由于机体较小而轻，相应地增加了鱼仓的容量，而且推进力好，航行快而稳定。"

这种新产品是由协同和机器厂的总工程师、私方人员薛则民负责设计的。他在设计的时候曾经注意吸取了国内外同种产品的优点，并且参照了本厂职工过去制造小型船用柴油机的经验。现

351

在，协同和机器厂正在成批地制造这种柴油机。[①]

薛则民的名字再一次随着新华社电讯传向大江南北，在那样的时代引起了巨大的轰动；他所研制的海轮船使用的柴油机，在大海之上劈波斩浪，何等鼓舞人心。

有人评价说，薛则民坚持实事求是的态度，"在普及科技试验、发展机械生产、提高产品质量方面，作出较大的贡献"。[②]

1956年10月1日，广州市民庆祝国庆节集会现场，"这个厂的工人举着一幅巨大的柴油机图样"[③]自豪地向人们证明，他们今年已经试制成功了200匹马力的柴油发电机。仅上半年，协同和机器厂的总产值比1952年增长了298%。

党和国家没有忘记作出贡献的人。由于薛则民的突出表现，1956年以后，他历任广州市机械工业公司副经理兼董事长、市机电局技术室主任兼总工程师、市生产委员会技术处总工程师、市重工业研究所副所长兼总工程师、市重工业局总工程师，并被推选为广东省第二、第三届人大代表，广州市第二、第三届政协常委，中国民主建国会广州市委员会常委，广东省工商联执行委员等[④]。

而林志澄，有说，1955年他担任了广州市副市长职务[⑤]；有说"1955年

---

① 新华社新闻稿，1956年6月5日。

② 中国人民政治协商会议广东省顺德县委员会文史资料研究组编：《顺德文史》第15期，内部资料，1988年，第53页。

③ 新华社新闻稿，1956年10月3日。

④ 广州市地方志编纂委员会编：《广州市志》卷19《人物志》，广州：广州出版社，1996年，第363页。

⑤ 广州市地方志编纂委员会编：《广州市志》卷19《人物志》，广州：广州出版社，1996年，第359页。

林志澄被推选为广州市人民政府副市长，在京受到周总理接见"[①]；还有说1958年"林老任广州市副市长，全国政协委员，民建广州市委副主委"[②]。一则资料权威显示，1955年2月8日至12日，广州市政协一届一次全体会议召开，会议选举"林志澄为副主席"[③]。正是这一年，即1955年11月，全国工商联举行第一届委员会第二次会议，认真讨论我国资本主义工商业社会主义改造问题。也许，就是在这次会议的间隙，林志澄受到国家领导同志的亲切接见，他后来时常记得国家领导同志鼓励他的话："你是回国侨商，要为祖国社会主义建设多作贡献。"[④]对此，林志澄很受感动，此后，他常以此为座右铭鞭策自己为国家多作贡献。

另外，1957年7月12日下午，中华人民共和国第一届全国人民代表大会第四次会议在北京召开，在与会代表发言顺序名单中，有"林志澄[⑤]"的名字。在另一份材料中也有，"在今天下午会议上单独或联合发言或书面发言的还有……政协广州市委员会副主席林志澄……"[⑥]。

一般干部、一线工人也有了出人头地的机会，1950—1965年，广东省

---

① 广东省工商业联合会编：《广东省工商业联合会简史》，广州：广东经济出版社，2010年，第349页。

② 易忠平：《峥嵘岁月多壮志 碧血丹心终无悔》，中国民主建国会广州市委员会编：《会员风采录·2》，内部资料，2006年，第2页。

③ 广州市地方志办公室编：《广州近现代大事典（1840—2000年）》，广州：广州出版社，2003年，第483页。

④ 广州市地方志编纂委员会：《广州市志》卷19《人物志》，广州：广州出版社，1996年，第359页。

⑤ 《中华人民共和国第一届全国人民代表大会第四次会议文件合订本》第2册，内部资料，第12页。

⑥ 《中华人民共和国第一届全国人民代表大会第四次会议汇刊（1957）》，内部资料，第1682页。

机械工业系统职工历届劳动模范、先进生产（工作）者名单[①]中，频频见到协同和机器厂的职工上榜，如，1950年广州市第一次工农兵劳动模范大会授予劳动模范：钳工龙洪，技术员郭洪，车工韩权，技工陈礼兴、何炽、梁耀。1956年全国先进生产者代表大会授予先进生产者：广东广州协同和机器厂科长方百里。方百里就是曾与薛则民向董事会力争保留广州厂的人。获得全国、省市级荣誉的有十余人之多。

在协同和机器厂的示范带动下，1955年底，广东共有311家私营工厂参加了公私合营。这311家工厂分属于机器制造、粮食加工、电力、印刷、松香等24个行业，分布于广州、汕头、佛山、海口、北海、顺德、开平等46个市县。其中广州市占154户，粤东区占57户，粤中区占33户，粤西区占27户，粤北区占27户，海南区占6户，钦州区占7户。1955年参加合营户数为1954年的6.48倍。1954年和1955年这两年间，全省有359家私营工厂纳入了公私合营。这些企业合营后，逐步推行了计划管理和民主管理，克服了私营时期的资本主义经营思想和混乱落后状态，改进了生产，提高了劳动生产率和产品质量，节约了原材料，降低了成本。[②]

1956年，继农业合作化高潮形式之后，全国城镇又迎来了私营企业全行业公私合营的高潮。上级确定以协同和机器厂为基地把一些私营的机械行业小厂合并过来。这些小厂大都以修配为主，人员少、资金少、设备差，有些甚至是只有两三个人的夫妻店。这类厂由于费用较低，经营较灵活，适应性强，多数日子过得尚可，也有少数因经营不善而濒于破产。这些厂的资方大都是见大势所趋，无可奈何地拥护合营而并过来的，但他们

---

① 《建国后广东省机械工业系统职工历届劳动模范、先进生产（工作）者名单》，广东省地方史志编纂委员会编：《广东省志·机械工业志》，广州：广东人民出版社，1995年，第375—383页。

② 彭世珍：《历史的回顾》，《中国资本主义工商业的社会主义改造·广东卷（广州分册）》，北京：中共党史出版社，1993年，第484页。

资本不多，合营后损失不大，也就没有很大反感。至于工人，在日子较好过的工厂干活的，态度不积极；在濒临破产的厂干活的，希望早些合并，以便到大厂工作奔个前途。

那段时间，全市私营工商业者家属组织了几十个贺喜队，到各区私营工商业户去进行宣传鼓动，还连夜赶制彩旗、"囍"字，写贺喜书，情绪高昂。许多工商业者家属召开了家庭会，鼓励自己的爱人增加投资，迎接合营。"公私合营协同和机器厂私方代表的家属陈美，今年已经六十多岁了，但她不辞劳苦，经常用协同和机器厂合营前后的情况作对比，向其他工商业者家属们说明公私合营的好处、打消了不少家属们的顾虑，推动了不少工商业者申请合营。"远光电池厂资方家属罗达珍听到丈夫已经申请公私合营，立刻表示要把自己历年积蓄的五两黄金拿出来投入企业，迎接合营。① 由于形成了声势，合并工作比较顺利。协同和机器厂由此吸收了一批有一定技术的人才（大多数资方人员和工人都有技术），合并来的资产则很少，因原来设备大多是破旧物品。共计合并成兴、宏安、广成、合兴和记、张海记、星光、东亚、荣达和苏记9间厂，资方人员9人，职工99人，合并资产总值3.74万元。资方人员都得到安排，1人当了车间副主任，1人当技术人员（后被评为工程师），其他人当了工段长、组长、检验等，基本都发挥了专业所长。

一时间，协同和机器厂职工增至900人，柴油机年产能力达1万马力。②

1956年4月19日，新华社发出电讯：

广州市公私合营工业中的私方人员都已妥善安排了工作

【新华社广州18日电】广州市公私合营工业中四千多名私方

---

① 新华社新闻稿，1956年1月20日。

② 谭扬波、庄容开主编：《广东工交四十年》，北京：中国展望出版社，1991年，第103页。

实职人员的工作，到4月中旬已经基本上安排好。

他们中，有六百八十人被任命为国营工业专业公司和公私合营工厂的领导人，有三千七百多人被任命为工厂中各业务部门或车间的负责人，或者保留了他们原来担任的职务。

许多受过高等技术教育或在技术方面在行业中享有很高声望的私方人员，绝大部分都被安排担任了重要的工作……原私营协同和机器厂副厂长薛则民从1924年开始就成为工程师，原私营公和祥机器厂长梁名煊在机械工业中工作了三十年，他们二人在机械行业中都具有声望，这次都被委任为广州市机械工业公司的副经理。①

全行业合营第二年，即1957年，与合营前1953年对比，协同和机器厂规模扩大，力量雄厚，固定资产总值增长了5倍，设备增加了1倍，厂房面积增加近40%。到1957年，国家资产占企业总资产达83.24%，公有制成分占绝对优势；"职工人数已超过1000人"。是年2月，"国家领导人朱德到厂视察，为工厂的发展献策鼓劲"②。当年，国家投资205万元，新购置一批设备，投入生产的产品有147千瓦、88千瓦柴油机和66千瓦煤气机等，这些新产品对适应国民经济发展的需要起到了推动作用。

合营后，终止了协同和机器厂生产停滞局面，开始逐步发展。1957年与1953年比，总产值增长近3倍，利润增加8倍。但是，全员劳动生产率持平，说明还未显现出以技术进步为主要标志的生产力水平的提高。而1965年比1957年劳动生产增长1倍，实际是合营后发展新产品和增加设备能力的结果。

柴油机产量状况和产品品种的发展情况证明，合营后抓专业化的大批

---

① 新华社新闻稿，1956年4月19日。

② 黎润珍、赖俊明：《老牌"协同和" 再创新动力——广州柴油机厂》，广州市政协学习和文史资料委员会，广州市地方志编纂委员会办公室合编：《广州文史》第61辑《广州老字号（下）》，广州：广东人民出版社，2003年，第160页。

量生产的企业发展方向是对的，既提高了经济效益，也满足了造船工业、国防事业的需要和近年来对柴油发电机组的需求。

　　合营后，职工物质文化生活得以改善。工人平均工资，1953年为1077元，1954年为972元，1956年为775元。下降原因，一是初级工人数增多，二是逐步向国营厂工资标准靠拢，但并不说明职工生活水平下降。实际上职工生活是更有保障的，因为：（1）职工可按全民企业职工一样享受劳保福利待遇，减轻了伤、病、老、死的担忧。（2）集体生活福利设施增加了，合营后至1957年，政府投资建成三幢二层楼的单身宿舍，可住550人，建职工食堂一座，可容400人就餐，建保健站一座，托婴室一所，购买交通船一只，搭载职工渡江上下班，还建了灯光球场一个，俱乐部一座。干部职工享受到了社会主义建设的福利与红利。1957年福利费和企业奖励基金合计达到年人均100元。（3）开展职工文化技术教育。1956年全国扫盲高潮到来，促使工厂教育走上正轨。厂长亲任业余学校校长，配以专职教师和聘请大批群众教师。1958年在完成扫盲基础上，成立红专学校，广泛组织职工参加各类文化技术学习班，形成了职工教育体系；文化基础教育，达到初中毕业；专业技术教育，有学徒班，初、中级技工班。1978年起，更办起经教育部批准的职工大学，四届共培养130多名取得大专毕业学历的工人知识分子。

图63　柴油机生产场面

新风扑面的协同和机器厂，上班时间，大家大干快上；一到工余，职工欢声笑语；午饭时分，食堂香味扑鼻；下班时分，很多人未脱工装，走在熙熙攘攘的大街上，不断引来羡慕的目光。大家内心油然而生自豪，自己虽不是国营企业职工，但胜似国营，劳动条件好，收入高，腰杆子直，底气足。

图64　1959年3月20日，广东省工矿交通运输企业技术革命展览会在广州中苏友好大厦开幕，图为协同和机器厂200匹柴油机展台

第五节　复兴之路

研陈墨，书新篇。1964年，国家考虑到协同和机器厂的生产规模及制造柴油机的专业水平，将其正式归口原第六机械部（现中国船舶工业总公司）管理。

1966年8月22日，协同和机器厂改名为广州柴油机厂，成为全民所有制企业。新厂名突出了"广州"的地区性和"柴油机"的专业特点，而在产品宣传时则注明"原名协同和机器厂"，使"老字号"的品牌影响力得以延续。

1966年10月前夕，广州柴油机厂试制成功6300型294千瓦船用柴油机，向国庆献礼。

1969年，该厂试制成功"大截面球墨铸铁曲轴用于6300型柴油机"[①]，这是"我国第一条最大截面球墨铸铁曲轴"[②]。以往，6300型的钢曲轴要用约4吨的35号钢坯加工成900公斤的零件，需要耗用大量钢材和工时，经技术人员和工人反复研究试验，最终浇铸出总长2.96米，最大外径265毫米的铜·钼·稀土·镁球墨铸铁曲轴，将其安装在6300型增压735千瓦柴油机上，又经500小时耐久性试验，其强度、耐磨、刚性等均比钢曲轴好，而成本只有锻钢零件的三分之一，这一次成功"大量节约了原材料和工时，为该机大批生产创造了条件"[③]。

1975年，广州柴油机厂试制成功12000马力低速重型柴油机一台，1976年装在广州造船厂建造的万吨轮"揭阳"号上。9月25日，"揭阳"号建成下水，"这是历史上华南第一

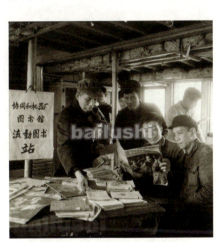

图65 图书馆流动图书站

---

① 广州市地方志编纂委员会编：《广州市志》卷5下《工业志》，广州：广州出版社，2000年，第33页。

② 黎润珍、赖俊明：《老牌"协同和"再创新动力——广州柴油机厂》，广州市政协学习和文史资料委员会，广州市地方志编纂委员会办公室合编：《广州文史》第61辑《广州老字号（下）》，广州：广东人民出版社，2003年，第160页。

③ 广州市地方志编纂委员会编：《广州市志》卷5下《工业志》，广州：广州出版社，2000年，第33页。

台万匹机"①，该机是一个庞然大物，"整机重量450吨……10米高，12.9米长……由4万多个零件组成"②。

薛则民感慨万千，半个多世纪以来，协同和机器厂以生产小型轮船所用柴油机为主，于夹缝中求生存，所生产的机器从未真正"远洋"，而如今"揭阳"号漂洋过海，顺利完成欧洲之行，"运行了一万多小时，没有出现过大的故障"③。国产远洋轮船的制造提升了广东远洋航行的实力。

由于工作岗位的变化，薛则民未必凡事亲临一线、事必躬亲，但作为广州市机械工业生产的领导者，他一定亲自统筹、规划、把关，是一次次研发和创新的技术总负责，是一次次攻坚克难的牵头人。

图66　1975年3月，华南地区首台12000马力低速大功率柴油机胜利动车

图67　厂房中的毛主席语录

①　梁生、区长存：《协同和机器厂的社会主义改造》，《中国资本主义工商业的社会主义改造·广东卷（广州分册）》，北京：中共党史出版社，1993年，第628页。

②　黎润珍、赖俊明：《老牌"协同和"再创新动力——广州柴油机厂》，广州市政协学习和文史资料委员会，广州市地方志编纂委员会办公室合编：《广州文史》第61辑《广州老字号（下）》，广州：广东人民出版社，2003年，第161页。

③　广州经济年鉴编纂委员会编辑：《广州经济年鉴（1983）》，内部资料，1983年，第110页。

　　1978年，广州柴油机厂的"6320型船用中速柴油机、柴油机球墨铸铁曲轴及基重稀土合金工艺的研究与应用，获得全国科学大会奖"①。

　　1978年11月，薛则民因病去世②，享年80岁。

　　一代机器达人，人生起伏，有悲有喜。但是，薛则民所坚守的事业传承下来了，他为新中国所作出的贡献名留青史。他和父亲薛广森与陈氏家族因机器而"联姻"，因事业而维系，功绩永远镌刻于中国民族工业的丰碑上。

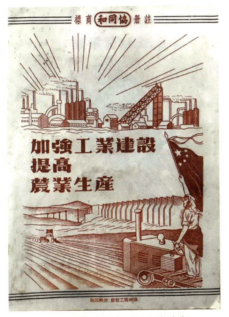

图68　协同和机器厂的海报

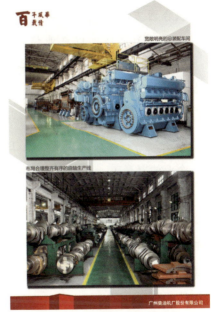

图69　广州柴油机厂股份有限
　　　公司画册

　　广州柴油机厂官网上有这样的介绍：

---

①　广州市地方志编纂委员会编：《广州市志》卷5下《工业志》，广州：广州出版社，2000年，第33页。

②　广州市地方志编纂委员会编：《广州市志》卷19《人物志》，广州：广州出版社，1996年，第363页。

广柴的前身"协同和机器厂",创建于1911年,1915年生产出中国第一台柴油机,是中国民族工业的翘首,发展至今已有百年。百年以来,广柴一直坚持发展自主品牌高性能柴油机产品,在此过程中,"协力同心,和衷共济"这个核心价值观得到不断的传承和发扬光大,在将来,广柴仍将坚持这个发展方向和路径。回顾历史发展轨迹并结合企业愿景,协同和薪火得以代代相传,其核心精神主要包括两个内涵:一则,是以中华文明之精髓融合西方现代制度,中西贯通,明体达用;再则,是秉承以民族大义为己任,以产业报国为追求之宏旨,历代仁人志士自强不息。现在,广柴以此精神内涵为基础,以"责任引领,创新驱动,永不停步"作为新时代的企业精神,并将这一精神理念融入到日常的经营管理活动中,为企业持续发展提供精神支柱和动力源泉,引领其成为企业、员工和客户的共同文化认同,不断强化企业的凝聚力、竞争力和影响力。

公司厂区占地面积13.8万平方米,有综合办公楼、技术中心、机械加工车间、总装配试验车间、仓库等设施。公司拥有铸造、机加工、装配、试验等一系列工艺设备和手段。位于广东省梅州市的控股子公司广东获赛尔机械铸造股份有限公司专业从事铸造业务,生产大中型球墨铸铁件、优质合金铸铁件,具备生产高要求、复杂铸件的能力。公司机械加工车间拥有数量众多的高精度大、中型卧式、立式及五面体等加工中心和数控设备。装配车间生产能力可达到年产柴油机400台,约100万千瓦,试验车间具有多个大功率柴油机试验台架,以及各种先进测试设备,对产品进行检测……

薪火相传,靠的不是匹夫之勇,不是一时之快,不是书生意气,不是一腔热血,是"中西贯通,明体达用",是"民族大义,自强不息",是"产业报国,鞠躬尽瘁",是"创新驱动,生生不息"。

尾
声

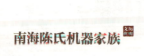

在协同和机器厂旧址，我还看到仍保存有厂房1座、仓库1幢和部分早期生产设备，如吊机、水塔、车床等。

厂房坐北朝南，砖混结构，长33.5米、宽22.3米、高10.6米，面积743平方米。金字架屋顶，钢材梁架，碌灰筒瓦，山墙为巴洛克风格，外墙为灰砂砖。

仓库位于厂房右侧，大约建于20世纪30年代。坐东朝西，为砖木结构的平房，长19.3米、宽16.5米、高9.1米，建筑面积319平方米，外墙为青砖，顶部装有通气天窗。

今尚存早期生产设备：吊机1台，位于码头旁，是手动起重机，臂长约5米，现已废置；水塔1座，圆形，直径4米，高3.6米，用钢板铆钉制成，原是消防装置，已报废；美国制造的大型立式车床1台，大约在20世纪40年代制造，高约2米；剪床1台，长2米，高1.3米，底座刻有"协同和"字样，仍在使用。

2006年旧址正面按原貌修葺，现为第七批广州市级文物保护单位。

我望着这座淡黄色的百年厂房，并于午后的暖阳中良久地注视着"协同和机器厂"几个大字，不忍离去，若有所思。

我分明感到，"它"没有终结，"它"是某一个人的梦想。

是一个家族中的某一个人，不经意间入了此行，着了迷，上了道；后来者居上，传承百年，赫赫扬扬；且继续在发出震耳欲聋的声响。

一道曾经微弱的薪火，正在熊熊燃烧——在实现中华民族伟大复兴的中国梦的征程中，"它"永无薪尽火灭之时。

尘封的历史可歌可泣。

谁会想到呢，两百年前，一个出生于佛山南海普普通通陈氏家族的孩子陈澹浦，因为少年时喜欢鼓捣"小玩意"而成为中国近代一个著名工匠世家的"奠基者"。

在百余年薪火相传的过程中，这个家族出现了"机器老人""机器天王"；出现了成千上万人前赴后继以机械制造为业的盛景，并赢得在广东乃至中国近代机械装备制造业重要家族的盛名。

站在原协同和机器厂厂房前，拱形门上方刻着的"1922"字样让我的思绪再一次回到一百年前。我不由得再一次肃然起敬，我意识到这座内部使用德国钢筋搭建，长34米、宽33.6米、高约10米的车间在那样的时代具有什么样的意义。

时至今日，取而代之的是焕然一新的创意园。以协同和机器厂厂房竣工年份的后三位数字——"922"作为园区命名的宏信创意园传承着陈氏家族的精神，继续挖掘和弘扬广东工业历史文化，为扶持创意产业提供一个优越的平台，而在这里工作的青年一代也将继续弘扬着创新独立的精神，为新兴的创意产业贡献出自己的一份力量。

我想，任何的事业，接力传棒才有发展。佛山如此，岭南如此，中国如此，世界如此。

创新的思维和潮流于一个半世纪后的2021年，在佛山更如火如荼地进行。12月18日，由人力资源和社会保障部、广东省人民政府共同主办的第一届全国博士后创新创业大赛在佛山开幕，旨在推动全国博士后工作创新发展，充分激发博士后创新创业潜能，促进产学研深度融合，强化国家战略人才力量，助力科技自立自强。于中国而言，大赛是中国博士后制度实施以来举办的规模最大、层次最高、覆盖面最广的全国性博士后创新创业赛事。于佛山而言，能够承办这样一个大赛，足以显示这座城市千百年来一直延续的一种基因。

本次大赛以"博采科技，精华创新引领未来"为主题，共设创新赛、创业赛、海外（境外）赛和揭榜领题赛四个组别，分为新一代信息技术、高端装备制造、新材料等8个专业领域进行比赛。共有超过5000个团队项目、2.4万人报名参赛。为确保大赛公平公正举办，大赛组委会聘请了中国科学院院士李静海、施一公等9名院士组成专家指导委员会，对大赛的赛事组织、评审工作等进行指导，聘请曹德旺、董明珠等12名科技型企业家、专业投资人、创新创业专家担任创业导师，为参赛项目和博士后创业团队提供专业指导。此外，还邀请200多名评审专家，涵盖技术、投资、研发、知识产权、财务管理等领域。

这样的气势和阵容，于陈澹浦那个时代想都不敢想。参与比赛的每一个人，专家、选手，来到佛山，感受到这座城市历史的久远与内涵的深厚——这座城市不只有李小龙、叶问、黄飞鸿，还有康有为、詹天佑、陈启沅、区适子、陈如岳、黄少强、伦文叙、冯了性……若非一代又一代佛山人知行合一、戛戛独造、铸新淘旧，佛山，便不是今日的佛山。

唯有基因与文化，会代代相传。

企业的创新是什么？就是勇于自我革命，就是善于向市场前沿看齐，就是能够瞄准任何的商机，甚至搭上全部的身家以孤注一掷的决心实现技术的进步。没有这样的恒心和毅力，企业不可能迅速地发展和壮大。

千百年来，佛山创新的脚步从未停止，一代代佛山人和"涉足"佛山者自觉地肩负起创新的使命。有资料显示，2019年以来，佛山以打造国家创新型城市为核心抓手，推动科技创新各项工作取得了新进展、新突破。其中，在政策支持和科技投入方面，佛山持续加大力度。2019年，佛山出台市政府一号文件《佛山市全面建设国家创新型城市促进科技创新推动高质量发展若干政策措施》，财政科技投入达98.16亿元，创历史新高。

佛山无时无刻不在传递的科技创新的脉搏和心跳，始终让人处于兴奋状态。我想，这是一座城市与生俱来的品格，无论时代如何巨变，都不改初心。

"心中若能容沟壑，下笔方能汇山河。"

我更加欣喜地看到，2022年1月13日的一则消息《佛山：今后，请叫我国家创新型城市！》。

据佛山市科学技术局消息，佛山建设国家创新型城市正式通过验收。

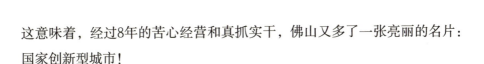

这意味着，经过8年的苦心经营和真抓实干，佛山又多了一张亮丽的名片：国家创新型城市！

佛山，多么让人自豪和骄傲！

2022年1月19日，新华网发布消息，中国船舶工业行业协会16日公布：2021年，造船业三大指标我国继续保持全球第一，实现了"十四五"的开门红。此外，据中国船舶工业行业协会预测，2022年我国造船完工量将超过4000万载重吨。

在这份新出炉的成绩单上，造船完工量、新接订单量、手持订单量；中国船舶企业分别占世界总量的50%左右，继续保持全球第一。其中，我国最大的船舶企业中国船舶集团，2021年三大造船指标首次全面超越韩国现代重工，成为全球最大的造船集团，实现完工交付船舶206艘，占到全球市场份额的20.2%，实现新接订单合同金额1301.5亿元，创下自2008年以来的最新纪录。

"全球第一"，真是让人高兴。

春风十万里。正是一代代造船者砥砺前行、奋发有为，才有了中国今日船舶之举世瞩目。

在本书付梓之际，感谢"佛山历史文化丛书"编委会编辑部提出的宝贵意见，感谢广东人民出版社编辑精心审阅、修订，使本书尽可能于冷静的叙述中探赜索隐、钩深致远。

向未来，踔厉奋发、笃行不怠，致广大而尽精微。

2022年2月28日晨　一稿
2022年5月23日晨　二稿
2022年9月初定稿于广州

附 录

附录1 协同和机器厂世纪历程

1911年，陈拔廷、陈沛霖、何渭文于广州芳村大冲口创立协同和机器厂。

1915年，仿制成功中国第一台柴油机。

1938年，广州沦陷，工厂被日军饭岛部队占据。

1946年，原投资人收回工厂。

1954年，开始公私合营企业。

1966年，更名为广州柴油机厂，成为全民所有制企业。

1978年，320型柴油机获得全国科学大会奖。

2007年，6G32柴油机研制成功，代表当时中国中速柴油机最高水平。

2010年，完成股份制改造，更名为广州柴油机厂股份有限公司。

附录2 陈澹浦生平

约1820年（嘉庆二十五年），1岁
生于广东省佛山市丹灶镇良登村。

1821年（道光元年）至1836年（道光十六年），2—16岁
读书、务农、制作铜纽。

1837年（道光十七年），17岁
在广州十三行开设"陈联泰号"小作坊。

1838年（道光十八年）至1864年（同治三年），18—44岁
制作缝衣针，修理"洋枪鬼锁"。

1865年（同治四年），45岁
仿制木制脚踏车床。

1866年（同治五年），46岁
助温子绍造"连环七响快枪"。

1867年（同治六年）至1872年（同治十一年），47—52岁
修理外轮轮机。

1873年（同治十二年），53岁
助陈启沅制造缫丝机械。

1874年（同治十三年）至1876年（光绪二年），54—56岁
陈联泰机器厂成立。

约1886年（光绪十二年），66岁
逝世。

附录3 陈濂川生平

生年不详

约1837年（道光十七年）至1876年间（光绪二年）
在"陈联泰号"机器作坊随父学艺。

1873年（同治十二年）
参与制造缫丝机械。

1876年（光绪二年）前后
接班陈联泰机器厂，任司理。

1877年（光绪三年）前后
赴香港采购新式机器；派次子陈子卿前往马江造船厂学习。

1878年（光绪四年）前后
扩大工场规模，开设"东栈""南栈"。

1880年（光绪六年）
发展为3个工场、一个锅炉工场，有30多台设备、160多名工人。

1882年（光绪八年）
陈子卿学成归来。

1883年（光绪九年）至1884年（光绪十年）
陈子卿主导设计、制造成功"江波"号小火轮。

1885年（光绪十一年）至1891年（光绪十七年）

制造"江汉""江明""江永""江电""江飞""江利""江天"等小火轮。

1899年（光绪二十五年）

生产"江苏"号，被粤海关收购为缉私艇。

1907年（光绪三十三年）

陈联泰机器厂被官府查封，资产充公。

1908年（光绪三十四年）前后

陈濂川逝世。陈联泰机器厂进入尾声。

附录4　陈桃川生平

约1849年（道光二十九年），1岁

约1865年（同治四年）至1872年间（同治十一年），16—23岁

在"陈联泰号"机器作坊学艺，入广州机器厂当工人，拜温子绍为师。

1873年（同治十二年），24岁

参与制造缫丝机械。

1886年（光绪十二年），37岁

与其兄分家，另立门户。

1889年（光绪十五年），40岁
创建均和安机器厂。

1896年（光绪二十二年），47岁
制造"尾明轮船"。

1897年（光绪二十三年）至1899年（光绪二十五年），48—50岁
生产"均利"号、"兴利"号、"樵西"号等多艘轮船。

1900年（光绪二十六年），51岁
工厂南迁于广州河南洲头。

1905年（光绪三十一年），56岁
为粤海关建造缉私艇。

1908年（光绪三十四年），59岁
制造中国第一台煤气机，标志中国内燃机工业诞生。

1910年（宣统二年），61岁
仿制成功煤气碾米机。

1923年（民国12年），74岁
担任中国机器总会主席。

1938年（民国27年），89岁
日寇入侵广州，机器厂被劫掠一空。

1945年（民国34年），96岁
病逝。

附录5　陈拔廷生平

生年不详

约1889年（光绪十五年）前后
在均和安机器厂学徒。

1912年（民国元年）前后
创设协同和米机于大涌口；协同和机器厂成立。

1914年（民国3年）
协同和机器厂第一次招股。

1915年（民国4年）
仿制成功柴油机。

1917年（民国6年）
参与粤海轮船公司创立。

1918年（民国7年）
仿制二冲程柴油机。

1922年（民国11年）

协同和机器厂进入大发展时期。

1926年（民国15年）

仿制四冲程柴油机。

1930年（民国19年）至1937年（民国26年）

协同和机器厂进入全盛时期，在香港建厂。

1938年（民国27年）至1942年（民国31年）

日寇入侵，穗厂遭劫，港厂被占。

1945年（民国34年）

港厂恢复生产，穗厂被国民党反动当局作为"逆产"接管。

1948年（民国37年）

工厂濒临倒闭。

1949年

中华人民共和国成立前隐居香港，80余岁离世。

"佛山历史文化丛书"已出版书目

第一辑

第二辑

第七辑